Ullstein Sachbuch

Sir Galahad

Mütter und Amazonen

Liebe und Macht im Frauenreich

Mit einem Nachwort von Sibylle Mulot-Déri

Ullstein Sachbuch

Ullstein Sachbuch
Ullstein Buch Nr. 34384
im Verlag Ullstein GmbH,
Frankfurt/M - Berlin

Um ein Nachwort erweiterte Ausgabe

Umschlagentwurf: Rita Nicolay
Unter Verwendung eines Fotos
von Gustav Klimts *Hygieia,*
Detail aus der „Medizin“
Frontispiz mit freundlicher
Genehmigung von Roger Diener

Mit freundlicher Genehmigung
der Albert Langen / Georg Müller
Verlags GmbH, München-Wien

Printed in Germany 1987
Gesamtherstellung:
Elsnerdruck, Berlin
ISBN 3 548 34384 8

April 1987

CIP-Kurztitelaufnahme
der Deutschen Bibliothek

Galahad <Sir>:
Mütter und Amazonen: Liebe u. Macht
im Frauenreich / Sir Galahad.
Mit e. Nachw. von Sibylle Mulot-Déri.
- Erw. Ausg. -
Frankfurt/M; Berlin: Ullstein, 1987.
(Ullstein-Buch; Nr. 34384:
Ullstein-Sachbuch)
Früher als: Ullstein-Buch; Nr. 34044
ISBN 3-548-34384-8
NE: GT
Vw: Eckstein-Diener, Berta
[Wirkl. Name] → Galahad <Sir>

INHALT

VORREDE

»Ding, iß auch Brocken!«
DAS MÄRCHEN VON DER UNKE

Dies ist die erste weibliche Kulturgeschichte. Sie bemüht sich, so einseitig wie möglich zu bleiben, auf jener Seite nämlich, deren plastische Durchgestaltung bisher gefehlt hat. Auf der andern Seite weiß jeder geistig halbwegs Interessierte längst so ziemlich Bescheid, denn stets aufs neue werden an den Kulturabläufen gerade solche Phasen gründlich geschildert, in denen der Mann sein Weltbild geprägt hat, das Weibliche somit gar nicht oder nur indirekt, durch ihn hindurch, zur Verwirklichung gelangen konnte. Bewußt oder unbewußt bleibt die männliche Bühne das Lieblingsobjekt historischer Betrachtung.
Dagegen: Wie sieht die Welt denn überall dort aus, wo sie die Frau gerichtet hat, ihrem Naturwesen allein gemäß, ihrerseits mit Ausschaltung des Mannes als Persönlichkeit? Wieder einseitig. Gewiß. Doch gerade das »Hälftenhafte« hier wie dort mag dann, überblickt, sich zu Ganzem fügen, denn: »Die Wahrheit liegt in den Gegensätzen zugleich«. Entstellung des Weltbildes durch das Vorurteil der Paternität kann im Bewußtsein der Menschheit zwanglos kompensiert werden, wenn ihr genügend reine Frauenreiche mit ihren matriarchalen Grundgesetzen aufs neue bildhaft von der Seele auferstehen. Und der Frau sollen sie die Tradition geben, auf daß sie sich mit dem, was sie auf einmal kann und tut, nicht abkunftlos erscheine.
Kulturgeschichten sind Querschnitte durch Entwicklungen. Wo der Schnitt jedesmal ansetzt, wie er verläuft, was von ihm getroffen, was bloßgelegt werden soll, das entscheidet über die Resultate. Bei dieser Darstellung ist der Schnitt so über die Erdkugel und durch die Rassen und Kulturen hingeführt, daß er möglichst viele Seelenschichten trifft, denn dort, im magischen Blut- und Erdgrund, wurzeln recht eigentlich die Frauenreiche, wenn ihre Mauerkronen, zu Metropolen = Mutterstädten aufgewachsen, auch oben noch ziviles Treiben gut und häufig überstehen. Reiche sind es, niemals Staaten, irrational, zutiefst lebendig, infolge guter Substanz durch nichts zusammengehalten als eine Art zauberhafter Brutwärme aus Magie und Gefühl, Ehrfurcht des Gestalteten vor der Gestalterin, der Gesitteten vor der Gesitterin; nicht spannungslos dabei, die

Spannungen zeigen sich nur ganz anders gelagert, das macht sie ja so interessant, sogar in der Urpolarität der Geschlechter sind Partner und Gegenspieler hier andre: nicht wie im Männerstaat Geliebter und Geliebte oder Gatte und Gattin. Im Frauenreich ist das Weltgeschehen bezogen auf die Polarität Mutter=Sohn, Bruder=Schwester. Das aber führt in abgründige Bezirke, wird erst verständlich aus dem Grundkeim weiblicher Existenz selbst und weist auf ein Urphänomen zurück.

Nachdem dessen Norm an Biologie, Mythos, magischer Seelenlage, Ursprung menschlicher Gesellungsformen besser anschaulich geworden ist, erfolgt ein mutterrechtlicher Spaziergang über den Globus. Ausgeschnitten als ethnographische und historische Medaillons, reiht sich da, was bei mutterrechtlicher, matriarchaler, gynaikokratischer Grundstruktur an Farbe, Kraft oder sonstwie doch reizvolle Besonderung zeigt, bis aus diesen Einzelbildern das Ganze ersteht. Entfaltung eines feierlichen, formenreichen und frohen Schauspiels, das schließlich einmündet in unsern Tageskreis und hinausweist über ihn.

Auf die notorisch leichte geistige Ermüdbarkeit des Lesers ist, weil ein organischer Defekt, dabei alle Rücksicht genommen, auf seine ebenso notorische Faulheit und Flüchtigkeit, weil nur Unart, gar keine. Also sind die reichlich vorhandenen Rosinen auf geradezu teuflische Weise der Gesamtmaterie derart einverleibt, daß diese mitzuschlucken weniger mühsam sein dürfte, als jene herauszuklauben. »Ding, iß auch Brocken!«

Auf ausführliche Anmerkungen und Bibliographie mußte leider verzichtet werden. Die Aufzählung sämtlicher benützten Quellenwerke, Zeitschriften, Artikel, Papyri, Broschüren aus verschiedensten Gebieten, alle nötig, um diese weibliche Kulturgeschichte zu ergeben, hätte das Buch bzw. den Preis ungebührlich aufgeschwellt. Die Druckbogen für die Bibliographie aber durch Kürzung des Textes herauszusparen erwies sich des allzu gedrängten Inhaltes wegen als unmöglich; so sind diesem Zitate und Belege, wenigstens an wichtigen Stellen, eingefügt.

Zwei Persönlichkeiten haben die »Mütter« ihr bestes Teil zu danken: der Tiefe zu natürlich dem großen Entdecker des Mutterrechts, J. J. Bachofen; neuer Blick in die junge ethnographische Weite kam durch Robert Briffault hinzu. Die Hinweise seines Lebenswerkes auf sonst fast unübersehbare völkerkundliche Quellen waren eine unschätzbare Hilfe.

Für den »Amazonen«=Teil gebührt aller Dank den Herren

Ephoros, Pherekydes, Isokrates, Hellanikos, Kleidemos, Eusebios, Dionysios Skythobrachion und von Milet, Herodot, Diodor, Plutarch, Plinius, Strabo, Pompeius Trogus und den vielen noch älteren namenlosen Hütern des Ahnenkults vor ihnen, die mit dem Takt der großen Weltleute, die sie waren, das ganze Material vom Aufgang der Menschheit überliefert haben, ungesichtet, wortgetreu, in gläubiger Unterordnung unter die Tradition, selbst auf die Gefahr hin, ein paar Jahrtausende später in einem bourgeoisen Zeittropfen als »geistlose Abschreiber« getadelt zu werden. Daher sind neue Quellen, obwohl frische Bestätigung von allen Seiten zuströmt, nicht einmal vonnöten, liest man nur die alten wieder stoffgerecht. »Die Quellen«, sagt J. Burckhardt in seinen weltgeschichtlichen Betrachtungen, »sind unerschöpflich, weil sie jedem Leser und jedem Jahrhundert ein besonderes Antlitz weisen und auch jeder Lebensstufe des einzelnen – es ist dies auch gar kein Unglück, sondern nur eine Folge des beständig lebenden Verkehrs.«

Mit besonderer Bemühung wurde wenigstens versucht, alles Rohmaterial, historisches wie ethnographisches, nicht amorph, sondern lediglich an seiner Stelle derart eingefügt zu dulden, daß es die Plastik des Gesamtbaus bilde, also nichts von ihm im Text liegen bleibe, trümmermäßig und ungeschlacht, denn: »Wir sind alle genötigt, unsere Ziele weiter zu stecken, als unsere Kräfte reichen, um nicht am Ende weniger zu leisten, als sie erlauben.«

SIR GALAHAD

»Möge in meiner ganzen Geschichte das richtig Gesagte von hämischem Tadel frei bleiben, die Fehler der Unwissenheit von Kundigeren berichtigt werden.«

DIODORUS SICULUS

PARTHENOGENESE

Was da ist, was da sein wird und was gewesen ist, bin ich. Meinen Chiton hat keiner aufgedeckt. Die Frucht, die ich gebar, war die Sonne.
INSCHRIFT AM TEMPEL DER GÖTTIN NEITH

Was die Protozoen beschlossen haben, kann nicht durch Parlamentsbeschluß annulliert werden.
P. GEDDES UND THOMSON · »THE EVOLUTION OF SEX«

Am Anfang war die Frau. Der Mann erscheint erstmalig in Sohnesgestalt, als das biologisch Jüngere und Spätere. Von den beiden geheimnisvollen Grundformen, in denen das Lebendige, bald hadernd verschlungen, bald sehnsuchtsvoll entzweit, durch die Zeit stürzend sich aneinander entfaltet, ist das Weibliche älter, mächtiger, urtümlicher, denn weit in die Tierreihe hinein herrscht jungfräuliche Entstehung: Parthenogenesis und durch Zeiträume, unvergleichlich länger als jene, die seit ihrem Aufhören verstrichen sind. Mehr noch: »Das Urweib im Tierweibchen pflanzt nicht nur sich selbst fort, es hat ganz allein das Männliche hervorgebracht; das Männchen nie irgend etwas ohne das Weib.« Fadenwürmer, Rädertiere, Salzkrebse, Blattläuse, verschiedene Wespen- und Schmetterlingsarten, »sie alle sind jungfräulich gebliebene Mütter«. Parthenogenese reicht bis zu den Krustazeen. »Daphniskrebse bringen von März bis August alle vierzehn Tage elf bis zwölf Sprößlinge hervor, *erst dann erzeugen sie Männchen, mit denen sie sich begatten.*«
Somit hat die Frau den Mann erschaffen, nicht umgekehrt. »*Sie* ist das Gegebene, *Er* das Gewordene, *Sie* die Ursache, *Er* die Wirkung.«
Immer in Gestalt der Mutter ragt sie ihm zuerst entgegen, ragt aus Urwelträumen bis hoch in die persönliche Schicht jedes Einzeldaseins hinein; und sein tiefstes Fühlen trägt keines Vaters Prägung, weil der ja ganz am Grund der Quelle nur ein Bruder war.
Urphänomene sind nicht da, um erklärt, sondern um eingesehen zu werden. Eingesehen und nachwirkend wiedererkannt, nicht nur am Auseinandergefalteten, auch am kühl Abgeblätterten, scheinbar abkunftlos Treibenden noch. Das Urphänomen: Primat des weiblichen Naturprinzips, während, aus ihm gelöst, das Männliche später erscheint, später zu Selbständigkeit und Schöpfertum herangereift, hat alles Menschenschicksal bald einschränkend, bald entfesselnd in jedem Zeit- und Kultur-

kreis immer wieder aufs neue aus seinem magischen Abgrund herauf entscheidend bestimmt. Der Mythos weiß es von je:

> »Was da ist, was da sein wird und was gewesen ist, bin ich. *Meinen Chiton hat keiner aufgedeckt,* die Frucht, die ich gebar, war die Sonne«,

stand über dem Tor der ägyptischen Neith. Auf andern Denkmälern heißt sie: »Nut, die Alte, welche die Sonne gebar und *die Keime der Götter und Menschen legte.«* In alten Texten: »Vater der Väter, Mutter der Mütter, die *Seiende* nämlich, welche von Anfang an gewesen ist.« Dann wieder: »Die Mutter der Morgensonne, die Schöpferin der Abendsonne, welche gewesen ist, als nichts war, und welche geschaffen hat, was nach ihr war.« Ihr Sinnbild, der unsterbliche Skarabäus, rollt sein Urei als Weltkugel vor sich her, den Ball aus Mist, um ihm geflügelt und verjüngt nach jedem Mondumlauf aufs neue selbst zu entkriechen. Den frühesten Fassungen der Schöpfungsmythen gilt weiblicher Stoff allein als zeugende Kraft. In Babylon hieß dieses Urwesen Thalat, erst als zweite Generation gebiert sie ein Götterpaar: Apsu und Thiamat. Es sind jene »Welteltern« so vieler Kosmogonien, die, unaufhörlich aufeinander ruhend, von den herausdrängenden Kindern später zu Himmel und Erde auseinandergerissen werden. Auch für das frühe Griechenland geht aus der Urvagina, dem »alles merkenden Abgrund«, erst *Gäa,* die weibliche Erde, hervor. Diese zeugt jungfräulich, ohne Liebesumarmung, *Uranos,* den Himmel, dann mit ihm, ihrem Sohn, das Titanengeschlecht. Wieder aus dem weiblichen Abgrund Ginnungagab – Vertiefung, Höhle, Spalt sind immer weibliche Symbole – kommt nach altnordischer Überlieferung *Ymir,* der Brauser, wie bei den Orphikern aus silbernem Weltei, dem »Uterus expositus«, Eros bricht, ältester und ehrwürdigster unter den Göttern. Auch Brahma weilt lange Zeit verborgen im Urei, hervortretend teilt er es dann in Himmel und Erde. Die hethitische Agdistis, androgyn, wie fast alle vorderasiatischen Göttermütter, trägt ein männliches Nebenglied in sich; später aus ihr abgetrennt, wächst es sich zu Attis, dem schönen Jüngling und Sohngeliebten, aus, und noch in den späten Märchen der Steppenvölker erscheint die Frau als beide Eltern zugleich: unsre Mutter, der Held Karakus, wird sie dort genannt.

»Von Anfang an gegeben, unwandelbar ist nur das Weib; geworden und darum stetem Untergang verfallen der Mann. Auf dem Gebiet des physischen Lebens steht also das männliche Prinzip an zweiter Stelle. Darin hat die Gynaikokratie ihr Vorbild und ihre Begründung. Darin wurzelt auch jene, der Urzeit angehörige Vorstellung von der Verbindung einer *unsterblichen* Mutter mit einem sterblichen Vater. In einem Aphrodite-Mythos erzählt Plutarch, daß, als Theseus der Göttin am Meeresufer eine Ziege geopfert, sich diese ganz von selbst in einen Bock verwandelt habe, und seit der Zeit werde Aphrodite auf einem Bock reitend dargestellt. Auch hier erscheint das Muttertier als ursprünglich und von Haus aus gegeben. Aus dem Weib entsteht der Mann durch wunderbare Metamorphose der Natur. Aber der Bock ist doch nur Aphrodites Attribut, ihr untergeordnet und zu ihrem Dienst bestimmt. Aber mit Entzücken weilt ihr Auge auf dem Gebilde. Der Mann wird ihr Liebling, der Bock ihr Träger, der Phallus ihr steter Begleiter ... Sie freut sich des Dämons, den sie gezeugt. Doch überragt Kybele als Mutter den Attis, Diana den Virbius, Aphrodite den Phaëton. Das weibliche stoffliche Naturprinzip steht voran, es hat das Männliche, als das Sekundäre, Gewordene, nur in sterblicher Form Vorhandene und ewig Wechselnde, gewissermaßen, wie Demeter die Cista, auf seinen Schoß genommen. Das ist der höchste Ausdruck der Gynaikokratie.« (Bachofen)

So weit ab vom Mythos wie nur irgend möglich, durch die Statistik nämlich, ist es lange schon bekanntgeworden, daß männliche Linien viel rascher aussterben. »Das Männliche ist das wesentlich Sterbliche, das Weibliche grundsätzlich unzerstörbar.«

In Bildern, zuweilen aufwühlend und phantastisch, wie sich sonst nur das Leben in der Tiefsee abspielt, spiegeln frühe Mythen im parthenogenetischen Weltbild biologische Urzustände wider. Und nicht nur der Glaube an jungfräuliche Entstehung, auch daß sie ein Vorzüglicheres sei, gilt allgemein von je. Wer etwas auf sich hält, wie Erlöser, Heroen, Götter, Ahnherrn, Könige, Weise, legt auf diese Entstehungsart Wert. Buddha und Quetzalcuatl, Huizilopochli und Platon, Montezuma und Dschingis-Khan sind von Jungfrauen geboren. Die Ainos von Japan, die Stämme Zentralasiens, chinesische Philosophen, siamesische Heroen, indianische Helden, tibetische Propheten,

sie alle wollen für reine Muttergeburten gelten und lehnen einen leiblichen Vater ab.
Hierher gehören wohl auch noch allerhand halbreine Konzeptionen, mit leichter symbolischer Nachhilfe. So wird eine mongolische Prinzessin durch ein Nordlicht gravid, eine japanische Göttin durch den Genuß einer Kirsche; Lotosblumen schwängern Fürstinnen von China. Die Shang=Dynastie führt sich auf die Prinzessin Kien=Ti zurück, der ein Schwalbenei in den Mund fiel, und die Mandschu stammen von einem Mädchen und einer roten Frucht ab. Beispiele ohne Ende. Doch verwischt sich hier bereits reine Parthenogenese und geht in unbefleckte Empfängnis, etwas ganz anderes, über. Beiden Vorstellungen gemeinsam ist es nur, daß sie die Entstehung des Lebens nicht notwendig an einen körperlichen Geschlechtsakt binden. Während jedoch bei Parthenogenese das weibliche Prinzip alles allein zustande bringt, bleibt es bei unbefleckter Empfängnis passiv, »empfängt« eben nur, wenn auch nicht durch einen irdischen Mann, so durch einen Gott, durch Immaterielles, auf mystische oder sonst übernatürliche Weise. Darin liegt nicht notwendig betonte Hochachtung des Weiblichen, nur betonte Mißachtung des Sexuellen. So bedeutet der extremen Geistreligion des Christentums die *Jungfrau* nichts als in Reinheit harrende Schale, zur Hegung des Heilands bereit.
Die Ureinwohner Australiens – es sind die primitivsten, jetzt in voller Auflösung begriffenen Rassen der Erde – kennen überhaupt nur unbefleckte Empfängnis und nichts sonst. Wird doch für Naturvölker die Frau durch alles eher befruchtet als durch den Mann. Als Spencer und Gillen in ihrem berühmten Werk berichteten, daß diese australischen Buschneger, so nahe der Natur, inmitten einer sehr ungenierten Tierwelt, deren Paarungs= und Brutzeiten sie in ihrer regelmäßigen Abfolge immer wieder miterleben, doch beim Menschen die notwendige Beziehung zwischen Geschlechtsakt und Fortpflanzung nicht kennen wollten, vielmehr unsre Kausalitätsreihe ablehnten, stieß diese Angabe vielfach auf Unglauben. Sie wurde aber bei Überprüfung immer wieder bestätigt.
Diese Urrassen sind, wenigstens in ihrem jetzigen Stadium, primitive Animisten, früher hatten sie eine hoch mythologische Phase, von Ahnengeistern umgeben. Am Boden, um Hölzer und Steine, wogen die unsichtbaren Schwärme, dringen mit Hilfe eines Sonnenstrahls, eines Windhauches, als aufgewir=

belter Ahnenstaub auf dutzenderlei Weise in die Frau; tote Kinder werden daher mit Vorliebe an Kreuzwegen begraben, dort haben sie zur Wiederverkörperung bessere Gelegenheit, denn alles ist lauernder Seelen voll. Aus Erdnabeln, Höhlen mit einem Stein darauf, halten sie Lugaus nach leiblichen Müttern, um unversehens in sie zu schlüpfen. Junge Mädchen fliehen diese Orte oder vermummen sich, hinken, auf Stöcke gestützt, an ihnen vorbei, markieren Vergreisung, um verschont zu bleiben. Gleiche Sitte besteht bei den Huronen, Algonkin und einigen westafrikanischen Stämmen.

Der Mann dient höchstens als Eröffner, um dem Geist die Wege zu ebnen; mit der Erschaffung eines neuen Wesens hat er nicht das geringste zu tun, weil ja gar nichts Neues erschaffen wird. Das Ganze bleibt eine reine Wohnungsfrage, zu erledigen zwischen Geist und Frau, bei der sie das Fleischgefäß abgibt, in dessen Saft nie aufhörende Seelen sich nach einem ganz geregelten unterirdischen Kreislauf innerhalb des Totseins, das verschiedene Grade hat, wieder einbetten und zu Körpern austragen lassen. Kinder oder gar Säuglinge, die noch nicht voll gelebt haben, sind überhaupt nicht tief verstorben. Nach ganz flacher Todesbahn gleiten sie wieder nach oben. Ein australisches Weib tötet daher ihr Kleines so einfach, wie ein europäisches zu ihm sagt: »Geh weg, du störst mich jetzt.« Sie weiß, es kommt schon bald von selber wieder.

Keine Hochkultur ohne Reste dieses Animismus. »Durch Platons Erdschlund, dröhnend vor Geburt, steigen die Seelen auf und nieder, vom Leben kommend hinunter und wieder von drunten mit neuem Lebenslose, das sie gelost, herauf.« Da die Mehrzahl der Naturvölker Totemrassen sind, stammen für sie diese Seelen aus dem jeweiligen Totem, der großen Ahnenseele. Mit ihr sind sie nicht nur körperlich, sondern auf tief magische Weise verwandt. Der Totem selbst kann alles mögliche sein: Tier, Stein, Pflanze, Himmelsgegend, Windrichtung, Regen und Regenbogen, Sternschnuppe oder Stern. Den gleichen Totem haben bedeutet nicht nur stärkste äußere Bindung, sondern Gleichheit der Substanz. Etwas so Fundamentales, daß es seine Glieder untrennbar zu einem lebenden Block zusammenschließt und sie für alle Ewigkeit von andern Menschen scheidet. Es erscheint die Beachtung nicht unwert, daß der Ausdruck Totem: »ototeman« – er stammt von den Ojibways und umfaßt gleicherweise das Totemtier wie jedes Mitglied der ganzen Sippe – wörtlich

übersetzt »Abstammung in der weiblichen Linie« heißt und daß auch das Wort »ebussia« bei den Fanti der Goldküste sowohl das totemistische Tier als die mütterliche Familie bedeutet. Der weibliche Herdtotem eines großen Mutterclans von Assam dürfte einer der ältesten überhaupt sein.
Animismus und unbefleckte Empfängnis gehören offenbar zusammen, sie kommen in ungezählten Abarten bei den meisten Völkern vor; jene aber, die durch ihre Rassenbeschaffenheit über ihn hinaus zu Mythenschöpfung und Hochkultur gelangt sind, haben an ihren Ursprung vorwiegend die Parthenogenese gesetzt, am kühnsten die Indoarier.

»Am Anfang war das Wort.« In der Vedischen Naturreligion ist dieses Schöpfungswort, aus dem die geistigen Urbilder aller Dinge, ihre platonischen Ideen, hervorgehen, die Göttin *Vâc*. *Vâc* heißt Sprache. Im Gegensatz zu den üblichen »feurigen Zungen«, durch die ein männlicher heiliger Geist sich zu ergießen pflegt, formt und erweckt hier die Muttermundhöhle allein das lebendige Wort, ohne daß eine Zunge als väterlicher Phallus dazu anschlüge. In einer Hymne sagt die Göttin von sich:
»Ich ging mit der Allmacht schwanger, ich wohne in den Wassern der Tiefe, breite mich aus von dort durch alle Geschöpfe und berühre den Himmel mit meiner Krone. Gleich einem Windhauch brause ich durch alle Kreatur, über die Himmel und über die Erde.«
Angefangen von den sublimen Grenzen metaphysischer Spekulation, durch alle Seelenschichten hin, bis zu den Praktiken der Hexen und Schamanen, in allen begabteren Rassen der fünf Erdteile und in allen lebensnahen Zeiten steht unerschütterlich das Axiom vom lebendigen Wort. Wortschöpfung ist gleich Weltschöpfung, Aufruf zur Gestalt, doch Bann und Beschwörung auch, somit der Urgrund der Nekromantie wie der Dichtung.
Das schöpferische Wort besitzen und damit alle Dinge bei *ihrem wahren Namen nennen können* heißt auf ihre Urbilder wirken, sie leibhaftig *hervorrufen;* es heißt, die ungeheuerlichste Zaubermacht ausüben, im Guten wie im Bösen, heißt, ein jegliches von innen heraus verwandeln, von der »natura naturans« her, im Gegensatz zur bloßen »natura naturata«.
Ihren rechten Namen nennen heißt, Götter und Dämonen sich

untertan machen, heißt, Tote herbeiziehen, wieder herein aus freier Aufgelöstheit, und alle Geschöpfe zwingen, ihrer innersten Wesenheit nach zu erscheinen.

»O wie gut, daß niemand weiß, daß ich Rumpelstilzchen heiß'.«

Name ist Substanz. Was keinen Namen hat, existiert auch noch nicht. Daher fragen die Yoruba Westafrikas durch den Priester an, welcher verstorbene Ahne beabsichtige, in dem Neugeborenen zu wohnen, damit es seinen Namen erhalte; erst vermittels des gleichen Namens werden Vorfahre und Nachfahre einander gleich.

Der Christ erhält durch die heilige Handlung der Taufe seinen Namen, Mönche und Nonnen beim Eintritt in den Orden ihren Geistnamen, Liebende auf der ganzen Welt nennen einander neu, und jedem Schriftsteller ist es unangenehm vertraut, daß keine Romanfigur glaubhaft zu leben beginnt, ehe er den einzig rechten Namen für sie nicht etwa *er*=funden, sondern *ge*=funden hat. Vorher ist überhaupt nichts mit ihr anzufangen, sie bleibt ödeste Konstruktion, strahlt nicht, wirkt nicht, und triebe sie es noch so wahr.

Spricht die Physik von »Massepunkt«, »Elektronen«, »Quanten«, so ist auch das Beschwörung und Bann. »Vom Namenszauber der Wilden bis zur modernen Naturwissenschaft, welche die Dinge unterwirft, bannt, indem sie Namen, nämlich Fachausdrücke, für sie prägt, hat sich der Form nach nichts geändert.« (Spengler)

Wer umgekehrt den Namen auslöscht, löscht das Geschöpf mit aus. Bei vielen Naturvölkern besitzt jeder zwei Namen, einen scheinbaren und den wirklichen, von dem, um Mißbrauch zu verhüten, außer der engsten Familie niemand wissen darf, denn würde dieser lebendige Name in sterbliche Materie eingeritzt, etwa in ein Blatt, dann beschworen und unter bestimmten Riten von einem Übelwollenden begraben, so schwände mit der mählich schwindenden Schrift der Träger zugleich dahin. Jeder Indianer glaubt, daß, was dem Namen geschieht, ihm selbst widerfahre. Ist ein Kaffernkind diebisch veranlagt, so wird sein Name wiederholt in den Dampf reinigender Zauberkräuter hineingesprochen; das ahnungslose Kind – es darf von der Prozedur nichts erfahren – gilt dann als restlos von seinem Fehler befreit. Einem irischen Barden wieder mißlang die Totfluchung eines Königs von Ulster, weil sich dessen Name nach keinem bekannten Versmaß richtig skandieren ließ. Metrum ist

bannendes Schema, in das erst einmal verspannt der Name zur magischen Weiterbehandlung parat liegt. Isländische Skalden waren deshalb strengen Gesetzen unterworfen, verfügten sie doch durch die Sprache über jene ungemeine Macht, Urworte und damit neue Verknüpfungsarten im kosmischen Kraftnetz zu bilden. In Sumatra führen die Priesterinnen den Ehrentitel »sihoro« = Wort. Auch die Kabbala nennt ja Magie treiben durch zielgerichtete Worte und Begriffe auf Ideen wirken.
Jenes erste unergründliche Wort aber, das die ewigen Ideen selbst hervorruft, ist in der indoarischen Naturreligion die Göttin *Vâc*. Darum auch sie »im tiefsten, allertiefsten Grund umschwebt von Bildern aller Kreatur«.
Als ihm in solchem Sinn das Urwort »Mütter« aufging, sagt Goethe zu Eckermann, habe er sich eines seltsamen Schauders nicht erwehren können.

DIE SCHWARZ-WEISSEN EIMÜTTER

Die ältesten, ehrwürdigsten Gottheiten, vor denen alle oberen Götter sich beugen, sind ursprünglich alles Erdmütter, die den Schicksalsfaden der ganzen Welt spinnen und das tiefe Geheimnis in den Mysterien bewahren.
C. A. BERNOULLI

Die Religion ist der Ort, wo ein Volk sich die Definition dessen gibt, was es für das Wahre hält.
HEGEL

Die weiße Mutter

Wer durch allerhand oberes, heiter-seichtes, aufgeklärt-rühriges Göttergetriebe, durch dieses ganze Symposion von »Rayonchefs« hindurchstößt ins dunkle Reich, trifft bei diesem Schichtenwechsel in tieferem, mächtigerem, beseelterem Zeitkreis auf eine einzige große Göttin, die bis zum Mond reicht. Aus ihr geht die Himmelssippe dann hervor.
Diese Uraphrodite hat viele Namen. Rhea, Neith, Demeter, Ischtar, Shing-Moo, Kybele, Agdistis, Bona Dea, Ana Perennia, Cailleach Bhiarach, Fır Dea, Bu-Anu, Anaitis, Bellona, Astarte, Harmonia, Unakuagsak, Tetevinan sind einige wenige davon. Die ackerbautreibenden Ureinwohner Indiens, die Dravidas, lallen sie einfach als *Ma, Mata* = Mutter an oder als schwarze, Finsternis triefende Erde = *Homo* (humus). Das Infantilwort

für Mutterbrust wiederholt sich im Anlaut durch die verschiedensten Sprachen, so daß die Mütter Jesu und Buddhas Maria und Maja heißen. Die ackerbauhassenden Arier, Semiten, Zentralasiaten verehren sie als Himmelsei, Weibgestirn – Mond. Aus ihrer verträumten Brust fließt es so silbrig und weich in die nächtlich atmenden Pflanzen, quillt über, wird nicht selten zum heiligen Rauschtrank. Auch der indische Soma ist ein Mondwein, im nächtlich uterinen Licht gewachsen, wie der Misteltrank der Kelten. Die »große Mutter« der Eskimos, Sedna oder Unakuagsak, wirkt ebenfalls als kosmische Mondkraft, gleich jener von Neuseeland und Brasilien. »Ebbe und Flut, Wachsen und Schwinden, Auflösung des Fleisches, Gärung und Verwandlung der Weine, Phosphoreszenz, Fäulnis der Hölzer, Eibrut, leichte Geburt treiben unter ihr.«
Als Isis gleitet sie auf himmlischer Barke, der Mondsichel, durch das obere Fruchtwasser, fährt als große Nordgöttin auf den Wagen der Nomaden einher oder in einem Schiff, auf Speichenrädern rollend und von Webern gezogen, sie selbst die große Weberin. Das über Land fahrende Schiff, ein ins Rollen gekommenes, in Bewegung geratenes Ei, herausgehoben aus träumenden Gewässern, dieses Sinnbild begleitet uralten Mutterkult aus babylonischer, indischer, ägyptischer, altnordischer Frühe durch das ganze Mittelalter bis in unseren Karneval hinein. Der Fastnachtskarren ist es, das »Narrenschiff«, umtanzt von orgiastischen Schwärmen. Tacitus sah eine suebische Göttin in Gestalt eines rollenden Schiffes verehrt, und die Göttin Nerthus auf ihrem Schiffswagen, den bunte Gewebe schmückten, milchweiße Kühe zogen, begleiteten sieben deutsche Stämme auf der kultischen Fahrt.
In Irland ist der große Mutterkult ein Hain- und Mondkult. Ihr Rauschtrank, »klebrig wie Libido«, quillt aus der glasigen Mistel, die zu bestimmten Mondphasen mit silberner Sichel von druidischen Priesterinnen oder Priestern in Frauengewändern geschnitten wird. Ihr zu Ehren ist das Jahr bei allen keltischen Stämmen ein Mondjahr und wird nach Nächten, nicht nach Tagen gezählt. Die Dea Syria fällt aus ihrem eignen Mondei vom Himmel in den Euphrat, wird von Fischen ans Land gerollt, von Tauben bebrütet. Die arabische große Mutter heißt *Al-Uzza*. Ihr Heiligtum, die Kaaba, wurde in vorislamitischen Zeiten in Mekka von Priesterinnen gehütet, sie selbst verehrt in Gestalt eines schwarzen Steines (Mondei).

Die große Mutter von Mexiko heißt Ahnfrau *Tonantzin,* als Erdbebenmutter *Thalli=Yjolta* = »schlagendes Herz der Erde«, als Maismutter *Centeotl.* Wie die antiken Mysterieneier, wie die Erinnyen, die indische Aphrodite, wie alles Chthonische, der Erdtiefe Verhaftete ist auch sie schwarz=weiß. Oben weiß, vom Mund ab schwarz. In ihrem Tempel wurde sie verehrt unter der Form eines hockenden grünen Riesenfrosches, geschliffen aus einem einzigen, ungeheuren Smaragd, des Totemtieres der Sumpfzeugung. Die Karaiben sagen bei Erdbeben: Die große Mutter tanzt. Immer und überall erscheint sie in doppelter Gestalt, als Erde und Mond; diese bilden ein geschlossenes Bezugssystem vorwiegend weiblicher Natur, bei dem der Mond das seelische, die Erde das stoffliche Teil vertritt. Der Körper ist ja Seelenform. »Im Mond lösen sich die Seelen auf wie die Körper in der Erde.« Ischtar, die große Mutter von Babylon, ist alles zugleich. Als ruhender Uterus = Erde, um den sich der ganze Kosmos dreht, hat sie den Tierkreis zum Gürtel, ist auch Morgen= und Abendstern, Schöpferin aller Dinge, große Jägerin, Herrin der Schlachten, Himmels= und Erdkönigin, Sternenkönigin, gehörnte Mondgöttin, Mutter der Götter und der Menschen, wurde fast monotheistisch verehrt. Die babylonischen und sumerischen Königinnen galten als Stellvertreterinnen der Ischtar, die babylonischen Könige als Gatten der Himmelskönigin. Ursprünglich sind die großen Lebensmütter alle Mondfrauen; wo der Ackerbau überwiegt, werden sie einschränkend geschaut unter dem Bild der Ernte spendenden »Mutter Erde«. Primär aber sind sie eben das lebendige Schicksal selbst. Ihre Verehrung ist daher nicht ausschließlich weder an den regelmäßig besamten Ackerboden, noch an den mütterlichen Urschlamm gebunden, vielmehr an das weibliche Ei, mit dem alle Mondfrauen verbunden sind. Auch in Erdgestalt tragen sie die Mondinsignien als heilige Jungfrauen auf der Mondsichel, denn Jungfrauen bleiben sie alle, was *gattenlos* heißt, nicht *keusch.* Was ihnen als Priester dient, muß weibliche Mimikry treiben. Der Priester der Ischtar, der Dea Syria, der Diana von Ephesus, die Mondpriester Afrikas und Kleinasiens sind Eunuchen, jene der großen Mutter von Mexiko Greise. Religion üben ist auf der Urmutterstufe eben ein ausschließlich weibliches Amt, wie Zauber, Weissagung, Seherschaft, Lenkung der Naturkräfte, Magie. Soll ein Mann daran teilhaben, dann nur nach Ablegung seines eigenen und sym=

bolischer Anlegung des anderen Geschlechts oder in androgy=ner Gestalt.
Überall ist die große Herrin fertig da, ein von Anfang an Ge=gebenes. Männliche Gottheiten dagegen haben eine Kindheit, brechen aus ihrem dunklen Verschluß als Unmündige ans Licht, wie in der niederen Natur die jungen Männchen aus dem erwachsenen Muttertier parthenogenetisch hervorschlüpfen. Die halbe Götterwelt Kleinasiens zeigt diese Bildung: zeitlose Mutter, kindlicher Sohn; am reinsten aber zeigt Kreta sie. Dort hat die minoische Kultur, eine der originellsten und raffinier=testen der Welt, in den 1500 Jahren ihrer Blüte keinen einzigen selbständigen Gott gehabt, nur eine »große Mutter«. Auf manchen Gemmen und Siegelringen aus dem dritten Jahrtau=send v. Chr. ist ihr lediglich etwas wie ein zwergisches Neben=geschöpf gesellt – Sohn und Gatte zugleich –, das Ganze nicht unähnlich einer Termitenkönigin und ihrem winzigen Prinz=gemahl.
Auch für das hellenische Gefühl bleibt diese »große Mutter« als Rhea die einzige erwachsene Gottheit der Insel, begleitet nur von idäischen Daktylen: Fingerlingen, Däumlingen, klei=nen Phalli. Es hängt noch gar kein Mann an ihnen. Vorerst sind sie nur als männliches Prinzip geboren, ohne Persönlichkeit, das nackte, spannenlange Prinzip, sonst nichts. Lange, nachdem oben die Welt voll entfalteter Götter steht, rumort es noch in Form von Gnomen, Erdmännchen, Heldenzwergen, dämoni=schen Schmieden, beklopft, gedämpft im dunklen Erdschoß hämmernd, am schwelenden Innenfeuer den Stoff. Dort, tief unten, bringen die Daktylen der großen Mutter das Schmieden bei. Sogar die goldne, so gar nicht erdmütterliche Aphrodite droben im linden Licht hat so einen unansehnlichen Feuer=schmied, den hinkenden Hephaistos, zum unterirdischen Mann, während sie sich oben das vollentwickelte Exemplar Mars zum Geliebten nimmt. Noch heute hämmert ein Schmied in Gretna=Green eilige Paare zusammen; diesem Handwerk bleibt immer ein männlich dämonisches Wesen verhaftet, ein niedrig feu=riges Zaubergetue, das eigene Bünde und Kasten bildet. Auch in den Mutterrechtszentren von Afrika mit weiblichen Häupt=lingen, weiblichen Kriegern schmiedet nie eine Frau, denn das ist Männerwerk.

Langsam vollendet sich der Machtwandel der Götter. Erst tritt Männliches nur »im Gefolge der großen Mütter« auf, wird später zu Sturm- und Mondherrn, denn wie aus der Erde die Daktylen, so tritt auch aus dem weiblichen Mondstoff ein männlicher Gott hervor. Das alles folgt, erst halb entfaltet, der großen Göttin als wilder, dienender Schwarm. Sogar Dionysos, der »phallische Herr«, Berauscher der Frauen in Frauengewändern und hermaphroditisch gebildet, ist nichts als der Oberste ihres Gefolges, wie die Daktylen die Untersten sind.

Mondgötter bleiben ohne Selbstzweck, von unsublimierter Männlichkeit, nur bestimmt, dem Weiblichen zu dienen. Auch Odin war ursprünglich Mond- und Windgott, in wartender Lufthöhle die stürmische Geißelzelle des Aufruhrs. Das erklärt, warum er – selbst bei Wagner noch – stets in einer Graupelbö daherkommt, während der Naive doch vermeinen sollte, sei einer schon ein Gott, so läge es nahe für ihn, vorerst doch sich selber erfreuliches Wetter zu machen.

Stets und überall wird der »großen Mutter« freiwillig gedient, in Scheu, Rausch, Dankbarkeit, Ehrfurcht, Ekstase, als dem Urquell jeder Kreatur. Aus ihr schäumt Reichtum, Liebe, Glück, Gut; alle orgiastischen Rauschfeste gehen auf Erdfrauen und Uraphroditen zurück, die Mysterien wie der Karneval. Ernste Ordnerin ist sie und Lustprinzip zugleich. Und da sie aus ihrer Fülle ohne Ende jedem ihrer Kinder das Seine spendet, ist sie das Naturrecht und die Gerechtigkeit. Wer aber *sie* verletzt in irgendeiner Form, verletzt in ihr zugleich sich selbst, frevelt gegen die Schöpfung und muß unweigerlich zugrunde gehen. Demeter, Themis, Dike, Poine, Nemesis, Erinnys, Justitia sind Trägerinnen uralter Einordnung, nie völlig verdrängt vom späteren männlichen Recht. Fällt auch Osiris als Totenrichter den Spruch, eine Göttin mit niemals irrender Waage wägt ihm die Herzen vor. Männliches jus civile braucht Rechtssuchung und Rechtsfindung, weibliches jus naturale ist selbst das Recht, spendet es aus sich, und gegen dieses Urteil gibt es keine Appellation.

Hundertnamige, Einzige, weiße Mutter, unbegreifliche Geberin, allen gibt sie Nahrung – auch dem Tod.

Die schwarze Mutter

Die Zeit schleppt Tag für Tag durch mich hindurch, reißt ab wie ein Bandwurm, dessen Kopf woanders in einem andern Opfer wieder Leiden und Glieder zieht. Die große Mutter wird mir zu schlafen geben schwarze Milch.

PAUL CLAUDEL

»Der Bauch knickt ein, die Darmschlingen treten in seinen Kontur, das letzte Gefühl flüchtet sich in den Nabel, will auch da hinaus, *zurück in den Leib der Mutter.* Der Weg ist abgeschnitten – grauenhaft, der Weg ist abgeschnitten – *der andre ist der Tod!«* (H. H. Jahnn)

Ja, Futter macht sie für die alles verzehrende Zeit, sonst nichts. Aus holder Geborgenheit, tiefer als Traum, treibt sie die wehrlosen Geburten aus in das »Nicht-Umkehrbare«, die Kette aus lauter »nie wieder« »und viel zu grauenhaft, als daß man klage«, denn ein Geborenes sein heißt: herausgezerrt werden aus einem kleinen Kind und eingesperrt in einen eklen Alten, fortgeschleift werden an Haaren und Nerven in *eine Richtung,* ohne Verweilen, ohne Gnade, wo Glück und Dauer einander ausschließen und jeder noch so heiße Sieg in kalter Niederlage – dem sich zum Sterben Niederlegen – endet.

Das bedeutet der großen Mutter schwarz-weißes Gesicht, in Persien und im Iran der schwarz-weiße Mond, das bedeutet der Geier auf dem Haupt der Neith, der niederstößt, das Weltaas zu vertilgen, alles, was da über seine Zeit schon west, damit es nicht zu lange verweile. »Große Mutter« ist nicht nur Aphrodite und Demeter, bona Dea, Fortuna, Abundantia, die Liebe und Nahrung spenden, auch als kinderfressende Mara erscheint sie, als Lamia, scheußliche Kali, fischäugige Durga, schwarze Humus, Hekate, als mit den Todeshündinnen hetzende Diana, die böse Jägerin, wenn sie ihr Jünglingsopfer jagt, pfeilt, zur Strecke bringt, als Empusa, die, ein Angstgespenst, das eine Bein aus Erz, das andre aus Eselsmist, in einer Blutblase einhertreibt. Sie ist das Drachenhaus aller Pubertätsriten, die böse Ahnfrau Hine-nui-te-po Neuseelands; ewig ausspeiender und wieder einsaugender Muttermund.

Doch Mater Dolorosa zugleich. Unsterbliche Mutter des sterblichen Sohnes. Von Thrakien bis nach Samarkand, von Indien bis zum Nil ist die Welt voll klagender großer Mütter, mag der tote Sohn Tammuz, Attis, Adonis, Dionysos, Iasion, Ruadan,

Christus heißen; alle edlen Harze, Weihrauch, Bernstein gelten für Tränen der Erdgöttinnen um ihr sterbliches Kind. Das von ihr Hervorgebrachte, die Schöpfung, wird meist symbolisiert durch den Baum. In Bengalen wird der »Sohn« in Gestalt eines Opferbäumchens mit Blumen, Früchten und brennenden Lichtern wie ein Christbaum geschmückt, von Jünglingen in den Fluß getragen, dort tanzt er fort, weggerissen vom Strom, um irgendwo unterzugehen. Attis wieder wird in Gestalt einer veilchenumkränzten Pinie verehrt. Bei den Sumerern vor 6000 Jahren hieß der »wahre Sohn« Damuzi, Wanderer, »guter Hirte«, Sohngeliebter der Ischtar; auch er ertrinkt, von der schwarzen Mutter in die Unterwelt geraubt, während ihr weißes Gesicht oben in Tränen schwimmt. Wo die Söhne später als junge Korngötter erscheinen, folgt dem Tod ein Auferstehungsfest; und erst in viel späterer griechischer Zeit, als das Inzestverbot in Geltung stand, deutete man ihren Untergang in »Strafe« für die Liebe zur Mutter um. Als Anaitis zu Ninive aber reißt diese – Lebens- und Todesmutter zugleich – den Sohn in einer einzigen riesigen Feuerorgie wieder in sich hinein. Jedes Jahr wurde ihr der schönste Jüngling ausgewählt, »eine üppig blühende Gestalt von halb weiblichen Formen, das weiße Antlitz mit Psimythion, Augenbrauen und Wimpern mit Stimmi bemalt, mit goldenen Ketten, Ringen und Ohrgehenken reich geschmückt, in einem hellroten, durchscheinenden Gewand, Becher und Doppelbeil in den Händen – – – von Weibern umgeben, unter purpurnem Baldachin, mit untergeschlagenen Beinen sitzend, so stellt man ihn dem Volk zur Schau«. Nach einem Tag und einer Nacht orgiastischen Aufrausches »wiederum mochte es eine andere Schau geben, wo dieser Herrliche – – – auf einem ungeheuren Rogus aus köstlichen Hölzern, mit golddurchwirkten Teppichen bedeckt und allerlei Räucherwerk und Aromen reich beladen, zu sehen war, der unter dem Geheul einer unermeßlichen Menge und dem Charivari einer gellenden, betäubenden Musik angesteckt, eine ungeheure Feuersäule zum Himmel wirbelte und mit Rauch und Duft das halbe Ninive überströmte«. (O. K. Müller)

Das Problem der Unsterblichkeit besteht für den Sohn offenbar darin, wie früher durch die »weiße«, so jetzt durch die »schwarze« Mutter hindurchgeboren zu werden; dann ist sie nichts für ihn gewesen als eine dunkelweiche Pforte ewiger Wiederkehr. »Du Erde warst auch diese Nacht beständig.«

Die polynesischen Mauimythen in ihren vielen Varianten handeln von nichts anderem als diesem »zweimal durch die Mutter gehen«. (Jung) Dort ist des Helden mütterliche Feindin die böse Ahnfrau Hine-nui-te-po. Um sie von innen her zu vernichten, kriecht er mutig in sie hinein, mahnt aber vorher »die kleinen Vögel«: seine hilfreichen Wunschgedanken, sie möchten jetzt nur ja nicht lachen, käme er erst glücklich wieder heraus, dann wäre es Zeit, zu jubeln. Doch »die kleinen Vögel« lachen zu früh und zu laut, die »böse Alte« erwacht, schnappt zu – aus ihren Maulecken rechts und links fallen Mauis Beine, die Wiedergeburt mißlingt. In Mystik, Religion, Philosophie, Mythos, Märchen – immer das gleiche Motiv; der schwarz-weißen Mutter doppelter Aspekt. In den Mythen der Eskimos, bei den nordamerikanischen Indianern, in Mexiko, in der Sahara, am Kongo, überall, für alle Rassen ist der Tod durch die Frau in die Welt gekommen; sie alle wissen nicht, wieso, aber sie wissen es aus »Natursichtigkeit«.
Trotzdem: ist sie denn böse, die große Endgültige? Und nicht des Geborenen eigenste Sehnsucht auch? »Die Sehnsucht hin zur Heiligen Nacht.« Aus der zermarternden Hatz des immer wachen »Weiter« endlich wegsinken dürfen ins tiefe »Zurück«, in die traumlose Ruhe des Nicht-mehr-Seins. So tauschen für den zu Tode Erschöpften »schwarze« und »weiße« Mütter sich wieder wunderlich aus. Die »Gute« war so »böse«, die »Böse« wird so »gut«. *Demetrier* hießen die Toten: der Demeter Gehörige, und hockend in der Embryonallage, wurden sie der Erde in den Schoß gelegt; »den Neugebornen gleich, ziehen sie die Schenkel wieder heran an den Bauch und betten sich zurück in den mütterlichen Grund«. Zur Vereinigung mit der großen Erdseele kehren ihre Seelen heim.

Die große Weberin

Alle Muttergottheiten spinnen und weben. In verborgener Werkstatt verwachsen sie Adern, Fasern und Nervenstränge zum Wundergeflecht des lebendigen Leibes. Aus ihnen kommt alles, was ist: aus Entstehen und Vergehen, den »rhythmisch auftauchenden und wieder verschwindenden Fäden«, wirken sie die Wandeltapisserie der Welt. Maja, die Dea Syria, die von Sais weben sie zum Schleier der Illusion, Harmonia zum

bestirnten Himmel, und Arachne verspinnt alle Liebesverschlingungen der Götter und Menschen in ihr Netz.
Wenn die dunkle Wirkerin ihr Gewebe auch verkündet, wird sie dreigestaltet in die Zeit projiziert, als Vergangenheit – Gegenwart – Zukunft; Nornen, Parzen, Moiren nennt man sie dann. Charitinnen, wenn sie nur Holdes, Erinnyen, wenn sie nur Übles weben. Ilithia, die Geburtshelferin, wird auch »gute Weberin« genannt, und Weber ziehen den Wagen der wandernden Nordgöttin in Schiffsgestalt. Alles Verknoten, Verschlingen, Verflechten, Verspinnen gehört der weiblichen Naturseite an, doch auch die Umgarnung mit dem Zaubergewirk, dem giftigen Nessushemd, auch die Wiederauflösung des Geflochtenen ist ihr Werk. Bei Nacht muß sie zertrennen, was sie bei Tag gewirkt, »damit ewige Frische dem Gespinst erhalten bleibe, die nur möglich wird durch den ewigen Tod«. Gewandweberei war bei allen Kulturvölkern und ist noch heute bei Primitiven eine kultische Handlung, ein von Frauen gehütetes Geheimnis und besonderen Priesterinnen anvertraut, jedenfalls weibliche Erfindung und eine Art Organprojektion, denn die Kteis, der weibliche Kamm, gleicht dem Webekamm, dessen Zähne die einzelnen Fäden trennen. Dieser Kamm ist überall Gegenstand religiöser Verehrung und Ursymbol der Frau. So tragen ihn persische und türkische Gebetsteppiche auf der »Ostseite«, wo die guten Wünsche stehen, eingewebt als Ornament; so viele Frauen der Geber des Teppichs dem Empfänger wünscht, so viele Kämme wiederholt das Muster.
Zur Weberei der Erdmütter in Beziehung steht überhaupt jedes Geflochtene, Siegerhemden wie Totenhemden. Schwarzweiße Binden umwickeln den Verstorbenen als Nabelschnüre ins Jenseits, auf daß der Schicksalsfaden nicht abreiße und etwas da sei, was die große Weberin ergreifen und weiterspinnen könne. Und wer in die Eleusinischen Mysterien der Demeter eingeweiht war, trug wiederum den heiligen Faden um Hand und Fußgelenk, sichtbares Zeichen jener Unsterblichkeit, die ihm dort durch Schauung zuteil geworden war. Immer sind der Frau auch die geheimen Künste der Verknüpfung zugehörig, wie sie fast jedes Volk als imitative Magie gegen Krankheit und jegliche Unbill in irgendeiner Form noch heute übt. (Am häufigsten gegen Warzen.) Die Wirkung liegt im Schürzen und Aufhalten des rinnenden Fadens; das Schicksal wird eben an bedenklichen Stellen in der Zeit abgeschnürt,

gestaut, gewendet, zu- oder weggedreht. Sogar der rationale Zivilisationsmensch von heute trägt, ohne es zu wissen, noch als Tänie, Amulett, Schutzknoten gegen Halsübel: die Krawatte, denn das war ursprünglich ihr Sinn. Übrigens hängt auch für die moderne Graphologie gerade alles, was Schlinge an den Buchstaben ist, mit dem Geschlechtlich-Schicksalhaften am Charakter zusammen; an diesen Knüpfungsstellen zeigt sich eben, wie der Schreiber im tiefsten, allertiefsten Grund mit der großen Weberin steht.
Aus weiblicher Tiefe kommt alles Wissen um das Geschick, von den Oberen kennt es keiner; wer es erfragen will, muß hinunter zu ihr, hierauf gründet sich das »Mysterienprinzipat der Frau«. »Zeusmysterien« hat es nie gegeben, von den weiblichen Eleusinien aber schrieb Adesius dem Kaiser Julian: Wenn du einst an den Mysterien teilnimmst, so wirst du dich schämen, überhaupt nur als Mensch geboren zu sein. Und in einem Pindarschen Fragment heißt es von ihnen:

»Glückselig, wer jene Kommunion
unter der Erde geschaut hat.
Er weiß um das Ende des Lebens,
er weiß um den gottgegebenen Anfang.«

Überall, wo die Erde sich weiblich zum Kamm spaltet, brechen Orakel hervor. Aus ihm wachsen dann in Athen, Delphi, Sparta, Dodona die jungen Tempel der oberen profanen Götter heraus. Auch der Areopag stand über der »heiligen Schlucht« der Erinnyen; wer freigesprochen wurde, opferte dort den »Ehrwürdigen«, denn sie klagen ihn an, sie geben ihn frei. Sogar Delphi, die Hochburg des männlichen Geistgottes, ist um den uralten Nabelstein der Erdmutter Gäa errichtet. Im Nabel selbst, einem Kuppelgewölbe inmitten des Apollotempels, liegt Gäas Sohn, der Erdgeist Python, begraben, und über die Dämpfe des weiblichen Abgrunds, die Kteis, gebeugt, weissagt Pythia: eine Frau. Dieses Orakel im Haus des Sonnengottes war, wie ein delphischer Priester dem Plutarch mitteilte, nur bei Nacht und Mondschein inspiriert. Auch die Moiren hatten hier ihren Schrein, hießen »die Drei«. Ananke aber wird »Herrin der Götter und Menschen« genannt.

MUTTERRECHT

Lassen wir die Vergötterung der eigenen Vernunft und den Götzendienst selbstgeschaffener Idole – befolgen wir das alte, dem Äneas gegebene Orakel: antiquam exquirite Matrem: »der uralten Mutter folget nach«.

Vielgestaltig und wechselnd in seiner äußeren Erscheinung folgt der Mythos doch bestimmten Gesetzen und ist an sicheren, festen Resultaten nicht weniger reich als irgend=eine andre Quelle geschichtlicher Erkenntnis. Produkt einer Kulturperiode, in welcher das Völkerleben noch nicht aus der Harmonie der Natur gewichen ist, teilt er mit dieser jene unbewußte Gesetzmäßigkeit, welche den Werken freier Reflexion stets fehlt.

J. J. BACHOFEN

Wo die Totalität der Macht mit solchem Tiefenglanz auf der weiblichen Naturpotenz gesammelt ruht, wo schicksalhafte Herrinnen der Auf= und Untergänge an der Spitze der Schöp=fung stehen, umklammert von Lebenden und Toten, denen ihr tieferer, unterer Mund das Urteil spricht, dort kann das Welt=gefühl, so bis zum Erzittern angespannt mit der Symbolbreite des Muttertums, nicht »folgenloser Glaube« bleiben, der irgend=wo im Leeren hängt; dieses Weltgefühl muß sich vielmehr durch alle Stufen auswirken bis in das Familienrecht. Denn nur das Lebendigste, das ganz und gar Wahre einer Weltzeit geht in ihren Mythos ein. Wem er Macht gibt, der hat sie auch realiter besessen; »Vergottung« dort verträgt sich nie und nimmer mit »Versklavung« hier.

Und doch hat es wieder einmal ein paar Jahrtausende gedauert, bis das jemandem in allen Konsequenzen aufging. Natürlich ist hier J. J. Bachofen gemeint.

Dieser weiche, korpulente Basler Patrizier mit dem wunder=schön geschwungenen Kindermund, einem Dutzend Millionen Schweizer Franken, einer Professur für Römisches Recht, vielen Ehrenstellen und einer fast unbegreiflichen Wissenskraft ent=deckte in tiefster innerer Vereinsamung das weibliche Welt=alter am unteren Saum der Geschichte, mit priesterlicher, politi=scher und ökonomischer Vormachtstellung der Frau. Für vier=zehn Länder und Stadtgemeinden: Lykien, Athen, Kreta, Lem=nos, Ägypten, Tibet, Zentralasien, Indien, Orchomenos, Elis, Lokris, Mantinea, Lesbos und Kantabrien hat er es selbst nach=gewiesen, für den größten Teil der restlichen Erde diesen Nachweis – wie sich jetzt zeigt – mit Recht vorausgesagt.

Als vergleichender Rechtsforscher nannte er seine Wiederent=

deckung nach ihrem wichtigsten, juristischen Merkmal: Mutterrecht. Dieses ignoriert den männlichen Anteil bei der Entstehung des Kindes und zählt nur die Herkunft aus dem Mutterschoß. *Herkunft* im wörtlichen Sinn: wo es her = herauskommt, das allein gilt. Der Stammbaum ist somit weiblich, jeder Unterschied zwischen ehelicher und unehelicher Geburt fällt dahin, weil alle Kinder, dem Rang der Mutter folgend, ihren oder ihrer Sippe Namen tragen, und auch der Besitz erbt sich ausschließlich in weiblicher Linie, und zwar von der Mutter auf die Töchter, fort; die Söhne gehen völlig leer aus, erhalten aber zuweilen bei ihrer Verheiratung von den Schwestern eine Aussteuer. Vom leiblichen Vater können sie nichts erben, weil dieser als mit ihnen gar nicht blutsverwandt gilt. Was er im Leben sich erwirbt oder erobert, fällt nach seinem Tod, ganz konsequenterweise, seiner *uterinen* Sippe durch die gemeinsame Mutter, also den Kindern seiner Schwestern, zu. Diesen Neffen und Nichten steht er viel näher als ihr eigener Vater, und in der Übergangsperiode zwischen Mutter- und Vaterrecht ist immer dieser Mutterbruder der einzige Mann, dem Einfluß in der Frauensippe zugestanden wird. Sogar das extrem vaterrechtliche Rom hält noch die zweierlei Onkel rechtlich scharf auseinander; den Vaterbruder, patruus, und den Mutterbruder, avunculus, was ja soviel wie kleiner *Ahne* heißt.
So sieht im Nüchternen die Struktur der Mutterfolge aus. Doch das bleibt Vordergrund. Klages hat mit Recht Bachofen »den vielleicht größten Erschließer eines urzeitlichen Bewußtseinszustandes« genannt, »im Verhältnis zu dessen samt und sonders kultischen und mythischen Niederschlägen ausnahmslos alle Glaubenslehren der *geschichtlichen* Menschheit im Lichte von Verdünnungen und Zersetzungen des Urquells erscheinen«.
Immer hat es zwei Arten von Erkennern gegeben: Seher und Denker. Bachofen war beides, das hat ihn zum Tiefenforscher ohne Beispiel gemacht. Denn die Intuition als Wünschelrute deutet nur die Stellen einer noch blinden Tiefe, wo der Geist mit seiner zarten und planvollen Technik des Bloßlegens einzusetzen hat. Die Intuition schlägt dort an, wo sich das Schürfen lohnt. Immer war es gerade das unangenehme Gelände zwischen den Fachgebieten, jenes, gegen das alle Anrainer: Archäologen, Philologen, Kulturhistoriker, Mythenforscher, jeder auf seinem Plätzchen hockend, sich gereizt und beleidigt ab-

grenzten – »gerne meiden wir weitgreifende Fragen«, denn: Gelehrte sind nicht neugierig – und mit eigenen Förderschlakken zudeckten, wo Bachofens Wunderinstrument ins Schwingen geriet. Dann wurde der Behäbige hart vor Fleiß, stürzte jahrelang den Weg hinunter, Schritt um Schritt nach allen Richtungen und Regeln strenger Forschung. Methodisch, exakt. In diesen neuen Seelentiefen aber kam er dann »zu den Gefilden und weiten Palästen« innerer Kontinente, von denen jene Flächlinge, wie sie ausschließlich auf dem obersten dünnen Zeithäutchen ihr zweidimensionales Blattlausdasein führen, sich nichts ahnen lassen. Beschleunigte Blattläuse, zugegeben. Doch auch bei dreihundert Kilometer Stundengeschwindigkeit wird immer nur auf der gleichen Fläche rundum gesaust.

Außer Intuition und Wissen aber brauchte Bachofen für seine psychische Paläontologie noch ein Drittes: Einsamkeit ertragen können. In monumentaler Geschlossenheit nach außen und innen, der Tagesmeinung nicht gefällig, dastehen, breit, still, fern, »unzugänglich dem Spott und dem Zweifel, den unreifen Früchten der Weisheit«.

Damals, zwischen 1860 und 1890, waren die Leute durch die Aufklärung so verdummt, daß jeder Versuch, irrationale Daseinsformen an ihrer eignen irrationalen Quelle zu erfassen, für »Fiebergesichte«, »höheren Blödsinn« galt. Als Diktator gebot jener fanatische Flachsinn, dem Erklärungen so leicht fallen, weil er gar nicht mehr dahin gelangt, wo die Probleme erst beginnen. »Sein Bestreben ist es, die Welt möglichst platt zu sehen, nicht, um durch Klarheit dem ewig Dunkeln sein ewiges Recht zu sichern, sondern um eine öde Selbstverständlichkeit des Alls zu erzeugen und jene Dinge aus dem Weg zu räumen, welche einer freien Bewegung seiner Ellbogen, auch im Geistigen, entgegenstehen.« (Weininger)

In der Historie herrschte damals der Unfug der »kritischen Sichtung«. Als ob das, was die Vergangenheit »kritisch zu sichten« sich vermißt, je selber etwas anderes sein könnte als ein Vorurteil der Gegenwart, wie der Historiker Bossier vom Historiker Mommsen und seiner Schule gesagt hat. Machte jede Zeit das ihrerseits so, dann blieben von der ganzen Geschichte nur die leeren Jahreszahlen stehen, mit gar nichts darin, höchstens gut dazu, in die Lotterie gesetzt zu werden. Zuvörderst säuberte die Rabbia dieses Rationalismus ihre Objekte von allem »phantastischen Beiwerk« der Tradition, warf diese unbrauchbaren Notizen als unglaubwürdig, unwesentlich, am liebsten als »bedeutungslose Anomalien«, auf den Kehrichthaufen, was den sonst so sanften Bachofen Feuer und Galle spucken ließ. Um etwas als mögliches historisches Objekt zu diskreditieren, gab es ein Bannwort »sagenhaft« oder, noch beschämender, »mythisch«. Was diese Eselsmütze aufbekam, daran rührte keiner auch nur mit dem Schürhaken, aus Angst, nicht mehr für »ernst« zu gelten.

Durch geniale Außenseiter siegten dann die Sagen auf der ganzen Linie. Längst ist das Märchenbuch zum Baedeker des Archäologen geworden, der seinerseits dem Historiker weiter neues Material gewinnt. Wer Solides finden will, gräbt Mythenkerne aus. Mit Schliemann fing es an. Weil seine unverwirrbare Urteilskraft, allem Hohn zum Trotz, homerische Tradition auch historisch »ernst« nahm, fand er die ganze mykenisch-pelasgische Schicht; weil Arthur Evans den König Minos und Dädalos und das Labyrinth »ernst« nahm, legte er im kretischen Formengut einen neuen Kulturkreis bloß. Daß der Wunderheld des Gilgameschepos zwei Drittel Gott und nur zu einem Drittel Mensch ist, mit Skorpionleuten anbindet, in die Unterwelt fährt, infolge einer erotischen Differenz mit der Göttin Ischtar in Person beinahe die Riegel des Totenreichs zum Bersten bringt, hindert heute keinen »ernsten« Menschen mehr daran, in Uruk nach seinem Privathaus samt Frühstücksgeschirr zu fahnden, von dem der gleiche Mythenatem meldet.

Was durch Bachofen zu uns kam, ist ein ungreifbares Gut, kein Museumsstück, kein durchschreitbarer Palast, vielmehr die Hebung und Senkung des großen Atems selbst.

Und wie den Biologen, verwöhnt wie sie sind, durch die unbegrenzten Möglichkeiten der niedren Lebensreiche, Säugetiere nur noch langweilig erscheinen, so dünkt die obere, verfestete Geschichte jeden lebensarm, der einmal in den Bann geraten ist des »schöpferischen Schauders«, wie er die Bilder gebärende Prähistorie ganz erfüllt, besonders bei den großen Kulturrassen und an jener Grenze, ehe sie rationell geworden, in das »taghelle Bogenstück« ihres Schicksals einmünden, denn bei ihnen war, was unten vorging, am mächtigsten, sonst hätten sie es später nicht »so hoch hinausgetrieben«.

Dieses große Vorher kann man sich gar nicht erfüllt genug denken, und wie schon Bastian gewußt hat, auch gar nicht vielstufig genug; mit ebenso überraschendem wie unvorherseh-barem Schichtenwechsel, ganz wie in der Geologie. Doch auch die eigentliche Historie, oder mindestens ein in der Überliefe-rung bewahrtes Geschehen, dürfte sich stellenweise viel weiter nach rückwärts dehnen, als noch vor kurzem möglich schien. Die Angaben der Ägypter, daß ihre Dynastien 28 000 Jahre vor Menes zurückreichten, daß Sumer eine ununterbrochene Geschichte bis mindestens ins 64 000ste, vielleicht sogar 400 000ste Jahr vor der großen Flut besitzen wollte, ist nicht mehr ohne weiteres als bloße Nimbushascherei abzutun. Die nach der Flut gegründeten Reiche von Kisch und Uruk sollen 20 000 Jahre von halbgottartigen Königen regiert worden sein. Vom fünften Jahrtausend an erscheinen die Herrscher ziem-lich lückenlos; im vierten Jahrtausend erfolgte der Semiten-einbruch, der die Einheitlichkeit der alten Bevölkerung in Frage stellte, um das Jahr 3000 spaltet sich das Reich in Sumer und Akkad; es ist das Ende. (Ungnad) Bereits die ältere Steinzeit zeigt ja menschliche Kultur. Schon die Aurignacschicht geht etwa vierzigtausend Jahre zurück, die schwedischen Felsbil-der an die Zehntausende von Jahren und die neuentdeckten südafrikanischen Skulpturen aus dem Paläolithikum, etwa dreißigtausend Jahre alt, sind selbst schon das Ende einer langen Entwicklung, denn sie zeigen ganz verschiedene Stile, einen byzantinisch-hieratischen, dann wieder späten Natura-lismus und stärksten Impressionismus, wie das berühmte »Rodinsche« Nashorn und andere Reliefs.

Also »nirgends Anfang, überall Fortsetzung, nirgends bloße Ursache, immer zugleich schon Folge; ... das wahrhaft wissen-schaftliche Erkennen besteht aber nicht nur in der Beantwor-tung der Frage nach dem ›*Was?*‹. Seine Vollendung erhält es erst dann, wenn es das ›*Woher?*‹ zu entdecken vermag und damit das ›*Wohin*‹ zu verbinden«. Bachofen, der souveräne Deuter im ungreifbaren Reich des Bedeutsamen, stieß bei den großen Kulturrassen in Ägypten, Kleinasien, besonders aber in Hellas, Rom, auf den griechischen Inseln, unmittelbar unter der fortlaufend registrierten Historie am Anfang der Heroen-zeit mit ihren Städtegründungen auf eine Schicht, in der offen-bar soeben ein totaler *Polwechsel der Macht* stattgefunden hatte, nicht zwischen irgendwelchen »Klassen« oder »Rassen«, sondern zwischen den zwei *Urpolen* selbst. Und darum wech-selte die Natur samt den Himmelskörpern mit. Da wurde der

Mond gestürzt, die Sonne erhöht; Nacht und Tag, links und rechts, ungrad und grad, Letztgeburt und Erstgeburt tauschten den Vorrang.

Schärfste Zäsur zwischen Äon und Äon! Früheres erlosch in erzwungenem Vergessen. Doch wie heimgezogene Gewitter, längst schon unter dem Horizont, noch im Widerschein hoch oben in den Wolkenbänken zucken, so wetterleuchtete eine unermeßliche seelische Entladung durch den langsam ergrauenden Mythos.

Auch fremdartige Trümmer von Recht liegen dort und da in der Tradition herum, tabu und fehl am Ort in der geschlossenen, obersten, nun klassisch geglätteten Ordnung. Oder lose Enden von Sitten, mit nichts verknüpft, wehen eigenmächtig durch altertümliche Feste; allerhand unheimlicher Nonsens, und doch wieder irgendwie dem höchsten der Nation, ihrem Heroenkult, verhaftet. Mitten im strengsten Vaterrecht zählen jene Halbgötter, denen man doch zu entstammen sich rühmt, ihre Herkunft nach der Mutter. Die von Männern beherrschte Ehe heißt: *Matri*monium, statt *Patri*monium. Sonst ganz ordentliche Leute, wie die Kreter, sagen tollerweise »Mutterland« statt »Vaterland«, und warum kommt in Rom, wo alles Gute rechter Hand sich ordnet, im Volksorakel des Vogelflugs das günstige Omen von links?

Und dieses erst: Politisch rechtlos ist die Frau der klassischen Zeit, doch in der Tradition trennen elische Matronen, denen jeder Heerführer widerspruchslos gehorcht, die streitenden Armeen, gebieten Frieden. Heute erscheint es beinahe unbegreiflich, hält man die vielen Zeichen solcher Art mit beglaubigter Geschichte andrer barbarischer Völker zusammen, daß die Zeit des »Mutterrechtes« je geleugnet werden konnte; stand doch klar und deutlich schon in Hannibals Vertrag mit den Galliern die Bestimmung, es sollte im Fall eines Streites über dessen Auslegung die höchste, inappellable Entscheidung einem Kollegium gallischer Matronen zustehen. »Die höchste matronale Rechtspflege ist immer jener Bestandteil der Frauenherrschaft, der sich am längsten erhält. Er stammt aus jener später zu Hexenfurcht verzerrten Ehrfurcht vor der unergründlichen Autorität, wie sie nur alte Frauen umgibt.«

Bachofen, noch ganz allein mit seiner Entdeckung, staunte in Sage und Mythos den Erscheinungen weiblicher Größe nach.

Sogar noch bei Homer trifft Odysseus in nicht weniger als fünf Reichen souveräne Königinnen an. Gerade der schroffe Gegensatz zu dem herrschenden System beweist solche Züge als ursprünglich und echt, eine spätere Zeit hätte sie nie hinzudenken können; die Linie des Empfindens lag bereits zu weit ab. Hier irrt die Psychoanalyse wohl, wenn sie die »mythische« Herrschaft der »großen Mütter« als wunschtraumartigen »Ersatz« für den verbotenen Inzest zu deuten sucht, denn diese Herrschaft hat sich ja längst als historisch wahr erwiesen.

Bachofen ging jedem Sagenwandel nach, wo er zwar nicht das Geschehnis selbst, doch dessen Deutung und Moral zu ändern strebt. Da erscheint denn oftmals die gleiche Person bei gleicher Tat in doppelter Auffassung: »dort schuldlos, hier verbrecherisch, dort gepriesen, hier verabscheut«.

Das Ganze falsch gesehen: ein unbrauchbarer Haufe sich widersprechender Fragmente, richtig gesehen: »alles wie aus einem Guß«. Nämlich mit der Einsicht, daß links, gerade Zahlen, schwarz, weiß, rot, Nacht, Mond, Unsühnbarkeit des Muttermordes, Letztgeburtsrecht zur Frauenherrschaft gehören, wie rechts, blau, gelb, ungerade Zahlen, Tag, Sonne, Sühnbarkeit des Muttermordes, Erstgeburtsrecht zur Männerherrschaft. Geht eine Rasse von der einen zur andern über, so schlägt der ganze Fächer symbolischen Lebensstils zugleich um; der Kosmos wechselt vom Sternenzelt bis zur kleinsten Handreichung. Dies gilt mit kleinen Abweichungen so ziemlich für den größten Teil und beinahe für jede Zeit, weil »Mutterrecht« nicht an eine bestimmte Rasse oder Epoche, vielmehr an eine bestimmte Seelenlage gebunden zu sein scheint. Manche Rassen verändern diese Seelenlage nie, andre sehr früh, manche zu früh, manche zu spät. Für jede aber liegt die entscheidende Schicksalsstelle ihrer Kulturbahn in der Art, wie diese Ablösung und unter welchen Erschütterungen sie sich vollzieht.

Diese letzten Folgerungen lagen weniger in Bachofens Linie, noch weniger in seiner Zeit, der das erdumfassende ethnographische Material, gesammelt in den letzten zwanzig Jahren, zum Vergleich fehlte. Dieses große menschliche Nebeneinander ermöglicht erst jene moderne Vogelschau, für die das Rasseerleben unzähliger Völker gleichzeitig als Reliefkarte sich breitet, die Völker darin wie Meeraugen, deren Wasser- und Weltspiegel jeder auf seinem Niveau abgeglättet steht.

Gern aber und mit Recht empfand er sich den Paläontologen verwandt, »weil ja auch er in Schichten denke«. (Bernoulli) Und wie an sogenannten »Leitfossilien« ein ganzer erdgeschichtlicher Zeitcharakter mit allen ihm verhafteten Formen erkannt zu werden vermag, so lehrte er, aus einem oft unscheinbaren Mythenmerkmal zu schließen, ob es sich hier um eine Mutterrechtsepoche handle oder nicht und ob sie sich im Auf- oder Abstieg befinde. Nachdem einmal die richtige Grundeinsicht gewonnen war, strömten ihm, wie das ja immer geht, die Zeugnisse von allen Seiten nur so zu.

Und wieder, wie es in der Erdkunde »Aufschlüsse« gibt, Stellen auch, wo Verwerfungen offen zutage liegen, versteinerter Aufruhr der Materie, so fand er Bruchstellen am Mythos, wo die lebende Entwicklung mit Händen zu greifen war. Zu einem ganz großen »Aufschluß« über die griechische Vorwelt wurde ihm die Orestessage, sogar noch in ihrer späten Fassung, durch die Äschyleische Trilogie; klassische Bruchstellen zwischen Mutter- und Vaterrecht, alter und neuer Seelenlage, Unter- und Oberwelt, den großen Eimüttern und Apollon-Athene. Orest hat die Mutter getötet, um den Vater zu rächen; wer gilt nun mehr, Vater oder Mutter? Nach dem alten Erdrecht der Erinnyen ist jener rächende Mord, den Apollon dem Sohn befahl, die eine einzig-ewig unsühnbare Sünde.

Schon die Exposition der Eumeniden wirft diesen tiefsten Konflikt in ein einziges bebendes Bild: Da liegt der von den Erinnyen bis in den Wahnsinn gehetzte Orest, hingeklammert an den apollinischen Altar, den einzigen der Erde nicht mehr unterworfenen Ort, während die draußen mit schlummernden Schlangenhaaren im Kreise kauern, träumen – manchmal zischt eine schlafende Locke auf –, *warten,* bis ihr Opfer weiter muß, auf daß sie es zu Tode jagen. Doch dem Gejagten ordnet noch zu rechter Zeit Athene am Areopag das Gericht; entscheiden über ihn sollen die angesehensten Bürger; Apollon, der die Tat befahl, führt die Verteidigung. Unter den tobenden Anklagen der Erinnyen schreit der verzweifelte Orest: Warum verfolgt ihr denn nur mich? Warum habt ihr im Leben Klytemnästra nie verfolgt?

»Sie war dem Mann nicht blutsverwand, den sie erschlug«, ist die Antwort der Erinnys und des Mutterrechts. Für diese gilt nur die uterine Verwandtschaft, aus weiblichem Leib und weiblichem Blut; der Gatte aber ist ein fremder Mann, der ruchlos

ihres Leibes, ihres Blutes Tochter Iphigenie gemordet hat. Klytemnästra erfüllt nur der Nemesis Gebot, nimmt sie Blutrache an ihm für ermordete Geburt; das ist nicht Recht nur, sondern tiefste Mutter*pflicht*. Darum sind die Erinnyen mit ihr und für sie, aber gegen Orest, der seinerseits den gräßlichsten Frevel an der schaffenden Natur begeht, um seines Vaters – eines fremden Mannes – willen.
Ganz anders spricht Apollon, als Vertreter des neuen, väterlichen Sonnenrechts zu den Richtern:

»Nicht ist die Mutter ihres Kindes Zeugerin,
Sie hegt und trägt das auferweckte Leben nur.
Es zeugt der Vater, aber sie bewahrt das Pfand,
Dem Freund die Freundin, wenn ein Gott es nicht verletzt.«

Und da die Stimmen der Richter sich die Waage halten, nimmt Athene, die »mutterlose Kopfgeburt, die gerade Tochter, des Gottes bebender Strahl«, noch ihren Stimmstein in die Hand und spricht:

»Mein ist es, abzugeben einen letzten Spruch,
Und für Orestes leg' ich diesen Stein hinein,
Denn keine Mutter wurde mir, die mich gebar,
Nein, vollen Herzens lob' ich alles Männliche.
Es sieg' Orestes auch bei stimmengleichem Spruch.«

Mit diesem Freispruch ist der Untergang des Mutterrechts verkündet und der Sieg des Olympischen über das Chthonische. Da aber erhebt sich jene, der *alle Würden* gebühren, die Erinnys, mit ihrem Fluch:

»Ich das erdulden, wehe!
Unter der Erde ich mich verbergen, die Urweise, wehe!
O neue Götter, altes Gesetz, uraltes Recht,
Ihr rennt sie nieder, reißt sie fort aus meiner Hand,
Und ich Unselige, schmachbeladen, bitterempört,
– – –
Rächend zu Boden trief' ich des Herzens
Gifttropfensaat.«

Das aber bedeutet Mißwachs, Fehlgeburt, Tod. Erinnys ist nicht nur die rächende, auch die formende Urmacht, und von gleichem mütterlichem Stoff wie sie ist auch die Frau, die ja der Erde Stelle und Funktion vertritt. Durch den ungesühnten Muttermord ist Erinnys mit ins Herz getroffen, darum erhebt sich die ganze Natur zur Rache für das gebrochene Mutterrecht. Sie selbst ist ja verletzt: die Ordnung der Dinge, das Recht der Natur ist erschüttert und umgestürzt. In Unordnung gebracht, gestürzt, erschüttert und verletzt aber kann sie nicht mehr richtig gebären, so verderben Pflanze, Tier und Mensch, die Frucht im Leib wie die Frucht auf dem Feld; dagegen hilft kein Sieg der sterilen himmlischen Mächte. Denn »wie in der Religion des Heiligen Geistes die Sünde wider den Heiligen Geist keine Verzeihung zu hoffen hat, so in jener Religion der stofflichen Kraft die Sünde gegen das Prinzip derselben, gegen das Muttertum der Erde«. (Bachofen)

»Alles niederstürzen wird neuer Brauch,
Wenn des gottlosen Muttermörders Schuld
Vor Gericht siegen darf.«

Athene, die Weise, bittet, schmeichelt, vermittelt, versöhnt. An ihrer Seite soll Erinnys Mitherrscherin des Landes sein:

»In ehrender
Wohnung, Erechtheus' Tempel nah, wirst du dereinst
Von *Männern* hochgeachtet und von Weibern sein,
Wie dir in andern Ländern nimmer ward zuteil.«

So nehmen die Ehrwürdigen den Fluch zurück, damit:

»Nicht ersticke Mißwachs jammervoll der Saaten Blühn,
Schafe froh in Sattigkeit,
Zwillingslämmer um sie her,
Ernähr' zu seiner Zeit der jungen Erde Grün,
Der Grasung lieber Ort.«

Hier in der Orestessage tritt der Schichtenwechsel offen zutage vom stofflichen Mutter- zum intellektuellen Vatertum, das seinem Gegensatz zur Parthenogenese in der römischen Adoption die nicht mehr zu überbietende Form findet. Weiter kann

Begriffsexzentrik nicht mehr getrieben werden, als wenn mit gewollter Ignorierung der gesamten körperlichen Erbmasse, durch Willensakt allein, ein beliebiger blutsfremder Mensch in einen Sohn verwandelt wird.

Den klassischen Polwechsel ins Apollinische auslösen darf also nur ein Mann: Orest. Ein Weib: Elektra, nicht, trotz Mutterhaß und Vaterbindung.

»Die Weltzeit, die wir kennen,
Schuf der Geist, der immer Mann ist.«

Äschylus, bereits der Sohn dieser Weltzeit, endet seine »Eumeniden« mit einem faulen Kompromiß, dort, wo Urfehde steht zwischen den Grundsubstanzen. Dieser Konflikt muß, wie stets, wenn zwei Echtheiten zusammenprallen, im tiefsten tragisch, weil unlösbar, sein. Trotzdem bohrt der Mythos rastlos an ihm herum, wirft sich mit umformender Wucht immer wieder über ihn, immer wieder mit neuen Varianten Kompromisse suchend für das, was ohne Kompromiß. Auch Alkmäon rächt den Tod seines Vaters durch Muttermord; soweit die Erde reicht, kann er den Erinnyen nicht entgehen, bis ihm Apollon Rettung verkündet, wenn er seinen Fuß auf einen Boden zu setzen vermag, der *von der Tat nichts weiß*, weil ihn das Meer erst später aufgeworfen hat. So wird ihm endlich die Schlamminsel am Ausfluß des Acheloos zum Asyl; schließlich aber erreicht ihn das Geschick durch die Brüder seiner Frau. Auch in dieser Sage ist die Mutter: Eriphyle, in ihrem alten Recht, befreit sie sich von einem fremden Mann, um der Liebe zu dem Bruder und eines Zeichens dieser Liebe, des berühmten Halsschmuckes, willen. Umgekehrt wieder, ganz aus der Mentalität des Männerrechtes heraus, handelte Kriemhild, wenn sie um Siegfried, einen fremden Mann, zu rächen, die mutterleiblichen Brüder ins Verderben lockt.

»So lange an der Spitze der Schöpfung eine große Urmutter steht, aus deren Schoß alles Leben hervorgeht, straft sie jede Verletzung ihres Muttergesetzes mit Unfruchtbarkeit, Mißwachs, Pestilenz« und *Ärgerem* noch. Um dieses Ärgere weiß das Gilgamesch-Epos, wenn es den Zorn der Herrin Ischtar singt und die *Urangst* aus den Mythen aller Völker, daß eine Zeit kommen könnte, da der Toten mehr wären als der Lebendigen und die schwarz-weiße Eimutter ganz schwarz würde.

»Nach Kurungea, dem finstern Land,
Richtete Ischtar, die Tochter des Mondgottes, ihren Schritt,
Nach dem Land ohne Wiederkehr,
Nach dem Land, das du kennst,
Nach dem Weg, dessen Bahn sich nicht wieder wendet,
Nach dem Haus der Verwesung,
Wo Staub ihr Trank, ihre Speise Kot,
Wo sie Licht nicht schauen, in Finsternis wohnend.
Bekleidet sind sie wie Vögel mit Flügelkleid.
Als Ischtar zum Tor von Kurungea gelangte,
Sprach sie zum Hüter der Schwelle die Worte:
Hüter der Schwelle, öffne das Tor!
Wenn du nicht öffnest, werde ich einstürzen die Tore,
Zerbrechen die Riegel, zerschlagen die Pfosten,
Ausheben die Türen,
Werde ich heraufführen die Toten, daß sie essen und leben.
Die Lebendigen essen, zu den Lebendigen
Sollen sich scharen die Toten,
Daß mehr als Lebendige der Toten es gebe.«

Der Hüter der Schwelle: »Halt ein, Herrin, zertrümmre das Tor nicht, ich will gehen, deinen Namen zu künden der Königin Ereschkigal.« Hin geht der Pförtner und sagt zu Ereschkigal: »Siehe, deine Schwester Ischtar steht am Tor. Sie, die hält die großen Orgien, die aufwühlt die Fluten vor Ea, dem Herrn.« Als Ereschkigal das vernahm, ward gelb ihr Antlitz.

»Geh, Hüter der Schwelle, öffne das Tor,
Behandle sie nach den Gesetzen.«

Da ging der Hüter der Schwelle, öffnete ihr das Tor: »Tritt ein, Herrin, die Unterwelt möge dir zujubeln. Der Palast von Kurungea freue sich deiner.« Bei jedem der sieben Tore des Totenreiches aber nimmt er ihr ein Amulett ab: das Kopftuch, die Anhänger aus den Ohren, die Ketten des Halses, das Schmuckstück ihrer Brust, den Geburtssteingürtel ihrer Hüften, Spangen der Hände und Füße, Schamtuch des Leibes. Nimmt ihr damit die Zauberkraft, so daß sie in den Unterweltschlaf versinkt.
Dadurch aber versinkt auch die Liebeskraft der Oberwelt in Schlaf.

»Nachdem die Herrin Ischtar nach Kurungea hinabgestiegen,
Bespringt der Stier nicht mehr die Kuh,
Beugt sich der Herr nicht mehr über die Sklavin,
Es schläft der Mann an seiner Stätte,
Es schläft das Weib für sich allein.«

Sogar der Esel mag nicht mehr.
So fleht ein ganzer freudloser Kosmos um der Herrin Ischtar Rückkunft, trotz aller ihrer Grausamkeit und Willkür.
Wie nach jedem Systemwechsel die gestürzten, doch aus irgendeinem Grund nicht umzubringenden Idole ins Zuchthaus gesteckt oder verbannt werden, so steckt der Sinnwechsel der Sagen bei seelischem Umsturz die nach früherer Wertung »besseren Kreise« in irgendein Höllenverlies und sucht ihnen krampfhaft eine passende »ewige Strafe« gerade für das, was früher ihr »ewiger« Ruhm war.
Auch im Hades befand sich solch eine »hocharistokratische Verbrecherkolonie«, mit Tantalus an der Spitze, und, als Vertreterinnen einstigen Mutterrechts, die Danaiden. Ihr Mythos gehört zu jener ganzen Gruppe von »Bluthochzeiten«, bei denen Mädchen in der erzwungenen Hochzeitsnacht die Gatten töteten, nur eine ausgenommen, die den ihren schont. Ursprünglich ist sie die einzig Verächtliche, später natürlich die einzige Löbliche aus der Schar. Auch für die »lemnische Hochzeit« gilt, wiewohl modifiziert, dieses Schema, das zu Bachofens Entdeckungen gehört. Auf der Fraueninsel Lemnos wählt, wie überall im Mutterrecht, die Frau den Mann, der zu Sexualtreue verpflichtet ist. Sexualtreue wird bei eingeschlechtlicher Vorherrschaft fast immer vom Herrschenden dem Beherrschten als Moralsatzung auferlegt. Der Imperativ: »tue-la« Daudets verwandelt sich also hier zum »tue-le«. Beides sind extreme Formen geschlechtlichen Besitzrechtes.
Das Unheil beginnt damit, daß die lemnischen Frauen, von je durch Schönheit und Glanz der Erscheinung berühmt, Aphrodites Dienst vernachlässigen. Die Göttin läßt ihnen diese Schönheit zwar, behaftet sie aber zur Strafe mit Dysosmie, was heute »fehlender Sex-Appeal« genannt wird. Aus Abscheu legen sich die Männer daraufhin kriegsgefangene thrakische Sklavinnen zu. Dafür werden sie samt ihren Beischläferinnen in der Hochzeitsnacht von den lemnischen Frauen getötet. Eine Tat der Selbstachtung wie des Staatsgebotes, wenigstens nach

mutterrechtlichem Gesetz. Nur Hypsipyle, die Königstochter, schont ihren Vater Thoas. Im männerrechtlichen Argonautenmythos landen dann die Heroen auf der völlig männerlosen Insel. Iason verbindet sich mit Hypsipyle, seine Begleiter mit den anderen Frauen, und nun beginnt der Sagensinn zu wechseln: die Lemnierinnen »bereuen«, wandeln ihre Sitten, die Kinder mit den Argonauten werden zum Zeichen dieser Wandlung nach den – Vätern genannt. (Apollodor)

Viel reicher an Aufschlüssen und krasser auch ist das Geschick der Danaiden, welche nie bereuen. Frei über die eigene Person verfügen ist Grund= und Urrecht im Frauenstaat. Dieses Recht brechen in frechem Zynismus die Ägyptussöhne, indem sie den fünfzig Danaostöchtern – nicht aus Liebe, sondern um die Herrschaft zu erheiraten; Reiche werden ja durch die Frau vererbt – Gewalt antun. Äschylus, wiewohl mitten im Männerrecht, erlaubte sich, seinen Zuhörern den Mythos unverstellt vorzuführen, der Bühnenwirkung wegen. In den »Schutzflehenden« sind alle Kontraste wohlerhalten, »vom taubenartigen Zittern der geängstigten Mädchen« an bis zum Moment, da sie tanzend und schaudernd vor Triumph nach der Blutnacht aus den Todesgemächern der Schänder in den Morgen hinaustreten, ihr Werk zu besingen. Nur eine Verräterin war unter ihnen: Hypermnestra hatte schwächlich und schmählich den Lynkeus geschont; darum wird die Pflichtvergessene in Fesseln vor ein Gericht gestellt.

Gerade von Hypermnestra, der bekehrten Amazone, stammt dann wieder im dreizehnten Geschlecht Herakles ab, der misogyne Sonnenheld, der es sich zum Ziel setzt, nicht Ruhe zu geben, bis die letzte Frauenherrschaft von der Erde vertilgt sei. Die Möglichkeit dazu erkennt Bachofen in der Schmach der Ahnfrau. Daß eine Danaide ihrem eigenen Geschlecht die Treue brechen konnte, brach das antike Mutterrecht.

DAS SYMBOL

Worte machen das Unendliche endlich, nur das Symbol schlägt alle Seiten des menschlichen Geistes zugleich an.
J. J. BACHOFEN

Ich will gerade das hören, was sich nicht sagen läßt.
PAUL CLAUDEL

Das Ei

Was ist ein Natursymbol? Definiert hat es noch niemand, denn alles kann man mit ihm machen: es auseinanderfalten zu Mythos, Religion, Philosophie, Kunst, zur ganzen Weltwirklichkeit, nur eines kann man nicht: es erklären, weil es weder der sprachlichen noch der begrifflichen Schicht angehört. Ein Symbol wird auch nicht »gesucht« und nicht »gefunden«, sondern nur *geschaut,* im Gegensatz zur Allegorie, der ein Begriff zugrunde liegt. Diesem Begriff wird das passende »allegorische Bild« gesucht; ein rein verstandlicher, ästhetisierender Vorgang. Darum ist in der Allegorie nie mehr enthalten, als in sie hineingedacht wurde. »Das Symbol dagegen erregt wohl Gedanken, bleibt aber selbst unausdenklich.« Symbolik ist ein Müssen, Allegorie ein Wollen. Weiß jemand, dem Symbolschau verschlossen ist, deshalb mehr, wenn er das hört? Einer sagt: »Ein ungeheures Empfindungserlebnis, in Gestalt eines Bildes angeschaut.« Ein andrer spricht von ihm als von etwas, das in schöpferischem Rauschzustand durch das Auge empfangen wird. Sicher war das Symbol einmal die wortlose Muttersprache einer magischen Menschheit. Der magische Mensch (homo divinans) ist wohl jener, der bei einem Gewitter »die Schwefellungen des rosafarbenen Blitzes« fühlt, während der technische Mensch (homo faber) denkt: »Mark 1.60 Stromverbrauch«. Nur wo Worte ganz nahe dem Erlebnis entsprungen, selbst noch Klangmagie in sich haben, wie bei den fünf oder sechs großen Dichtern, gelingt es manchmal, etwas von dem Sinngehalt des Symbols in die Sprache herüberzufassen. Claudel, das chthonische Genie aus Blei und Äther, hat Worte, zutiefst in diesen primordialen Urstoff getaucht, einmal heraufgeholt für einen Baum. Wenn eine symbolstumpfe Menschheit nicht einmal da mehr spürt, was ein »Baum« ist, dann gehört sie eben zum »Lasciate-ogni-speranza-Typus« und tut besser daran, sich als rationalisierter

Maschinenbestandteil auf Eisenbeton aufmontieren zu lassen. Goldhaupt, der Held des Stückes, hat in die schwarze Mutter Erde soeben sein Liebstes verscharrt, Kopf voraus in den Lehm; so ein Ding mit einem Kindergesicht, gleich einer erworbenen Fee. Es ist Nacht und sein Herz schwer wie ein Stein am Ende eines Strickes. Der Sturm klatscht ihm eine Maske von Regen vor das Gesicht. Die dürren Dornen zittern unter einem eisernen Himmel. Irrend über die bittre Erde, kommt er immer weiter vom Weg ab.

»Wir kommen immer weiter ab«, sagt Cebes, der Knabe-Bewunderer.

Simon Agnel (genannt Goldhaupt): Siehst du, ich habe mich nie gekümmert, bei keinem Menschen,
Ob jung oder alt, um das, was er innen trug in sich selbst.
Jedoch ein Baum ist mir Vater gewesen und Lehrer.
Denn manchmal als Kind überfiel mich ein bitterlich finsterer Mißmut,
Da wurde mir jede Gesellschaft ein Greuel, die gemeinschaftliche Luft zum Ersticken,
Und ich mußte in die Einsamkeit, heimlich dort dieser Schwermut pflegen,
Und fühlte, wie sie wuchs in mir.
Und ich bin diesem Baum begegnet und hab' ihn umarmt.
In meine Arme geschlossen, wie einen altertümlichen Menschen.
Denn bevor ich geboren war, und wenn wir längst nicht mehr sein werden,
Ist er da, und seine Zeit hat ein anderes Maß. – – –

Cebes: Und was hat dich der Baum gelehrt?

Simon: Jetzt, in dieser Stunde der Angst! Jetzt darf es sein, daß ich ihn wiederfinde!

(Und sie gelangen zum Fuß eines sehr großen Baumes.)

O Baum, du, empfange mich! Ganz allein bin ich weggegangen, aus dem Schutz deiner Zweige,
Und jetzt ganz allein komm ich wieder zu dir, o mein festgewachsener Vater! Nimm mich wieder auf unter deinen Schatten, o Sohn der Erde! o Holz in dieser
Stunde der höchsten Not! In deinem Murmeln teile mir mit
Jenes Wort, das ich bin und von dem ich den furchtbaren Trieb in mir spüre! Du doch bist ganz ein dauernder Trieb, deines Leibes stetes Hinauf aus dem unbeseelten Urstoff.
Wie du die Erde saugst, Alter,

Eingesenkt ausschickst überallhin deine Wurzeln, starke und feine! Und wie du dem
Himmel entgegenstrebst! Wie du dich ganz zusammenballst,
Im Druck seines Odems ein riesiges Blatt, Gestalt du aus Feuer!
Die unerschöpfliche Erde, umschlungen vom Wurzelwerk deines Wesens,
Und der unendliche Himmel mit der Sonne und dem Kreislauf der Sterne,
Woran du dich heftest mit diesem Mund aus der Allheit deiner Arme,
Mit dieser Lippe deines Leibes, und den du ergreifst mit allem in dir, was atmet,
Die Erde und der ganze Himmel, sie müssen sein, damit du dich aufrecht erhaltest!
O möge auch ich mich so aufrecht halten! O möge meine Seele nicht verderben!
Dieser Grundsaft, dieser mein Innentau, diese Inbrunst,
Deren Träger ich bin, o braucht' ich sie nicht zu vergeuden an
ein fruchtloses Büschel aus Grün und aus Blüten!
O mög' ich einheitlich wachsen! O mög' ich ein Einiger bleiben und grade!

– – –

Cebes: O Simon, so wirst du nicht weggehen! Hast du nichts vernommen unter diesem Baum der Erkenntnis? – – – Wenn dir wahrhaftig irgendein Gesetz ins Herz gepflanzt ist, – – – wenn irgendein Gebot und ein außermenschlicher Wille dich wie mit dem Knie hineinstößt mitten unter uns Arme – – – erinnre dich meiner.

Goldhaupt: Ein Geist hat über mich hingeweht, und ich erzittere wie ein Pfahl!
Eine Kraft ist mir zuteil geworden, streng und wild!
Das ist der Furor des Mannes, und nichts vom Weib ist in mir.
– – – O wirken! wirken! wirken! Wer gibt mir die Kraft zur Tat!
(Er streckt sich bäuchlings zur Erde)
O Nacht! Mutter!
Zerschmettre mich oder verstopf mir die Augen mit Erde!
Mutter, warum hast du mir die Decke der Augenlider
Mittendurch gespalten! Mutter, ich bin allein! Mutter,
Warum zwingst du mich, zu leben?
Lieber wär mir, morgen im Osten färbte die taubenetzte
Erde sich nimmer rot! – – –

Ich kann nicht! Siehe mich, mich, dein Kind! – – –
Nun leg' ich mich an deine Brust!
Nacht! mütterliche Nacht! Erde! Erde!
(Er wird ohnmächtig),

um dann am Morgen aufzustürmen und hinein in sein heroisches, ganz gepanzertes Siegerleben und den alexanderhaften Untergang am kaukasischen Tor.
Sein erster Lehrer auf diesem Weg war der Baum. Ein noch festgewachsener Vater, ein noch nicht freigelöster Sohn der Mutter Erde, überall in sie eingesenkt mit Wurzeln, starken und feinen, doch schon an Luft, Sonnen- und Sternenwesen angesogen mit dem Bukett seines ganzen Körpers. Er ist ihm Künder: in deinem Murmeln teile mir mit jenes Wort, das ich bin und von dem ich den furchtbaren Trieb in mir spüre. Doch du bist ganz ein dauernder Trieb, deines Lebens stetes Hinauf aus dem Urstoff (mater = Materie, mère = terre).
Er ist ihm Beispiel: die Erde und der ganze Himmel, sie müssen sein, damit du dich aufrecht erhaltest! O möge auch ich mich so aufrecht halten! O möge meine Seele nicht verderben! Dieser Grundsaft, dieser mein Innentau, diese Inbrunst. O mög' ich einheitlich wachsen, o mög' ich ein Einiger bleiben und grade!
Der Erde ist das recht. Die große Mutter mag es, wenn es sich erst mit pflanzenhaftem Oberkörper aus ihr losringt, dann auf vielen Beinen frei über sie hinläuft oder geflügelt sich in die Luft erhebt. Das sind nur Abbilder auf der Planetenmutter von dem, was das Urweibliche getan, als es die Aktivität in sich als Geißelzelle bildete und aus sich als Mann entließ. Mit ihm war die Weltunruhe da, das Aggressive, Bewegliche, Vorstoßende, gradhin bis in die Unendlichkeit Strahlende: die »Goldhäupter« jeder Zeit und Gestalt mit ihrem Schrei: »Der Furor des Mannes, und nichts vom Weibe ist in mir.«
Es bedarf wohl nicht erst der Erwähnung, daß solche Unbedingtheit und Ausschließlichkeit des einen oder andern Geschlechtsprinzips ihm nur als »Idee« zukommen. Realiter ist schon, anatomisch besehen, jeder Mensch zweigeschlechtlich. Nicht einmal in Amerika, von wo das üble Schlagwort stammt, wachsen »hundertprozentige« Männer. Auch der gockelhafteste »he-man« hat noch die weiblichen Milchwarzen und in Gestalt der Sacknaht die weibliche Scheide an sich, wie auch die kuh-

warme Hausfrau als Phallusrest die Klitoris trägt. Am lebenden Exemplar kann es sich immer nur um die, sogar innerhalb eines Lebens stark schwankende, Dominanz der einen oder andern Anlage handeln. Zu viel *weibliches* Hormon im *Männerblut* soll zum Krebs disponieren. Warum heißt die Krankheit »Krebs«, gerade nach dem Tierkreiszeichen, dessen magische Qualität es dem weiblichen *Mond* zuordnet? Eine sonderbare Wortintuition.

Der Baum, ein noch unbeweglicher »Sohn«, auf halbem Weg zu »Goldhaupt«, gehört beiden Reichen, dem unteren wie dem oberen, an. Ein vereinfachtes Baumzeichen ist das + und zugleich die Kreuzungsstelle der beiden Geschlechtspotenzen. Im Venuszeichen ♀ sitzt der Lebensbaum noch unten am Uterus fest. Im männlichen Marszeichen ♂ hat er ihn schon hinter sich gelassen und stürmt auch nach rechts, der männlichen Richtung, weiter. Im Christentum wird er zum »Marterholz« der »bösen Frau Welt«, im Speichenrad 卐 der Swastika hat er Füßchen bekommen, als das in die Zeit rasende Geschehen, Wille zur Tat der indischen Sansara. Noch chthonisch, aber nicht mehr weiblich, gehört der Baum zum Kult aller großen Mütter und ist heilig wie sie. Einem heiligen Baum werden Prinzessinnen und Priesterinnen vermählt, die Germanen schmückten ihn mit goldenen Ketten und Kronen, pflogen Rat mit ihm, ja ganze Völker rühmen sich, von Eichen abzustammen. Auf gleicher Symbolstufe steht die Mauer. »Sie ist wie die Bäume eine Geburt der Mutter Erde und durch die Fundamente, wie Bäume durch die Wurzeln, mit dem Mutterleib auch nach der Geburt in fortdauernd fester Verbindung.« So tragen die Naturmütter Mauerkronen auf dem Haupt, und in den meisten Sprachen sind Städtenamen weiblich. Sogar Roma, Roma aeterna: *Urbs*, Hochburg des Männerrechts, ist es geblieben.

Im Baum wie in der Mauer wächst die männliche Potenz ans Licht. »Excitare muros«, heißt es von ihnen: »die schlafenden Mauern erwecken«; was erweckt und erwacht, ist eben die Männlichkeit. »Zum Schall der Erztrompeten werden die Mauern eroberter Städte zerstört. Was von Jericho gemeldet wird, kehrt bei den Römern wieder, unter dem Schmettern der Tuba wurden Albas Mauern zusammengerissen, unter dem gleichen Sakralbrauch riß Mummius die korinthischen Mauern ein. Was die Tuba zerstört, hat aber auch die Tuba gebaut. Daß

Entstehen und Vergehen in vollkommener Übereinstimmung stehen müssen, ist ein Satz, den die alte Jurisprudenz in vielen Anwendungen durchführt.«

Thebens Mauern bauten sich selbständig durch Amphitryons Musik auf. Die Erztrompete ist immer ein Phallussymbol, »sie ruft den Stier Dionysos aus den zeugenden Meereswogen hervor und Achilles aus dem skyrischen Weiberversteck, wo auch seine Männlichkeit unter Weiberkleidern schlummerte«. In Baum und Mauern ist die männliche Geburt zu sichtbarer Existenz gelangt, darum sind Phallus und Schlange so oft auf Mauern abgebildet, nicht obszön, sondern heilig gedacht; sie weihen die Mauer, schützen sie vor Profanation, daß keiner seine Notdurft an ihr verrichte. Auf den Mauern ist das große Fatum der Welt niedergeschrieben, denn es war allgemein Sitte, Gesetze auf Mauern einzuritzen. Sie verkünden oberweltlich hart und sichtbar das Gesetz der Erde; was *oben gilt, doch von unten stammt.*

Symbole sind die Schlüsselfiguren zum gesamten schöpferischen Weltbild. Es ist eine Bachofensche Entdeckung, daß, was Götter so nebenbei in der Hand halten, sei es ein schwarzweißes Ei in der Linken oder ein Schlangenstab in der Rechten, nicht Attribut und Anhängsel ist, sondern vielmehr der Zauberkern, aus dem sie selber kommen. Mythos, Bräuche, Religionen, Kunst, Kultur entfalten sich aus ihm, wo sie beschlossen lagen in unfaßbarer Verdichtung, sind freigewordene Energie der zerfallenden Ursymbole, ihr Auseinanderspielen in Musik und Götter. Also genügt auch der Mythos noch nicht, das weibliche Weltalter aufzuzeigen, wirklich erfaßt an seinem Ursprung wird es erst im Ei-Symbol, das alle großen Rassen an einer bestimmten Stelle ihrer Kulturbahn in gleicher Urbedeutung verehrt haben. Was jede aus ihm dann entwickelt hat, verschieden Schönes, verschieden Starkes, macht eben ein gutes Teil der Menschheitsentwicklung selber aus. Was allein für die Antike aus ihm kommt, füllt die Mehrzahl der fünfhundert Seiten von Bachofens »Gräbersymbolik« aus und kann hier nur an einem einzigen Beispiel kurz skizziert werden: Zirkus und Zirkusspiel, das von seiner eigenen Schöpfung umsauste Ei. Wo es den Menschen ernst ist, also an jeder unabänderlichen Wende, wie Geburt, Hochzeit, Tod, überall, wo es sie herausreißt aus angenehm-vager Belanglosigkeit, wo ein Urproblem ihnen ans Mark stößt, findet sich das Ei-Symbol. Es hängt in den Moscheen des Islams an Schnüren aus der Kuppel, steht aus purem Gold in den peruanischen Tempeln, ruht, unten schwarz, oben weiß, mit den Toten, wirkt bei allen Mysterien, bei Rechtsprechung, Sklavenbefreiung mit. Am reichsten und schönsten aber lebt es sich auseinander in den Zirkusspielen, die ursprünglich Leichenspiele für gefallene Helden und nichts sind als »der Umlauf um das Ei«.

Im Ur-Ei selbst herrscht Stille und Gleichgewicht. Die Samen aller Dinge ruhen noch zeitlos in ihm. Erst aus der durchbrochenen Schale stürmt im Zwiespalt ewig ruheloser Bewegtheit die sichtbare Schöpfung heraus. Zwei Kräfte, entgegengesetzt und doch im Ziel gleichgerichtet, beherrschen die irdische Welt und sichern durch ihr Zusammenwirken den Fortgang der Dinge. Schon Empedokles ist der erste »romantische« Dualist gewesen mit seinen polaren Kräften Liebe und Haß, die als zwei Urwirbel im Chaos einsetzen, und Sigmund Freud mit seinen Sexual- und Todestrieben als polarem Urpaar wird nicht der letzte sein.

Im Dioskurenmythos brechen die »zwei« als gewaltiges Wagenlenkerzwillingspaar aus dem Leda-Nemesis-Ei hervor. Jeder von ihnen trägt noch seine Eihälfte als runden Hut auf dem Kopf. Mit ihrem Gespann daherfliegend, »eines Eies Geflügel«, führen sie abwechselnd Tag und Nacht herauf.

Jede Stufe hat ihre Dioskuren. Im Körper sind die Lebensnerven *paarig* und *gegensätzlich* angelegt, indem sie dem sympathischen und dem *para*sympathischen Nervensystem vorstehen. Seelisch sind die *zwei:* Introversion und Extravertierung, in denen alles psychische Geschehen abwechselnd pulst als Entfaltung und Sammlung. Für den Geist ist es jenes Gegensatzpaar, in dem alles verständliche Denken zwangsmäßig verläuft: die Antinomien der reinen Vernunft. Die Zweiheit und das Entzweite, doch sich feindlich Ergänzende sind immer der geoffenbarte Inhalt des Eies.

Nun ihr Verhältnis zu den Rennen: In dem eiförmigen Zirkus stehen fünf, sieben oder zehn Holzsäulen, auf ihrer Spitze je ein Ei. Nach jeder Umkreisung der Meta, des Zielsteines, durch die rasenden Gespanne wird ein Ei von einer Säule entfernt. Es ist Anfang und Ende jedes Umlaufs, steht da von Anbeginn, älter als die Quadrigen, die in unbesiegbarer Werdelust aus den Carceres hervorbrechen wie die Wagenlenkerzwillingsgespanne aus dem Nemesis-Ei. »Gleichen Schrittes laufen sie nebeneinander her. Ihre gedoppelte, auf dasselbe Ziel gerichtete Anstrengung ist es, was ihnen unüberwindliche Raschheit gibt ...« »Pfeilschnell fliegt das siegreiche Gespann dahin; pfeilschnell ist auch der Lauf der Erscheinungswelt. Die Raschheit, mit der die beiden Kräfte die Schöpfung fortreißen, hat in der Schnelligkeit des Doppelgespanns seinen Ausdruck gefunden. In dem Fortgang der Bewegung kehrt das Gespann stets wieder zu seinem Ausgangspunkt zurück, wie die Kreislinie, deren Vollendung sich in dem Anfang verliert. Treibt die eine der Kräfte gradaus, so lenkt die andre um und führt wieder zurück. Die Vollendung jedes Daseins ist eine Rückkehr zu seinem Beginn, und in jeder Entfernung vom Ausgangspunkt liegt zugleich eine Wiederannäherung an ihn. Zwei Richtungen sind in ebenso unerklärlicher Weise miteinander verbunden wie die zwei Kräfte selbst, denen sie entsprechen.« – »Dieses Kreislaufs Bild sind die Umläufe der Wagen, die mit höchster Schnelligkeit die Meten umfliegen, um zum gleichen Ausgangspunkt zurückzukehren und dann den gleichen Raum von neuem wieder zu durchmessen.« – »Dadurch wird nun zweierlei zur Klarheit gebracht: erstlich die Verbindung des Eies mit dem Wagenrennen des Zirkus, zweitens das Entsprechen, welches die Vollendung jedes einzelnen Kreislaufs mit der Wegnahme je eines Eies verbindet. *Mit jeder Rückkehr zum Ausgangspunkt ist eines Daseins Kreislauf vollendet, ein neuer im Begriff, anzuheben. Entstanden, gewachsen und verschwunden ist eines Eies Ausgeburt, ein Neues tritt an seine Stelle.*«

Immer zu Ehren eines großen Toten wurde dieses Gesetz des Seins als Wettrennen gespielt. Die ersten Olympiaden setzte der Sage nach Endymion ein, sein Grabstein war zugleich die Meta (Pausanias). Er hatte vollendet; nun mochten, wo er aufgehört, andre beginnen. Ist aber Bewegung tiefstes Lebensgesetz, dann ist der Schnellste zugleich der Lebendigste. Alle Heroen waren berühmte Läufer, wie der »schnellfüßige« Achilles. Denn nicht ecelhaft und widerwillig verspreizt unaufhörlicher Antriebe bedürfen, vielmehr von Tat zu Tat in der Zeit seiner Bestimmung zu stürzen, ist Ruhm und Verhängnis des Geborenen. Heroen, Wettrennen und Pferde sind immer eng dem laufenden Wasser verbunden, so die isthmischen Spiele dem Poseidon, der gewaltig zeugenden Flut, wenn sie mit weißen Gischtrossen die Erde umrennt. Doch alles dreht sich um das Ei. »Im feuchten Tal zwischen Aventin und Palatin im frühen Rom hatte Murcia, eine aphroditische Urmutter, zusammen mit einem dämonischen Sohn-Geliebten ihren Dienst. Der üppige Wiesengrund trug den Götterstein, die Metae Murciae: Zielsäulen der Murcia, und dort war es, wo Tarquin seinen Zirkus errichtete.« »Die Verbindung der Rennspiele mit dem Wasser, mit Flüssen, Sümpfen, feuchten, grasreichen Niederungen tritt überall, auch in Rom, hervor; daher auch die Delphine als Zirkussymbol erscheinen.« Der Gedankenkreis, in welchem sich diese Vorstellungen bewegen, beherrscht auch alle übrigen Teile des Zirkus und die damit verbundenen Heiligtümer, Kulte, Einrichtungen. »Die Naturkraft, in ihrer doppelten weiblich-passiven, männlich-aktiven Potenzierung, in ihrer zwiefachen Äußerung als belebende und zerstörende Macht, hat im römischen Zirkus eine so vollkommene und so mannigfaltige Darstellung gefunden, daß er als wahres Pantheon gelten und von den Kirchenvätern den Gläubigen ihrer Zeit vorzugsweise als unrein und als sorgsam zu meidende Stätte der heidnischen Dämonenwelt bezeichnet werden konnte.«

Jede Faser am frühen Menschen vibrierte vor der Wirklichkeit des feindlich sich ergänzenden Bruderkräfte-Paares. Für sein Gefühl fußt jedes tätig nach außen, in die Zeit wirkende Leben so natürlich auf der großen *»zwei«*, wie zwei Beine den Körper vorwärts tragen. Daher die Doppelherrschaft Romulus-Remus, die der Ödipussöhne, auf deren Altar sich die Flamme in zwei ewig nach entgegengesetzten Richtungen wehende Säulen teilt, die *zwei* Konsuln, die *zwei* Könige Spartas, das Duumvirat so vieler Magistraturen, die Doppelköniginnen der Amazonenreiche. Jeder Instinkt für Wirklichkeit, also Wirken, verfällt unwillkürlich auf die *Zwei*. Auch der alte John D. Rockefeller hat es im gigantischen Trust seiner »Standard Oil« nicht anders gemacht und sie Duumviraten unterstellt. Immer je *zwei* Direktoren wurden von ihm für jede der vier Standard-Abteilungen: Ölproduktion, Transport, Herstellung, Verkauf eingesetzt. Ebenso ist die häufige Doppelherrschaft von Bruder und Schwester an den verschiedensten Stellen der Erde ein Zeichen, daß sich etwas zentrifugal abgelöst hat aus der Mutterhut. Wo hingegen die Macht des Eies überwiegt, findet sich immer eine Matrone als zugleich geistliches und weltliches Oberhaupt, wie in den großen nord- und mittelamerikanischen Mutterclans, heute noch in Assam und in manchen Teilen von Afrika. Inwieweit und ob die männliche »Einherrschaft«: das »Vatertum des Königs oder Tyrannen«, vielleicht als Kontraimitation der ursprünglichen »Mutterfamilie« anzusprechen sei, kann hier nicht untersucht werden.

Unter der Dominanz des Eies überwiegt meist der friedliche Zustand uterinen Lebens, satt, wohlig, unaggressiv, doch fest=geschlossen in der Abwehr gegen außen. Ein Eroberungskrieg ist im Mutterreich fast unbekannt, Verteidigung des heimat=lichen Eies aber hartnäckig und mutig. Es bleibt in gewissem Sinn stets Innenwelt, über die der Mond, das Weibgestirn, Zeit und Ordnung gießt; denn die Mutter ist eine mit Nacht vermischte Gestalt. Astronomisch registriert, ging die Sonne in der Zeit des Mutterrechts natürlich genauso auf und unter wie sonst auch, das Sinnenleben aber kümmerte sich einfach nicht darum; selbst für die Pflanzen galt der Mond als Quelle des Wachstums, nach ihm richtete sich die Aussaat, seine Vier=tel ordneten Bräuche, Versammlungen, Feste, seine Umläufe teilten das Jahr, die Seligkeit im Ei war seinem Rhythmus unterworfen, und die Nacht bevorzugte Zeit für Rat und Ver=sammlung.

Mit diesem Zustand sind jedoch alle Grade der Lebenshaltung sehr wohl vereinbar, denn er fand sich ebenso in hohen Stadt=kulturen wie bei den Lykiern, Karern, Lydiern wie unter primi=tiven Indianerstämmen oder im Handel treibenden Tibet. Im Reich des mütterlichen Ur=Eies ist meist noch alles frei und gleich; es sind mehr oder weniger einerlei Kinder fast ohne Gesetze durch eine Art zauberhafte Blutwärme in Ordnung gehalten. Darum wurde dem Sklaven bei seiner Freilassung das Haar geschoren und dem kahlen, gleichsam neugebornen Kinds=kopf der Ei=Hut aufgesetzt. So, bedeckt mit dem mütterlichen Ur=Ei, kehrte er unter dessen Schutz wieder in den vorgeburt=lichen Zustand der Freiheit zurück.

Auch unsre Art, zu grüßen, bezieht sich noch auf das Leda=Ei. Wer den Hut dabei abnimmt, markiert Ungleichheit, als wage er die Brüderlichkeit dem andern gegenüber nicht. Ausschließ=lich ein Männergruß natürlich! Nie und nirgends war es bei Frauen Sitte, voreinander oder vor dem Herrscher, nicht einmal vor dem Allerheiligsten, den Hut abzunehmen. Weiber sind ja selbst der Hut: das Ei. Der Ausdruck »unter einen Hut bringen« gehört vielleicht ebenfalls hierher. Das erzwungene Einbe=kenntnis der Ungleichheit vor dem »Geßlerhut« auf seiner autoritativen Stange: dem Phallus, kommt für ein symbolempfindendes Volk sehr wohl dem Verlust der demokratischen Freiheit selbst gleich und vermag einen Krieg zu entfachen. Wie die Wettrennen, so sind nach neuestem Wissen auch die Ballspiele aus dem Ei-Kult entstanden und nicht etwa zur »Ertüchtigung«, diesem üblen Zweckwort für eine erfreuliche Sache. Kricket und Fußball sind ursprünglich magische Praktiken mit dem Mond-Ei, um Rekonvaleszenz zu unterstützen. Die Huronen spielten mit solchen Mondbällen nach einer unserm Fußball ähnlichen Regel, wenn der Häuptling erkrankt war; auch die Indianer Kaliforniens rannten und spielten mit Bällen, um den neuen Mond zum Wachsen anzuregen, hängt doch Wetter, Ernte, ja die Erneuerung des Lebens selbst bei Mutterrechtsvölkern von diesem seinem Wachsen ab, nicht vom männlichen Sol. Sie sagen auch, die Ballspiele seien zuerst vom »großen Hasen«, also dem Mond, gestiftet worden, mit seinen Eiern als Bällen.

Beim Heraufkommen des Vater- und Sonnenkults in der Antike hat sich das Männliche aus Trotz im Mythos vom Vogel Phönix ein Gegen-Ei zum Weiblich-Stofflichen, nämlich das Myrrhen-Ei der Unsterblichkeit geschaffen. Im großen Phönix- und Sothisjahr, mit dem, nach Vollendung einer großartigen Sternen- und Schicksalsbahn, jede neue Weltperiode anhebt, erscheint der purpur-goldne Wundervogel mit einem Ei im Schnabel; das legt er auf den Sonnenaltar zu Heliopolis nieder. Aus Myrrhen und hohl hat er es gebildet. Es ist ein Ei und auch ein Sarg, denn seines Vaters Leichnam legt er hinein, doch unbeschwert bleibt das Ei wie zuvor. In der aufflammenden Myrrhe wird dann des Phönix-Vaters Leiche auf dem Sonnenaltar zu Leben verbrannt. Verjüngt fliegt er aus der Asche ins neue Phönixjahr hinein. Die mütterliche Ei-Form ist also zwar noch beibehalten, doch den letzten Grund der Dinge enthält sie nicht mehr; aus immaterieller Feuerkraft kommt die Befruchtung, durch die das Ei nicht schwerer wird. Hier folgt Vater aus Sohn, Sohn aus Vater, lichtgezeugt in stofflosem Strahl, immateriell unbefleckt und mutterlos.

Es gibt *bedeutsame* und *wirksame* Symbole, diese gehören der Magie, jene der Religion an. Wie das Ei eines der bedeutsamsten, so ist die Kaurimuschel das am stärksten magische der weiblichen Symbole, heißbegehrt als Amulett und deshalb wohl die erste – *Weltwährung*.

Sie galt schon zur Steinzeit und gilt noch heute bei fast allen Naturvölkern als – »Scheide«münze im wahrsten Wortsinn: Sinnbild des weiblichen Genitals mit Kamm. Sie findet sich in paläolithischen Höhlen, im prädynastischen Ägypten, in der Eisen- und Bronzezeit, in den Gräbern Zentralasiens wie am Kap Horn. Immer paarweise, »die heilige weibliche Zwei«, an Stirn, Armen und Beinen der Skelette befestigt. Auch der Warenverkehr zwischen Altägypten und Indien fand auf der Basis der Kaurimuschel statt. Die paläolithischen Funde aber erweisen sie als wahrscheinliche Standard-Währung der letzten zwanzig- bis dreißigtausend Jahre, nicht ihres realen, sondern lediglich ihres Bedeutungswertes wegen. Ihre Ähnlichkeit in Farbe und Form mit den weiblichen Geschlechtsteilen, ihre Herkunft aus den fruchtbaren Wassern, erfüllt mit dem Rhythmus von Ebbe und Flut, der als mondbetont ja der Rhythmus der Geburten selber ist, machen sie zur Lebensspenderin und so sehr zum Abbild der großen Mutter selbst, daß die melanesische Aphrodite aus einer Kauri kommt. Rein zauberhaft ist ihr Wert. Denn die Australier, bei denen weder Produktionsmittel noch Güter noch Tausch irgendwelcher Art existieren, tragen dieses Amulett, wie die Frauen im verschütteten Pompeji es trugen.

Ennius nennt die Kauri: Matriculus, kleine Matrix. Sie hieß auch porculus (Porzellan), was vulva bedeutet; Töpferei, Muschel und Genital wurden gleichgesetzt. In Somaliland, Marokko, Zentralasien, Indien, Japan, China, Südamerika, Australien, im Pandschab, in der Südsee und der Tatarei wird sie gleicherweise als lebenspendendes Amulett gegen Sterilität, Sonnenstich, bösen Blick, Menstruationsbeschwerden, Armut, fast jegliches Übel, meist am Gürtel, in der Nähe der Genitalien, und mit Schutzknoten um Hand- und Fußgelenke getragen, von den splitternackten Südseeinsulanern als einziges Ornament, von den Chinesen in die schwersten Seidengewänder eingenäht.

Nicht nur, daß frühe Kulturvölker, sondern auch die »Primitiven« der ganzen Erde viel mehr wissen, als sie dem Stand ihrer experimentellen Mittel nach wissen dürften, ist lange eine uneingestandene Wahrheit gewesen. Wo man sie früher im Irrtum glaubte, hat es sich dann nicht selten herausgestellt, daß der Versager auf seiten der Wissenschaft war. Edgar Dacqué hat für diese Art Wissen das schöne Wort »Natursichtigkeit« gefunden. Natursichtige Rassen schöpfen aus einem unsichtbaren, der Ratio verschlossenen Reich hinter den intellektuellen Kulissen. Auf dieses Reich ist ihr ganzes, so unlogisches Handeln abgestimmt, das, für den Verstand unbegreiflicherweise, dann die gewünschten Resultate erlangt.

Wohl überall und, soweit sich das beurteilen läßt, von je, gehört Links der weiblichen, Rechts der männlichen Seite zu, wobei die Auszeichnung oder Mißachtung der einen oder der andern von dem jeweils herrschenden Geschlecht diktiert, im Fall der milderen weiblichen Vormacht wohl eher nur – suggeriert wird.

Ethnologen, Folkloristen, Religionsbeflissene sind sich darin ausnahmsweise einig, daß *rechts* bei Eintritt einer solaren Kulturperiode die bevorzugte Seite wird, bei Mondkult und der Rechnung nach Nächten statt nach Tagen aber *links.* Dem männlich-solaren Christentum gilt die früher verehrte linke Seite daher für dämonenverdächtig, hexisch und teuflisch, sie muß durch geweihte Gegenstände erst entdämonisiert werden. *Links* gleich *linkisch,* auch das französische »gauche« in dieser Doppelbedeutung, und *rechts* gleich *richtig* und *recht* erscheinen als späte Umdeutungen.

Rechts und links sind kosmische Eigenschaften. Schon die Chemie zeigt, daß gewisse Verbindungen den polarisierten Lichtstrahl nach links drehen, andre nach rechts. Das Kolloide, Chaotische, nicht Auskristallisierte (Kristall ist die heroische Form der Materie) entspricht hier dem weiblichen »Links«. Dieser Urdualismus geht durch die andern Reiche der Natur, denn wie es linksdrehende chemische Verbindungen gibt, so auch linksspiralige Pflanzen. Wilhelm Fließ hat das Verdienst, als erster unter den wissenschaftlich Gebildeten bemerkt zu haben, was alle Intuitiven von je wußten, daß »linke« Männer mehr nach der weiblichen Art tendieren. »Bei veränderter inne-

rer Sekretion beginnt die *Verweiblichung* des Mannes stets auf der *linken* Seite, die *Vermännlichung* der Frau auf der *rechten.*«
Aus der Asymmetrie, bedingt durch die Linkslage des Herzens, ist das nicht mehr zu erklären.

Nach Ansicht des ganzen Altertums gehen die Knaben aus dem *rechten,* die Mädchen aus dem *linken* Hoden hervor.

Bei zahlreichen Naturvölkern, so auf Celebes, reicht die Frau dem Manne die Eßschüssel nur von rechts, sie selbst ißt von der linken Seite.

Im mutterrechtlichen Tibet drehen sich die Gebetsmühlen nach links. (Rockhill, Land of the Lamas.)

Im männerrechtlichen Frankreich bedeutet nicht nur »gauche« linkisch, sondern »sinistre« zugleich verhängnisvoll, unheilbringend.

In seinem »Mutterrecht« und der »Gräbersymbolik« hat Bachofen sich um die Entsprechungen links = weiblich und rechts = männlich eingehend bemüht. Er faßt die linke Seite als passiv, die rechte als aktiv auf. »*In der Linken liegt die Zaubermacht, in der Rechten die äußere Gewalt.*« Zaubermächtig als Amulett oder herumgetragen bei Prozessionen wirkt im mutterrechtlichen Ägypten die *linke* Isishand. Im Islam wird sie zur linken Hand der Fatima, der Tochter des Propheten, denn ganz ohne das Weibliche kommt keine Religion aus; mußte doch sogar das Christentum sich die Herrin Ischtar auf der Mondsichel herüberholen zu Vater und Sohn.

Zum Dank für die Errettung aus dem Labyrinth durch Aphrodites Hilfe stiftet ihr Theseus auf Delos einen Altar aus lauter *linken* Hörnern, um ihn tanzen die Jünglinge den Kranichtanz.

Die Pelopiden haben auf der *linken* Schulter das Gorgonenhaupt als Zeichen mütterlicher Abstammung.

Da alle Arzneikunst von je weiblich ist, so hieß der vierte Finger der *linken* Hand »medicinalis«; er wurde den Götterbildern mit Wohlgerüchen bestrichen. In einer Flutsage vom Ursprung der Katze heißt es: Da sich in der Arche das Mäusepaar in unbescheidener Weise vermehrte, wandte sich Noah an den Herrn. Der ließ aus dem *rechten* Nasenloch des Löwen einen *Kater,* aus dem *linken* eine *Katze* springen.

Schließlich scheint es der Beachtung nicht unwert, daß von allen frühen, also gefühlsechten Madonnen, etwa bis zur Renaissance, in Plastik oder Malerei das Kind fast stets auf dem *linken* Arm getragen wird.

Geil, faul, hemmungslos brodelt Laich und schlammiges Getier aus der anonymen Feuchte. Schilf schießt in Büscheln auf, Röhricht; aus dem Nabel wässeriger Blumen hängen nach unten gequollene Schläuche. Hin und wieder birst eine Schleimblase in der lauen Nährflut.

»Im Sumpf bleibt die männliche Potenz unsichtbar, erkannt wird immer nur der mütterliche Stoff und seine Binsengeburt . . ., so ist die Sumpfzeugung das Bild der regellosen, außerehelichen Geschlechtsmischung«, wie der Ackerbau das Bild geordneter Besamung durch die Ehe ist, mit eindeutiger, zeitlich geregelter, wohlgeratener Frucht. Ur=Ei und Sumpf gehören zusammen. Alles Sumpfgetier, Frösche, Schildkröten, Enten, sind der großen Mutter, wo sie als Allumarmerin ver= verehrt wird, heilig. Die Schildkröte hat die Erdschale aus dem Sumpf gehoben, trägt sie getrocknet auf ihrem Rücken, auf dieser Erdschale aber steht Aphrodite, begleitet von Binsenknaben und Nymphen, mit Schilfkronen im Haar. Am lernäischen Sumpf werden fromme Geschlechtsorgien gefeiert, die große Mutter von Mexiko hockt selbst als smaragdener Riesenfrosch auf ihrem Altar. In Indien, Mesopotamien, Kleinasien, Ägypten, Italien, Griechenland, um nur die wichtigsten Kulturländer zu nennen, ist Sumpfkult das Sinnbild schrankenloser Vermischung. »Am aufschießenden Lotos erkennt Isis den Ehebruch ihres Brudergatten mit Nephtis, und in dem langen, schilfähnlichen Haar der Schenkel bekundet Homer, nach Heliodor, seinen unehelichen Ursprung.« (Bachofen) »Sari, der Nilschilf, heißt Isishaar, und das Gesetz des Manu warnt bereits vor der Heirat in eine Familie mit starkbehaartem Körper, der ungeregelte Sinnlichkeit bekundet.« Je nach der Einstellung mag der Sumpf als »holde Feuchte« oder »Sündenpfuhl« erscheinen. Das Deutsche setzt Hurkind (Horbarn, horgetimbarn) in Verbindung mit Horo, Horon, Sumpf, Kot. Auf ähnlicher Idee beruht die gallische Vaterschaftsprobe am Rhein: Die unechten Kinder versinken im Schlamm des Flußbettes, die echten erheben sich über die Oberfläche. (Gräbersymbolik) Der Ausdruck »in die Binsen gehen« gehört wohl ebenfalls hierher. Und somit bringt der Sumpfvogel Storch eigentlich nur die unehelichen Kinder.

Der Sumpfkult ist beinahe präreligiös. Er verehrt den Erdstoff selbst als uralten Fruchtbarkeitszauber. Für ihn sind alle im Morast stelzenden langschnabeligen Vögel, wie der indische Adebar, besonders aber der Königsreiher Oknos, tiergestaltete »Naturphalli«. Die ersten Eimütter, etwa auf dem lykischen Harpyenmonument, auch die Sirenen, werden noch als halb Ur=Ei, halb Vogel mit Frauenkopf gebildet, und die Goldente Penelops ist mit Penelope, einer jener ewigen Weberinnen, die bei Nacht zertrennen, was sie bei Tag gewirkt haben, von gleicher Religionsbedeutung. (Gräbersymbolik) Blinde Begattung treibt auch noch Lamia, die große Hetäre, die während der Liebe die Augen im Beutel verbirgt.

Bachofen nimmt drei Hauptstufen menschlicher Entwicklung an. Zwei sind weiblich=stofflich, die dritte männlich=geistig. Der ersten Mutterstufe mit ihrer aphroditischen Sumpfreligion entspricht eine Urzeit der ganz ungeregelten Geschlechtsmischung. Erst auf der zweiten Stufe steigt das eigentliche Mutterrecht in seine ganze Macht und Fülle: das Eheliche. Im Religiösen ist ihm der Demeter=Kult mit seinen Ackerbausymbolen, Festen und Riten, vor allem der Gesetzgebung, verhaftet. Was früher Sumpf mit Binsenknaben, ist jetzt Acker mit jungen Korngöttern geworden, die anonymen Vorgänge im Trüben werden sicher, geregelt und offenbar in der Arbeit des Pfluges. Die Rechtssprache bei Eheverträgen entlehnt ihre Ausdrücke dem Ackerbau, spricht vom »Pflügen« und Bebauen des »Sporium«, der weiblichen Furche; säen und zeugen sind sprachlich schon das gleiche, beides heißt: speirein. Der die Erde aufreißende Pflug wird gleich dem Phallus zum heiligen Symbol, denn »Verwundung ist das Wesen der Liebe«. (Plutarch) Auf der demetrischen Stufe erreicht das Mutterrecht seinen Gipfel. Es ist die Zeit, wo Frau, Gyne und Queen nicht nur sprachlich das gleiche bedeuten. Die Mutter ist der Inbegriff der Macht. Adel der Geburt wird ausschließlich nach weiblichen Ahnen bemessen. »Wie aller Reichtum dem Stoffe entsprießt, so gehört alle Habe der stofflichen Frau, alles, was der Mann mit seinem Arm erwirbt, legt er ihr freiwillig in den Schoß, denn nur dort trägt es sichere Frucht. Hierauf ruht alles Erbrecht im System der Gynaikokratie, denn der Sumpf schuf weder Werte noch Sicherheit, er war auch nicht adelig im Sinn einer Differenzierung, wie es der Acker ist. Schon bei Plato heißt es, der Same werde durch den Boden, dem er anvertraut wird, gar oft zur Mutter Natur umgestaltet, nie aber gehe das

Land in des Samens Art über. Auf dieser Analogie basiert das alte Mutterrecht, das ja weder von der Spermazelle noch von der gleichen Anzahl Chromosomen bei der Zeugung etwas wußte. Tierzüchter sind allerdings »mutterrechtlicher« Ansicht; bei dem Pedigree eines Rennpferds, überhaupt Vollbluts, wird fast nur die Stutenlinie bewertet, dem Beschäler geringerer Einfluß zuerkannt.
Im Matriarchat zählt der weibliche Urgrund allein. Bei den Etruskern wird Tages aus der Mutterfurche hervorgeackert, und die jungen Korngötter Kleinasiens sind immer Sohngeliebte zugleich, denn herangereift fällt ihr Same auf den gleichen Boden, dem sie entsprossen sind.
Sogar Rom, das sein Familienrecht und seinen Staat ganz auf die juristische Fiktion des Vaters aufbaut, kennt genau das cereale Recht, als jus terrae, setzt diesem zwar das jus seminis entgegen, räumt ihm aber manchmal den Platz. Ganz mutterrechtlich bleibt die Bestimmung: Wer einen fremden Acker besät, gewinnt die Früchte nicht, sie fallen dem Eigentümer des Grundstücks zu, und das gleiche gilt vom Bauen auf fremdem Grund.
Ackerbau und geregelte Geschlechtsbeziehung gehören dem gleichen Weltgefühl an, hierdurch entsteht ein Gegensatz innerhalb des Weiblichen selbst, denn Aphrodite haßt die Ehe. Nicht deshalb hat sie Helena mit allem Liebreiz geschmückt, damit sie in den Armen eines einzelnen Mannes verwelke. »Jede dauernde Verbindung ist eine Verletzung des aphroditischen Rechts und muß gesühnt werden. Das ist, nach Bachofen, der Sinn jener heiligen Geschlechtsfeste bei allen Völkern, denen sich auch zur Zeit der Hochkultur keine Dame entziehen durfte. Beim Übergang von der ersten zur zweiten Mutterrechtsstufe aber mußte jedes junge Mädchen vor der Eheschließung sich erst vom alten Naturrecht durch eine längere oder kürzere Periode der Prostitution loskaufen, meist in Form von Tempelprostitution. Später wurde dieses Opfer immer mehr eingeschränkt, sei es, wie in den nasamonischen Riten, daß alle Hochzeitsgäste der Braut beiwohnten und als letzter erst der Bräutigam, sei es, daß der Loskauf in Form einer Stellvertreterin oder einer Opfergabe erfolgte, wie etwa durch Abschneiden des Haares.
Als vergleichender Rechtsforscher hat Bachofen diese Wandlung auch innerhalb des Dotalrechts verfolgt. Ursprünglich war

die Mitgift das durch Hingabe des Körpers Verdiente, in der heiligen Prostitutionsperiode galt die solcher Art erworbene Summe als Abstandsgeld für die Gottheit, bis das Mädchen schließlich im demetrischen Zeitalter Mitgift und Vermögen von der Familie erhält, als Zeichen völliger Befreiung von heiliger Prostitution.

Die Bedeutung der Mitgift einerseits, des Brautkaufs andererseits, schließlich auch der obligatorischen Tempelprostitution, gehört zu den kompliziertesten und umstrittensten Fragen im Kulturwandel; sie so einfach von einem Gesichtspunkt aus ordnen zu wollen, geht wohl nicht mehr an.

Gegen die Theorie eines allgemeinen hetärischen Sumpfkults, wie ihn Bachofen annimmt, wurde und wird – äußerlich – mit Recht viel eingewendet. Was den Hetärismus beträfe, so fände sich völlig regellose Geschlechtsmischung nirgends, am wenigsten bei den ganz Primitiven. Was man früher dafür gehalten habe, auch das unterliege heiligen Beschränkungen und oft feierlicheren Zeremonien als irgendeine Ehe. »Freie Liebe« sei nie restlos frei. Was aber den »Sumpf« als Religionsstufe angehe, so käme er für Steppen-, Wüsten-, arktische und alpine Rassen, die ihn nicht kennen, rein geographisch nicht in Betracht.

»Sumpfzeugung« im Sinne Bachofens ist eben auch eine *innere* Wahrheit. Jede Zeugung ist ja ganz am Grund eine Sumpfzeugung. Wo eben außer diesem Sumpf, der »holden Feuchte« oder dem Sündenpfuhl, nichts mitwirkt aus andern körperlich-seelischen Bereichen, dort herrscht der »Sumpfkult«, mag die Umwelt geographisch auch zur Steppe gehören.

In der Gradation des Geschehens ist demetrisches Mutterrecht bei Bachofen die höchste dem Weiblichen erreichbare Stufe. Abgelöst wird sie durch das männliche Vaterrecht. In ihm steht Geist gegen Stoff, Tag gegen Nacht, Sonne gegen Mond. Jedes Heroenzeitalter ist das des eigentlichen Kampfes zwischen den beiden polaren Mächten Mann–Frau, mögen die Sonnenhelden Herakles, Perseus, Achill, Mithras, Christus oder wie immer heißen. Mit dem Vaterrecht beginnt der eigentliche »Aufgang des Abendlandes«, dessen Untergang wir jetzt lesend genießen, aber weniger genießerisch erleben. Gesichert wurde dieser Aufgang erst durch den Sieg Roms über Karthago, der hetärisch gerichteten Dido-Stadt mit ihrem Astarte-Kult. Das gehört zu Bachofens Komplex: »asiatischer Romantizismus«.

Seine Antithese von Vater= und Mutterrecht = Geist–Materie, ließe sich auch ganz anders formulieren; dann stünde Geist gegen Seele, graue Hirnrinde gegen Zirbeldrüse.
Die drei Stufen: zwei weiblich=materielle, eine männlich=geistige, steigen nicht friedlich auseinander auf, jede frühere welkt auch nicht von selbst ab, sie wird vielmehr infolge von »Überspannung ihrer Macht« gewaltsam überwunden. Durch rastlosen geschlechtlichen Mißbrauch in der Zeit des Hetärismus empört oder zu Tode erschöpft, setzt angeblich zuerst die Frau in ihrer Sehnsucht nach reinerem Dasein, unter langen Kämpfen die geregelte Ehe durch, steigt dann während der demetrischen Periode zu solcher Herrschaft auf, daß sie nun wieder ihrerseits den Mann versklavt und selbst zur Amazone oder Omphale entartet. Nun folgt im Heroenzeitalter die männliche Gegenbewegung, einsetzend in der klassischen Welt mit Perseus, Herakles, Theseus, Bellerophon. Sie bringt, wenigstens auf europäischem Boden, mit Rom den endgültigen Sieg des Vaterrechts.
An diesem Wandelbild menschlichen Werdens fällt die rührende Einfalt mancher Begründungen seines Wandels auf, etwa die von der ersten aphroditischen zur zweiten demetrischen Stufe. Das nimmt Bachofen natürlich nichts von seiner Größe, »the great learned Swiss« nennen ihn die Engländer, es fixiert diese Größe nur an eine genau umrissene Stelle in der Zeit, wie ja in allen Reichen der Natur auch die mächtigste Einzelerscheinung stets irgendein Merkmal der Zeitsignatur an sich trägt. In diesem Fall heißt sie: klassisch=romantische Bürgerlichkeit.
Nach dem beiläufigen Rundblick über die unklassische Völkerkunde soll Bachofen in dem Kapitel »Theorien über das Mutterrecht« mit diesen noch einmal konfrontiert werden, hat er doch vor siebzig Jahren jenes Mutterrecht entdeckt, dessen Ursprung und Bedeutung seither zum Zentralproblem der Kulturgeschichte geworden ist. Bei ihm gibt es noch keine Urhorde, er weiß noch nichts vom Langhaus der Primitiven, von Totem und Tabugesetzen, noch von jener Vollmagie, auf der vier Fünftel aller kultischen Bräuche beruhen. Wohl wird jetzt von vielen Seiten in den psychischen Dschungel eingedrungen, Bachofen aber tat es auf seine eigene, unnachahmliche Weise; mit einer Belebung von innen her. Mit einer Art von drittem, fühlendem Stirnauge sah er unerschöpfliche Entsprechungen. Wer

die Feuilleton=Antithese: apollinisch–dionysisch loswerden will, mit der Nietzsche einer ganzen Generation die tieferen Zu=gänge verstellt hat, lasse sich von Bachofen führen. Er hatte nicht nur Format, er vermochte es auch auszufüllen.

DIE MAGISCHE MENSCHHEIT

Leichter vom Biß einer Kobra geheilt als vom Blick einer zornigen Priesterin.
AFRIKANISCHES SPRICHWORT

Der Glaube des andern heißt Aberglaube.

Gegen den verfehlten Ausdruck »Naturvölker« ist nicht mehr aufzukommen. Also möge er hier zuweilen weitergebraucht werden, doch mit einer gewissen reservatio mentalis, nämlich nie im Gegensatz zu irgendwelcher »Kultur«, weil da kein Gegensatz besteht, höchstens zur Zivilisation; denn führt man diese an hochkultivierte, wie unkultivierte, begabte, wie unbe=gabte Naturvölker – es gibt beides – von außen heran, so ver=fallen sie ihr zwar, verfallen aber, in Ruhe gelassen, nicht von selbst auf sie. Versiegen bei nachlassender Rassenkraft ihre Im=pulse, so verwesen solche Völker vielleicht bei lebendigem Leib, aber die Regression ins Anorganische, zu Rechenschiebern oder sonstwie nummernartigen Produkten scheint ihnen von innen heraus nicht zu drohen, weil bei ihnen keine »Massen«bildung auftritt.

Auch die Bezeichnung »Primitive« ist eigentlich fehl am Ort. Die meisten sind Platoniker. Haben ganz unabhängig, rein intuitiv die Ideenlehre entwickelt, welche nicht wenigen Zivili=sierten, trotz heißem Bemühen, verschlossen bleibt; mehr noch: sie sind vom Platonismus *durchdrungen.* Ein Maori, von Missionaren befragt, was er damit meine, daß »alles beseelt« sei, erwiderte wörtlich: »Wenn etwas nicht vom Schatten eines Gottes besessen wäre, könnte dieses Ding keine Form haben.« Viele »Primitive« kennen und benennen die zartesten psycho=physischen Unterschiede von Wirkungsströmen, Kräften, Strahlen, Wellen zwischen Geschöpf und Geschöpf, für die unsre Nerven zu stumpf sind, *unsre Instrumente soeben erst fein genug werden.* Dr. Cazzamalli, Professor an der Universi=tät Mailand, ist es bei seinen Versuchen in den Jahren 1923–24 gelungen, zerebrale Radiowellen, die von Sensitiven in hell=seherischem Zustand ausgehen, zu registrieren und hörbar zu machen; also Ausstrahlung von besonderen Gehirnwellen, wie sie *nur* bei telepsychischen Phänomenen auftreten. In der Isolierkammer erzeugen sich dann elektromagnetische Oszilla=tionen in direkter Abhängigkeit von hellseherischen Zuständen der Versuchsperson. Prasselgeräusche, Zischen, Tonmodula=tionen im Apparat (Hörer) setzen sofort aus, sobald sich die Television des Hellsehenden auflöst. Bei *schöpferischen* Akten künstlerisch oder sonst hochbegabter Versuchspersonen *nicht* medialer Veranlagung zeigt sich nur eine sehr geringe Beein=flussung des Apparates, bei Schwachsinnigen gar keine, genau wie bei den Intellektuellen. Die Fachsprache der Naturvölker für solcher Art Gefühltes, unsichtbar Wirkendes ist nicht weni=ger präzis gestuft als etwa das Sanskrit für die Philosophie. Das alles besteht sehr wohl mit Kopfjägerei, Blutorgien, Men=schenopfern zusammen, bedingt sie sogar gewissermaßen. Diese Menschen sind ihrer Mehrzahl nach auch mit dem zwei=ten Gesicht begabt, haben »Ahnungsorgane«, »axiomatische Botschaften von Entsprechungen«. Wer möchte solches »primi=tiv« nennen? Ihre Kompliziertheit ist nur ganz anders gelagert als bei uns. Nicht rational.

Was aber könnte platterdings »primitiver« sein als so mancher Graue=Hirnrinden=Helot, eingeengt in seine festgefahrenen Denkgeleise, abgezweckt auf Nutzeffekt.

Dies soll nicht dem Thema »Wir Wilden sind doch bessere Menschen«, sondern nur der Einsicht dienen: Wer in die Rätsel der Mutterreiche auch nur hineinahnen will, wird gut tun, alle verstandlich banalen Denkketten draußen zu lassen.

Daß »die Konstanz der Natur eine Illusion ist«, wissen wir zwar, machen aber selten von dieser Einsicht Gebrauch. Keine engere Verblendung als etwa unser wissenschaftliches Weltbild für »objektiver«, »wahrer« zu halten als ein anderes, weil die Wahrnehmung hier auf eine bestimmte, »objektiv« genannte Weise verengt wird, etwa auf das Ablesen der Zahlen von Meßinstrumenten, »während die ganze übrige Persönlichkeit dabei absichtlich ausgeschlossen bleibt«. Bei der sogenannten »streng wissenschaftlichen« Erkenntnis wird nur ein andrer Teil des »Subjekts« in Tätigkeit gesetzt und ergibt eine anders ge=richtete Einseitigkeit im *Subjektiven* oder mit den Worten Edgar Dacqués, des Neubegründers dieser Einsicht: »Es zeigte

sich jedesmal, daß das Existente, in Teile und Atome aufgelöst und danach wieder aus den Teilen und Atomen aufgebaut, lediglich eine in die Denkform von Quantitäten, bewegten Körpern und Raumentfernungen übersetzte Systemisierung war und so zu einer Art allegoriehafter Symbolik wurde. Jedoch nun nicht eine Symbolik, die inneres Leben unmittelbar zum Ausdruck brachte, sondern larvenhaft war.«
Ein larvenhaftes Weltbild für Larven. Seine Großartigkeit soll damit durchaus nicht geschmälert werden. Wie jede Askese hohen Stils – es gibt auch ordinäre, verblödende Askesen –, hat gerade dieses einseitig ins Äußerste Treiben einer besonderen Betrachtungsart, am äußersten Ende des Denkstrahls, Ekstasen aus eisiger Phantastik erzeugt, Visionen wie nur je ein Geheimwissen, denn das ist sie, unzugänglich hinter ihren Differenzialgleichungen in einer Exklusivität, wie sie kein Hochgrad eines Ritterordens je besaß. Wo dieser Graue-Hirnrinden-Fanatismus aber nicht hinter dem Stacheldraht seiner Gleichungen bleibt, wirkt sich eine grandiose Einseitigkeit für die Sinngebung des Gesamtlebens notwendig tragisch aus, wie in der Astronomie mit ihrer Leere, Öde und Bezugslosigkeit zum übrigen Dasein. »Das Weltbild eines Monstrums«, wie es J. von Uexküll genannt hat. Da hängt grotesk ein unbeträchtliches Etwas an einem fabrikschlotlangen Auge, das zu seinem übrigen Organismus in keiner Weise paßt, sammelt in dieser künstlichen Gigantenlinse, was nur einem ganzgewachsenen Giganten anstünde. Ein Wesen, auf natürliche Weise mit solchem »Teleskopauge« begabt, hätte doch im übrigen uns völlig unvorstellbare Sinne — gewiß eine andre »Zeit« —, die ihm wieder einen harmonischen Kosmos schüfen. Dies ungefähr Uexkülls Gedankengang. Hier und jetzt aber hat das »Männliche« in einer rabiat großartigen Organprojektion sich einen künstlichen Hirnphallus aus Stahl und Glas riesenhaft an den Kopf gesetzt, der ihm eine monströs- unpassende Umwelt erzeugt, wie er selbst mit dem phallischen Riesenrefraktor vor der Stirn zum unpassenden Monstrum wird. Nicht als ob jener Ausschnitt im Teleskop nun »richtig« wäre und der Rest *noch* »falsch«, vielmehr: Zwei subjektive Bilder widersprechen einander, weil nicht zusammen geboren. Goethe wußte sehr wohl, warum er nie durch ein Fernrohr schauen wollte.
Im Gegensatz zum gradfort stürzenden Geist lebt Seele gesammelt in einer Welthöhle, von fester Himmelsschale der oberen

funkelnden Eihälfte gern umschlossen, daß nichts von ihr entweiche. Für diesen weiblich gebildeten Kosmos hat Frobenius das Wort »höhlenhaft« geprägt; in seinem Sinn will er hier verstanden sein, nicht aber als Spenglers »magische Welthöhle«, die dieser einer einmaligen, von den Arabern getragenen Hochkultur zuspricht. Alle Mutterreiche sind vorwiegend uterin empfunden. Nichts irrt und strebt da ins *unendlich Leere*, alle Kreatur bleibt von einer unbewußten Eihaut umspannt, dafür im *unendlich Erfüllten. Lebensdichte statt Lebensferne.* Das Weltei ist durchpulst von einem seelennährenden Allfluid; jedes Wesen da drinnen wirkt auf das andre mit einer uns unvorstellbar ziehenden Kraft, wie sie vielleicht ungeborne Zwillinge aneinander spüren.

Lévy-Bruhl und die moderne französische Schule fanden zuerst, daß die Naturvölker (der Welthöhle) infolge dieser pulsierenden Dichte in »metaphysischen Kollektivvorstellungen« leben. In diesem uns vielleicht infolge Verdrängung der Zirbeldrüse durch das Großhirn nicht mehr zugänglichen Reich spielt sich das Wesentliche ihres Daseins ab. Daher ist auch ihr System von Ursache und Folge gar nicht überschaubar, weil bezogen auf jene zweite, hintergründige wogende Wand. »Es ist eine andre Kausalreihe im Unsichtbaren; die uns offenliegenden Tatsachenketten weist er (der Primitive) zurück.«

Da uns aber jene zweite, allfluidische Seelenwelt verschlossen bleibt, in der Ursachen gesehen, in die Wirkungen hinübergezielt werden, so erscheinen uns die angewandten Mittel über alle Maßen läppisch. *Es sind die Mittel der Magie.* »Sie setzt eine uns verborgene, aber axiomatische Beziehung vor die sinnliche.«

Der magische Mensch lebt jedoch nicht etwa im »Übersinnlichen, nur im Anderssinnlichen«. Für ihn ist »Zauber« nicht Zauber, sondern das natürliche Ausnützen und Dirigieren von Kräften. Für ihn ist wieder unsre Technik, deren Zustandekommen er nicht begreift, »zaubern«. »Wir zaubern ja auch, wenn zaubern heißt: mit unbekannten Kräften operieren. Elektrizität ist auch eine okkulte Kraft, wir wissen nicht, was Elektrizität ist, die Theorien wechseln alle zehn Jahre von Grund auf, aber die praktische Anwendung wächst und erweitert sich durch die Erfahrung. Zaubern ist Erfahrung und Machtwirkung mit Kräften, deren Wesen unbekannt ist, also – *alles.*«

Magie und Wissenschaft ist es ferner gemeinsam, daß sie beide eine Gesetzmäßigkeit im Ablauf des Geschehens voraussetzen, »gleiche Ursachen, gleiche Wirkungen«, das Bezugssystem ist nur ein anderes. S. Reinach hat Magie die Strategie des Animismus, Hubert Mauß hat sie die Technik des Animismus genannt. Beschwörung, Zauberei sind für den magischen Menschen Praxis, nicht Spekulation. Was dieser Praxis zugrunde liegt, sind für ihn gar nicht zu diskutierende Axiome seines Bewußtseins. *Magie selbst ist eine Erfahrungswissenschaft des Zweiten Gesichts* und ruht auf dem Gefühl für einen Seelenstoff, verschieden von der Einzelseele; auf einer durchwaltenden Kraft und, im Gegensatz zu unbelebten Naturkräften, einer lebenden kosmischen Potenz, mag sie nun Manitu, Orenda, Wakonda, Mana heißen. Einem magischen Menschen die Existenz dieser lebendigen Fluida, in deren Wirkungswelt er atmet, ausreden wollen, wäre ebenso aussichtsreich, als wollte irgendein völlig anders organisierter Jemand uns die Existenz der Luft ausreden, während wir, zuhörend, bei jedem Atemzug unsre Lungen mit ihr füllen.

Für den magischen Menschen bewährt sich Magie, denn sein Kosmos funktioniert, wiewohl es nach unseren Begriffen unmöglich scheinen sollte, mit so irrwitzigen Mitteln irgendwelche für das praktische Leben brauchbare Resultate zu erzielen. Frazer glaubte die Entstehung der Religion aus dem Versagen der Magie erklären zu sollen; von ihr enttäuscht, hätte die Menschheit sich nun an »Götter« zur Erreichung ihrer Ziele gewandt. Diese Ansicht ist von Beth, der Religion, wohl mit Recht, aus grundverschiedener Schöpferkraft ableitet, schon damit einleuchtend widerlegt worden, daß kein Magie treibendes Volk diese je aufgegeben hat, trotz aller Religion.

Im ganzen Stillen Ozean heißt eines dieser unsichtbaren Materialien der Magie: »Mana«. Codrington sagt von ihm: Es wird für ein Etwas gehalten, verschieden von den gewöhnlichen Naturkräften, und kann Gutes wie Böses wirken, weil es unpersönlich ist. Sein Besitz gereicht zum größten Vorteil. »Mana« ist an nichts festgebunden, kann überallhin mitgeteilt werden. »Geister«, vom Körper getrennte Seelen, höhere Wesenheiten besitzen es in Fülle. Es geht von persönlichen Existenzen aus, kann sich aber vermittels Wassers, Steinen, Knochen usw. äußern; auch Wortfolgen, Zauberlieder sind »Mana« und machtvoll, wenn sie den Namen eines Geistes enthalten.

Hat jemand »Mana« bekommen, so kann er es wie immer
gebrauchen. Findet jemand einen Stein ungewöhnlicher Gestalt,
von dem er glaubt, er sei »Mana«träger, so macht er die Probe,
legt ihn unter einen Baum; bringt dieser überreiche Ernte,
so ist der Stein »Mana«vehikel und kann auch andern Stei=
nen »Mana« übermitteln (Magnetismus, Induktionsströme).
»Mana«haltige Personen verdingen sich um hohen Lohn. Auch
in Europa taugen ja nur bestimmte Leute zu Gärtnern, weil
Pflanzliches in ihrer Hut gedeiht. »Mit ›Mana‹ kann man Regen
machen, die Naturkräfte beherrschen, Krankheiten erzeugen
und beseitigen, es ist im Guten wie im Bösen anwendbar, von
wunderbarer, unerklärlicher Wirkung, aber nur quantitativ,
nicht qualitativ vom Gewöhnlichen verschieden, vielmehr seine
machtvolle Steigerung.«

Dann gibt es den individuellen Seelenstoff, wie er an allen
Ausscheidungen, Abfällen von Haaren und Nägeln, an allen
in der Hand oder am Körper getragenen Gegenständen haftet.
»Von diesem Seelenstoff entwendet der feindliche Zauberer,
um mit ihm schädigende Praktiken zu treiben (pars pro toto).
Nach dem entschwundenen Teil des Seelenstoffes wiederum
sucht der befreundete Zauberarzt oder lockt den Entwendeten
durch nahegebrachte frische Teilchen; folgt der entwendete
Seelenstoff nicht, so muß der Patient sterben.« (Beth)

Nun ist es sehr lehrreich, zu beobachten, wie alterfahrene,
ruhige Farmer und Kolonisten, recht nüchterne Kostgänger,
wenn sie einmal jahrelang in solcher Umwelt gelebt haben, ihr
Verhalten zu ändern beginnen. Leute, die hier in Europa nur
an die Höchster Farbwerke glauben, verwenden dort statt
Chemikalien unweigerlich den »Schamanen«, gilt es, Insekten=
schwärme von ihren Plantagen abzulenken. Sie lassen Löwen
mit »Fernbann« belegen, vertrauen auch ruhig dem »Jagd=
zauber« ihrer eingeborenen Begleiter, die mit tagelangen gro=
tesken Riten und Bräuchen unbekannter Fernsuggestion die
Beute zwingen, ihnen an bestimmten Stellen über den Weg zu
laufen, als könne kein Geschöpf in dieser magisch=uterinen
Lebensdichte sich recht gerichteter Einflußströme anderer er=
wehren. Und wer mit Verstand lange unter Malaien gelebt hat,
lernt es, nicht leichtfertig Rachegelüste Eingeborener und damit
den Tötungszauber durch Defixionsgruppen auf sich zu ziehen.
Vielleicht hat er zu oft bemerkt, daß die Gehaßten dann schwer
erkrankten, oh, gewiß an einem ganz »normalen« Leiden, ihm

aber schien das nicht genügender Beweis gegen den vermuteten Zusammenhang. Der bessere schwarze Magier mordet durch »natürlichen« Tod. Arsenik in den Kaffee zu schütten bringt schließlich eine mechanisierte Hausgehilfin auch zustande. Alles recht unwahrscheinlich! Zugegeben, »aber mit den Verhältnissen ändern sich die Probabilitäten«. Tropenneurose! Regression ins Infantile! Wenn man will. Solche Dinge lassen sich nie endgültig beweisen, nie endgültig widerlegen. Daß »Primitive« nach Übertretung einer ihrer Tabuvorschriften oft innerhalb weniger Tage – vielleicht infolge Autosuggestion – sterben, ist von Missionaren und Ethnographen häufig beobachtet worden. Ein australisches Kind, gefragt, warum es so bedrückt sei, erwiderte, es habe ein Stückchen vom weiblichen Beuteltier, dem Totem, gegessen und sei nun verloren. Wenige Tage darauf starb es, ohne sichtliche Erkrankung. (Lévy=Bruhl) — Was gilt nun bei solchen Axiomen als Verbrechen? Mord ist oft durch eine kleine Entschädigungssumme an die Familie zu begleichen, während das Essen einer Kokosnuß an einem bestimmten Tag mit dem Tod bestraft wird. Der Mord war Privatsache, die Verletzung einer Tabuvorschrift des ganzen Stammes Gefährdung.

Was Fernwirkung auf Tiere betrifft, so haben Versuche mit Pferden sogar in Gegenden aus armiertem Beton einen verblüffenden Effekt gehabt. Wurde Pferden eine gewisse Bewegung anbefohlen, so zeigte sich, daß in weitabliegenden Gestüten andre Pferde anfingen, die gleichen Bewegungen zu gleicher Zeit mitzumachen. Steinzeitliche Tierdarstellungen auf Felsen oder in Höhlen sind schon längst, wiewohl sie ausgezeichneten Stil haben, nicht mehr als »Kunst, l'art pour l'art«, sondern als Jagdzauber erkannt worden.

Auch totemistische Riten werden nur aus dem »Teilhaben« an Wesenheiten, die wir nicht kennen, wenigstens erahnbar. So hat jeder magische Mensch hohen Stils an drei Totems teil: am Stammestotem, dem weitaus wichtigsten, dann, je nach seinem Geschlecht, an einem männlichen oder weiblichen Totem, schließlich aber erwirbt jeder bei der Reife mit seinem neuen Namen zugleich seinen Privattotem, den er selbst in sich zu finden hat.

Das Tagesleben des Naturmenschen ist, als prälogisch und bilderdurchströmt, gerne mit unserem Traumdasein verglichen worden. Es wurde auch, was dem Materialismus nahelag, versucht, allen »Geisterglauben« aus dem Traum abzuleiten. Da der Primitive Traum von Wirklichkeit nicht unterscheiden könne, habe er, von Verstorbenen träumend, diese eben als weiter existierend und real vorhanden betrachtet. Nun haben Naturvölker aber eine Traumkultur und eine Traumwissenschaft, so fein gestuft, wie sie sich die Psychoanalyse wünschen könnte. Lévy-Bruhl sagt darüber: »In erster Linie unterscheiden sie die Wahrnehmungen, die ihnen in ihrem Traum zuteil werden, sehr wohl von denen, die sie im Wachzustand empfangen, mögen die beiden im übrigen auch noch so gleich sein. Sie erkennen sogar sehr verschiedene Kategorien von Träumen an und legen ihnen mehr oder weniger Wert bei.« Die Ojibeways (Indianer) haben ihre Träume in verschiedene Klassen geteilt und einer jeden einen Namen gegeben. Der vortreffliche Bischof Baraga hat in seinem Sprachwörterbuch die Namen der Indianer für einen »schlechten« Traum, für einen »unreinen«, für einen »unheilvollen« Traum, auch für einen guten und glücklichen Traum zusammengetragen. (Kohl) Die Primitiven bringen also in der vollen Erkenntnis der *Ursache* und mit *Bewußtsein* der einen Art Wahrnehmungen ebensoviel Glauben entgegen wie der andern. Die »Illusionstheorie« ist unzureichend. Wie geht es zu, daß sie trotz ihrem Wissen um die *bloße Geträumtheit des Traumes* sich dennoch auf ihn verlassen. Dies zu erklären, ist es wieder unumgänglich nötig, die mystischen Kollektivvorstellungen in Berechnung zu ziehen, die aus der Wahrnehmung wie aus dem Traum etwas schaffen, das von dem, was diese für uns bedeuten, ganz verschieden ist.

Aus Schlafmagie erwächst ja auch die Ehe. Ehe heißt, zusammen schlafen. Was in diesen acht aus je vierundzwanzig Stunden unbewußt zusammengelebt wird, ist das Bindende, nicht was bei Tag, wachbewußt, zusammengeredet wird.

Magie ist Besitzergreifung der Umwelt nur mit anderen Mitteln. Mit den magisch richtigen Mitteln. *Diese aber sind, weil an Begabung gebunden, in hohem Maß Sondergut einzelner oder einer Sippe.* Solche Gabe, durch Opfer, Bräuche, Weihen, rituelle Orgien gepflegt und erhöht, bedarf noch einer besonderen Lebensweise in Permanenz, denn alles muß lange in einer Richtung betrieben werden, ehe es Resultate ergibt. *Jede Esoterik ist ihrem Wissen nach asozial, sozial erst in ihren Auswirkungen.*

Magie führt also zu Priestertum. Es wird Clangut, *notwendig*

Frauengut; denn wer verstünde sich aus ureigenstem Organgefühl heraus wohl besser auf jene geheimnisvollen Lebensströme, naturhaft=nährenden Arkana, die den uterinen Kosmos durchfluten, als jene, deren Abbild er ist. *Frau und Welt sind Entsprechungen, man kann die eine für die andre setzen, und beider Gezeiten, Rhythmus und Flutwelle des großen wie des kleinen Eies lenkt der gleiche Mond, der sie als Schicksal riesengroß umleuchtet.* Dieses Weibgestirn regelt die Wasser des Ursprungs. Nach zehn seiner Umläufe wird jeder Mensch in die Zeit: das Schicksal, entlassen.

Für eine magisch natursichtige Menschheit muß der priesterliche Wert der Frau hoch über dem Sexuellen stehen, beide bleiben an die Mutterimago in hohem Grad fixiert. Wer am längsten Weib ist, im Weibswesen aus Blut und Mondmagie am erfahrensten, der herrscht. Also herrscht die *Matrone.* Die sechzehn elischen Matronen und jene auf den Balearen trennen die streitenden Heere und gebieten Frieden. Das gallische Matronenkollegium hat als inappellable Instanz die letzte Entscheidung im Hannibalischen Vertrag. Cäsar berichtet, wie die weisen Frauen dem Heer des Ariovist den Kampf vor dem Mondwechsel verbieten; in Peru wie in Assyrien, im alten Karthago wie im heutigen Mittelamerika, in Afrika und auf Sumatra bilden Matronen die Priesterkollegien, und stets heißen sie »Mütter«, denn auf der Ehrwürde liegt der Akzent; auch die delphische Pythia mußte eine Witwe sein, wie die am Amazonas, in Patagonien, bei den Abiponen; die weiblichen Geheimbünde der ganzen Erde werden von Greisinnen gelenkt. Der Globus war einmal so überschwärmt von alten Priesterinnen, wie in einer anderen Zeit mit jungen Eroberinnen zu Pferd. Opfern, Besprechen, Bräuche üben, Heilkunst, Prophetie, Zauber brauen, der über Felder geschüttet wird, das war immer in den Händen der Frau und ihr streng gehütetes Wissen. In Nord=Borneo haben die Frauen eine eigene Priestersprache, unverständlich dem Laien. Früher Gottesdienst ist weiblicher Geheimkult von China über Irland bis Kalifornien, von Alaska bis zum Kap Horn; bei kultivierten wie barbarischen Völkern. War je ein Ausspruch unangebracht, so das: mulier taceat in ecclesia. Ohne mulier gäbe es gar keine ecclesia, sie ist ihr Werk. Priesterinnen lenken Feuer und Wasser, mit gefesselter, manchmal mit entfesselter Sexualkraft, durch Jungfräulichkeit oder heilige Prostitution unter gottesdienstlichen Zoten.

Zu Frazers Lieblingsstudien gehören schon lange priesterliche Frauensippen. Er hat die Vestalinnen in den beiden Amerikas, in Afrika, dem archaischen Italien mit seiner beispiellosen Gründlichkeit zurückverfolgt bis zum Zenit ihrer Macht. Sogar in der männerrechtlichen Hochphase des republikanischen Roms bahnten ihnen Liktoren, wo sie gingen, den Weg. »Konsuln und Prätoren wichen zur Seite, neigten die Embleme vor ihnen.« (Plutarch) Bei den Zirkusfesten saßen sie auf erhöhtem Ehrensitz, wie die Priesterin der Demeter bei den Olympischen Spielen. Jede Beleidigung einer Vestalin wurde mit dem Tod bestraft. Keinem Menschen untertan, der väterlichen Gewalt entzogen, blieben sie völlig frei.
Ursprünglich waren die Vestapriesterinnen Gattinnen des Königs von Rom gewesen, als dem Repräsentanten der Gottheit; durch die Ehe mit ihnen wurde er erst legitim und sakrosankt. Sie werden ja auch öfter als Mütter römischer Könige erwähnt. Servius Tullius galt als Sohn einer Vestalin und eines feurigen Phallus, der aus der heiligen Flamme gegen sie züngelte.
Heliogabal, der Verworfenheitssnob, wäre recht klein geworden, hätte er erfahren, daß jener Frevel, von dem er so viel hielt: der Sexualverkehr mit einer vestalischen Jungfrau, nichts war als »eheliche Pflicht«, wie seine Vorgänger, die römischen Priesterkönige, sie zu leisten pflegten. Da es aber damals Sir James Frazers »Magical Origin of Kings« nicht gab, wußte man eben noch zu wenig über das prähistorische Rom, und die Blamage kam nicht heraus. Die Vestalinnen hatten Feuer und Wasser zu regulieren, vornehmlich den Stand des Tiber. In selbstverfertigten Gefäßen, der »Numa«-Keramik, aus besonderen Erden unter bezaubernden Bräuchen gebrannt, schöpften sie von der heiligen Quelle außerhalb der Porta Capena Wasser für jene der Feuchtigkeit und Lebensordnung dienenden Tempelriten. Nichts, was durch profane Wasserleitungsrohre geflossen, durfte verwendet werden. Vielleicht bringen nur lebensnahe Menschen, die um solche Feinheiten wissen, auch etwas mit der Natur auf magische Weise zustande.
Reinheit regelt, Orgie entfesselt. So erzählt H. Junod von den Regenmacherinnen der Baronga, eines südlichen Bantustammes: »Die Frauen ziehen sich splitternackt aus, legen dann Haarschmuck und Gürtel aus einer besonderen Schlingpflanzenart an.« Unter eigenartigen, erregenden Schreien wird eine Prozession geformt, werden Lieder von einer »abstoßenden

Obszönität« gesungen und wird zu einer Hütte gezogen, wo eine Frau Zwillinge geboren hat. Diese Frau besprengen sie mit Wasser. Dann geht es unter »obszönen Gesängen« und Tänzen von wilder Perversion zu den Quellen, die auf zeremoniöse Art gereinigt werden. Mit dem Quellwasser besprengen sie die Ahnengräber.

In all der Zeit darf sich kein Mann blicken lassen. Finden sie irgendwo einen Neugierigen versteckt, wird er schwer mißhandelt und fortgejagt.

Den guten Pater Junod erinnern diese mysteriösen Riten und dies ausschweifende Wesen betrüblich an die heidnischen Bräuche thrakischer Bacchantinnen. Bei den früheren Einwohnern von Transvaal hießen die »Regenruferinnen« »itsugwana«, junge Mädchen waren das, mit Zebrastreifen bemalt; in den Nächten bestimmter Mondviertel liefen sie singend von Kral zu Kral und in die Felder, brauten heiliges Bier aus besonderem Korn für ihre Riten.

Bei den Hereros haben die Töchter des Häuptlings das Wetter zu machen. Als Hüterinnen der Flamme entzündeten heilige Frauen der fünf Erdteile die Mondfeuer bei den Saatfesten, verbrannten erst Zauberkräuter in ihnen, dann besondere Gräser und Wurzeln des Waldes zu Pflanzenasche, die über die Äcker gestreut wurde.

Die Umdeutung solcher Flammenfeste in Sonnwendfeiern stammt aus späterer Zeit, wie Briffault eindringlich erläutert hat. Daß sie Mond- und Frauenfeuer waren, geht nach ihm aus ihrer Beziehung zur Menstruation hervor. In Persien, wie im indianischen Wigwam, muß Feuer ausgelöscht und die Asche aus dem Haus getragen werden, wo eine Frau menstruiert, also »tabu« ist. Erst nach ihrer Reinigung wird frisches Feuer entzündet. Auch am jüdischen Sabbat darf kein Feuer brennen, weil der Sabbat, nach Mondwochen gerechnet, wahrscheinlich auf das Menstruationsfest der babylonischen Mondgöttin Ischtar zurückgeht, an deren Statue dann Leinenbinden gewechselt wurden, Menses gelten stets als »kleine Geburt«, »große« und »kleine« als Gipfel des magischen Weibwesens und »tabu« im Sinne heilig-übler Macht. Periodisches Verlöschen und Entzünden von Feuern geschieht ausschließlich durch die Priesterin, in manchen Mythen bringt sogar eine Frau das erste Feuer vom Mond herab. Weil sie teil hat am Mondwesen, mit seiner Flut und Wetterschleppe, dem Pflanzenhaften, Säfteziehenden an ihm, das nach zehn seiner Umläufe aus ihr selbst gewaltsam Lebendiges ans Licht zieht, wird sie auch bei Nicht=Ackerbauern, wie den Nomaden Zentralasiens, bei Zigeunern, Ariern, Indo=Skythen, als Priestergöttin verehrt, hier eben als Mehrerin der Herden und Herrin des Jagdzaubers.

Der uralte, mutterrechtlich gewußte Zusammenhang von Pflan=zentrieb und Mond kommt jetzt, mit dem neuerlichen Aufstieg der Frau, wieder ins – diesmal wissenschaftliche – Bewußtsein. Die englische Physikerin E. Semmens arbeitet seit Jahren an den Problemen polarisierten Lichts und seinem rätselhaften Einfluß auf Organismen. Nach ihr bewirkt es in den Zellen der Pflanzen die rasche Umwandlung von Stärke in Zucker und er=höht dadurch die Keimfähigkeit der Samen, die bei polarisier=tem Mondlicht gesät werden, wie es auch auf die Nerven von Tieren und Menschen nachweisbar als Mondsucht wirkt. Was schließlich die atmosphärischen Störungen betrifft, so ließen sich die Meteorologen als jene einzigen Leute definieren, die noch nicht darauf gekommen sind, daß der Mond Einfluß auf das Wetter hat.

Neben den Frauen gelten dämonische Schmiede von je als die ersten männlichen Magier. Sie sind ja die Daktylen, Erstge=borene der »großen Mutter«, das primitive männliche Prinzip an sich, zynisch=selbstbewußt. Schmiede sind auch stets vater=rechtlich organisiert, oft mitten in Kerngebieten afrikanischen Mutterrechts.

Dann war es wohl zuerst Jagdzauber, in dem der Mann sich magisch versuchte, wenn auch zögernd. Auf den algerischen Steinzeitbildern von Tiut ist der Bogenschütze noch durch eine langhinschleifende Nabelschnur mit der beschwörenden Mut=ter verbunden. Auch heute gilt ein Jäger bei roten wie bei schwarzen Rassen für äußerst gefährdet, verabsäumt die Frau zu Hause bestimmte Riten oder unterbricht sie durch andern Sexualverkehr den Kontakt mit ihm. Darauf beruht die Wer=tung ehelicher Treue, nicht auf Eifersucht, die aus ganz andrer Mentalität stammt; gar voreheliche weibliche Keuschheit ist bei Naturvölkern fast unbekannt, wenn vielfach auch für Unverheiratete die Pflicht des Abortierens oder der Empfäng=nisverhütung besteht, einer bei Primitiven frühgeübten und hochentwickelten Kunst.

Die Frau hat von Natur Herrschaft über den magischen Kos=mos. Hellsehen, Hellfühlen, Fernsehen, Fernwirken sind wahr=

scheinlich Ursinne und werden Priesterinnen als ihr Erb und Eigen von vornherein zuerkannt. Der männliche Schamane muß sie erst erwerben, ehe er etwas taugt, muß vorher den »Durchgang durch Tod und Auferstehung erlebt haben«, etwa in der großen »Medizintanzweihe« nordamerikanischer Indianer, die, eingeleitet mit Askese, Giften, Torturen, Ekstasen, bis zum Sturz in Bewußtlosigkeit und Trance geht.

Extreme weibliche Mimikry, als Vorbedingung männlichen Priestertums, herrscht bei den Chukchi in Nordost-Asien. Der Schamane trägt nicht nur, wie weltüblich, Frauenkleider, sondern ist überdies einem *Gatten* vermählt. In diesen Sittenkreis gehört auch die »heilige Homosexualität« männlicher Tempelprostituierter, mit Verstümmelungen, die ein weibliches Genital vortäuschen, bei den hochkultivierten Völkern Kleinasiens mit aphroditischem Mutterkult.

Und doch: alles nur Kindesbewegungen innerhalb des uterinen Kosmos! Der reifende Mensch mißt ihn aus, indem er seine Glieder regt, bleibt aber drinnen. Erst ausgetrieben in sein Pathos der Unendlichkeit wird er ganz Mann, in anderem Sinn noch als Schmied. *Vielleicht aber bleibt jedem neuen Äon, in jedem Auf- und Untertauchen wechselnder Kulturen jener heroische Augenblick am Rande des Kraters die wahre Erfüllung, wo Tiefe noch und Ferne bereits offen steht: Introversion wie Extravertierung.*

In der magischen Welt wirkt der Mensch als »Dämon unter Dämonen«, gleitet zwischen strömenden Instinkten zahlloser Wesen, durchwaltet von Seele, in einer Lebensdichte und Steigerung ohnegleichen. »Wer umgekehrt alles Belebte als mechanisch zu entseelen strebt, gelangt notwendig zur Aufhebung des Lebens in sich selbst.« Erst ist alles Subjekt – dann Objekt, auch das *Ich.* Wo die Psychologie anfängt, hört die Psyche auf. Die Technik ist sehr stolz darauf, immer mehr vom Organischen fort – das heißt *weg*zuschreiten, tierische und pflanzliche Stoffe immer mehr durch synthetisch hergestellte, anorganische Verbindungen zu ersetzen, und meint dabei, je vollkommener sie würde, desto befreiter, rein menschlicher könnte der Mensch sich über ihrem Fundament bewegen. Als ob jemand inmitten des Anorganischen überhaupt am Leben bleiben könnte, als ob Umwelt, Innenwelt und Wirkungswelt einander nicht bedingten.

Es ist nicht gleichgültig, ob jemand auf Beton isoliert, nur

Metall und Glasdinge berührend, in einem Gestell aus leeren Blechröhren schläft oder auf Edelholz in den Armen eines Baumes, es sei denn, er wäre nur mehr ein beliebig auf- und abmontierbarer Sowjetbestandteil.

Andernfalls aber ist es nicht gleichgültig, ob er gekleidet geht in chemische Kunstprodukte, lebendiger Vergangenheit bar, hergestellt ohne eine einzige tierische oder pflanzliche Faser, oder ob ihm die Haut umatmet wird von dem Zaubergewirk, aus Werdesäften gesponnen, in dem ein Kriechendes sich schlafen legt, um als Geflügeltes zu erwachen. Wer auf Seide, in Seide gehüllt, liegt, ruht selbst wie die Chrysalide im Ur-Ei der Metamorphose, getränkt von Wunder, das den Werdeschlaf bebrütet: im Kokon. Geheimnisvoll, organisch anders, um eine Stufe höher als der Schlaf auf Leinwand, ist der Seidenschlaf.

Bald aber verbindet nur noch das Stückchen Sohlenleder den Zivilisierten mit der lebendigen Natur. Es ist sehr fraglich, ob er, auf die Dauer in einen derart anorganischen Wohnleib gesetzt, durch ihn devitalisiert: *ent*lebt, seine Organe wird behalten können. Die zusammengepferchte Masse der Mitzivilisierten kann ihm wenig helfen, statt der einerlei Aura von Lebenslaien braucht er hier die Vielfalt schaffender Schauder aus freien, wilden Geschöpfen und allem, was sie berührt. Daher der Drang, zurück zur Negerplastik, zum Wildgeruch durchschweißter Masken, Trommeln aus Affenhaut, tätowierten Kürbissen, Fetischen aus unbekannten Hölzern, Federn, Borsten, Knochen; lauter bösartigen, unverständlichen, blöden Dingen, aber vitalisiert, tobend vor Weltaufgang.

Daher auch der Drang zu den Naturvölkern.

Nach der Pioniergeste des Durchquerens, Fähnchenaufpflanzens, Anmalens weißer Globusstellen trieb es plötzlich den besten, echtesten Menschenschlag, wie in Heimweh und stiller Angst, weg von zu viel Mathematik und Gesetz, hin zu den Wesen im seelennährenden Allfluid, um zu sehen, zu begreifen, zu fühlen – rasch, nur rasch, denn das zergeht unheimlich beim Kontakt mit der Zivilisation, zersetzt sich wie exotische Tiefseefauna, die überhaupt schon mit verzerrten, verstülpten Organen sichtbar wird, berührt sie, andrem Lebensdruck entstammend, unsre eigne Schicht.

So rafften diese neuen Eindringlinge, richtig gewiesen durch die älteren Erfahrungen der Missionare, moralisch enger aber seelisch feiner Beobachter, was sich von einer magischen Menschheit noch erraffen ließ: nicht Elfenbein, Gold, Kautschuk, sondern diesmal ausnahmsweise Einsicht. Sie kamen als Lernende und ohne Vorurteil. Zu staunen gab es viel. Bei den vergleichenden Studien am lebenden Objekt gewann Sir Edward Tylor die Überzeugung, daß die Hälfte der Menschheit, auf unterster wie höchster Kulturstufe, mutterrechtlich organisert sei, die andre Hälfte es – früher einmal gewesen sei. Dies galt vor sechzig Jahren, jetzt ist die Verteilung durch die Einbrüche des Islams wie der Zivilisation, auch durch das Aussterben vieler Stämme, eine andre.

Da sie es zutage liegend fand, so untersuchte die vergleichende Völkerkunde das Mutterrecht vielfach anders als Bachofen, der vorzüglich unter klassischen Quadern das Seine so schön und genau und voll Figur heraufgebracht hatte. Die Merkmale stimmen aber bei beiden überein. In gewissem Gegensatz zu Bachofen und älteren Ethnographen, wie Morgan und Tylor, sieht die neue Kulturkreislehre die Menschlichkeit schon ursprünglich polar gespalten. Patriarchat wie Matriarchat sind nach Frobenius getrennte Kulturkreise, bereits von Anbeginn gegensätzlich ausgeprägt in der Art der Hausung, im Verhältnis zum Erdboden, im primitivsten Gerät, der einfachsten Handreichung. Nie können sie ineinander übergehen, wenn auch einander durchdringen; sie wandern, pendeln. Jeder dieser Kreise, der männliche wie der weibliche, hat, viele Rassen nacheinander erfassend, die großen Kulturen aus sich hervorgebracht.

So oder so gesehen: An der Existenz und grundlegenden Bedeutung des Matriarchats zweifelt wohl heute bei uns kein Einsichtiger mehr, und von je war es selbst unter streng vaterrechtlichen Rassen, wie etwa den Chinesen, wohlbekannt. Nur gerade die europäischen Völker blieben ihm gegenüber hartnäckig wie mit Blindheit geschlagen.

Das war nur möglich, weil gerade sie vom vaterrechtlichen Rom ihren Staat, vom vaterrechtlichen Judentum ihre Religion erhalten hatten, und schließlich fügte es auch noch ihr Geschick, daß sie in Übersee, wie an den eignen Grenzen, fast ausschließlich mit dem Islam auf Leben und Tod zusammenstießen. Eingeschlossen in dieses Vaterrechtsdreieck, das stärkste der Erde, wurde es ihnen zum Unmaß der Welt, wiewohl sogar bei Römern, Juden und islamitischen Stämmen nicht wegzudeu-

tende Spuren gewaltsam verdrängten Mutterrechts sich finden. Patriarchat besteht außer in Europa nur im brahmanischen Indien, in China, bei Semiten und den Konvertiten des Islams. Ursprünglich vielleicht bei den Osthamiten.
Das salische Gesetz hatte nach vielen Neufassungen – anfangs ging es lange nicht so weit – schließlich für Deutschland das weibliche Thronrecht abgeschafft; wichtiger aber noch war, daß die Kirche sich das magische Thronrecht von Anfang an erstritt und, so weit sie konnte, jene weibliche Aristokratie der Priesterinnen und Prophetinnen vertilgte, von der Grimms Mythologie erzählt, so daß im späten Mittelalter, bei so verkehrter Auslese, nur magisches Lumpenproletariat übriggeblieben war. Sklavinnen, nicht Herrinnen des Zweiten Gesichts, »kolloide« Naturen ohne Eigenform, Einbruchstellen wildwuchernder Dämonie, durch die das Chaos ewig hereindrohte. Diese zersetzten Reste wurden dann, vielleicht mit Recht, ausgeräuchert, wie wir pestverdächtige Fetzen verbrennen.
Als Erinnerung an den einstigen Wirkungskreis blieb nur das Wort »Wetterhexe« übrig, und lediglich der Syntax wegen las man bei Tacitus den Satz: Die Germanen glaubten, daß etwas Vorahnendes und Heiliges dem Weibe eigen sei, dessen Rat man deshalb befolgen, dessen Antworten man wohl beachten müsse.

DAS WECHSELNDE GESICHT DES MUTTERRECHTS

Aus dem berechtigten Bewußtsein heraus, Träger einer Hochkultur zu sein, schloß der Europäer bis vor kurzem noch, daß die Frau, nicht einmal nach seinen Gesetzen völlig gleichberechtigt, es doch in niederen Gesellschaften oder gar bei »Primitiven« wesentlich schlechter haben müsse.
Nichts konnte irriger sein. Mit zwei einzigen Ausnahmen: in Teilen von Melanesien und bei den australischen Urrassen, wo sie unterdrückt wird, steht die Frau bei den Naturvölkern freier, mächtiger, vor allem ökonomisch weit gesicherter da als in Europa. Sieht man sie schwere Arbeit verrichten, den Mann dagegen oft herumlungern oder Nebensächliches basteln, so geschieht das, weil ihm das Wichtige zu tun und zu entscheiden nicht selten untersagt bleibt, denn es ist meist ihr Besitz, auf dem sie völlig freiwillig die Arbeit tut. Nach matri-

lokaler Sitte ist ihr der Mann nachgefolgt in ihr eigenes Heim, wo er bis zu einem gewissen Grade Gast bleibt und der Sippe seiner Frau fremd. Eheliche Bindung aber tritt bei Naturvölkern fast ausnahmslos hinter Sippenbindung zurück. Wiewohl also durch das Gesetz der Exogamie zur Heirat nach auswärts gezwungen, bleibt der Mann mit allen Instinkten doch seiner eigenen Sippe verhaftet, verkörpert in der Mutter, die ihn meist bis zum vierten Lebensjahr gesäugt hat. Über diese zauberhafte Anhänglichkeit sind die Beobachter des Staunens voll; unfaßbar für ausgeflachte Gefühlslagen erscheint solch direkte Kraft. Mit der Ehepartnerin besteht dagegen wenig Lebensgemeinschaft, sie wird nur besucht, ihr gehören auch die Kinder, denen meist der Vater gering gilt. Dem Primitiven steht darum an erster Stelle die Mutter, an zweiter die uterine Schwester, lebt er auch von ihnen getrennt. »In den allerniedrigsten menschlichen Gesellschaften«, schreibt Schweinfurth, »gibt es ein Band zwischen Mutter und Kind, das ein Leben lang hält, mag auch der Vater ein Fremder bleiben. Die größte Beleidigung für einen Neger ist eine abfällige Bemerkung über seine Mutter, sogar bei den vaterrechtlichen Hereros wird in jeder Gefahr erst die Mutter gerettet.« Die gefürchteten Kopfjäger auf Borneo, die Dayaken, erkennen keinerlei Verpflichtung gegen ihren Vater an, die Mutter aber bleibt etwas Heiliges. Wer in Melanesien, obzwar die Frau dort unterdrückt wird, eine Schiffsbemannung auch nur für eine Woche mieten will, hört sehr oft von grauhaarigen Männern in den Vierzigern sagen, sie täten gerne mit, müßten aber erst die Mama um Erlaubnis fragen. (J. Chalmers and W. Gill) Als ein paar der geschicktesten Alëuten nach Petersburg eingeladen waren, um sich auf der Newa mit ihren Kanus zu produzieren, verdienten sie sehr viel Geld und wurden maßlos verwöhnt, man drang in sie, zu bleiben, aber nein, sie wollten ihre Mütter um keinen Preis länger allein lassen. (J. Weniaminoff, Charakterzüge der Alëuten von den Fuchsinseln) Camerons Afrika-Expedition wurde vom Führer, weil dieser seine Mutter sehen wollte, hundert Meilen auf Umwegen geführt; ein anderer Eingeborner wieder getraute sich nicht, seiner Mutter einen Abschiedsbesuch vor der Reise zu machen, aus Furcht, dann kontraktbrüchig zu werden. »Hätte ich sie wiedergesehen, könnte ich nicht mehr fort«, sagte der Mann mit Tränen in den Augen. Von den Buschmännern wird ganz Ähnliches berichtet, und die Hottentotten sind ihren Müttern völlig hörig. Der höchste Schwur der Herero lautet: bei den Tränen meiner Mutter. Den Irokesen gilt es als scheußlichstes Verbrechen und als etwas ohne Beispiel, daß ein Sohn gegen seine Mutter rebelliere. Die gleiche tiefe Bindung besteht zwischen Mutter und Tochter; immer und überall bleiben die Frauen zusammengebündelt, die Gesellschaft des angeheirateten Mannes wird nur zeitweilig gesucht, seine Einmischung meist verbeten. Stets gilt die Verehrung der alten Frau, auch wenn sie nicht die Mutter ist. In Afrika werden Greisinnen vielfach von den Männern verwöhnt, jeder strebt, ihnen eine Freude zu bereiten, jeder sorgt für sie. Geht es im australischen Busch drunter und drüber, dann wählen die Männer eine Greisin zur »Großmutter«, die mächtige Privilegien erhält, unverletzlich ist, Streitigkeiten schlichtet, Krieg und Frieden regelt, den Männern die Speere wegnehmen darf – alles bei den gleichen Australiern, denen die Frau sonst gering gilt. J. G. Fletcher Moore, auch Spencer und Gillen schließen aus frühen Mythenzügen, aus gewissen religiösen Anzeichen, daß diese »Großmutter« der Rest eines zertrümmerten Frauenreiches sei, dem aus Ressentiment später die strengste Fernhaltung der Frau von wichtigen Zeremonien folgte.

Was aber ist ein Frauenreich? Wo gibt oder wo gab es das? Wann und wie steigt die Kurve der Herrschaft so steil an? Welches ist der Stufengang von einfacher Mutterfolge über Mutterrecht zu Matriarchat und extremer Gynaikokratie; oder ist das gar nicht Gradation eines Gleichen? Reißt vielleicht etwas ab, und ein ganz andres befreit sich? Und unter welchen Formen? Das alles gehört zum wechselnden Gesicht des Mutterrechts.

Dr. M. Vaerting und Schulte-Vaerting haben Untersuchungen über »weibliche Eigenart im Männerstaat und männliche Eigenheit im Frauenstaat« angestellt. Sie vergleichen gerechterweise die Geschlechter nur unter *gleichen* Bedingungen: Männer bei Männervorherrschaft mit Frauen bei Frauenvorherrschaft, beide somit in *gleich günstiger Lage,* oder Männer bei Frauenherrschaft mit Frauen bei Männerherrschaft, beide somit in *gleich ungünstiger Lage.* Sie prüfen auch die Situation bei Gleichberechtigung, um zu sehen, was dann schließlich für die durch das herrschende Geschlecht jeweils verkündete gott- und naturgewollte Eigenart des andern Geschlechts übrigbleibt.

Der Befund erscheint auf den ersten Blick verblüffend. Die Normen kehren sich weitgehend um. Vaertings sind der Ansicht, daß viele Züge, die für eingeboren »weiblich« oder »männlich« gelten, lediglich das Produkt eingeschlechtlicher Vorherrschaft sind, bei Herrschaftswechsel sich aber automatisch umkehren bis ins groteske Detail. Zuvörderst setzt stets die umgekehrte Arbeitsteilung ein. Das beherrschte Geschlecht »gehört ins Haus«, hat zu kochen, die Kinder zu hüten, Schamgefühl und Gemüt zu entwickeln, sich zu schmücken, schön und jung zu sein und, als oberste Pflicht, zu gehorchen. Das herrschende Geschlecht reserviert sich die Geschäfte außerhalb des Hauses, gilt bei sich selbst wie dem beherrschten für den geistig überlegenen Teil, fordert dafür von dem geistig weniger Begabten Liebreiz und Jugend: dieser Zustand wird auch vom jeweils Beherrschten als der »natürliche« empfunden. Es zeigte sich somit, daß für den Mann im Frauenstaat genau das gleiche gelte wie für die Frau im Männerstaat und daß weibliche »Schwäche und Schutzbedürftigkeit« nicht *Ursache,* sondern *Folge* der Arbeitsteilung im Männerstaat seien. Diese Untersuchungen der Vaertings haben zu den Bachofenschen Merkmalen des Mutterrechts eine Reihe neue hinzugebracht. Die alten, stets wichtigen sind:

Der weibliche Familienname wird erhalten, der männliche geht unter. Kinder einer Adligen bleiben adlig, mag auch der Vater ein Sklave sein, die Kinder eines Adligen mit einer Sklavin bleiben Sklaven. Die Kinder folgen der Mutterlinie, der Vater ist mit ihnen nicht verwandt, kann ihnen auch nichts vererben; was er erwirbt, fällt seiner uterinen Sippe, also den Schwesterkindern, zu. Beweglicher wie unbeweglicher Besitz liegt in den Händen der Frau und wird von ihr in erster Linie auf die Töchter vererbt, die Söhne gehen leer aus oder erhalten eine Mitgift, werden auch zuweilen von Müttern oder Schwestern verheiratet. Wo etwa ein Häuptlingsrang zu vererben ist, geht er nie auf den Sohn, sondern wieder auf die Schwestersöhne über. Der Unterschied zwischen ehelicher und unehelicher Geburt fällt dahin. Die Frau tritt als werbender Teil auf.

Die von den Vaertings ergänzten Merkmale betreffen die verschiedensten Gebiete. Vor allem verfügt die Frau frei über ihren Körper, unterbricht also Schwangerschaften, wann sie will, oder verhindert sie. Weibliche Kinder scheinen bevorzugt, weil sie das Geschlecht fortpflanzen, Knaben aber nicht; diese werden manchmal getötet, wie im vaterrechtlichen China umgekehrt die Mädchen. Körperlich ist die Frau geschmeidiger und stärker als der Mann durch die freie Betätigung außerhalb des Hauses, der Mann dagegen verfettet, wird zum »Hausmütterchen«, läßt die Kinder nicht einen Augenblick aus den Augen. Von den Kamtschadalen sagt Meiners, sie seien so häuslich, daß sie nicht einen Tag fort sein mögen. »Werden sie aber dazu gezwungen, so bewegen sie ihre Frauen, mitzureisen, weil sie ohne diese nicht leben können.« Nach Westermarck wird beim Encounter=Bai=Stamm die väterliche Wartung des Neugebornen einfach für unerläßlich gehalten. Deshalb tötet die Mutter ein nach dem Tode des Mannes gebornes Kind lieber gleich. Ähnliches gilt bei den Creeks (Nordamerika). Im Frauenstaat hält die Frau Hausarbeit für unter ihrer Würde, wie im Männerstaat der Mann. Auf sexuellem Gebiet ist *sie* der werbende Teil in der Liebe, das wußte schon Bachofen; jetzt wird es dahin ergänzt, daß *er* auch Schamhaftigkeit und Zurückhaltung zu wahren habe; auch Gehorsam in der Ehe wird von ihm – in Ägypten sogar ausdrücklich im Heiratskontrakt – verlangt. Treue desgleichen, *sie* aber bleibt frei. Ihr steht auch das alleinige Recht auf Scheidung und Verstoßung zu. Junggesellen werden im Frauenstaat ebenso verspottet wie im Männerstaat die alten Jungfern.

Als der umworbene, passive Teil, der erotisch erregen muß, um gewählt zu werden, auch durch die größere Muße im Haus wird der Mann putzsüchtig, die berufstätige Frau, bei der es mehr auf den Verstand ankommt, bleibt einfach und ungeschmückt. Von Libyen, einem mächtigen Mutterrechtszentrum, erzählt schon Strabo, daß sich die Männer sorgfältig ondulierten, »viel Goldschmuck trugen, eifrig waren im Abreiben der Zähne und Beschneiden der Nägel. Der Haarputz ist so künstlich, daß man sie selten beim Lustwandeln einander berühren sieht, damit des Haares Zierputz unverletzt bleibe«. Bei den von Frauen beherrschten Khonds tragen die Männer nach Westermarck sehr langes Haar, das sie eifrig schmücken. Die Männer von Tana (Hebriden) tragen das ihre zwölf bis achtzehn Zoll lang und teilen es in sechs= bis siebenhundert kleine Locken oder Flechten. In Nordamerika reicht es den Männern bis auf die Füße. Bei den Latuka trägt der Mann eine derartig künstliche Frisur, daß er zehn Jahre zu ihrer Vollendung braucht. Nach Tacitus färbten vornehmlich die germanischen

Männer sich das Haar. Bei den Ägyptern hieß die Frau »die ihren Mann kleidet«. Er mußte zwei Kleider haben, sie besaß nur eines und trug sich weit einfacher. Im Frauenstaat ist der Jüngling das Schönheitsideal und wird meist von der viel älteren Frau geheiratet, genau wie im Männerstaat das junge Mädchen vom reifen Mann, ohne daß dies anstößig erschiene. Phalluskult wird im Frauenreich getrieben wie Venuskult im Männerreich. Was die Religion bei eingeschlechtlicher Vorherrschaft betrifft, so sind, der Vormachtsstellung entsprechend, die Hauptgottheiten stets vom eigenen Geschlecht, zu dem auch größeres Vertrauen besteht, nur die Sexualgottheiten vom anderen.

Auf sozialem Gebiet ist Kommunismus für den Anfang der mutterrechtlichen Sippe bezeichnend. Nach dem Übergang zum Privateigentum ist die Frau im alleinigen Besitzrecht, wie im Männerstaat der Mann. »Das herrschende Geschlecht sichert sich jeweils die Freiheit und Vormacht, indem es das beherrschte Geschlecht ernährt«, ihm also die passive Rolle im Hause zuteilt, sich selbst aber die wichtigen und entscheidenden Geschäfte außerhalb des Hauses.

Zum Unterschied vom Männerstaat gilt im weiblichen die Todesfurcht für eine schätzenswerte Eigenschaft, weil Leben, von der Frau unter Mühsal geboren, ihr naturgemäß als das wertvollste Gut erscheinen muß. Auch auf sexuellem Gebiet ist die eingeschlechtliche weibliche Herrschaft nicht die völlige Umkehrung der männlichen. Die Tyrannei gegen das andre Geschlecht zeigt nie solche Auswüchse; so bleibt es bei Ansätzen zur Männerprostitution, schon weil ihr der Organismus des Mannes Grenzen setzt. Frauenprostitution fehlt. Polygamie gilt als typisch vaterrechtlich, Polyandrie, Vielmännerei deutet auf Mutterrecht (mit Ausnahmen).

Wiewohl diese Liste eindrucksvoll zusammengestellt ist, ließe sich etliches gegen sie einwenden. Bei einem Teil der Merkmale wirken rassische, zivilisatorische, zeitliche, rein dynastische Ursachen zu sehr mit, andere sind überhaupt nicht aufrecht zu erhalten, wie etwa die »Häuslichkeit«. Bei strengen Mutterreichen der Naturvölker ist sogar das Umgekehrte erstes Gebot. Der Mann darf gar nicht ins Haus, außer zum Sexualverkehr, sogar seine Mahlzeiten muß er vielfach auswärts einnehmen und lebt nur als schweifender Fleischbringer am Rand des wohlorganisierten Frauenclans, jenem Zentrum, von dem er seine Ordres bekommt, ohne es anders denn als Gast zu betreten. Erinnert man sich an die Symbolbedeutung des Zimmers, »Frauenzimmers«, und wie das Haus überdies als Organprojektion auch von der Frau im Mutterclan ganz allein erbaut wird, so kann es nicht wundernehmen, wenn der Mann dort nur zu einem einzigen Zweck eingelassen wird. »Ehe auf Besuch« ist gerade in den großen Muttergesellschaften Regel, so bei nordamerikanischen und kanadischen Indianern, bei den Siox, Algonkin, also Ojibeways, Delawaren, Mohikanern, bei Irokesen, bei den Bororos in Zentralbrasilien, bei den Karaiben, auf Borneo, doch auch in Afrika bei den Hottentotten. Es ist nicht so, daß hier ein männliches Langhaus den Vorzug hätte; der Mann darf einfach nicht im Mutterclan dauernd sich aufhalten, dabei kann über die Tatsache der Frauenherrschaft kein Zweifel sein. Von den Hottentotten etwa heißt es: »Die Frauen haben von je eine Stellung eingenommen, die an Despotismus grenzt, der Mann hat kein Wort zu sagen, die Frau herrscht unumschränkt.« (F. Hahn, Tsui-Goam, ferner Jakobowsky, M. Poix) Bei dem am tiefsten stehenden, aber mutterrechtlich extremsten Indianerstamm, den Seri, kann nur der Bruder die Hütte bewohnen, der Ehemann nicht, wiewohl er vor einem Matronenkollegium die strengste Aufnahmeprüfung bestehen muß, ehe er sich der Frauensippe anschließen darf. Auch im tibetischen Frauenreich, einer hohen Stadtkultur, blieben Königinnen und weiblicher Ministerrat im Palast der Männer, als »Beauftragte«, mußten kommen, Weisungen entgegennehmen und wieder gehen.

Vaertings Hauptbeispiel Ägypten versagt zum Teil. Kilometer und Kilometer von Reliefs zeigen den Mann »außer Haus« beschäftigt, *und die Armee war rein männlich;* auch die Ärzteschaft. Was das aber in Ägypten bedeutet, weiß schon Herodot: »Bei ihnen ist alles voll von Ärzten; die einen sind als Ärzte für die Augen bestellt, andre für den Kopf, andre für die Zähne, andre für den Unterleib, andre für die unsichtbaren Krankheiten.« Und Diodor: »Auf Feldzügen sowie auf Reisen innerhalb der Landesgrenzen werden alle gratis ärztlich behandelt, denn die Ärzte beziehen ein Gehalt von Staats wegen.« Daß Medizin, sonst eifersüchtig gehütetes weibliches Monopol, von Männern geübt wurde, wirkt übrigens bei sonst so klarer Frauenherrschaft auffällig.

Noch weniger stimmt es dort mit »vorwiegend männlicher

Putzsucht«. Von Schmucklosigkeit oder größerer Schlichtheit der herrschenden Frau ist nirgends viel zu sehen. Fast die erste Kunde aus prädynastischer Zeit verknüpft den Namen einer Frau mit ihrer Haarwuchspomade; von der beispiellosen weiblichen Körperpflege melden die Frauengräber. Was sich da an Schminkstiften, Wimpernsalben, Lippenpomaden, Haarfärbemitteln, Manicureinstrumenten findet, übertrifft die Einrichtung jedes New Yorker Beauty parlours weit. Auch Aufschlitzen der Lidspalten zur Verlängerung des Auges war üblich, die Feinheit der Frauensandalen berühmt. Viel an hatte keines der Geschlechter, die Frau aber das ihre aufs feinste plissiert und drapiert. Um den Schmuck zu beurteilen, genügt ein Rundgang durch das Kairomuseum. Satrapen, orientalische Herrscher, Moguln, Khane, indische Prinzen, der griechische und römische »arbiter elegantiarum« wiederum waren bei extremer Männerherrschaft genauso geschniegelt und überschmückt, stundenlang gesalbt und massiert, wie nur irgendwelche Männer bei Frauenherrschaft. Was Haarfärben betrifft, so ist das »blondine« Rezept Cesare Borgias noch erhalten, der gewiß kein »Männchen« im Frauenstaat war. Zum Haarfärben der Germanen, könnte man dieses Merkmal überhaupt gelten lassen, fehlt wieder die Gynaikokratie, denn Lamprecht hat ausschließlich Mutterrecht bei ihnen nachgewiesen, mehr nicht; jener entgegen stünde auch die starke Homosexualität, von der so viel die Rede ist: »Obgleich ihre Weiber ganz wohlgestaltet sind, so halten sie sich doch sehr wenig zu diesen, sondern werden wie durch unsinnige Raserei zur Umarmung des männlichen Geschlechtes getrieben, und weit davon entfernt, hierin eine Schande zu sehen, halten sie es vielmehr für entehrend, wenn einer die angetragene Gunst eines anderen nicht annimmt.« (Diodor)

Alles, was mit Haar und Haartracht zusammenhängt, hat eine Symbolbreite, die zu ignorieren sich immer rächt. Meist gilt seine Länge als Zeichen der Kraft (Simson Indianer). Bei den Germanen ist es zudem Standeszeichen, besonders im blonden Ton das begehrte Rassenmerkmal. Wenn germanische Männer sich also ihre langwallenden gepflegten Haare nachfärbten, so zum Unterschied von den »Unfreien«, die stets geschoren und meist dunkler waren (daher »G'scheerter« als Schimpfwort). Hier hat also das »Färben« gerade umgekehrte Bedeutung: die männliche Freiheit.

Was die Polygamie betrifft, so ist sie für Männerherrschaft ein mehr als fragliches Symptom geworden, weil sie fast überall von den Frauen nicht nur geduldet, sondern begünstigt wird. Seiten ließen sich dafür mit Beispielen füllen. Eine Fulagattin, mächtig und sehr klug, eine von fünfen, wurde gefragt, ob sie nicht lieber die Einzige wäre, sie bekreuzigte sich auf heidnisch vor solcher Zumutung. So sei es doch viel amüsanter, bequemer und besser, sie könne den Mann doch nicht allein unterhalten, die Konversation der vier andern sei eine Erlösung (nach Briffault zitiert). »Je mehr Frauen, desto besser«, ist der Wahlspruch der afrikanischen Dame. Miß Kingsley berichtet, sie wüßte von einer ganzen Anzahl Männern, die viel lieber nur eine Frau gehabt und ihr Geld in zivilisierter Weise ausgegeben hätten, aber die Weiber erlaubten es nicht, haßten auch die Missionare, weil sie Monogamie verlangten, und würden sich eines erotisch einfältigen Mannes schämen. Frauen scheinen von Natur für erotische Freiheit begabt. Auch in der Mutterrechtsgesellschaft herrscht daher große sexuelle Toleranz, bei Beschränkungen durch Heiratsklassensysteme aber treffen diese beide Teile gleich. Die männlichen Harems afrikanischer Prinzessinnen hinwiederum mit Todesstrafe für Untreue sind mehr dynastisches Symptom; der Ungehorsam eines Sklaven gegen die Majestät wird bestraft, genau wie der einer Sklavin.
Polyandrie wieder kann die verschiedensten Ursachen und Formen haben. In Tibet, wo die Braut alle ihre Schwäger mitheiratet, scheint das ein Rest der alten Gruppenehe und wird allerdings von den Frauen eifrig aufrechterhalten. Aus der gleichen Gruppenehe leitet sich umgekehrt der Brauch bei mutterrechtlichen Indianern ab, daß ein Mann erst die älteste Schwester, dann nacheinander, wie sie mannbar werden, die jüngeren Schwestern aufheiratet.
Was endlich die Prostitution betrifft, so gilt sie außerhalb Europas nirgends als Schmach. Es wäre fast die Antithese zu wagen: »heilige Prostitution – unheilige Ehe«. Also gab es, und gerade in den hochkultivierten Frauenreichen, in Ägypten, Lydien, dem präarischen Indien, und bei Gleichberechtigung, wie in Sumer, heilige Tempelprostitution, der sich keine königliche Prinzessin und keine noch so hochgestellte Dame an bestimmten Festen entziehen durfte. Sie hatte sich jedem Fremden, der sie begehrte, wahllos hinzugeben, denn in dem »Fremden« konnte sich der Gott inkarnieren.

Es geht eben nicht an, Geist, Seelen und Instinktströme so reicher Herkunft als Formträger auszuschalten und die Divergenz ihrer Stilgebilde aus »Herrschen« und »Beherrschtsein« ableiten zu wollen. So bleibt von den neuen mutterrechtlichen Merkmalen, als sowohl wichtig wie gesichert, die freie Schwangerschaftsunterbrechung: Kultur des Gebärens und Nicht-Gebärens, schließlich die Heirat der älteren Frau mit dem jungen Mann, wie umgekehrt bei Vaterrecht die Verbindung des älteren Mannes mit der jungen Frau.
Bei Frauenherrschaft herrschen also die schönen Jünglinge und bei Männerherrschaft die schönen Mädchen, im Frauenstaat die Männer und im Männerstaat die Frauen.
Nur ein Aperçu: eine Wahrheit, winzig wie ein Pfefferkörnchen, rächt sich durch Penetranz für ihre Winzigkeit.
Sehr richtig haben die Vaertings »Galanterie« als etwas typisch Männerrechtliches gesehen. Das berühmte »dixhuitième«, das französische Frauenjahrhundert, war das Gegenteil von Gynaikokratie, die Frau stieg nur von Mannes Gnaden auf, in dem Maße, wie sie ihm gefiel, und fiel, verlor sie seine Gunst.
Eine »galante« Frau wäre danach auch Semiramis gewesen und streng genommen nicht unter die großen Beispiele von Frauenherrschaft zu zählen, wiewohl ihre Größe echt genug war, um sogar »sagenhaft« zu werden. Reichsgründerin, Städtebauerin, Gesetzgeberin, Ingenieurin, Gartenarchitektin allerbesten Stils, wurde sie das alles doch nur vermittels zweier Ehen, der ersten mit einem Offizier, der zweiten mit König Ninus. Den lernte sie in Begleitung ihres Mannes auf einem Feldzug kennen, bei der vergeblichen Belagerung eben jener Stadt, die eine ihrer kriegstechnischen Erfindungen ihm dann gewann. Auf diesem Zug erfand sie auch eine ebenso schöne wie praktische Tracht – die später »persisch« genannte. Als Königswitwe aber hätte sie bei der Großjährigkeit ihres Sohnes alle Unternehmungen im Stich lassen und abdanken müssen, vermied das aber durch eine List. Sie trug von nun an seine Kleider, nur mit eingesetzten Lederärmeln, damit ihre Mädchenarme sie nicht verrieten, ließ sich krönen und regierte als junger König selber weiter (Pompeius Trogus). Daß diese Frau aussehen konnte wie ihr achtzehnjähriger jüngster Sohn, sollte das ungute Gefühl gegen »Heroinen«, stammend aus der Generation älterer Wagnersängerinnen, zu mildern geeignet sein.
Die Vaertingsche »Pendeltheorie« über die Männer- und

Frauenherrschaft soll ihre Stelle unter den andern Hypothesen zu diesem Problem noch später finden.
Erst zeige das Mutterrecht selbst sein wechselndes Gesicht.

NORDAMERIKA

Das indianische Antlitz des Mutterrechts ist immer selbstbewußt, starkknochig, doch nie herrscherisch hart gewesen, mit einer Ausnahme, als es sich vom Mond ab- und der gewaltsamen Sonne zukehrte: bei den Natchez.
Es blieb das erfahrene Gesicht der alten Frau, die nie stirbt, und zwar zu Hause von Alaska bis nach Mexiko hinab, der pazifischen wie der atlantischen Küste entlang und durch die ungeheure Mitte der Prärie hin, voll Büffelherden im wehenden blauen Gras, dort, wo jetzt ein Schwarm grellackierter Gespensterheuschrecken aus Metall von Horizont zu Horizont in ewigen Weizen beißt und ratternde Fordflöhe auf schnurgeraden Kreidestrichen sich im rechten Winkel kreuzen.
Gewiß hat es auch patriarchalische Indianerstämme gegeben, im großen ganzen aber ist Nordamerika ein überwiegend mutterrechtlich-demokratischer Kontinent, und dies so stark, daß, wer einwandert, langsam der Ahnenseele seines Bodens auch körperlich verfällt. Nach dem bekannten Experiment ergeben tausend, bereits in der dritten Generation angesiedelte Weiße verschiedenster Rasse, übereinander photographiert, das Bild eines – *Indianers.* Soweit die Tradition reicht, ist es auch wegen dieses mütterlich-demokratischen Urgrunds nie und nirgends zu einer echten Monarchie gekommen, nur beauftragte Häuptlinge, lokale Vorbilder des Präsidenten der Union, wurden im Fall der Gefahr vorübergehend mit besonderer Macht belehnt.
Für den Durchschnitt indianischen Mutterrechts gilt ungefähr, was Père Lafiteau von den fünf großen Stämmen des Irokesenbundes im Osten sagt: »In den Frauen ruht alle wirkliche Autorität des Landes. Die Felder und alle Erträge gehören ihnen, sie sind die Seele der Ratsversammlungen, die Herren über Krieg und Frieden, sie verwahren den Fiskus oder öffentlichen Schatz: Sie sind es, denen man die Gefangenen übergibt, sie begründen die Ehen, ihrer Herrschaft unterstehen die Kinder, und ihr Blut bestimmt die Erbfolgeordnung.« Über den

Durchschnitt streng erging es nur gerade bei einigen dieser Stämme den unverheirateten jungen Männern in sexueller Hinsicht. Sie wurden von den Mädchen des eigenen Clans ab= gesperrt und von ihren Müttern exogam in einen fremden ver= heiratet, meist an weit ältere Frauen. Dieses typische Symptom für Mutterrecht entstammt nicht durchaus einseitigem Egois= mus, weil ja die Jünglinge dieser Gesellschaftsordnung lange an die Mutterimago fixiert bleiben; ihre späteren Ehepartnerin= nen – Indianer heiraten viele Male – wählen sie dann aus be= liebigen Altersklassen völlig frei. Absperrung von jungen Mäd= chen der eigenen Sippe aber dient dem Gesetz der Exogamie, die wieder ganz andrer Wurzel entspringt.

So sehr überwiegt bei Indianern die Bedeutung weiblicher Erbmasse, daß die Kayugas, im XVI. Jahrhundert, fast auf= gerieben durch ewige Kriege, die Mohawks ersuchen ließen, ihnen Männer für ihre Gattinnen zu schicken, damit ihr Stamm nicht verlösche. Biologisch hat das manches für sich. Bei Vater= recht wären die Kayugas, um nicht auszusterben, umgekehrt nach fremden Frauen aus gewesen; ihnen jedoch galt als alleiniger Rasseträger das weibliche Blut.

Urbild matriarchalischen indianischen Gemeinlebens sind viel= leicht am ehesten die Senekas, der Hauptstamm der Irokesen. Sie bewohnten vor Ankunft der Europäer von Frauen erbaute Langhäuser; rechts und links lagen abgeteilte Schlafräume, in der Mitte der Eßsaal mit der Feuerstelle. In dieses 60 bis 100 Fuß lange Mutterhaus, das hodensote, wurden Männer frem= der Clans zwar als Gatten aufgenommen, doch regierten die Frauen, überwachten und verteilten die Vorräte, und »wehe dem glücklosen Mann oder Liebhaber, der verabsäumt hatte, seinen Anteil Lebensmittel beizusteuern. Mochte er noch so viele Kinder gezeugt, noch so viel privaten Besitz im Hause haben, jeden Moment konnte er dann gewärtig sein, auf Be= fehl seine Decke zu nehmen und abzuziehen. Ungehorsam galt weder für ratsam noch für bekömmlich. Falls nicht im letzten Augenblick noch eine alte Tante oder Großmutter zu seinen Gunsten intervenierte, hieß es Umschau halten nach anderer Frau in anderem Clan«. Die Scheidungszeremonie selbst be= stand lediglich darin, dem Mann sein Bettzeug vor die Tür zu setzen.

Doch war auch er zu gehen völlig frei, tat es oft, fast immer bei Delawaren und Irokesen, sobald die Frau gravid wurde, oder

während der langen Stillungsperiode, um es bei der nächsten Gattin ebenso zu machen. Über die meisten befreundeten Stämme hin gab es demnach lauter Halbbrüder und Halbschwestern verstreut, die einander als solche gar nicht kannten, ruhig heirateten, waren sie doch nach Mutterrecht nicht miteinander verwandt.
Auch Polygamie und Polyandrie herrschten vielfach als Rest uralter brüderlich=schwesterlicher Gruppenehe, die dem Mann alle Schwestern seiner Frau oder der Frau alle Brüder ihres Mannes mit zum Sexualverkehr gab, so bei den Senekas und andern Irokesen, den Denè in Alaska, den Kiowas, Mandans, Omahas, auch den Sacks und Foxes am Mississippi. Solches war Brauch, doch niemals Zwang. In Vancouver erhielt der Gatte das Jagdrecht nur durch seine Frau, »nach der Scheidung fiel es an sie zurück und bildete ihre Mitgift für die nächste Ehe«. Sexuelle Beschränkungen gab es, wie schon Vater Theodat jammert, außer dem Gesetz der Exogamie fast keine: »Die jungen Männer haben Freiheit, sich dem Bösen hinzugeben, sobald sie dessen fähig sind, und die jungen Mädchen gleichfalls, sogar Vater und Mutter dienen als Kuppler für die Töchter. Bei Nacht laufen die Mädchen und Frauen von einer Schlafstelle zur andern, die jungen Männer tun das gleiche und nehmen sich ihr Vergnügen, wo sie es finden, doch ohne jede Gewalt; sie vertrauen ausschließlich auf den guten Willen der Frauen. Der Gatte tut dasselbe in bezug auf die nächste Nachbarin und die Frau in bezug auf den nächsten männlichen Nachbarn. Von Eifersucht ist dieserhalb nichts an ihnen zu vermerken, und sie empfinden darob weder Scham noch Schande.« Diese spezielle Schilderung gilt den auch politisch vollkommen matriarchalen Huronen (Wyandots).
Die Neigung der Indianer, während der Gravidität ihrer Frauen einfach wegzuziehen, bewog diese naturgemäß zu häufiger Schwangerschaftsunterbrechung. Auch die jungen Mädchen, besonders bei den frohen Stämmen der Ebene, Creeks, Cherokesen und andern, abortierten geschickt, sicher und fast ausnahmslos, stieg doch ihr erotischer Wert mit der Anzahl der Geliebten. Diese voreheliche Karriere mit vorzüglichen Heiratschancen sollte keiner vorzeitigen Störung zum Zufallsopfer fallen; Naturvölkern erscheint ja »Keuschheit« oder »Jungfräulichkeit« bei Erwachsenen eher in der Bedeutung von Schwachsinn, der mitleidig belächelt wird. In den Muttergesell=

schaften führt das freie Verfügungsrecht über den eignen Körper zu einer guten Beherrschung seiner Gesetze. Afrikanerinnen sind besonders berühmt für natürliche antikonzeptionelle Methoden durch frühgeübte Muskelkontraktion, während bei extrem vaterrechtlichen Völkern, wo manchmal erst das dritte Kind am Leben bleiben darf, die geschlechtlich verkümmerten und unwissenden Frauen alle Qualen der Gravidität und Geburt vergeblich zu leiden haben. Auf einer Salomoninsel müssen alle eignen Neugeborenen auf Befehl der Männer lebend begraben werden, und man importiert, um die Schererei der Aufzucht zu ersparen, von auswärts ältere Kinder.

Die Creeks hatten auch weibliche Häuptlinge, wie nicht wenige andere Stämme, so die Narraganset auf Rhode Island, die zu den kanadischen Algonkin gehörigen Potavatami, die Winnebagos vom Jägerstamm der Sioux. Gewiß im ganzen gesehen eine starke Minderheit. Das ist vielfach gegen die praktische Auswirkung des Matriarchats eingewendet worden. Wohl mit Unrecht. Wo der Akzent auf magischen Fähigkeiten liegt, beordert ein weiblicher Priesterclan eben den seelisch abhängigen Jäger und Krieger, der trotzdem im Physischen überaus kühn und tapfer sein kann, zum äußeren Dienst; dort, wo die Frauen sich nicht vorwiegend priesterlich betätigen, wie bei den zentralasiatischen Nomaden, führen sie auch vielfach das Heer. Nun ist aber gerade im demokratischen Amerika der Häuptling meist nur primus inter pares, erreicht nirgends eine Macht, die ihm, wenn nötig, nicht leicht wieder könnte entzogen werden. Von der Bedeutung indianischer Priesterinnen, Prophetinnen, Zauberärztinnen, auf der Prärie und bei primitiven Stämmen mehr noch als bei Ackerbauern, künden hingegen außer Heldengesängen und Kultbräuchen auch viele Bekehrungsberichte: »Sie haben große Ehrfurcht vor diesen alten Hexen, und obwohl sie nur Unsinn reden, folgen die Männer ihren Eingebungen, und diese Frauen sind die Herrinnen.« »Wie viele von ihnen mußten allein die guten Patres vom Missionshaus des heiligen Franz, dem heutigen San Franzisko, verbrennen, ehe diese Heiden herangereift waren zur Religion der Liebe.«

Der Drang nach sexueller Abwechslung lag offenbar im starken indianischen Temperament, gefördert wurde er durch die Bedeutungslosigkeit des Vaters für den Mutterclan, den ewiggleichen, aus dem sich zu eigener Familiengründung nie junge

Paare ablösten. War die Ehe von Dauer, so verlor der Mann sogar bisweilen seinen Namen, wie bei den Creeks, wurde nur »Vater des soundso« genannt, also nach seinem Kind, nicht das Kind nach ihm – bei Matriarchat ein nicht seltener Brauch, etwa in Patagonien oder dem alten Arabien, bei Kantabrern und Lokrern. Bei den Alëuten des russischen Amerikas, jenen, die auch ihre Mütter nie lange allein lassen, nimmt der Gatte bei der Eheschließung sogar den Namen der Gattin an. (Holmberg)

Bei den Tlinkit in Alaska, den Navachos, Ojibeways, Cherokesen, Arapahos, Dakotastämmen, um nur einige zu nennen, verkündet ungeheures Getöse das Herannahen der Schwiegermutter. Alles schreit und benützt Schwirrhölzer, um den Schwiegersohn zu warnen vor ihr, die in der Navachosprache »dojischini« heißt: »sie, die ich nicht sehen darf«. Übertretung dieses Verbotes soll je nachdem Erblindung, Tod, Selbstmord, Sterilität bescheren oder noch wüsteren Jammer ungeahnter Art. Ein Australneger starb schon fast vor Schreck, weil der Schatten seiner Schwiegermutter, während er schlief, auf seine Füße gefallen war. In Melanesien meidet ein Mann den Strand, solange ihre Fußspur noch nicht vom Meer verspült ist, in Neu-England geht er ihrer Person meilenweit aus dem Weg. Während ein Missionar in Neu-Guinea Schule hielt, fiel ein sechsjähriger kleiner Bub plötzlich wie ein Klotz Holz unter den Tisch, weil die Schwiegermutter seines großen Bruders soeben am Hause vorüberging. Für Reisende durch Australien, Afrika, Melanesien, Amerika wird dieses Tabu zu einer unversieglichen Quelle der Erheiterung.

»Vielleicht der ergötzlichste Anblick meines Lebens«, schreibt schmunzelnd Captain Bourke, »war ein verzweifelter Chiricahua-Apache, Ka–e–tenny genannt, berühmt als verwegenster und mutigster Mann seines Volkes, als er der Begegnung mit der Schwiegermutter zu entrinnen suchte. An Steine geklammert, das Gesicht verborgen, hing er an exponierter Stelle und wäre zerschmettert worden, hätten sie sich gelöst.« Frau und Schwiegermutter hingegen trifft bei matrilokaler Ehe keinerlei Beschränkung im Verkehr mit Gliedern des angeheirateten Clans.

Dieses Tabu schien rätselhaft eingeboren, und nie wurde sein Sinn bisher befriedigend erklärt. Warum nicht einfach jene fragen, die es halten? denkt der Laie hier erstaunt. Weil echte

Bräuche Taten des Blutes sind, zu tief natürlich, um bis in die Fläche der Begründung heraufzureichen. Das macht ja die Erforschung von Naturvölkern so schwer. »Diese Menschen sind durchaus unfähig, auch nur ihre Sitten zu schildern (so selbstverständlich sind sie ihnen), geschweige denn, sie zu erklären, also ihre Anschauung in Worte zu kleiden, ihre Empfindung anders als in unbewußten Gebräuchen zum Ausdruck zu bringen.« (Frobenius) Lord Avebury meinte, dies müsse mit »Frauenraub« zusammenhängen, eine seinerzeit beliebte Erklärung für alles zwischen Himmel und Erde; die Schwiegermutter solle gemieden werden, denn man habe ihr die Tochter gewaltsam weggenommen, entführt. Abgesehen davon, daß bei gewaltsamer Entführung doch weit eher die Brüder oder der Vater als zu Meidende in Betracht kämen, hat I. B. Tylor auch gezeigt, daß dieses Tabu am häufigsten wie strengsten in der matrilokalen Ehe gilt, wo die Tochter das Heim gar nicht verläßt, bei Völkern mit dem weit späteren »Frauenraub« dagegen äußerst selten und in abgeschwächter Form. Dann wieder hieß es, die Gefahr »unehrbarer Annäherung« solle ausgeschaltet werden; so erblühte auch für die Psychoanalyse hier ein prächtiger Ödipuskomplex.

Der Navacho umgeht nun das ganze, so bedrohliche Tabu auf überaus einfache Weise: Er heiratet erst die Schwiegermutter, dann die Tochter. Den gleichen talentierten Ausweg fanden auch die Cherokesen, sowie die Karaiben Südamerikas; bei den Wagogo und Wahehe in Ostafrika aber muß ein Mann sogar, der Sitte gemäß, erst mit der Mutter sexuell verkehrt haben, ehe er die Tochter heiraten darf. Die Theorie vom übertragenen Inzestverbot fällt somit dahin. Wo das Tabu milder wirkt, kann die Schwiegermutter auch durch ein Geschenk versöhnt werden, so bei den Dakotas durch den Skalp eines Feindes.

In neuester Zeit hat R. Briffault dieses weltumgreifende Tabu als Mutterrechtserscheinung angesprochen. Dem exogamen Mann steht kein Recht an die neue weibliche Gruppe zu, deren Haupt er nunmehr untersteht; für ihn ist dieses Haupt eine fremde, »beleidigte« Mutter. Von ihr darf er sich als Eindringling weder erwischen, noch vor ihr sich blicken lassen, ohne rächender Folgen gewärtig zu sein, es sei denn, er versöhne sie durch ein Geschenk oder trete als ihr eigener Sexualpartner in den Clan.

So lebe, meint Briffault, in der vagen Größe dieses Tabus, wenn auch nur schattenhaft, noch etwas nach von der ehrfürchtigen Scheu, die der primitiven Menschenmutter galt und ihrer natür=lichen Dominanz in der Urfamilie, deren Schöpferin sie einst=mals war. »Gefühle, so weitverbreitet und so tief, daß unter den unkultivierten Rassen in fünf Weltteilen kein Brauch hart=näckiger, kein Familiengesetz bindender erscheint als ... diese absurden Hemmungen und traditionellen Regeln, wie sie sich überall gerade an die Mutter der Frau heften ... solche Gefühle sind niemals bloße Alfanzereien, vielmehr in ihrem Ursinn so bedeutsam wie vital. Als Überlebsel, hohl und albern jetzt, stellen sie doch Teile einer primitiven menschlichen Gruppe dar, die, entwickelt aus der tierischen Familie, nur mit Hilfe der Exogamie sich ihre mütterliche Grundgestalt bewahren konnte.« Bei Kultivierten klingt das Tabu in »Bösen=Schwiegermutter«=Scherzen mit ihrem hämisch=läppischen Umwitzeln gerade die=ser Figur noch leise nach, denn Kichern ist bekanntlich über=kompensierte Furcht.

Unter europäischem Einfluß wechselten allmählich eine Reihe Indianer=Stämme von der Mutter= zur Vaterfolge, ehe sie ihren Rassentod durch Flintenkugeln starben oder ihn – überlebten in läppischen Reservaten, wo Häuptlinge federnbespickt auf Bahnsteigen hocken, um durchreisenden Versicherungsagenten aus Chikago Kriegsbeile oder Friedenspfeifen, je nach Wunsch, aus tätowierten Musterkoffern gegen Dollar anzudrehen.

Wie unbeugsam jedoch die Urgesetze der Frauensippe fortbe=standen, zeigt am besten jener Chokta=Indianer, der ganz offen dem Missionar Dr. Byington in den vierziger Jahren des vorigen Jahrhunderts erklärte, er wolle nur Bürger der Ver=einigten Staaten werden, damit er den eigenen Kindern seinen Besitz vermachen könne, sonst fiele dieser unweigerlich an die Mutterseite zurück.

So selbständig universal erwiesen sich diese Indianerinnen, so einfach jeder Situation ganz allein gewachsen, daß eine, kana=dischen Stammes, nachdem sie waffenlos, werkzeuglos, fast nackt aus feindlicher Gefangenschaft entsprungen war, nach sieben Monaten mitten in der Wildnis unter behaglichsten Verhältnissen lebend aufgefunden wurde, in einer hübschen, selbstgebauten Hütte voller Vorräte und mit einer warmen, geschmackvoll bestickten, funkelnagelneuen Garderobe; alles gleichsam aus dem Nichts erschaffen. Erst hatte sie ingeniöse Fallen gelegt für Wild und Vögel, um von dem Fleisch zu leben,

die Felle zu gerben, mit den Sehnen einen Bogen zu bespannen; auch Messer und Nadeln hatte sie fabriziert, war vorzüglich in Form, munter und wohlhabend. (S. Hearne, nach Briffault zitiert)
Viel vom original indianischen Wesen hat sich seltsamerweise gerade an seinem höchsten und primitivsten Stamm erhalten: den Pueblos und den Seri, beide rein matriarchal.
Die Seri-Indianer am Kalifornischen Golf waren infolge von Feuersteinpfeilen und allgemeiner Fremdenfeindlichkeit bisher fast unbekannt. Sie entzogen sich prinzipiell jeder Antwort, indem sie den Frager erschlugen, und somit auch ethnologisch ehrbarer Annäherung. Sie auszurotten lohnt keiner Regierung, auch besorgen sie das durch ewige Fehden langsam selbst. Dr. MacGee gelang es, wenigstens jene auf dem mexikanischen Festland in der Provinz Sonora zu beobachten, und durch Dolmetscher erfuhr er das Wichtigste vom Leben der übrigen Sippen auf der Insel Tiburon, ihrem Hauptversteck. Die sozialen Einheiten sind Mutterclans, an deren Spitze je ein Urweib hockt. In der Hierarchie von Töchtern und Enkelinnen verkörpert sich ihr höchster Stammesstolz: die Blutreinheit. Selbst nennen die Seri sich »Kunkak«: »Frauenschaft«. Ihr Totem ist der Pelikan. »Zu sagen, sie lebten steinzeitlich, wäre Schmeichelei und Übertreibung«, außer den Pfeilspitzen aus Feuerstein verwenden sie nichts Zubereitetes. Um einen Knochen zu zerreiben, wird einfach ein Kiesel vom Boden genommen, gibt man ihnen Messer, wissen sie nicht, was damit tun, und wollen es auch nicht lernen.
Die Frauen herrschen unumschränkt. Der Gatte ist schwer erkennbar, weil unverhältnismäßig jünger als seine Frau, und ohne irgendwelche Autorität. Seine Beziehung zum Haus wird niemals klar, denn so elend und flüchtig die Hütte auch gebaut ist, darf er sie nicht betreten; sie mitzubewohnen ist nur dem Bruder erlaubt. Ob Vaterschaft überhaupt anerkannt wird, bleibt ungewiß, jedenfalls gibt es kein Wort dafür. Um in dieses elende Leben einzuheiraten, wird jeder Bräutigam erst den härtesten Proben durch ein Matronenkollegium ausgesetzt, sonst darf er sich der Sippe nicht gesellen.
Die Männer jagen, fischen und kämpfen, bei jedem Streit wird die Clanmutter angerufen, lammfromm angenommen ihr Entscheid, alle Rechtsprechung geht von den Frauen aus, die ihre Brüder zur Exekutive entsenden. Ein männlicher Häuptling

wird von den Weibern nur für äußere Kriegführung gewählt, und zwar im Hinblick auf die Zauberkräfte seiner Frau, da er in freien Stunden auch zum Regenmachen verwendbar sein soll, dem Urbezirk weiblicher Magie, und das allein nicht fertigbringt. Jedenfalls bleibt er »ein heimatloser Potentat«, wandernd nach den Jahreszeiten und dem Gutdünken der Frauen, die in ihren eignen Ratsversammlungen alle Bewegungen des Stammes bestimmen und auch im Kriegsrat der Männer Sitz und Stimme haben.

Angesichts der Australneger, vieler anderer Stämme und jetzt der Seri=Indianer hat sie doch etwas für sich, die oft belächelte Manie der Kunsthistoriker, jeder wichtigen Rasse krampfhaft eine »Urheimat« zu suchen, als wäre es beleidigend für bessere Leute, dort, wo man sie findet, auch entstanden zu sein.

Alle begabten Menschen gehen eben irgendeinmal von »zu Hause« fort, wo immer dieses »zu Hause« auch liegen möge; nicht aus Not, sondern aus Drang. Große Schweifende, halten sie es seit der älteren Steinzeit so und machen sich dadurch bei kleinen Leuten unbeliebt. Diese großen Schweifenden, verhaßt bei denen, über die sie hinschweifen, sind allemal jubelnde Formträger, und das phänomenale Gestrahl, das sie »sinnlos« hinaustreibt, treibt dann gebremst, sinnvoll aus ihnen den monumentalen Stil. »Ureinwohner« hingegen können nirgends bis fünf zählen, und stellenweise müssen sie noch jeden Tag mit Pfeilen nach ihrem Frühstück schießen, wie jemand einmal treffend bemerkt haben soll.

Doch große Form erfordert Opfer. Die Taten ihrer schweifenden Träger sind nie moralisch gewesen, moralisch ist, nach Goethe, stets nur der Zuschauer.

Die Seri brachten es nie über eine Art schlampigen Unterschlupfs aus Gestrüpp, die Pueblos (Hopi, Moki, Zuni) hingegen zeigten New York, wie man Wolkenkratzer baut. Zuerst legten sie in den Steilwänden der Cañons von Neu=Mexiko und Arizona terrassenförmig mit Flachdächern ihre zwanzig= und mehrstöckigen Häuser an, von außen mit »Feuerwehr«=leitern zugänglich und gerade durch dieses Motiv wie »Skyscrapers« anzusehen.

Als riesige Ruinen stehen diese Anlagen noch überall im Südwesten herum und gehören zu den berühmtesten Sehenswürdigkeiten Amerikas. Später adaptierten die Pueblos diesen Stil auch in der Ebene für ihre festungsartigen Dörfer von solider

Ziegelkonstruktion. Alles von Frauen erfunden und mit eige-nen Händen von den Fundamenten auf erbaut. Bis zur Ankunft der Europäer war es noch keinem Mann eingefallen, sich um Architektur zu kümmern; als der erste auf Befehl der Padres eine Mauer errichten sollte, stand er elend beschämt und fehl am Ort, von höhnenden Frauen und Kindern umjohlt. »Die spanischen Missionäre erzählen mit Stolz von den schönen Kirchen und Klöstern, die ihnen die Eingeborenen errichteten, und zwar ganz allein die Frauen, Mädchen und kleinen Jungen, denn bei diesen Völkern ist es Sitte, daß Frauen die Häuser bauen.« Von den Fundamenten und Mauern an stellten sie das ganze Gebäude innen und außen schlüsselfertig her. So war es wenigstens vor der europäischen Invasion und ist es bei den Zuni noch heute.

Außer Terrassen und Höfen an den eigentlichen Wohnhäusern liegen noch mindestens ein halbes Dutzend sonderbare, beinahe unterirdische Rieseneier in jeder Pueblostadt herum, Klubs: halb Schwitzbad, halb Tempel, weil die Dampfreinigung mit Weihen und dem Eintätowieren eines besonderen Seelenstoffs, so dem Orenda oder Wokanda bei den Algonkin, tief zusam-menhängt. Wie es in der Südsee »mana«-Träger gibt, so ist bei Indianern ein guter Jäger, wer eben »Wokanda« besitzt, die Tätowierung eigner Art scheint es zu bannen, anzuziehen, zu vertiefen oder beweist auch wohl nur seine Anwesenheit in Tätowierten.

Bei den Pueblos erreichen diese Schwitztempel oder Gemein-schaftshäuser den größten Umfang. »Jedes Dorf hat ein bis sechs der kreisrunden Bauwerke. Ein großer unterirdischer Raum ist zugleich Badezimmer, Rathaus, Klublokal und Kirche. Er besteht aus einer weiten Vertiefung, denn das Dach ist beinahe auf gleicher Höhe wie der Erdboden, manchmal etwas höher ... Rundum an den Seiten sind Sitzbänke und mitten auf dem Fußboden ein viereckiger steinerner Behälter für Feuer, worin beständig aromatische Pflanzen verbrannt werden. Man betritt das Haus mit Hilfe einer Leiter durch ein Loch im Dach, das gerade über dem Feuerplatz gelagert ist und also zugleich als Ventilator und zum Abzug des Rauches dient.« Gegen die Deutung dieser Rotunden als typische »Männerbund«-Lokale spricht nicht nur das unzweifelhafte Matriarchat bei den Pueblos, nicht nur, daß diese Bauten ausschließlich Frauenwerk sind, sondern vor allem ihre Gestalt: rund, tief in die Erde gemuldet, mit dem einzigen engen Eingang, der Feuerstelle gegenüber. Ein »Männerbund« im Uterus? Wenn irgendwo, so mußte doch gerade hier, bei betontem Gegensatz zur Weibwelt, die mann=männliche sich eine echte Eigenform erschaffen haben, denn »nichts ist wesentlich, was nicht erscheint«. Auch fehlt das typische Emblem dieser Richtung hier vollständig, der *Schädel:* hartschaliger Gegenuterus, *Geistei,* dessen Verwen=dung als Kultobjekt und Zimmerzier den Ort der Männer=bünde bei Primitiven überall zum reinen »Beinhaus« macht. (Bei studentischen Vereinigungen wird er durch die Fecht=maske ersetzt.)

Die isolierten Rundbauten der Pueblos erklären sich ohne Zwang aus der früher weit strengeren matrilokalen Sitte, die Männer nur auf Besuch ins eigene Haus ließ. So wurden ihnen diese, von den Spaniern »Estufas« genannten, Wohnstätten abseits errichtet, wo sie auch schliefen. Jetzt ist alles weit laxer geworden, mutterrechtliche Organisation besteht zwar noch, ist aber bereits im Übergang begriffen, und das bedeutet schließlich immer Untergang.

Kein Indianerstamm ist übrigens so oft, so genau und mit so viel Begeisterung geschildert worden. Man weiß, wie das Zuñimädchen um seinen jungen Mann wirbt, indem es ihm ein selbstgebackenes Brot in die Hand drückt, man weiß, wie er ihr dann als Bräutigam auf der Sonnenterrasse die Läuse auskämmt und Mokassins für sie näht, und schließlich die Art, wie Squaws Töpferei betreiben, die wirklich von antiker Anmut ist. Sie modellieren ihre Schalen nach der eigenen Brust, lassen die Stelle der Brustwarze bis zuletzt offen, verschließen sie dann unter großer Feierlichkeit mit abgewandten Augen, um nicht steril zu werden. Und das unschuldige Feuer zum Brennen der Gefäße entzündet stets ein kleines Kind.

Nach Kroeber scheiden sich die Puebloleute unaufhörlich, so daß Männer und Frauen in mittleren Jahren meist viele Ehe=partner hinter sich gelassen haben, und selbst Alter schützt vor Scheidung nicht. Binden wie Lösen aber geht gewaltlos vor sich. Jegliches geschieht freiwillig zwischen den Geschlechtern. Jene schön gefärbten und zusammengesetzten Gewänder, Fe=derschmuck und Lederarbeit, die der Mann so heiß begehrt, barsch zu verlangen, käme ihm nie in den Sinn. Schweigend wartet er ab, ob sie ihm geschenkt werden, und verbirgt seine Enttäuschung, ist dies nicht der Fall. Hat die Frau ihrerseits

einen Mann satt, macht sie ein Paket aus seinen Sachen und setzt es vor die Tür, ohne Szene, ohne Zank.
Auch vor und neben der Ehe tut jeder so ziemlich, was er mag, und junge Mädchen schlafen bei verheirateten Männern ohne Scheu; Mutterrecht ist ja immer large in sexuellen Dingen, was sollte ihm auch an Jungfräulichkeit gelegen sein? Daß die Rasse deshalb nicht verlotterte, dafür sorgten auf dem ganzen Kontinent die Tapferkeitsproben als Teil der Reifezeremonien, wie fast alle Naturvölker sie üben, am härtesten freilich die reinen Kriegerrassen, mögen sie noch zum Teil matriarchal organisiert sein oder nicht. Die notwendige Zucht ist hier eben anders gelagert, nicht im Erotischen, das dadurch frei bleibt von Neurose.
Bei den Hopis, als ältesten Ackerbauern, erreichen die Agrikulturriten mit dem von der Ahnfrau gestifteten Schlangentanz ihre Höhe. Zu bestimmten Mondzeiten stößt ein Alter ins Stierhorn, während Männer, denen lebende Schlangen aus dem Mund hängen, den heiligen Felsen umtanzen; Frauen singen Litaneien dazu und streuen Maismehl auf Schlangen und Erde, bis beide weiß sind wie von Schnee, dann lassen die Männer alle Schlangen zu Boden fallen, wo sie abermals bedeckt werden mit neuem Mehl. In den Pueblodörfern wieder mischen Priesterinnen als Regenzauber Mehl und zerriebene heilige Wurzeln mit Quellwasser in selbstverfertigten, unter geheimen Bräuchen gebrannten Gefäßen, gleich denen der Vestalinnen Roms. Mond- und Wasserzauber, Quellen hüten, heilige Geräte nach ihrem eignen Wesen formen, weben und bauen sind ursprünglich immer Sache der Frauen. Jeden Mondmonat führen sie Mirakelspiele auf in großem Kostüm, mit Masken, Tänzen und Musik. »Der Klerus besteht aus vierzehn Priestern; an ihrer Spitze steht die Schiwanakia, als Priesterin der Fruchtbarkeit. Sie bewahrt die Kultobjekte und kann jeden Priester sofort, ohne Angabe von Gründen, seines Amtes entheben, das ihre erbt sich von Mutter zu Tochter fort.«
Geheime Gesellschaften blühen hier wie bei allen Indianerstämmen: »Männer und Frauen haben die ihren streng gesondert, doch gibt es eine einzige Persönlichkeit, die Mitglied aller sein darf, und das ist eine – Frau.«
Pueblo-Mythologie scheint mehr als die andrer Stämme überrankt mit Riten und Nebenlegenden, wie barockes Christentum. Ihr zugrunde aber liegt ein Demeterkult mit Fruchtbar-

keitszauber verbunden, dessen Eleusinien zu eben jenem Mehl- und Schlangentanz geworden sind. Es ist das gemimte Mysterium der »Mutter des Samens« Muyenmut und ihres Sohngeliebten, des Schlangenheros, Mondgottes und Beherrschers der Schatten. Ewig sich häutender sterblicher Sohn der unsterblichen Mutter, steigt er zu ihr als Befruchter hinab; und was in Eleusis der Phallus in der Cista war, sind hier die Schlangen im Mehl. Denn daß die rote Rasse durchwegs ohne Götterpantheon gewesen sei und nichts als den »großen Geist« Manitu monotheistisch verehrt habe, ist längst als frommer Wunschtraum der Padres erkannt, die hier gern mit ihrem Jehova eingehakt hätten. Den Weltgeist gibt es eben noch außerdem entweder ungeteilt oder »weiß« und »schwarz«, »schön« und »häßlich«, in Dioskurenform gespalten zum Zwillingspaar der Mondgöttin und sich in seiner Zweiheit befehdend, wie Romulus und Remus.

Als reines Lebensprinzip ist »Manitu« gleich Odem, Geisthauch, Pneuma; wen er da »anniest, wird wieder jung«, und wo dieser Allhauch sich rhythmisch abgrenzt, skandierend einen Namen formt, *spricht er die Einzelseele aus.* Kommunion mit »Manitu« zu suchen ist daher Um und Auf der Reifezeremonien; mögen sie auch sonst mancherlei bedeuten, ihr innerster Sinn ist *Wiedergeburt,* bei der sich diesmal der Knabe aus der großen Weltseele heraus selbst neu gebären muß zum vollwertigen Stammesglied. Erst dann werden ihm auch die Stammeszeichen eintätowiert. Wer diese Pubertätsriten nicht durchgemacht hat, kann nicht heiraten, und wäre er körperlich noch so viril, darf höchstens den Tanz der »nichtigen jungen Hunde« und andern Kinderhops tanzen, wird nirgends für voll genommen, und kein Mädchen rührt ihn an. Auch seine Mutter, weit entfernt, den Sohn zurückzuhalten, treibt ihn, wie einst aus sich, so jetzt mit aller Kraft der zweiten Geburt entgegen. Nach wochen-, manchmal monatelangen Fasten, Martern, Praktiken aller Art, damit er eben außer sich gerate, sinkt der »entrückte Knabe« fern ab, irgendwo allein in eine Art Trance, um den »Lebenstraum« zu suchen, der ihm seinen Privatmanitu, den Individualtotem, als »neuen Namen« und neue Seele offenbaren soll.

Indianer beschneiden zwar nicht bei ihren Pubertätsweihen, wie es Australier, Afrikaner, Semiten, Malaien tun, desto grausamer sind dafür die allgemeinen Tapferkeitsproben; ein häu-

figer Ausgleich bei besonders heroischen Rassen: Indianern, Spartanern, die jene scheußlichen lokalen Operationen an Geschlechtsorganen vermeiden.
Hochgefährlich, oft tödlich ist aber der eine wie der andre Brauch. Zahlreiche Völker tilgen ja auch sonst reuelos Stammesglieder für ein Gebrechen oder auch nur Versagen aus, das uns völlig nichtig scheint, weil wir es nicht bezogen sehen auf jenen mystischen Hintergrund eigentlichen Daseins, der sich für uns geschlossen hat. So wird bei den afrikanischen Eve jedes Kind, dem das Zahnen Schwierigkeiten macht, sofort getötet, doch dienen diese, in vielen Ländern scheinbar so wichtigen Vorderzähne, nicht etwa zum Beißen, sondern zum – Ausgeschlagenwerden bei den späteren Knaben- und Mädchenweihen. Indianische Geheimbünde bestrafen wieder Straucheln während eines rituellen Tanzes mit dem Tod. Lauter esoterische Gesetze, vor deren geheimnisvollen Fronten wir, Profane, ratlos stehen: für das, was wichtig, was unwichtig versagt hier, weil auf andrer Daseinsfläche, unser Maß.
Ist die Form des Mythischen das *Bild*, so ist jene des Dämonischen der *Tanz*. Sein Rhythmus stößt den Tänzer aus der eigenen hindurch in eine fremde Schicht, und zwar besetzt jeder Tanz andres dämonisches Gebiet mit flatterndem Gefühl. Jeder Schritt, jede Gebärde hält da eine Geisterwelt in Schwebe; wer strauchelt, stürzt ein Chaos unbeherrschter Dämonie auf seine Mittänzer herab und zerbricht die Kollektivekstase. Mit jeder Weihenprobe steigt das Recht auf neuen Tanz. Mancher wieder ist erblich, mancher kann auch angeheiratet werden, ein andrer dagegen bleibt exklusives Frauengut. Um die Vorherrschaft eines Geschlechts zu beurteilen, genügt es also nicht, zu wissen, wem Haus und Kinder gehören, wessen Name erhalten bleibt, vielmehr: Wer darf und unter welchen Voraussetzungen tanzen? Daß die Heilkunst unter natürlichen Bedingungen schon deshalb weibliche Domäne sein müsse, weil jede Mutter von Natur Zauberworte habe, die Schmerz stillen und beruhigen, dieser Annahme halten manche Ethnologen im Fall der Indianer die männliche Medizingesellschaft der Algonkin entgegen, die Midiwiwin. Wie steht es nun damit? Die Midiwiwin hat viele Stufen. Jede Stufenweihe besteht aus Tanz, Töten und Auferwecken des Initianden. Jeder neue, höhere Grad der magischen Heilkraft wird nun dem Ohnmächtigen vor seiner Wiedergeburt jedesmal in Form einer – *Muschel* in den Körper

geschossen, somit in ihn hineinpraktiziert in Gestalt des weiblichen Genitals. Dieses erst beglaubigt ihn wie eine Mitgliedskarte als von rechtens dem Bund der Zauberheiler zugehörig. Wer die symbolische Weltbedeutung der Kaurimuschel nicht kennt, für den kann es allerdings auch rein männliche indianische Medizin geben, für Indianer nicht.

Männersache dagegen bleiben die Büffeltänze und andrer Jagdzauber. Totemische Tänze beider Geschlechter werden nicht dem Totem zu Ehren aufgeführt, wie ein Ballett für einen illustren Gast, sie sind vielmehr mystische Kommunion mit ihm. Tanzt eine Sippe etwa den »Regen«, den »Präriewolf«, die »durchscheinenden Steine«, so stellt sie nicht nur durch Masken vor, was sie tanzt, sondern wird selbst dazu, geht zurück auf den Wesensgrund von »Regen«, »Präriewolf«, »durchscheinende Steine«; den gleichen Totem haben heißt daher viel mehr als gleichen Blutes sein, es heißt Teilhaben an der gleichen platonischen Idee. Wer bei solchem Tanz strauchelt, war in seiner Seele gefälscht und muß radikal zurückgeschickt werden.

Ein tropischer Stamm hat den Ara zum Totem. Gefragt, ob sie das bildlich meinten, sagten die Leute, nein, ganz wirklich. Aber um Himmels willen, sie könnten doch nicht sie selber und zugleich im selben Moment der meterlange Papagei dort oben sein? Der Identität mit dem Totem liegt eine »mystische Symbiose« zugrunde. Den rationalen Menschen brechen nur ganz seltene Träume noch zuweilen aus der Zwangsjacke der Logik heraus, und geben ihm diese fluktuierende Welt mit ihrem Reichtum prälogischer Lebensformen frei. Auf einer ganz anderen Fläche liegen die indianischen Tapferkeitsproben im engeren Sinn. Sogar bei den in ihrer Häuslichkeit so gemütlichen Pueblos übersteigen sie jedes für europäische Begriffe erträgliche Maß. Schon die kleinen Kinder werden dabei öffentlich mit Bündeln der dolchscharfen Yuccapalme gepeitscht, bis ihnen die Haut in Streifen hängt, doch kein Kind von über fünf Jahren darf auch nur eine Miene dabei verziehen, ohne entehrt zu sein. Bei den Stämmen Britisch Columbiens zerschneiden die jungen Kriegerkandidaten einander die Oberkörper, schlitzen die Fingerspitzen auf, legen sich trockene Fichtennadeln auf Arme, Hände und Brust, zünden sie an und halten unbeweglich still, bis die Asche zerfällt. Die Pubertätsweiheproben bei den Ceyennes, Crees, Arapahos, Mandans, Omahas waren sogar in Indianisch=Amerika berühmt. Nach viertägigem Fasten und Dürsten wurden den Knaben Schultern= und Brust=muskeln mit Messern durchbohrt, Holzpflöcke durch die Wun=den gestoßen, Stricke an deren Enden befestigt und die Körper bis zur Decke hochgezogen, dann herumgeschwungen, daß sie sich wie Kreisel drehten. Herabgelassen, liefen die Jünglinge dann, schwere Gewichte an den gleichen Stricken nachschlei=fend, um die Wette, all die Zeit von ihren Richtern und dem ganzen Stamm scharf beobachtet, ob auch keiner mit der Wim=per zucke, »doch sie lächelten ihren Quälern in die Augen und erfanden selbst immer noch neue Zutaten«, denn jede Narbe war ein Stammes= und Ehrenzeichen mehr.

Dieses Ordal: die Echtheitsprobe soll der roten Rasse fürs ganze Leben jenes Unvergleichliche, Unversnobbare gegeben haben, was man *Haltung* nennt; etwas von dieser Haltung war wohl auch der Jugend Spartas eigen. Als Ordal für das heroische Ethos der Indianerinnen gilt das Gebären. F. X. de Charlevoix berichtet voll Bewunderung, wie sie oft Tag und Nacht in Wehen liegen und, weil in diesem Zustand aufs höch=ste »tabu«, auch schutzlos im Freien, ganz allein, ohne einen Laut von sich zu geben. Zeigen diese Frauen den geringsten Schmerz, wären sie entehrt, unwürdig, Mutter zu sein, und ihre Kinder als Feiglinge verachtet. Bei vielen Stämmen Süd=amerikas wird eine Kreißende, die einen einzigen Schrei aus=stößt, sofort getötet. Heroische Haltung in dieser Situation ist Ehrensache bei den meisten Frauen roter, schwarzer oder gelber Rasse.

Eine zweite, sehr strenge Disziplin wiederholt sich monatlich. In den Mondzeiten, wo die unheimlichen Säfte ihres mystischen Wesens überquellen, gilt die Frau fast auf der ganzen Welt als die Inkarnation aller Schrecken, »tabu« im Sinn von heilig=böse; ein Blick von ihr kann mit schauerlicher Krankheit schlagen, ein Gewehr im gleichen Raum mit ihr geht dann nie mehr los oder tötet den Besitzer. Meist soll sie sich in die Ein=samkeit zurückziehen, überall Zweige streuen, damit niemand nach ihr den Weg benütze. In solchen Tagen ist sie ungefähr mit der Verantwortung eines Arztes beladen, der mit Pest=kulturen manipuliert, auch wohl selbst gefährdet durch das ausbrechende Dämonentum ihres Geschlechtes, muß tagelang fasten, darf den eignen Körper nicht berühren, ist zu Brech=kuren und allerhand inneren Reinigungen verpflichtet. Auch

Europa kennt und respektiert bis zu einem gewissen Grad dieses »tabu«. Keine Französin, die ihren Mond hat, wird eine Mayonnaise rühren, eine Süddeutsche wahrscheinlich nicht in den Keller zu jungem Wein gehen, eine Gärtnerin weder Obst noch Blumen pflücken, denn je nach seiner Art gerinnt, versäuert, welkt ein jedes Ding zu solcher Zeit in ihrer Nähe; Spiegel sollen sich trüben, Edelsteine erblassen, Metalle anlaufen oder rosten.

Die Indianerin muß bei der ersten Menstruation meist einen bis zwei Monate in der Einsamkeit und streng fastend verbringen. »Merkt bei den Mohawks das Mädchenkind die ersten Anzeichen ihrer Reife, so flieht sie und verwischt ihre Spur. Wird ihr Verschwinden endlich bemerkt, macht sich ihre Mutter oder eine andre Verwandte auf die Suche, oft vergehen drei bis vier Tage, ehe die Vermißte gefunden wird; erst dann nimmt diese etwas Nahrung, die ihr gebracht wird, zu sich und kehrt nach zwanzig Tagen zum Wigwam zurück.« Der weltbekannte Brauch, nicht unter einer Leiter durchzugehen, soll mit der Angst, eine menstruierende Frau könne oben sitzen, zusammenhängen. (Briffault)

Eine allgemeine »Blutscheu« der Naturvölker kommt als Ursache dieses »tabu«, das auch ebenso bei hochzivilisierten Chinesen, Arisch-Indern, Persern besteht, nicht in Frage, Blut ist sogar meist etwas Hochbegehrtes; tabuiert ist nur die spezielle Herkunft, daher auch das weitverbreitete Gebot künstlicher Defloration vor der Ehe. Europäische Eltern in China sind meist wenig erbaut, wenn sie entdecken, wie weit chinesische Kinderfrauen in dieser Hinsicht schon recht früh die »pflichtgemäße Obsorge« für ihre Pfleglinge getrieben haben. Wo künstliche Methoden nicht Brauch sind, haben die meisten Priester, so in Indien alle Brahmanen, da sie durch ihren heiligen Stand immun sind, die Verpflichtung, diese Handlung zu vollziehen. Indianerstämme nähen bei der Reife die jungen Mädchen in Säcke, wie sonst nur Leichen, lassen ihnen gerade die kleinste Öffnung zum Atmen und räuchern sie mit reinigenden Dämpfen so lange, bis nicht wenige erstickt sind. So werden die Frauen schließlich die Opfer einer übertriebenen, wahrscheinlich von ihnen persönlich geförderten mystischen Scheu, die nicht nur den Mann, sondern wohl auch sie selbst von dem Mondwesen ergriff, das an kritischen Schicksalstagen mit einer selbständig geisternden Dämonie verantwortungslos in ihnen kreist.

Je weiter sich nun eine soziale Struktur vom Matriarchat entfernt, desto mehr schmilzt vom »heiligbösen« dieses Weibheits-»tabu« das »heilig« weg, bis es für die Kirchenväter nicht mehr den Schauder vor kosmischer Kraft, vielmehr von dem Satanischen an sich bedeutet. Und erst recht für den Puritanismus, dessen Pflicht vor Gott es geradezu ist, die Frau eisern in Ungefährlichkeit niederzuhalten, trägt doch jede von ihnen eine Miniaturdependance des Höllenpfuhls in sich.

Überaus interessant ist es nun, wie die Urkraft des eingebornen, nur unterbrochenen amerikanischen Matriarchats, die rabiat vaterrechtlich-puritanischen Einwanderungswellen geglättet hat. Sein Sieg war fast kampflos und von erheiternder Vollständigkeit. Mit dem Unterschied, daß der Mann jetzt als Dollar- statt als Büffeljäger weit mehr für den Frauenclan zu arbeiten hat als früher, ist seine Lage in der Union ungefähr wieder so, wie sie im matronalen Langhaus bei den Senekas war, und wenn bei gelegentlicher Unart oder Unfolgsamkeit nicht irgendeine alte Tante in letzter Stunde ein gutes Wort für ihn einlegt, ist er ostraziert und hat so wenig zu lachen wie sein Vorgänger, der rote Krieger des Landes. Dies alles ist vom neuen oder eigentlich alten Matriarchat viel weniger durch Dauerlärm, Gewalt und Gesetzt erreicht worden, als »einfach so«, was immer die geheimnisvollste und sicherste Art der Autorität bedeutet. Dabei sind die Indianer selbst zum Vaterrecht übergegangen unter dem mächtigen Einfluß eben jener puritanischen Pioniere, deren unmittelbare Nachkommen jetzt unter der stillen Gegenwirkung des seelisch noch gar nicht durch Hochkulturen ausgesogenen Bodens zu Mutterrecht regredieren. Vielleicht wandelt er sie partiell zu den Ureinwohnern, die, vorzeitig vernichtet, sich nicht zu Ende leben konnten. Der Fall Nordamerikas ist ja in jeder Hinsicht ohne Beispiel. Dort wird eine der gewaltigsten mechanisierten Zivilisationen aus späteuropäischer Erbmasse einem fremden Riesenkontinent auf die blanke Seele gestellt. Sonst ist in Kolonien überall ein Puffer von Eingeborenen da, die das Bodenständige auch weiterhin aufnehmen und ausleben; oben bleiben die Eroberer aus Gründen der Selbsterhaltung seelisch und körperlich so streng für sich und dem Lande innerlich fern, wie nur irgend möglich, was die bekannte Zweischichtigkeit ergibt.

Die Indianer eigneten sich jedoch nicht zur Unter-Rasse und starben lieber aus, die importierten Neger sind selber fremd, haben aber auf Jahrhunderte hinaus die afrikanische Wucht fast unwandelbar im Blut; die Weißen, diesmal hemmungslos, öffneten sich weit der andern Erde, als wäre sie erbmäßig ihre eigene.

Was kann nunmehr geschehen in dieser noch nicht dagewesenen Lage? Wird die Zivilisation nicht ihrerseits das Seelentum des Mutterrechts dort abwandeln? Denn der Typus des wurzelhaften Urweibes, als sein naturhafter Träger, ist in den hohen Formen der »Mechanei« (ein Frobeniussches Wort) gar nicht denkbar. Es wird also vielleicht eine Mannheit aus lauter infantilisierten Athleten, Rekordbrechern, Trustmagnaten unter Mutterrecht geben, aber keine Mütter dazu. Oder doch – in einer neuen Variante?

In seinem Amerikabuch meint Graf Keyserling, angeregt durch das in der Union Gesehene, gewiß mit Recht, ein erfreulicher oder gedeihlicher Sozialismus, ein gewaltloser also, habe nur Aussichten unter ausgesprochener Gynaikokratie. Da es »Mütter« nicht mehr gibt, die ältere Frau dem Mutterrecht aber unentbehrlich ist, so steht nach Keyserling Amerika momentan unter »Tantenrecht«. Ob der Tantentyp nur eine Zwischenstufe bildet, um etwas ganz Neuem – natura *facit* saltus – Platz zu machen, muß abgewartet werden.

Rückschlag ins Indianerhafte, zwar gigantisiert durch puritanische Zivilisation, aber ganz unzweifelhaft irgendwie indianisch, uneuropäisch, ist eine Frau wie Mrs. Eddy-Baker; dieser evangelischen Schamanin gelang es, das alte Mysteriumprinzipat der Frau, Zauberheilen durch Beschwörung im allergrößten Stil, mit der Christian Science wiedereinzuführen, wie Dr. C. Jung als erster bemerkt hat. Andere Rothautsitten sind die Tanzrekorde. Tagelanges Tanzen bis zur Bewußtlosigkeit gehörte als Tapferkeits- und Widerstandsprobe zu den indianischen Pubertätsriten. Was schließlich die zahllosen männlichen und weiblichen »Geheimbünde« betrifft, so scheint der einzige Unterschied gegen früher, daß sie – annoncieren.

Nur eine Sonnensippe gab es in Nordamerika, die Natchez. Sonnenmatronen aber gibt es nirgends auf der Welt, nur Sonnenjungfrauen. Das alte Urweib nimmt auch hier nicht mehr die Mitte ein, es ist nach dem Hintergrund verschoben, dirigiert zwar von ihm aus noch die handelnden Personen, vorn auf der Bühne aber sind Töchter und ein Sohn. Dieser Töchterclan, von der cäsarischen Sonne zu selbstherrlichen, aristokratischen jungen Priesterinnen ausgebrütet, führt ein bevorzugtes, bis auf Agrikulturriten und Heilkunst verantwortungsloses Dasein, ein Bruder oder ein Sohn aus diesem, streng nach weiblicher Linie zählenden Adelskreis wurde jeweils von der Urmutter im Hintergrund mit der äußeren Macht und dem Titel »große Sonne« belehnt, blieb ihr jedoch verantwortlich, auch ausgeschlossen von dem sonst in solchen Fällen üblichen dynastischen Inzest mit seinen Schwestern.

Die Priesterprinzessinnen ihrerseits nahmen sich zu Sklavengatten oder Geliebten wen sie wollten aus dem Volk, da ja die männliche Erbmasse nicht zählte. Diese Sexualdiener blieben ohne Rang, wurden nach Belieben gewechselt oder getomahawkt, hießen die »Köter« und mußten in Gegenwart ihrer Herrinnen in demütiger Stellung verharren. Auch tötete man sie bei deren Tod oder beim Tod eines Kindes, das sie gezeugt, ganz ähnlich, wie in Dutzenden von afrikanischen Monarchien auch, nur daß bei diesen noch immer weit gewichtiger, als großer Mond, hinter dem Sohn- und Töchtergetriebe eine alte Königinmutter steht.

MITTEL- UND SÜDAMERIKA

Die Männer sind kühn, grausam und ihren Frauen untertan.
A. DE HERRERA

Auf dem Hochplateau von Peru, wo juwelene Sonnenuntergänge armdicke Barren aus Licht quer über den Weg werfen, so kompakt anzusehen, daß der Hindurchschreitende ihren Anprall zu spüren glaubt, stand ein Frauenkloster, ganz aus purem Gold, mit goldnen Möbeln, goldnem Herd, goldnen Töpfen, Pfannen, Krügen, jeder Gegenstand aus Gold. Goldne Türen gingen auf in einen goldnen Garten mit goldnen Wegen und goldnen Bäumen, in denen goldne Vögel golden nisteten. Goldner Mais stand hoch mit goldnen Blättern und Kolben, und goldne Hirten mit goldnen Krummstäben hüteten goldne Herden auf goldner Trift.

Mit dieser Goldwelt hatten gewalttätige Sonnensöhne: die Inkas, ihre vestalischen Feuerbräute umbaut. Dort hüteten diese Tag und Nacht jene Flamme, die einmal jährlich bei der Sommersonnenwende direkt aus dem Gottesstrahl mit dem Brenn-

spiegel neu entzündet wurde, dort woben sie die weißen Wollgewänder der Prinzen und Priester, bereiteten Wein und Brot für die Tempelriten, formten und brannten als allereigenste Geheimkunst die Tempelgefäße für den magischen Dienst.
Sie hießen mama=cuna, peruanische »Mütter«, waren aber, trotz Sonnenflamme und Feuerbrautschaft, auch goldumbaut noch Mondfrauen geblieben, wie seit unvordenklichen Zeiten, und einmal im Jahr trugen sie das Bild der eignen Gottheit, der mama=quilla, auf den Schultern in den Sonnentempel, mitten hinein. Das Heiligtum der Göttin in Cuzco, der Hauptstadt, hatten die ersten Inkas, als zu gefährlich, sofort zerstört. Die übrigen Lokaldienste beließen sie zwar, stifteten aber ihrem Vater, der Sonne, einen neuen Kult mit männlichem Klerus und befahlen ihn fürs ganze Reich. Die ziemlich unabhängigen Stämme kehrten sich gar nicht oder nur pro forma an dieses Dekret, hielten weiter zu ihren Landesgöttern, Mond und »Mutter des Maises« an der Spitze, deren Dienst mit heiligen Tänzen, Riten und Agrikulturmagie die einheimischen Priesterinnen auch weiterhin versahen. Wie? Im Sonnenland Peru, unter dauernder Höhenbestrahlung, im souveränen Licht, wo die Leute sich die Schienbeine an Sonnenuntergängen stoßen, muß erst durch späte Monarchie auf das Tagesgestirn hingewiesen und sein Kult als zwangsweise Neuerung eingeführt werden? Es wäre doch zu vermeinen, hier stünde die Sonne, nichts als die wache Sonne, von jeher obenan. Doch bewahre, Fruchtbarkeit und Leben spendet Peruanern, Chilenen wie Mexikanern ausschließlich der Mond. Der columbische Schöpfungsmythos ist sogar rein parthenogenetisch. Die »große Göttin« Bachue entsteigt den Wassern mit einem männlichen Kind, ihrem Sohn. Nachdem er zu ihrem Geliebten herangewachsen, erzeugen sie beide das Menschengeschlecht, worauf Bachue, jetzt in Gestalt einer Schlange, also selbst zum Mann gehäutet, in das abkunftlose Fruchtwasser des Nicht=mehr=Seins zurückkehrt.
Sonnentempel und Kult von Cuzco blieben eine höfische und dynastische Angelegenheit. Abgeschieden vom Land, haben die Inkas mit Knaben= und Mädchenopfern in unerhörten Stilen ihr starkes und doch unwirkliches Dasein auf einem Sonderhochplateau sich selber vorzelebriert. Immer erweist sich eben die Gradation der großen Weltkörper als Entsprechung einer Seelenlage. »Sonne« als »Anblick« bleibt ohne Belang, bis sie

nicht von anders her noch bestimmend in die Merkwelt fällt. Gewiß spürten die Peruaner, genau wie ihre späten Herren, die Inkas, den Tagesglanz auf ihrer Haut, doch *bedeutete* er ihnen nichts, dazu schwang der Rhythmus des weiblichen Mondes zu stark durch ihre Vorstellungen hin, das zeigt schon der Topf=kult, mit eigenem Topfgott in Mexiko und Peru. Wo Töpfer=kunst: das Formen der Weiblichkeit, noch einmal und über sich hinaus, dem Zelebrieren eines Geschlechtsmysteriums gleich=kommt, verhangen mit Ehrfurcht und Geheimnis, ist die Frau dominant, der Mann dort, wo er sie als profanes Handwerk auf offenem Markte selbst betreibt. Bei den Indianerstämmen, verstreut in den wundervollen Tiefen der tropischen Wälder am Fuß der Bolivischen Anden: den Yurakaren, bleibt heute noch jede Frau mit vestalischen Ehren umgeben, während sie Gefäße formt. »Töpferei ist keine alltägliche Sache bei diesen abergläubischen Menschen und wird mit seltsamen Vorsichts=maßregeln umhütet. Den Frauen allein ist sie anvertraut. Feier=lich entfernen sie sich, die Tonerde zu suchen, droht Gewitter, ziehen sie sich in die verborgensten Waldtiefen zurück, um niemandem zu begegnen. Dort bauen sie eine eigne Hütte. Während der Arbeit üben sie bestimmte Zeremonien und öff=nen niemals den Mund, verständigen sich durch Zeichen mit=einander, fest überzeugt, daß ein einziges gesprochenes Wort die ganze Keramik im Feuer zersprengen würde; auch kommen sie ihren Männern nicht in die Nähe, sonst müßten alle Kran=ken sterben.« In jeden Gegenstand, den Frauen herstellen, geht nach Ansicht des Volkes eben noch ihre geheime Naturverbun=denheit mit allen Schöpferkräften über. Daher auch die Scheu, etwas von weiblichem Eigentum anzurühren. Heute noch wagt in Neu=Mexiko kein Mann auch nur den Verkauf eines Eies oder eines Huhnes, ohne, in Abwesenheit der Frau, wenigstens seine kleinen, manchmal noch kindlichen Töchter vorher um Erlaubnis gefragt zu haben. (Bandelier) Von den Eingeborenen Nikaraguas sagt Herrera, daß die Weiber allein allen Handel auf dem Markt treiben, während die Männer nur das Haus fegen dürfen: »Sie sind so unter der Herrschaft der Frauen, daß, wenn sie deren Zorn erregen, ihnen einfach die Türe ge=wiesen wird. Die verprügelten Männer gehen dann zu den Nachbarn und bitten diese, ein gutes Wort für sie einzulegen und ihre Wiederaufnahme zu vermitteln. Die Frauen benützen ihre Männer als Aufwartung und behandeln sie wie Domesti=

ken.« Im westlichen Peru sind die Frauen die einzigen, die ihre wilden, händelsüchtigen Männer bändigen können: »Die Frauen sind überaus mächtig. Sie versöhnen die kämpfenden Parteien und ordnen Frieden an, denn diese höchst barbarischen Menschen gewähren alles denen, die sie gesäugt haben.« (N. del Techo) Unter den Guaranistämmen von Paraguay »ist es den Männern die größte Genugtuung, ihre alten Frauen glücklich zu sehen, sie folgen ihnen auch und tun alles, was sie ihnen sagen«. Dafür revanchieren sich die herrschenden Damen durch ein »noblesse oblige« in der Erotik. Eine von höchstem Rang soll gesagt haben, daß wohl ordinäre Weiber ohne Erziehung sich unhöflich benehmen könnten, keine wohlgeborene Frau mit natürlichem Feinempfinden aber dürfe so manierlos sein, ihre Gunst einem Bewunderer zu versagen. (Briffault)

Die Belanglosigkeit des Lichts gerade im Lichtland Peru kann nicht als Einwand gelten gegen jene »Erdseele«, das »Paideuma«, die »Landschaft«, oder wie sonst man das geheimnisvolle Beziehungssystem zwischen Umwelt und Innenwelt benennen will, denn dieses formt sich viel feiner umwegig aus, liegt wohl so einfach nicht zu Tag, daß einer bestimmten Zahl Sonnenstunden im Jahr nun allemal ein rational überwaches, genau berechenbares Kulturwesen durch alle Zeit entsprechen müßte. Solch ein primitiver Schluß liegt viel zu nahe, um wahr zu sein. Die Inkas waren heraufgekommene Häuptlinge, und nach der mythischen Tradition hängt die Gründung der Dynastie in ihren vier ersten Vertretern mit vier Frauen des Landes zusammen. Oft und oft in der Geschichte ist es die erste Sorge der Usurpatoren gewesen, Legitimität zu suchen durch Verbindung mit jenem weiblichen Blut des Landes, das die Erbfolge bestimmt. Nach Briffault wären diese vier Frauen wohl die führenden Priesterinnen gewesen, jedenfalls diente der eingeborene weibliche Klerus als Vorbild für die »heiligen Frauen« der Inkas, nun umgezüchtet auf Sonnenkult. Später traten die Königstöchter und Schwestern, insofern sie nicht zum dynastischen Inzest verwendet wurden, in den vestalischen Dienst. Daß seine Mitglieder zur Herrscherfamilie gehörten, ergibt sich aus ihrer Todesart bei Untreue. Sie wurden lebendig begraben gleich den Vestalinnen Roms, deren königliches Blut auch nicht vergossen werden durfte.

Die mexikanische Dynastie hatte ihrem sehr blutigen Sonnen=

kult ebenfalls Vestalinnen eingegliedert, doch in weniger strenger Form. Diese konnten Weihen fürs Leben nehmen oder auf Zeit, um dann zu heiraten, wie die übrigen Landespriesterinnen auch. Sie hatten die beiden ewigen Feuer auf der großen Stufenpyramide zu hüten, den Idolen Weihrauch zu entzünden, die Gewänder der Priester zu weben, gingen selbst in weiße Wolle gekleidet, ohne jeden Schmuck.

Lange schon zerfallen die Mayastädte in den Wäldern von Yukatan, und der Sonnenkult der Inkas ist tot wie ihre Mumien in den Gewölben, doch immer noch huschen die peruanischen Männer und Mädchen, frische Kokablätter zwischen den Zähnen, in der »neuen Luft vom jungen Mond« umher und beten: »mama-quilla, stirb nicht«, »wachse, mama-quilla«, denn vom Mond hängt ihr Leben von Monat zu Monat ab.

Südamerika ist das gelobte Land der Medien, kein Kontinent, nicht einmal Afrika ausgenommen, bleibt daher so durchsetzt mit geheimen Gesellschaften, gegründet auf Spiritismus, Telepathie, Weissagung, Trance, deren Träger naturgemäß Priesterinnen sind. Was da durch ganz Zentralamerika bis tief in den Süden hinunter getrieben wird, ist hauptsächlich »Nugualismus«, von »nugua« = die Buschseele, inkarniert in einem Tier. Die Hochgrade des Ordens lehren, die menschliche Seele vom Körper zu lösen, »auszutreten«, um nach Belieben in dem Tier zu wohnen, frei schweifend an zwei Orten zugleich, unverwundbar, hellsichtig, hellhörig, belehnt mit der ganzen Geheimkraft des Dschungels. In diese Kunst der Entkörperung oder Doppelverkörperung soll zuerst eine Frau, eine mächtige Bezauberin, die indianischen Stämme eingeweiht haben, andre ihrer Art gründeten unter den Azteken eigene Städte als Hochburgen der Magie, wie Malinalko, oder herrschten als feenartige Königinnen, gleich jener Coamizagul in Honduras, die »lebend gen Himmel fuhr«, und kaum einen indianischen Nationalhelden gibt es, der sich der Sage nach nicht von Prophetinnen hätte leiten lassen.

Dr. Brinton, der größte Kenner des Nugualismus, betont stets von neuem, wie die Frauen in der herrschenden Priesterkaste nicht nur höchste esoterische Grade einnehmen, sondern nicht selten ganz an der Spitze stehen und das mysteriöse Band dieser Organisationen durch alle Fährnisse hindurch unzerreißbar von Generation zu Generation erhalten. Diese weiblichen Adepten wurden die Seele der Revolten gegen die Spanier und von diesen voll Furcht und Wut verfolgt. Fast ein Jahrhundert nach der gewaltsamen Bekehrung des Landes zum Christentum brachte ein zwanzigjähriges Mädchen, Maria Candelaria, die Prophetin und Jeanne d'Arc Zentralamerikas, den allgemeinen Aufruhr zustande für die alten Götter und zur Vertreibung der Fremden. Gegen diese führte sie ein organisiertes Heer und bedrohte eine Zeitlang ernstlich die spanische Macht, der sie auch nach Unterdrückung der Revolution nie in die Hände fiel. Die Spanier fingen nur ihre zwei jungen Adjutantinnen und lohnten deren leutnanthafte Treue und Verschwiegenheit natürlich mit bestialischer Hinrichtung. Junge Indianermädchen sind aber schon durch die Beschneidung – die kleinen Schamlippen samt Klitoris werden radikal abgetrennt – und sonstige Tapferkeitsproben einiges mit Haltung zu tragen gewöhnt. Die Foltertricks der Inquisition brachten sie nicht aus der Fassung. Das Visionäre, der Triebreichtum im Medialen, gab den Indianerinnen Südamerikas die Übermacht, früher sogar am elendesten Ende des Kontinents, wo man es am wenigsten hätte vermuten sollen: bei den Feuerländern. Der Tradition nach sollen ihre Frauen eine derartige Priestertyrannei ausgeübt haben, daß eine Art männliche Gegenrevolution erfolgte mit Weibermassaker und Einführung einer männlichen Herrschaft. Ob diese tatsächlich besteht, darüber gehen die Meinungen sehr auseinander. Das Volk, von Feinden immer mehr abgetrieben bis »an den Rand der Welt«, lebt jetzt in den elendesten Verhältnissen, polygam wie polyandrisch, doch geht die Werbung von den Frauen aus, die größer, ebenmäßiger und intelligenter als die Männer sind, auch früher die Jagd ausübten, wie jetzt allein den Fischfang als einzige Nahrungsquelle der Rasse. Splitternackt, mit dem Wuchs von Siegerinnen lenken die Weiber in den eiskalten Nächten die Kanus, ihr ausschließliches Eigentum, ins Meer hinaus und fischen auf primitivste Art, aber so erfolgreich, daß die Missionare und fremden Matrosen mit ihren weit besseren Methoden den kürzeren ziehen. Die Leinen sind aus Pflanzenfasern geflochten, die Köder ohne Haken befestigt; während der Fisch anbeißt wird er mit den bloßen Händen gefangen. Ein Überfluß an Beute wird dann im Missionshaus eingetauscht »gegen Theologie und Biskuits«. Nur die Frauen können, und zwar berühmt gut, schwimmen, die Männer nicht. Diese boxen und ringen dafür in öffentlichen Spielen, angefeuert von der Weiblichkeit, die nichts so sehr bewundert wie Brutalität. Ob die Feuerländer nur äußerst herabgekommene Indianer oder doch Ureinwohner sind, scheint nicht völlig festzustehen. Das Gros der eigentlichen Indianer soll aus Nordamerika über die Landbrücke von Panama eingewandert sein, wiewohl die Sprachen mit denen des andern Kontinents keinerlei Verwandtschaft zeigen. Welche Rassen jedoch Träger jener zehntausendjährigen Kulturen waren, deren Reste in den kyklopischen Ruinen Boliviens erhalten sind, weiß niemand mehr.

Das Riesendreieck tropischen Tieflands zwischen Anden, Orinoko und den Nebenflüssen des Amazonas, reich an Baumwolle, Tabak, Zuckerrohr, wird von lauter mutterrechtlichen Stämmen bewohnt, den Tupi, Karaiben, Aruak. Bei den Tupi ist die Ehe nicht nur matrilokal, sondern zugleich Dienstehe. Mehrere Bewerber müssen im Haus der Frau oder ihrer Eltern zwei bis drei Jahre gratis arbeiten; wer am meisten geleistet hat, wird als Gatte angenommen. Ahne der Tupi ist der Mond. Für ihre alten Wunderärztinnen waren sie von je berühmt. Aruak wie Karaiben haben Mutterfolge, die Karaiben überdies den Schwiegermutter»tabu«, der durch die Heirat mit der Tabuierten umgangen wird. Zu den männlichen Pubertätsriten gehört das Eingenähtwerden in einen Sack voll eigens ausgehungerter Raubameisen. Wer die Probe lautlos übersteht, darf sofort heiraten, falls er noch Lust dazu hat. Auch die weiblichen Tapferkeitsproben sind von raffinierter Härte.

Alle diese Stämme gehen jedoch bereits zum Vaterrecht über. Das wird an zwei Erscheinungen klar, die schon Bachofen als typisch entdeckt hat: dem Männerkindbett und der Vormachtstellung des Mutterbruders in der Sippe an Stelle der Mutter selbst.

Nicht so sehr unter bürgerlichem als unter priesterlichem Matriarchat standen noch zur Zeit Pater Dobrizhofers die Abiponen am Gran Chaco, zwischen Anden und Paraguay. Ein alter Weiberbund übte großen Einfluß mit einem Urweib als Hüterin der Quellen.

Von anderen Stämmen am Gran Chaco wird jetzt noch Polyandrie gemeldet, auch wählt die Frau den Mann, doch spricht die Sitte des Männerkindbetts für ein Übergangsstadium zwischen den beiden Rechten. Mit Hilfe der verwilderten europäischen Pferde sind die Gran-Chaco-Leute gegenwärtig reine Reitervölker geworden, haben Ständeordnung und Ansätze von

Rittertum und Erbadel. Bei einem ihrer Stämme, den Tschamakoko, müssen die Jünglinge vor der Heirat erst zu erfahrenen Witwen in die Eheschule gehen. Das alles waren bisher Spielarten des alten Matriarchats und seiner Übergänge zum Vaterrecht, es gibt aber noch eine andre Ablösung, einen andern Polwechsel der Macht: den vom Alter zur Jugend, dann kann sich das Doppelsternsystem der Bruder=Schwester=Herrschaft bilden, ohne Matronen= oder Geronten=Bevormundung, mit der Arbeitsteilung in priesterliches und kriegerisches Amt. Im Nachlaß eines deutschen Forschers und Ingenieurs fand sich diese Schilderung des rituellen Inzesttanzes zwischen dem Häuptling=Bruder und der Priesterin=Schwester, wie er ihn vor wenigen Jahren bei einem der Indianerstämme an den Grenzen zwischen Brasilien und Venezuela im Quellgebiet des Rio Taquado mitangesehen hat:

»In der sechseckigen Tempelhütte tanzen das geschwisterliche Herrscherpaar: der Häuptling Laluac und seine Schwester, die Priesterin Zaona, den heiligen Inzesttanz vor ihrem Herrn, dem Saugott ›Mocki‹, dem Blutgötzen, dem Tanz=in=die=Luft=Dämon, zweischädlig, auf jeder Stirn ein Tausendauge, eine Riesenbrombeere. Das göttliche Unterteil besteht aus einem mannshohen dicken Schaft, einem borkenlosen Baumstamm, der wie ein unendlicher Kragen das halslos schwebende Haupt trug. Aus dem Schaft wuchsen sechs Paar klauenartige Knäufe, wie zwei Reihen Ziegeneuter angeordnet.

Mächtige Jäger saßen im Halbkreis, die Tür im Rücken. Des Häuptlings beste Leute. Ihre Muskeln schwollen im Rausch, lebten im Zucken des Feuerscheins, wie ein erstarrtes Getümmel von vielerlei Rund. Das Fleisch nahegerückter Gestalten wölbte und verschlang sich in merkwürdigen Knoten und Schnecken, wie eine seltsam quellende, mystische Masse. In faustgroßen Bildungen und Wüchsen saßen erschreckende Kräfte gespeichert. Diese Gliederzucht krampfte die Brüste der wilden Männer zusammen, und sie stießen rhythmisch wehevolle, brennende Schreie aus oder summten aus gepreßten Zähnen gleich einem Schwarm toller Mücken, die gestimmten Klöppel der Holzmusik prasselten melodisch gegeneinander. Unentzifferbar, nur in ihren Wirkungen demütig zu fassen, zog des Götzen blutsaugerische Miene die Versammlung empor. Aus seinen grünen Augen zuckte der Blick. Er, das Scheusal, konnte elfisch schwebende Schönheit erwecken.

Und Zaona begann zu tanzen. Der Gott trug sie. Sie balancierte auf einem Bein, ihr Rumpf, nach rückwärts geworfen, bildete einen raffinierten dünnen Bogen, eine kitzelnde Kurve, die verrucht wirkte; ihr achsellanges, straffes Haar fegte den Boden. Dann duckt sie sich, springt wie ein Panther, trägt ein Scheit vom Holzstoß fort und schwingt es rasend mit den Zähnen, einen feurigen Kreis um sich ziehend, wobei ihre magere Figur bis in jedes Schlüpfchen erleuchtet steht. Ihr wildes, kleines Gesicht glüht verkniffen vor Gier und Ekstase, wie durchhitzte Bronze. Der Chor der harten Männer im Schatten, die in den gegrätschten Knien hängen, antwortet ihren dumpfen Gaumenschreien mit einer Art tierischem Wohllaut, einem sehr physischen Sehnsuchtsmotiv von zittern und hoffen machender bestialischer Melancholie. Zaona sieht aus wie ein feuriger Krieger und ist doch ganz Sanftmut, ganz Weib. Die Priesterin, die Tänzerin, die Kurtisane im Urzustand. Da fliegt das schmale, splitternackte Ding, eine Schlinge, aus Nerven, Muskeln, Wirbeln und zahmen Knochen geflochten, gleichsam durch den Raum, sauste wie ein Peitschenhieb von Eck zu Eck, lag wie ein Faden am Boden vor Mocki, dem wulstigen Götzen. Und Gott stand still und war mächtig. Seine Ruhe gebar Rhythmus, sie war der Grundton, von dem sich Bewegung abhob. Sie hatte den Blutdurst ihrer Seele getanzt, den Pumatanz, den Mückentanz, den Grillentanz. Und nun geschah an diesem unvergeßlichen Abend etwas Entscheidendes: Zaona tanzte zum viertenmal.

Als sie vom Boden wieder in die Höhe kam, stand Luluac da, ihr prinzlicher Bruder. Sie ging ihm bis zu den Hüften. Er war hoch, und sein Oberkörper war wie ein Keil in Hüften und Gesäß gepflanzt . . . Auf seinem kleinen, buchtigen Schädel saß die Krone aller indianischen Federkronen. Die wildesten und buntesten Flügel des Dschungels hatten zu der wilden Gravidität dieses Häuptlings beigesteuert. Die geringste Neigung erhielt in dieser Weise eine gespenstische Bedeutung an dem Kopf des jungen Häuptlings.

Dieses Prachtstück von einem Federbusch machte den langen Luluac übermenschlich, als er mit seiner Schwester Zaona zum Tanz antrat. Die groteske Überlegenheit des Mannes war ein Genuß für alle, die es ansahen. Zaona schien bis in die letzten Fasern berührt. Gefällig bog sie sich unter ihm. Während sie tanzten, traten an ihren Körpern die Merkmale wilder geschlechtlicher Erregung zutage. Sie betrachteten einander aus den Augenschlitzen mit bestialischer Verliebtheit.

Der Instinkt der Inzucht, der bei primitiven oder bei überfeinerten Rassen, die noch gesund sind, auftritt, machte sich in ihren Sympathien geltend. Obwohl Zaona klein war, zeigte ihr Körper doch auffallende Gemeinsamkeiten mit dem ihres Bruders. Sie waren beide lang, ihre Gesichter waren nahezu gleich im Ausdruck. Sie waren in die eigne Art verliebt, und wie sie da tanzten, gaben sie der Wollust über die Absolutheit und Rassigkeit ihres Wesens Ausdruck. War die zweiknospige Narzißlaune, das Prinzip der Eigenvermehrung, nicht eine Verbesserungs- und Erhaltungstendenz der Schönheit? Ähnlichkeit wirkt bei differenzierten Säugetieren abstoßend auf die Phantasie. Aber darüber hinaus wirkt sie bei ausgebauten Rassen mit Gleichgewicht und gereiftem Geschmack anziehend. Innerhalb edler Rassen genügt der verschärfte Geschlechtsunterschied, der in harte und zarte Typen scheidet, der Sehnsucht nach Variation.

Zaona tanzte tief und hingegeben. Es verlangte sie nach dem gefiederten Pfeile Luluac. Luluac bewegte sich in männlichen, kühlen Kurven mit sichtbarer technischer Meisterschaft. Er blieb hart, rhythmisch, formell, nur seine Augen gaben sich feurig. Man verstand, er begehrte Zaona, aber er verhielt sich vor ihren Lockungen reserviert; man konnte nicht wissen, wie gefährlich das kleine Frauenzimmer war, ob es erlaubt war, sie zu berühren: eine Priesterin, eine Prinzessin; dem Sterblichen, der sie nahm, konnte Unheil drohen.

Zaonas Knöchel waren gefesselt, die Bracelets hatten sich ineinander verhakt. Sie sprang in kurzen, federnden Schritten, die wie Bälle waren, sie umkreiste Luluac, sank in die Knie und verschränkte die Arme hinter dem Nacken. Luluac ließ sie nahe herankommen. Schon ergreift er sie in einer Pose, die seine Nacktheit drastisch preisgibt, als er sich wieder zurückzieht. Er verwahrt sich gegen die Wirklichkeit eines solchen überirdisch begehrlichen Wesens. Sie ist ein Trug der Sinne, der Untergang bedeutet. Vielleicht ist sie eine Pantherfrau und zerreißt den menschlichen Geliebten, der sich betören läßt. O über ihre Zahmheit! Er schwingt die Arme, zückt den Speer und Schild, denn es gilt, einen Puma sich vom Leibe zu halten. Er fällt plötzlich in den bekannten Kriegstanz, hebt die Beine mit waagrechten Schenkeln und spielt ein Rennen am Ort.

Zaona umschmeichelt ihn mit vollendeten Linien. Ihre gefesselten Knöchel folgen mit unterwürfigen kleinen Schritten. Traurig ist es, wie die Knorpel der gespannten Kniekehlen sich berühren. Da kann auch Luluac nicht länger widerstehen. Eine suggestiv getanzte Umarmung bedeutet Besitznahme. Er hat sie nicht berührt, die Gebärde bleibt ästhetisch. Alle verstehen die Anspielung, die in den gerungenen Armen liegt. Luluac nimmt das Werben der Pantherin an. Die geschlechtliche Spannung der beiden Körper ist gestiegen, beide sind selig, beide sind nahe daran, sich zu vergehen. Zaona roßt wie eine junge Stute. Eine weiche Musik schwellt die Muskeln und Nerven und weckt die Spitze und Unschuld der männlichen Empfindung. Der kreisrunde Verfolgungswahn dieser Natur erzeugt gelinden Schwindel, die Schläfen hämmern, und die Augen laufen mit dem Gehirn zu einer einzigen sehnsüchtigen Masse zusammen. Luluac schreit rasend auf, und die Männer fallen triumphierend und befriedigt ein. Der wilde, schöne Kriegerprinz hat nun Zaona, die Priesterschwester, in seine Hütte geführt, die zugleich der Tempel ihrer Gottheit ist.«

DIE COUVADE

Von couver = brüten, zu deutsch »Männerkindbett«, ist bei südamerikanischen Indianern als Übergangssymptom zum Vaterrecht mehrfach erwähnt worden. Ganz roh und beiläufig gesprochen, spielt sich dabei ungefähr folgendes ab: Wenn die Frau entbindet, legt sich der Mann schluchzend zu Bett, windet sich in scheinbaren Wehen, stöhnt, erhält warme Wickel um den Leib, wird gepflegt, muß tage-, wochen-, manchmal monatelang aufs strengste fasten, gilt bis nach dem ersten Bad für unrein, ganz als wäre er selbst die Wöchnerin.
Dieser Brauch, der je nach Rasse, Zeit, Zone reich ist an charmanten und erstaunlichen Abarten, war schon den Reiseschriftstellern und Historikern der Antike bekannt. Herodot bezeugt ihn für afrikanische Stämme, Nymphodor für Skythen am Schwarzen Meer, Diodor für Korsika. Strabo für die Keltiberer Spaniens; ihre direkten Nachkommen, die Basken in den Pyrenäen, üben ihn noch heute, und auf der Insel Zypern gab es sogar eine heilige Couvade, die keiner einzelnen Geburt galt, denn alljährlich beim Aphroditefest mußte sich ein schöner

Jüngling im offenen Zelt hinlegen und Stimme wie Bewegungen einer kreißenden Frau nachahmen. Aus China berichtet Marco Polo als erster vom »Männerkindbett« unter dem Bergstamm der Miautse, und moderne englische Forscher bestätigen seine Angaben.

Bei dem freundlichen Eifer, mit dem man jetzt alle exotischen Rassen schnell noch photographisch, phonographisch, photometrisch exploitiert, registriert, studiert, ehe sie – ruiniert durch unbekömmliche Zivilisation – endgültig verschwinden, hat es sich so nach und nach herausgestellt, daß nicht so sehr viel weniger Männer in Wehen liegen als Frauen; daß die Couvade von Sibirien bis Südamerika, auf dem Malaischen Archipel, in Afrika, China, Brasilien, Indien, bei hohen wie niederen Rassen in unzähligen Varianten wenigstens andeutungsweise besteht oder kürzlich noch bestand.

So scheinbar klar der Sachverhalt, so dunkel sein Sinn. So viele Gelehrte, so viele Meinungen. Weil Bräuche älter als Logik sind, als uraltes Erbgut noch in unsre Schicht hereinragen, hat eine Frage nach »Gründen« bei jenen, die sie üben, wenig Zweck; echte Bräuche leben und verblassen innerhalb der reinen Zone des natürlichen Gefühls, ohne Verstandliches zu streifen. Abgesehen von ihrem Unvermögen, geben Naturvölker ungern Auskunft über ihr Tun, spüren sofort die Suggestion, das, was gehört werden will, und antworten den unbewußten Wünschen des Fragers gemäß. Ist denn etwa auch heute in Deutschland oder der Schweiz vom Volk zu erfahren, warum in Thüringen ein Manneshemd vor das Fenster der Wochenstube gehängt wird oder warum im Aargau die Frau beim ersten Ausgang nach der Entbindung die Hose des Mannes anzieht, während sie im Lechtal seinen Hut aufsetzt? An Ort und Stelle weiß niemand mehr, was das soll, der Völkerkundige, mit seinem Vergleichsmaterial aus fünf Erdteilen, erkennt wenigstens sofort, es handle sich hier um Reste echter Couvade, mit ihrem so charakteristischen Rollenaustausch der Geschlechter, wie immer er ihren Ursprung auch deuten möge, je nachdem er den Akzent auf die eine oder andre der verwickelten Begleitzeremonien legt, denn das Urwunder Leben zieht weite Zauberkreise, Ring um Ring.

So sind eine diätetische und eine pseudomütterliche, eine vorgeburtliche, geburtliche und nachgeburtliche Couvade zu unterscheiden. Der vorgeburtlichen wegen ist bereits »Vater wer=

den«, nicht nur »Vater sein«, für den magischen Menschen schwer.
Fühlt sich die Gattin eines Brahmanen schwanger, so kaut der Gatte keinen Betel, was härter ist als Tabakverzicht für den Raucher, und fastet bis zur Niederkunft. Auf den Philippinen darf der Bräutigam schon eine Woche vor der Hochzeit kein saures Obst mehr essen, sonst bekommt sein künftiges Kind Leibschmerzen, in Borneo wieder nichts verkorken, sonst leidet es an Verstopfung. In China muß sich der Mann vor heftigen Bewegungen ängstlich hüten, sonst ist durch die Erschütterung auch der Fötus im Mutterleib bedroht. Aus gleichem Grund fährt der Jambim-Mann nicht auf den Fischfang: das Meer (großes Fruchtwasser) soll nicht durch Ruderschlag gestört werden. Malaien im Archipel rühren keine scharfen Werkzeuge an, töten kein Tier, meiden jede Handlung, die verletzenden Charakter hat.
Vor der Entbindung sind strenge Diätregeln fast überall für beide Elternteile gleichmäßig Vorschrift. Während die Frau aber nach der Geburt sich meistens bald wieder frei bewegen darf, um, von gewissen Speiseverboten abgesehen, wieder halbwegs normal zu leben, beginnt für den Mann die *nach*geburtliche Couvade oft in einer die *vorge*burtliche an sadistischer Belästigung weit überragenden Form. Bei den Karaiben von Cayenne muß er sich zu sechsmonatigem Fasten in die Hängematte legen. Wenn er sie dann, nur noch Haut und Knochen, zum erstenmal verläßt, um sich nach Hause zu begeben, bringen ihm die dort versammelten Gäste mit einem Agutizahn blutige Risse bei und reiben Pfeffer in die Wunden. »Er geht dann, wirklich krank, wieder in die Hängematte und ißt bis zum Ende des siebenten Monats weder Vögel noch Fische.« La Borde erzählt, wie viele Indianerstämme Südamerikas dem jungen Vater, nachdem er lange gefastet, allerhand Entbehrungen durchgemacht, die Hängematte nur nachts verlassen hat, die Haut am ganzen Körper zerfetzen; während sie ihm dann Pfeffer und Tabakjauche in die Wunden reiben, darf er keinen Schmerzenslaut von sich geben, worauf sein edles Blut dem Kinde ins Gesicht gerieben wird, damit es davon ebenso tapfer werde wie er.
Nicht auszudenken, was »Vater sein« gar bei Polygamie für so einen armen, rastlos eingepökelten Mann an Martyrium bedeutet. Bis zum Greisenalter kommt er aus den gepfefferten

Wunden und allerhand Marter nicht mehr heraus. Viel dieser Art gehört offensichtlich schon dem großen Bereich sympathetischer und imitativer Magie an, nicht mehr dem eigentlichen Männerkindbett. Darum meint Lévy-Bruhl, und mit ihm die französische Schule, dieses sei selbst nur Teil einer Gesamtheit von Vorsichtsmaßregeln und »tabus«, die beide Elternteile sich abwechselnd auferlegen. Dem Europäer seien sie nur beim Mann, als besonders ungewohnt, zuerst aufgefallen, daher sei die Couvade als Phänomen für sich betrachtet worden, was unrichtig sei. Die Wesensgemeinschaft, »mystische Partizipation«, das »Blutsband« bei primitiven Rassen wirke derart stark, daß, was der eine tut, der andre zu spüren bekommt. Darum trinkt auch in Brasilien der Bororo ruhig in der Apotheke selbst die Medizin, wenn sein Kind zu Hause krank liegt, und sie wirkt auch so. Thurnwald nimmt sogar an, die eigentliche Couvade, die echte, sei gar kein »als ob«, der Mann empfinde wirklich die Wehen mit, und auch Tylor entscheidet sich dabei wenigstens für »sympathetische Magie«, die ja in Irland je und je als Mittel galt, um Geburtsschmerzen auf den Mann zu übertragen. Es ist dies die viel erörterte »transference of pain«. (Frazer) Sie wird als so strenges Geheimnis bei den Kelten gewahrt, daß es noch keinem Forscher gelang, ihren Ritus selbst zu beobachten, nur so viel ist bekannt, daß der Mann seine Zustimmung zum Gelingen geben muß.
Der Engländer Pennant berichtet darüber: »Ich sah den Sprößling aus einem solchen Kindbett, welcher sanft zur Welt kam, ohne seiner Mutter das geringste Unbehagen zu verursachen, während ihr armer Mann vor Schmerzen brüllte in seiner sonderbaren, unnatürlichen Not.«
In Estland gibt die Braut bei der Hochzeit dem jungen Gatten Bier und Rosmarin gemischt zu trinken. Dem Berauschten kriecht sie dann zwischen den Beinen durch, was die Übertragung eines Teiles von den künftigen Geburtsleiden auf ihn bewirken soll, doch nur wenn er während der Zeremonie nicht erwacht; hier fehlt also eine Einwilligung, während sie bei den Kelten Vorbedingung ist. Nach Frazer werden Wehenschmerzen nicht nur auf den Gatten, sondern auch auf andre Männer oder auf eine Holzfigur übertragen. Ploß und anfangs auch Bastian glaubten noch, die Dämonen des Kindbettfiebers sollten durch die Maskerade des Rollentausches irregeführt werden, abgelenkt von der Frau auf den Mann, wo sie dann bla-

miert dastehen, machtlos und fehl am Ort. Der Meinung Dr. Vaertings, die Couvade sei ein praktischer Überrest von Gynaikokratie, der Mann als Pflegeperson hüte die erste Zeit nach der Geburt das Bett, um das Neugeborene bei sich warm zu halten, steht die Verbreitung dieser Sitte vorwiegend unter dem Äquator entgegen. Die Psychoanalyse wieder legt ihren Vaterkomplex allen Qualen und Speiseverboten zugrunde, also seelische Erschütterungen, gemischt aus Schuldbewußtsein und Vergeltungsangst, Zärtlichkeit und Haß. Ihre ganze Kette von Schlüssen hängt, was die Couvade betrifft, an der bekannten Freudschen Hypothese vom »Vatermord in der Urhorde«, dem gemeinsamen Verzicht der Söhne auf die begehrte Mutter und Einsetzen der Totem-Mahlzeit als Erinnerung an den Vaterfraß, »jenes denkwürdige Ereignis der Menschheitsgeschichte, welches zur Bildung der Religion, der Kunst und der sozialen Organisation führte«.

Das Kind gilt allgemein für den wiederverkörperten Großvater. Der Sohn, jetzt selbst Vater geworden, fühlt also hier die Vergeltung drohen, daß einer kommt, der, herangewachsen, an ihm das gleiche tun wird, was er an seinem Vater getan (auf höherer Stufe mindestens zu tun gewünscht), daher vielfach die Tötung der Erstgeburt. Bei der großen Ambivalenz der Beziehung zum Vater schlagen dann bei späteren Kindern Zärtlichkeit und Reue durch; Haß und frühere Untat werden jetzt wieder überkompensiert durch selbstauferlegte Leiden. Die Speiseverbote sollen sich dann, da das Tier ja als Ersatzopfer gilt, auch auf dieses, den Totem, beziehen. Die *eigentliche Couvade,* die Geburtsnachahmung, wird von Reik begründet als Annullierung der Geburt des Kindes durch die Mutter, um es aus der inzestuösen Libidofixierung an diese zu lösen. Der Inzestwunsch war ja Grund des Vatermordes gewesen und ist Motiv alles Vaterhasses. Nur die »Rückgängigmachung der inzestuösen Einstellung des Kindes« kann den jungen Vater schützen vor künftiger Gefahr. Diese kann aber nicht radikaler abgewendet werden, als indem die Weibsgeburt annulliert wird. Nicht die Mutter hat das Kind geboren, sondern der Vater, ihm also soll dessen Liebe zufließen, und vor seinen eifersüchtigen Mordgelüsten bleibt er bewahrt.

Daß auch Mädchen geboren werden, ist der Psychoanalyse offenbar entgangen. Ihr ganzer Gedankenweg hat nur für Knabengeburten Sinn, die aber als solche erst nach dem Verlassen des Mutterleibes kenntlich werden. Alle Sühnungen, Leiden, Beschränkungen, Martern der *vor*geburtlichen, geburtlichen und anstandshalber auch *nach*geburtlichen Couvade, denn über ein Sichdrücken von letzterer bei weiblichen Babys ist nichts bekannt, nimmt demnach der junge Vater stets zu fünfzig Prozent à fond perdu auf sich. Schuld, Sühne, die doppelte Vergeltungsangst wirken ja nur in dem Bezugssystem Vater – Sohn.

Was einen großen Teil der Speiseverbote angeht, die sich immer auf *beide* Elternteile gleichmäßig erstrecken, so spricht viel für Lévy-Bruhls Ansicht, es handle sich dabei um imitative Magie; sie betreffen auch gar nicht den Totem im besonderen, dieser darf ja in der Regel außerhalb der Couvade ebensowenig gegessen werden. Sicher imitativ magisch ist etwa die Scheu, Yamwurzeln zu genießen, damit das Kind nicht lang und dünn werde, oder Taroknollen, damit es nicht kurz und dick bleibe, das Meiden von Schweinefleisch, damit es keine borstigen Haare bekomme; auch Fettes und Schweres wird erst wieder als Nahrung gestattet, wenn das Kind selbst anderes als Milch verträgt, ganz unabhängig davon, welchem Totem der Stamm angehört.

Bachofen, der aus seinem riesigen Wissen zahllose Beispiele zur Couvade zusammengestellt hat, hält mit breitem Griffe an der *gebärenden* Gebärde des Mannes als ihrem Wesentlichen fest. Auch ihm ist diese ein Versuch des Vaters, Anteil an dem Kinde zu gewinnen, natürlich in anderm Sinne, als sie es der Psychoanalyse ist. Er sieht hier ein typisches Symptom für die Übergangsstufe vom Mutter- zum Vaterrecht, und tatsächlich findet es sich fast nur in dieser und nicht bei Männerherrschaft. *»Des Vaters Männlichkeit ordnet sich der weiblichen Potenz unter und offenbart sich in Muttereigenschaft.« Der Geburtsakt hat also noch den Vorrang an Wichtigkeit vor dem Zeugungsakt. Dieser allein genügt nicht, erst wenn der Mann durch die Naturwahrheit des Muttertums hindurchgegangen ist, kann er Vater sein.* Niemandem vor Bachofen war es eingefallen, einer Betrachtung der Couvade auch die Formen der Adoption einzufügen, die als Abart der Elternschaft unbedingt hierhergehört. So erzeugt sich der Römer in selbstherrlichem Vaterrecht ganz allein auf rein geistigem Wege ein Kind, sogar durch Willensakt noch nach dem Tode, denn er konnte im Testament zum Sohn bestimmen, wen er wollte, ohne ein Weib zu befragen, während an der Grenzscheide zweier Schichten sogar ein derart aufgeklärter Gott wie Zeus nicht einmal seinen unehelichen Sohn Herakles anerkennen darf, ehe nicht eine Göttin die weibliche Tat des Gebärens an ihm vollzogen hat. »Hera bestieg ihr Lager, nahm den Herakles an ihren Leib und ließ ihn dann an ihren Gewändern zur Erde fallen, womit sie eine wirkliche Geburt nachahmte.« Ganz ähnlich geht die Adoptionszeremonie heute noch auf Borneo bei den matriarchalen Dayaken vor sich: Die Adoptivmutter thront in Gegenwart vieler Gäste auf einem hohen Sitz und läßt sich den zu Adoptierenden von rückwärts durch die Beine kriechen. Auch im mittelalterlichen Europa, in Arabien und in Byzanz kamen ähnliche Adoptionsgebräuche vor. Abt Guibert vermeldet, wie Balduin von Flandern durch den Fürsten von Edessa *»nach den Sitten des Volkes«*, also mutterrechtlich, an Kindesstatt angenommen wurde: »Er ließ ihn nackt innerhalb des leinenen Untergewandes treten, welches wir Hemd nennen, drückte ihn an sich und bekräftigte alles mit einem feierlichen Kuß. Dies tat auch sein Weib«.

Eine ergreifend selbstlose Couvade üben Frauen, wenn sie den »Wehen« ihrer Söhne in den Pubertätsriten mit dem eigenen Körper nachhelfen. Die Reifezeremonie kommt ja einer Wiedergeburt gleich. Durch Fasten, Leiden, Bewußtlosigkeit, Trance muß sich der Knabe selber neu zum Mann gebären, macht die lebensgefährliche Beschneidung durch und monatelanges Ritual unter Führung alter Männer im Busch. In Australien, wo die Frauen, wahrscheinlich nach Zertrümmerung einer alten Vormachtsstellung, kläglich unterdrückt sind, bedeutet das Eingehen des Sohnes in die Männergemeinschaft so viel wie völlige Ablösung von ihr. »Wie Personen in Trauer und Wöchnerinnen zugleich« werden daher die Mütter der Novizen behandelt. Sie enthalten sich genau der gleichen Speisen wie der Sohn, der fern im Busch die Beschneidung erleidet, sonst käme er in Gefahr, salben sich täglich den Körper mit jenem Öl oder Fett, das als Mittel zu seiner Genesung gilt. Im Haar tragen sie ein Alpita: das Schwanzende eines lebhaften Nachttiers, um ihn im Wachbleiben zu unterstützen, weil Enthaltung vom Schlaf zu den Weiheproben gehört. Abgesondert vom Lager des Stammes leben sie einzeln an einzelnen Feuern; niemand kommt ihnen nahe, niemand spricht sie an. Jeden Morgen vor Tau und Tag singen diese Mütter die vorgeschriebenen

Gesänge, »und während sie aufrechtstehend singen, nehmen sie brennende Scheite vom Feuer und schwenken diese in der Richtung, wo sie das Lager der Novizen vermuten. Und wenn ein Novize von einem Tabu, das sich auf die Nahrung bezieht, befreit wird, erscheint gleichzeitig auch seine Mutter davon erlöst«. (Mathews) Nie vorher war die mystische Verbundenheit so stark als eben in der Zeit, da die Mutter sie selber als letztes Mittel der endgültigen Ablösung zum letztenmal benutzt.

Die väterliche Couvade will Anteil am Kind gewinnen, die mütterliche Couvade gibt den ihren auf.

INDIEN

Erwiesenermaßen seit vier Jahrtausenden, wahrscheinlich ein Vielfaches dieser Zeit, ergießen sich Verfolger und Verfolgte, Verdränger und Verdrängte in das tropische Becken Indiens. Seinen Pflanzenflaum düngte buntestes Blut, sehr edles oder nur brutales, abenteuerndes jeder Schattierung. Noch festgeschlossene Kulturen drangen aus Nordwesten vor, blühten hier auseinander, welkten ein. Doch während die Mitte vom Geschaukel der Kriegselefanten dröhnte oder im Anbrausen einer halben Million Tatarenpferdchen vibrierte, schließlich glattgewalzt sich breitete unter die stählernen Tiere aus Zweck und Zahl, blieben gewisse Randzonen fast unberührt: ganz oben die äußerste Ostgrenze mit den Hügeln von Assam, ganz unten ein Streif der Malabarküste.

Was sich in Assam als lebendiger Gesellschaftskörper erhalten hat, wirkt so überraschend, wie etwa heute noch einem Diplodocus im Fleisch zu begegnen. Nicht darin nur liegt die Kuriosität, daß in der bedeutendsten Gemeinschaft des Landes eine Frau quasi als Päpstin und Fürstin in ihrer Person geistliche und weltliche Macht vereinigt, daß Priesterinnen bei allen wichtigen Opfern mitwirken, während Männer nur als ihre Beauftragten ministrieren – solches kommt auch wohl in Afrika vor –, einzig aber ist die gestockte Zähigkeit, mit der sich hier in jeder einzelnen sozialen Zelle, der Familie, jene Gesetze ganz unverändert halten oder bisher gehalten haben, wie sie sonst nur während einer befristeten Periode des Matriarchats bestehen, als welches es sich dann von innen her lebendig selbst verwandelt. Bei diesen, soweit bekannt, völlig autochthonen Bergstämmen findet sich heute noch im Zentrum jedes Haushaltes eine Groß- oder Urgroßmutter, je älter, desto besser, als »Haupt, Quelle und Band der Gemeinschaft«. Sie heißt »junge Großmutter« im Gegensatz zur Ahnfrau und Familiengöttin. Um sie gruppieren sich Enkel und Urenkel, doch keine Schwiegersöhne. »Diese werden lediglich benützt, um die Familie der Frau fortzusetzen, heißen U-shongka = Besamer und haben ihre Gattinnen nur nachts zu besuchen.« Die Bindung ist so lose, daß bisher nicht sicher festzustellen war, ob nur sukzessive oder echte Polyandrie besteht. Darf der Mann, wie bei einigen Stämmen, ins Weiberhaus ziehen – es ist das bereits eine Entartungserscheinung –, so gehört, was er nach der Heirat verdient, der Familie seiner Frau, während seine früheren Einnahmen restlos der eigenen Mutter gehörten. Dabei ist Privatbesitz ziemlich hoch entwickelt, der Wohlstand sogar groß, doch geht alles Gut nur von den Müttern auf die Töchter über; Haupterbin ist das jüngste Kind. Bachofen hätte seine Freude an dieser Bevorzugung der Jüngstgeburt gehabt; er selbst fand sie nie am lebenden Objekt, belegt nur in Sage und Tradition, als Merkmal chthonisch-materiellen Dranges, auf jenen Sproß alle Hilfe zu häufen, durch den der Tod am längsten hinausgezögert, das Leben einer Generation am weitesten vorgeschoben bleibt. Eine restlos weibliche Welt somit, ohne Spur männlicher Gegenbewegung oder ursprünglicher Kameradschaft in Form von Junggesellenhäusern. Sir Charles Lyall, der beste Kenner dieser Stämme, nennt ihre soziale Organisation »eines der vollkommensten Beispiele erhaltenen Mutterrechts, in logischer und gründlicher Weise durchgeführt, die solche, die gewohnt sind, die Autorität des Vaters als Kern der Familie und Gesellschaft zu betrachten, nachdenklich stimmen sollte«.

Natürlich gilt in Assam ein Vater nicht als mit seinen Kindern verwandt. Er hat nach keiner Seite irgendwelchen Erbanspruch, und was er selbst verdient, fällt nach seinem Tod der Schwester-Seite zu. Riesige flache Gedenksteine für Verstorbene tragen den Namen der Clanmutter, hinter ihnen die aufrechten Steine, gleich den »Menhirs« im alten Britannien, bezeichnen die männliche uterine Verwandtschaft. Die lebenden sozialen Einheiten, »Maharis« = Mutterschaften genannt, weichen bei den verschiedenen Stämmen, Synteg, Khasi, Garos, Lalung, nur graduell in ihren Sitten voneinander ab; am konservativsten sind die Synteg, der Zersetzung am nächsten die Lalung. Von den Koch sagt Dalton: »Stirbt eine Frau, so wird der Familienbesitz unter die Töchter verteilt, und wenn ein Mann heiratet, lebt er bei seiner Schwiegermutter und gehorcht ihren Befehlen sowie denen seiner Frau.« Männern ist Werbung nicht gestattet, doch, wie es scheint, entwickeln sie auch als Umworbene kein Liebesspiel, wie das unter andern Völkern mit matrilokaler Ehe Sitte ist, auch solchen primitivster Art. Bei den Papuas auf einigen Inseln der Torres-Straße, um ein beliebiges Beispiel zu geben, spielt sich solch eine Werbung ungefähr folgenderweise ab: »Der junge Mann, oft schon mehrfach verheiratet und doch noch von jungen Mädchen begehrt, ist sehr vorsichtig, verlangt ausführliche und genaue Liebeserklärungen, ehe er sich auf etwas einläßt, Sicherheiten, damit er nicht am Ende im Stich gelassen werde. Die Konversation verläuft dann im allgemeinen etwa so: ›Du mich wirklich mögen?‹ fragt der Jüngling. ›Ja, ich mag dich mit meinem Herzen innen drin. Aug' sieht dich mit dem Herzen. Du mein Mann.‹ Da er sich aber nicht so rasch ergeben will, wird weitergefragt: ›Wie du mich mögen?‹ Worauf die junge Dame ins Detail geht: ›Ich mag deine schönen Beine, du hast einen herrlichen Körper, deine Haut ist gut, ich mag dich ganz und gar.‹ Endlich wird sie die Sache zum Klappen bringen, indem sie ihn auffordert, den Hochzeitstag zu bestimmen.« (C. A. C. Haddon)

Welches Geschlecht das andre umwirbt, bleibt schließlich ohne Belang, ist nur durch Stauung der Vorlust in der Phantasie, das Gefälle der Liebe, das köstliche Potential gewahrt. Bei den Mutterschaften Assams jedoch scheint Spannung, Erschütterung, Triumph, jede seelische Auswertung der Sexualität zu fehlen. Weder wird die Frau erobert, noch der Mann, laue Duldung bleibt es, darf er ins Haus, und das nur als Besamer. Auch in Amazonenstaaten, wie sich später zeigen soll, gilt ähnliches, gilt es sogar als ethische Forderung, unter Ausschaltung des Mannes als Persönlichkeit den Geschlechtsakt wahllos mit ihm zu üben, – dort aber im Zwang feurigster Askese, als heroisches Mittel, denn es geht um die Schaffung leidenschaftlicher Eigengestalt von völlig neuem Rang: »geprägte Form, die lebend sich entwickelt«. Das Dasein der Maharis dagegen verläuft schicksallos. Sie sind ein flächenhafter Schleimbatzen mit Zellkern geblieben, wo nichts sich stuft, nichts sich nach Höhe oder Tiefe züchtet. Aufgabe und Bedeutung der strengen Muttersippen lag, wie Briffault sicher richtig gesehen hat, in der Fixierung gewisser altruistischer Gebote für die soziale Gemeinschaft, ohne die sie nicht bestehen kann, geschweige denn hätte entstehen können. Gebote, wie sie aber als *Instinkt* sich eben nur in Form von Mutterliebe finden, nämlich Junges, Schwaches und Hilfloses zu schützen, während »Vaterliebe« bereits eine Schwächung der männlichen Ur-Instinkte durch Nachahmung der weiblichen bedeutet, sind nach der Meinung von Jodl, Nemilow und mancher anderen jedenfalls nichts Ursprüngliches. E. Reclus sagt darüber: »Der Frau verdankt die Menschheit alles, was sie menschlich gemacht hat ... Ungeachtet der Lehrmeinungen, die heute gerade in Schwung sind, bleibe ich dabei, daß die Frau Schöpferin der primordialen Elemente aller Zivilisation gewesen ist. Gewiß war auch sie am Anfang nur ein Menschenweibchen, doch dieses Weibchen nährte, beschützte, erzog, was schwächer als sie selbst, während ihr Männchen, ein schrecklicher Wilder, nur zu verfolgen und zu töten verstand. Notwendigkeit zwang ihn zum Mord, und diese Pflicht schien ihm nicht unerfreulich. So war er von Natur aus reißende Bestie, sie ihrer Funktion nach – Mutter.« (Les Primitifs) In Assam erscheint das Schema eines urtümlichen Mutterclans petrifiziert durch vorzeitigen Stillstand seiner Entwicklung; offenbar funktionierte der innere Rhythmus nur schlaff, Unmündige wurden zu lange beschützt und fanden ihrer Unmündigkeit kein Ende. So wurde die Schicksalstelle der Ablösung verpaßt. Das Leben, insofern es lebendig ist, aber besteht aus unausgesetzten siegreichen Ablösungen gegen die dauernde innere Hemmung widerstrebender Angst: und seine letzte, krönende Ablösung belohnt sich als talentierter Tod, dem unerläßlichen Beweis vollendeter Persönlichkeit.

Ungemessene Zeiträume ruhen wohl schon die »Maharis« als stagnierendes Gefüge im Unbewußten. Kein Geschlecht findet die Energie, sich vom vorhergehenden innerlich zu befreien; nicht nur die beherrschten Männer, auch die herrschenden Frauen, »unmündigen Geistes im erwachsenen Leib«, erscheinen hierdurch infantilisiert. Jede bleibt der um eine Generation älteren seelisch hörig, was zu ununterbrochener absoluter Greisinnenhegemonie führt, auch bei Vaterrecht findet sich als Gegenstück ja überbetonte Greisenherrschaft. Gelegentliche

Matronenkollegien gehören dagegen, wie der »Gottesfriede von Elis« beweist, zur hohen Zeit der Gynaikokratie; zur Stagnation nur die ausschließliche Überwertigkeit der jeweils alleraltesten Greisin, ohne Ansehung der Person. In dem gewiß konservativen Tibet fand sich von solcher Urweibdominanz auch nicht die Spur; dort steht als Herrin im Mittelpunkt jeder Gemeinschaft ein Mensch in seiner Blutfülle, kameradschaftliche Gattin und Wahlschwester zugleich. Etwas bäuerisch zwar, weil schwer arbeitend und seßhaft, schlägt in ihr Wesen doch schon die Frische, wenn auch noch nicht die wehende Weite Zentralasiens herein, von dessen Frauen es in reichen Zeiten hohen Lebensstils heißt: »Sie haben mehr an Dienern und Pagen zur Verfügung als die Männer, sie reiten in großem Prunk auf ihren Pferden spazieren und schmücken ihre Häuser mit Gold und Edelsteinen, doch sind sie nicht keusch und verkehren uneingeschränkt auch mit Fremden und werden deshalb von ihren Gatten nicht getadelt, über die sie gewissermaßen herrschen.« Den gleichen Glanz und die Eigenherrlichkeit der Linie hat jede Erobererschar gehabt, die von da niederschweifte in die tropische Süße. Heute bewohnen türkische Stämme dieses Gebiet, einst aber erfolgten aus ihm die verschiedenen arischen Einbrüche nach Nordindien, wo immer die »Urheimat« ihrer Träger auch gelegen haben mag, und immer werden sie, aus getrenntesten Jahrhundertfahrten körperlich wie ihren Bräuchen nach, fast gleich geschildert, ob es sich nun um Indo-Skythen oder »Saka«, die »Get-ti« chinesischer Berichte oder die »Jat« im Pandschab handelt, nämlich so, wie sie bereits in vedischer Zeit erscheinen: langschenklig, schlank, mit sehr dichtem, mäßig blondem Haar, hellen, scharfen, tiefen Augen, alle frei, ohne Sklaven, da sie sich sämtlich für adeliger Abstammung halten, mit dem Roßopfer als höchstem Fest, der außerordentlichen Ehrfurcht vor ihren Frauen, die das Leben der Männer in allem teilen, Polyandrie und Mutterrecht. Schon die »fünf Nationen« der vedischen Arier, die fünf »Jayati-Söhne« leiten sich selbst von einer Stammmutter »Ita«, ihrer Eponyme (Erschafferin und Namengeberin), ab. Aus Jayatis Söhnen gingen dann die ersten indo-arischen Dynasten, die »Mond«- oder Parava-Herrscher, hervor. Auch die Helden der großen Epenzeit, die Pândavas im Mahâbhârata, sind metronym, nach der Stammutter Pandaia genannt. Alle fünf Pândava-Brüder heiratet die Prinzessin Draupadi. Da die fünf

Brüder auch fünf getrennte Paläste mit Gärten besitzen, weilt sie bei jedem abwechselnd zwei Tage lang. Eine spätere Prinzessin aus dem Haus der Pândava unternahm die Expedition nach Lanka (Ceylon) und gründete dort ein Reich; ihre sieben Brüder wurden ihr von der Mutter sukzessive nachgeschickt, und jeder erhielt von der Prinzessin-Schwester dann Teile des Landes als Regent zugewiesen. Die Maura-Dynastie, Gründerin des ersten groß-indischen Reiches, mit den illustren Königen Chandragupta und Asoka, dem Förderer des Buddhismus, leitete sich gleichfalls von einer Frau, *Maura*, her und erhielt durch sie das Thronrecht von den Nandas. Auch König Gautamiputra nannte sich ausschließlich nach seiner Mutter Gautami, und daß er eigentlich Satakarni hieß, kümmerte keinen Menschen.
Polyandrie, für sich betrachtet, ist gewiß kein sicheres Merkmal für Mutterrecht, fügt sich aber hier ergänzend zu den übrigen. In den Epen ist sie geradezu die Regel. Außer Draupadi mit fünf, ist eine andre Prinzessin mit sieben, Jatila, nach den Puranas, mit zehn Brüdern verheiratet. In einer vedischen Hymne werden die Aswins, das göttliche Wagenlenker- und indische Dioskurenpaar, nach einem Sieg bei den Wettspielen von einer Frau als ihre gemeinsamen Gatten begrüßt und anerkannt. Und im Rig-Veda heißt es: »In der Ferne die strahlenden Maruts hangen ihrer jungen Frau an, die ihnen allen gemeinsam gehört.« Brüderliche Polyandrie scheint ein allgemeiner Brauch unter Ariern gewesen zu sein und findet sich bei verschiedenster Umwelt; im skandinavischen Mythos ist Frigga gleichfalls die Gattin von Odins Brüdern We und Wili. Betonung dieses Tatbestandes tut not, weil ganze Generationen von Privatdozenten bestrebt waren, ihn wie einen Flecken auf der wohl reichlich abgelegenen Familienehre zu verwischen. Zum größten und machtvollsten Feind nicht der Frauen, aber ihres freien Weltwesens, wurde das Brahmanentum, als es über die Kschatrijas, die Kriegerkaste der ritterlichen Formträger, nach bitteren Kämpfen die Oberhand gewann. Was Spengler von den beiden *Urständen* jeder Kultur, Adel und Priestertum, sagt, hat sich nirgends so, wie mit Silberstift umrissen, rein zu Tag gelebt wie in Arisch-Indien vom Anfang des zweiten bis zur Mitte des ersten Jahrtausends v. Chr. In den frühen Hymnen fluten sie noch beinahe ungetrennt. Auch diese ältesten Teile der Veden gelten jetzt fast allgemein als erst nach

dem Einbruch, also bereits in Indien und ziemlich spät, etwa im XII. Jahrhundert v. Chr., entstanden. Kaum ein grellerer Gegensatz ist denkbar als zwischen dem, was in ihnen selbst als Lehre und Leben sich zeigt, und dem, was nachträglich brahmanisches Gesetz bestimmt. Tritt dort »von alters her die edle Frau, von Männern begleitet, als Anordnerin des Opfers« auf, so wird sie hier von jeder religiösen und öffentlichen Handlung ausgeschlossen. Einst Mitschöpferin der Hymnen – mindestens eine im Rig=Veda stammt erwiesenermaßen von einer Frau –, darf sie jetzt nicht einmal lesen, was sie selber dichtete, weil heilige Schriften nur geeignet seien, den weib=lichen Geist zu verwirren. Noch in den Sutras aber stehen die Disputationen der Prinzessin Gargi mit dem Weisen Yajna=valkya Satz um Satz als klassisch verzeichnet, »weil sie Brah=mas Wissen besaß«. Die großen National=Epen, eine bereits brahmanisch redigierte Sammlung von Helden= und Ritterbal=laden, deren Beliebtheit an sich nicht zu zerstören war, zeigen noch beide Tendenzen nebeneinander, doch auch, wie rasch und gründlich in vielem der Umschwung gekommen sein muß. Im Mahâbhârata sagt Pandy zu Kunty, seiner jungen Frau: »Nun will ich dir von den alten Bräuchen erzählen, wie die erleuchteten Rishis, wohlvertraut mit jeder Regel der Moral, sie vorgezeichnet hatten. So höre denn, o Schöngesichtige mit dem süßen Lächeln, früher waren die Frauen nicht in Häusern eingeschlossen, abhängig von Gatten und Verwandten. Sie pflegten frei hinzugehen, wohin sie wollten, sich vergnügend nach bestem Vermögen. Und keineswegs, o du mit den herr=lichen Eigenschaften, hingen sie ihren Männern in Treue an, ohne deshalb, o Liebreizende, schuldig befunden zu werden, denn dies war der gutgeheißene Brauch der Zeit . . . Wahrlich, dieser Brauch, so nachsichtig den Frauen, hat die Sanktion der Ehrwürdigkeit. Die gegenwärtige Sitte hingegen, daß sie einem Mann fürs Leben verbunden sind, ist erst kürzlich aufgerichtet worden.«

Beim Einbruch nach Indien, vielleicht um 2000 v. Chr., waren die mutterrechtlichen Arier wahrscheinlich auch noch kastenlos gewesen, höchstens daß Kriegeradel bestand. Nachdem sich ein Priesterstand abgesondert hatte, der das spekulative Denken später zu einer vielleicht nie wieder erreichten Höhe führen sollte, ging es ihm zuvörderst um die religiöse Ausschaltung der Frau. Ihr fiel ja von jeher der Hauptanteil am *Asvamedha*, dem heiligen Roßopfer, zu; sein Ritual des Befruchtungszaubers spielte sich in einer Art hieros gamos ausschließlich zwischen Königin und geschlachtetem Pferd, ursprünglich vielleicht dem noch lebenden Pferd, ab, während die Männer nur assistierten. Das mußte von Grund auf geändert werden, deshalb findet sich bereits im Mahâbhârata die sehr bezeichnende Stelle: »*Das Gesetz ist aufgerichtet worden*, daß die Frau mit heiligen Zeremonien nichts zu schaffen hat, denn es gibt eine Offenbarung darüber« ... »Die Gattin erringt den Himmel nur durch Gehorsam gegen den Gemahl.« Im Buch Manu endlich – ausschließliches Werk der Brahmanen, nicht der Kriegerprinzen – erreicht das indische Vaterrecht einen Gipfel, der Rom bei weitem übertrifft. Nach ihm darf die Frau nie eigenen Willen genießen, bleibt vielmehr als Mädchen dem Vater, als Gattin dem Gatten, als Witwe dem Sohn unterstellt. »Mag ein Mann auch lasterhaft, verworfen, bar jeder guten Eigenschaft sein, die gute Frau muß ihn doch immerdar wie einen Gott verehren.« »Möge sie absolute Herrin sein über ihre Schwiegerväter«, verkündet dagegen eine vedische Hymne, »absolute Herrin über ihre Schwiegermutter, laßt sie herrschen über ihres Gatten Schwestern, herrschen über ihres Gatten Brüder.« Selbst unter Brahmanen sind mitunter noch Mutterrechtsreste zu finden, so erkennen jene von Bengalen nur einen Schwestersohn als Familienpriester an. Unabhängig von den Ariern, die das Matriarchat hatten, aber wieder aufgaben, bestand es bei den eingebornen Dravida-Rassen von je, erhielt sich auch unter unabhängigen Herrschern, oder im Süden, wo der brahmanische Einfluß nicht durchdrang. Im Gebiet von Malabar und Travancor fanden ältere Reisende verschiedene Frauenstaaten, wo nur »Königinnen allem Ansehen nach unumschränkt regieren«. Schaudernd ob solcher »Entartung«, schreibt noch der alte Meiners Ende des XVIII. Jahrhunderts über ein Königreich Attinga, dessen Alleinherrscherinnen, zur Ehelosigkeit verpflichtet, sich dafür Geliebte hielten nach Laune, »gemeiniglich machen daher die schönsten Jünglinge des Hofes ihr Serail aus«. Genau der gleiche Brauch sowie die Thronfolge in ausschließlich weiblicher Linie sind heute durch mindestens ein Dutzend afrikanischer Beispiele zu typisch belegt, als daß Zweifel an den völlig unabhängig und dabei innerlich höchst widerstrebend gemachten Angaben der alten Weltreisenden über Analoges in Indien berechtigt wären. Sie bestätigten nur eine vorübergehend in Vergessenheit geratene Tradition. Auch Strabo erzählt bereits von den Damen indischer Höfe, wie sie als geborene Herrinnen Waffen zu führen verstehen und amazonenhaft die Krieger in die Schlacht begleiten. Nur aus solch ganz altem Instinkt heraus werden jene Phänomene verständlich, daß ganze Armeen sich begeistert und unbeirrt durch den Islam immer wieder von Frauen, als ihren angestammten Führerinnen, leiten lassen, wie während des indischen Aufstandes durch die berühmte Rani von Ghansi.

NAÏR

Wer heute als Fremder in Portugal bei Patrizierfamilien von kauffahrender Tradition zu Gast ist, dem kann es widerfahren, daß er die Tochter oder sonst eine Dame des Hauses mit einem altererbten Vornamen gerufen hört, der sein Ohr zwischen all den romanischen Wellenlängen in nicht näher zu fassender Weise entzückt.

Er wird ihn gleich nachsprechen, bis auf den Grund ausschmekken wollen, aber der Klang zerschmilzt nicht, drängt sich auch die Zunge noch so schmeichlerisch zwischen seinen aufreizenden Diphtong. Er bleibt fremdartig und ganz.

Naïr. Was mag das sein? Ein ernster Edelstein, ein tropischer Wohlgeruch oder eine neue Art von feinem Eigensinn?

Naïr oder *Nayar* heißt die aristokratische Kaste der Tamilen an der Malabarküste, Indiens südlichem Streif, im toten Winkel des Weltverkehrs gelegen. Die Tamilen, eine der schönsten indischen Rassen, waren bereits vor der arischen Einwanderungswelle hier zu Hause, die Adelstradition ihrer obersten Schicht, der *Naïr,* ist uralt, und solange diese Tradition durch die Jahrtausende zurückreicht, sollen unter ihnen nie andere als Liebesehen vorgekommen sein, von nichts getragen als reinem Gefühl, völlig unvermischt mit ökonomischen oder streberhaften Einflüssen. Begreiflicherweise sind sie deshalb seit jeher und von allen Seiten ethisch angepöbelt worden. Es hieß, so etwas sei eben keine richtige Heirat und zähle nicht mit. Erklärlich von den Leuten! Ganz unrecht hatten sie nicht damit, bedenkt man, daß Ehe eine wesentlich juristisch geregelte, soziale und ökonomische Institution ist; die fast nirgends den Menschen aus freier Wahl in den Sinn gekommen war, vielmehr stets zu einem bestimmten Moment ihrer Tradition oder Geschichte durch einen »Stifter« mußte anbefohlen werden.

Von Regierungsvertretern und Kommissionen mit Fragen belästigt, erklären die *Naïr,* ihre Eheschließung sei die »tali-kettu«-Zeremonie: das Binden des Tali im neunten oder elften Lebensjahr. Doch wurde ihnen nachgewiesen, dies sei nur ein Pubertäts-, kein Eheritus, er gebe die Eingeweihte nicht einem bestimmten Partner, sondern dem Sexualleben als solchem frei. Als Zeichen dieser Freiheit wird ihr ein durchbohrtes Goldblättchen an einem Faden um den Hals gehängt, was auch bei andern Dravida-Rassen Brauch ist. Es zeigt symbolisch an, daß dem Liebesverkehr mit der jungen Tali-Trägerin kein Hindernis mehr im Wege steht. Das Hindernis selbst entfernt ein Fremder, der den »Gott« vertritt, ein Brahmanenpriester oder sonst Geweihter und als solcher gefeit gegen das böse Zauberblut des Hymenrisses; wer immer aber es sein möge, gewinnt dadurch keinerlei weiteres Anrecht, verliert sogar, was er als möglicher Lebenspartner vorher besaß. Sein Dienst ist durchaus einmalig, die Annäherung nicht wiederholbar. Der Verlobte oder Mann der eigentlichen Wahl wird also kaum jemals ausersehen werden zu dieser übrigens für ganz mechanisch erachteten Operation; unerläßlich zwar, doch nicht im geringsten gefühlsbetont.

Nach dem Binden des Tali ist die kleine *Naïr*-Dame für den Rest ihres Lebens frei, zu wählen, wen sie will, und für so lange, als sie will. Ein Wort, nach Wunsch und Belieben eines der beiden Partner, löst die Verbindung jederzeit. Auch simultane Gatten kann die junge Frau besitzen, steht ihr der Sinn danach, nur ebenbürtig müssen sie sein. Beziehung zu einem Mann niedrigerer Kaste ist das einzige, was als »Ehebruch« und diffamierend gilt, gleichwie es schmachvoll für einen *Nayar* wäre, mit unadeligen Frauen zu schlafen. Ökonomische Hindernisse gibt es dagegen nicht. Weder Mann noch Frau können an Geld oder Ansehen durch Liebe das geringste gewinnen oder verlieren. *Sie* bleibt auf alle Fälle in ihrem Erbheim, in das die Kinder, ohne als mit dem leiblichen Vater verwandt zu gelten, als Eigentum der Mutter hineingeboren werden, erhalten und erzogen von ihren privaten oder der Sippe Mitteln. *Er* ist im allerstrengsten Sinn Gast in diesem Haus, wohl Gatte, aber nie Familienvater, nimmt keine Mahlzeit dort, wo ihn ja auch die Pflicht des Unterhalts nicht trifft. Lediglich kleine

Aufmerksamkeiten, ein Beitrag zum Nadelgeld, sind für ihn das übliche, doch durchaus nicht Gesetz. Größerer Reichtum seiner Frau oder Frauen kann somit für einen *Nayar* weder von parasitischem Vorteil noch demütigend sein. Ist *er* hingegen der wohlhabendere Teil, so ziehen Frauen und Kinder keinesfalls daraus Nutzen oder Erbe, denn sein Vermögen hört nie auf, der eigenen uterinen Muttersippe zu gehören, also den Schwestern oder Schwesterkindern, an die es nach seinem Tode fällt. K. Kennan Nayar (das Wort bedeutet Lord) sagt über die Sitten seiner Kaste: »Heirat unter den *Naïr* bleibt wahrhaft rein und einfach ... Sie ist Ehe allein um der Ehe willen, nicht zur Verewigung der Familie gedacht, vielmehr eine soziale Einrichtung zur friedlichen Stillung des blindesten menschlichen Dranges. Solch eine Einrichtung ist also erwiesenermaßen möglich ohne die geringste Störung des Zivilrechts, das die erbschaftliche Übertragung von Familienwerten regelt.«
Somit durfte hier die Liebe alle Zeit, völlig unbeschwert, wie nirgends sonst, ganz nach eigenen Gesetzen leben, nur in jene steigernden Konflikte verspannt, die aus der Dämonie des Erotischen selber stammen. Das Resultat waren Wesen, grad von der Quelle an, im reinen Rauschen ihres Blutes, ahnungslos, daß es so etwas geben könne, wie das Brot eines Mannes essen, ganz frei von Rattenschmutz irgendwelcher Abhängigkeit, lebenslang geborgen, unvergröbert, unverletzt, in der erdgöttlichen Matrix ihrer unverlierbaren Frauenheimat, die weit mehr als bloßes Heim, Wesen der feingezogenen Unterscheidungen, jede Pore erfüllt mit jener »shakti« genannten, Bezauberungsgabe, der »unbeschreiblichen Emanation der Frau«, wie Tagore es nennt.
Als die Portugiesen zu ihrer großen Zeit als kühne Schweifer am seligen Saum der Malabarküste mit ihren Handelsschiffen landeten, betroffen vom Lebensrang seiner Bewohner und anfangs unsicher, wie hier vorzugehen sei, wurden sie, sollte man seinen Ohren trauen, von diesen exklusiven Herrschaften förmlich angefleht, ihren Bräuten oder jungen Töchtern die Blume abzunehmen, da sie der Heirat im Wege sei. – Worauf solch ein Fremder aufs großartigste bewirtet, geehrt und beschenkt wurde. Vielleicht aber gelang ihm beim Tafeln mit seinen exotischen Gastgebern das innere Feixen nicht so breit, wie er zuerst gedacht: als ob sein Selbstgefühl bei diesem Handel doch irgendwie zu kurz gekommen wäre. Überlisten,

Sich=Heranpürschen, Verschlagenheit, Überwältigung hatten eben gefehlt. Wo war hier jener Schaden an Leib und Seele geblieben, ohne dessen Zufügung ein Don=Juaneskes Unter=nehmen den inneren Sinn und Reiz verliert? Statt Tränen, Ent=setzen, gestammelten Klagen um Unersetzliches, nur ein flüch=tiger, freundlicher Dank. Schien das denn möglich: so einem samtäugigen Mädchenkind alles getan zu haben und ihr nichts zu sein? Denn darüber hatte man den Fremden nicht im Zweifel gelassen: eine zweite Nacht, etwas wie ein Wiederholungs=versuch, wäre sein sicherer Tod. Also war man kaum andres gewesen als der Domestique am Wagenschlag oder, freund=licher gesprochen, einer, der gönnend andern die Türe öffnet zu froher Fahrt.

Heimgekehrt von gelungenen Reisen voller Abenteuer und Gewinn, wird der portugiesische Handelsmann bei behaglichem Bramarbasieren nicht eben diese Seite des skurrilen Erlebnisses betont haben, das, was Wehmut und Verzicht daran war. Was verschlug denn auch so einem Weltfahrer mit seiner guten Ladung an Elfenbein und Kopra diese oder jene Episode! Doch wenn ihm, es mochte Jahre später sein, ein Kind geboren wurde, ein Mädchen gar, dann wollte sich im ganzen christ=lichen Kalender mit allen lieben Heiligen schlecht und recht kein Name finden, der den Vater so aus tiefster Seele anzu=muten schien.

Schließlich, wohl entgegen dem gekränkten Einspruch einer Gattin, gar entgegen priesterlicher Mahnung, hieß das Mäd=chenkind: *Naïr.*

DIE MALAIEN

Sie sind die ersten in dem verwirrenden Gewimmel, die der Weltreisende überall leicht erkennen lernt infolge ihrer soliden Fleischigkeit inmitten der schlankgestreckten Tropenrassen. Während diese vor Rikschas gespannt dahertraben, rudern oder Lasten schleppen, was ihnen im senkrechten Licht das letzte Gramm Fett von den glatten Knochen treibt, betätigt sich der Malaie auf bekömmlicherem Posten gerne schattenseits. Er gibt einen brillanten Maître d'Hôtel ab, mit sauberem, straf=fem Aussehen, klugem, wohlrasiertem Eierkopf und kleinwin=zigen Fingernägeln an überaus tauglichen Händen. Nicht aus=zudenken, daß es einem Malaien irgendwo einmal schlecht gehen könnte. Von ganz unten sieht man ihn fast nie in die Höhe kommen, gewöhnlich ist er schon halbwegs oben, zum Schluß meist sehr weit oben als Kaufherr, Geldmann oder Besitzer von Reisfeldern. Jovial und höflich erweckt er unbändiges Vertrauen, was ja bei Wuchergeschäften die Hauptsache sein soll.

Wer würde es dieser Menschenart ansehen, daß sie um irgend etwas anderes als dinglichen Besitz kämpfen könne, und doch führte sie noch vor hundert Jahren in Westsumatra den Pandriekrieg um ihr altes Mutterrecht, verteidigt es auch heute, zwar waffenlos, aber zäh und erfolgreich, gegen den stets aggressiven Islam, wenn auch eine gewisse Auflockerung nicht zu verkennen ist. Die Malaien brachten das Matriarchat wohl schon aus Zentralasien mit, von wo sie, ein Zweig der gelben Rasse, über Indien her den nach ihnen benannten Archipel besetzten, dessen indo-australische Urbevölkerung vor der dynamischen Überlegenheit und Tüchtigkeit der Eroberer dahinschwand. Wo Malaien sind, und das ist ein weites Stück der Tropen, gilt Mutterrecht, wenn auch in sehr verschiedener Stufung. Die konservative Form findet sich noch in den großen, reichen Sippen auf Sumatra, deren Mitglieder bald »sabuah parui« = »eines Bauches« oder »Samandai« = »eine Mutter habend« heißen. Rücksichtsvolle Zartheit gegen Frauen ist auf Sumatra meist größer als in irgendeinem Teil Europas, was schon die alten Reiseberichte vermerken.

»Die erwachsenen und verheirateten Männer dürfen nicht im Stammhaus der Weiber, sondern nur im Bethaus wohnen. Kinder werden in die Familie der Mutter hineingeboren, dort unterhalten und erzogen. Der Mann, auch wenn er reich und angesehen, zieht nicht ins Haus der Frau, verbringt nur ab und zu eine Nacht bei ihr. Sie erhält im Mutterhaus ihre eigene Wohnung und so viel Hausrat, wie sie braucht. Kinder erben von der Mutter, nicht vom Vater, seine Besitztümer oder Einnahmen gehen an die Kinder der Schwester über, ebenso seine Titel und Würden." (Nieuwenhuis) Auf Leben und Erziehung seiner Nachkommen, mit denen er als nicht verwandt gilt, hat der Mann nicht den geringsten Einfluß, in der eigenen uterinen Sippe dagegen kann er als ältester Mutterbruder zu Ansehen und Führung gelangen; hier macht sich eben bereits das Avunculat stark bemerkbar, stets ein Zeichen dafür, daß die »Wechseljahre«, das Klimakterum beim Mutterrecht, im Anzug sind.

Zwischen den stagnierenden, wenn auch wohlhabenden Maharis von Assam und dem formalen Spitzentypus der târwards von Malabar nehmen die mächtigen malaiischen Muttergefüge kulturell eine Mittelstellung ein. Ihre Stärke sind ausgezeichnete Verwaltung, daher Prosperität, wo sie darin versagen, gelingt es dann reich gewordenen Männern die begehrten Frauen aus dem Weiberverband herauszukaufen, sie herauszulösen in jedem Sinn, weil hier in erster Linie nur noch Wirtschaft gegen Wirtschaft steht, leicht Vertauschbares also, nicht zwei geschlossene Gebilde gegensätzlicher seelischer Struktur einander bekriegen. Zwischen den Geschlechtern geht es daher durchaus untragisch zu bei fröhlicher, handfester Verständigung mit Übergewicht der Frau, die hierin offenbar im Sinnlichen führt.

Zur malaiischen Rasse gehören auch die Dayaken auf Borneo, ihrer unentwegten Kopfjägerei wegen bekannt und der unheimlich genialen Art, die erjagten Köpfe zu präparieren. Längst schon wäre dieser Sport bei ihnen eingeschlafen, verlangten ihn die Frauen nicht immer wieder als Beweis von Mut, ehe sie ihre Gunst verschenken. Hier hält sich demnach ein Schädelkult, sonst Symptom der Männerbünde, ohne eine Spur von diesen lediglich auf weiblichen Wunsch. An Größe, Kraft, Ausdauer sind die Dayakinnen dem andern Geschlecht völlig gleich. Amazonisch ausgebildet, ziehen sie mit in den Krieg oder verteidigen in Abwesenheit ihrer Männer ganz allein ihre Siedlungen gegen den Feind. Jede trägt einen Speer und jagt mit den Hunden.

Ärztinnen werden auf Borneo weit höher bezahlt als ihre männlichen Kollegen, Priesterinnen üben die wichtigsten religiösen Funktionen aus, wobei sie eine den Männern unbekannte Sprache verwenden; sie leiten die Opferhandlungen und tanzen den Schwerttanz, jene höchste kriegerische Zeremonie zur Beschwörung des Sieges. Natur- und Stammesgeister, die ja als Machtreservoir gelten, aus denen durch besonderes Ritual geschöpft werden kann, heißen unterschiedslos »Großmütter«. Charles Brooke, Nachfolger seines Onkels Sir James Brooke, der in Nordost-Borneo das Sultanat Sarawak gründete, zeigt sich von den Dayakfrauen in jeder Hinsicht entzückt und hält sie in politischen Dingen für weit geschickter als ihre Männer. Nach seiner Angabe wurde die Linggabevölkerung von Nordost-Borneo viele Jahre hindurch von zwei vornehmen alten Frauen regiert. An Eheformen zeigt die große Insel eine ganze Musterkarte; voreheliche Freiheit wird dagegen überall gleich ausgiebig genutzt, dafür dauert das jährliche wahllose Vermischungsfest, ein Befruchtungszauber, um die Natur zu reichem Tier= und Pflanzensegen anzueifern, nur eine Viertelstunde lang, dann tritt wieder völlige Ordnung ein.

See= und Bergdayaken weichen in manchen Bräuchen voneinander ab, so sind die männlichen Tapferkeitsproben, wie sie die Frauen im Gebirge verlangen, weit eher den indianischen an Ausgiebigkeit verwandt. Legt ein Mädchen ihrem Verehrer brennendes Zeug auf die Arme, so muß er es dort zu Ende glimmen lassen, ohne einen Muskel zu verziehen, und die tiefen weißen Narben dieser Marter werden dann erotisch hoch geschätzt. Ob die phantastischen Formen der Zirkumzision oder eigentlich Inzision, bei der die seltsamsten Gegenstände in den Wundkanal gesteckt werden, damit er nicht zuwachse, eine Folge der Frauenherrschaft sind, darüber gehen die Meinungen auseinander. Jedenfalls finden sie sich überall, wo mutterrechtliche Malaien leben oder wohin ihr Einfluß reicht, wie in Burma; dort sah J. H. van Linschotten Männer, die vorn am Glied haselnuß= bis walnußgroße Schellen trugen. Manche Ethnologen, Kulturkritiker und Ärzte erblicken darin ein Gegenstück jener schmerzhaften Operation, wie das Vernähen der Nubierinnen oder die fetischistische Fußverstümmelung der Chinesinnen unter Vaterrecht, eben Praktiken, ausschließlich bestimmt, das Vergnügen beim herrschenden Geschlecht zu steigern auf Kosten des Beherrschten. Ploß, der ebenfalls dieser Meinung ist, berichtet: »Um dem Weibe den Genuß bei der Begattung zu erhöhen, durchbohren sich viele Dayaks die Eichel des Gliedes mit einer silbernen Nadel von oben nach unten; sie lassen die Nadel solange darin, bis die durchbohrte Stelle als Kanal verheilt ist. Vor dem Beischlaf wird dann hier hinein ein festsitzender Apparat gefügt, welcher eine starke Reibung bewirkt und dadurch den Geschlechtsgenuß der Frau erheblich steigert. Die in diesen Kanal eingebrachten Körper sind verschieden: kleine Stäbchen aus Messing, Elfenbein, Silber, ja auch aus Bambus.« Manchmal wird eine sich spreizende Krause aus den Wimperhaaren eines Bockes mit samt dem ganzen Augenlidrand, anzusehen wie das Halsband einer Bulldogge, um das Glied gebunden. Ein Apparat, bei dem Borsten in den Stäbchen befestigt werden, heißt Ampallang. Die Frau gibt dem Manne ihren Wunsch, daß er sich einen solchen anschaffe, auf symbolische Weise zu erkennen: er findet in seiner Reisschüssel ein zusammengerolltes Siriblatt mit einer hineingesteckten Zigarette, deren Länge das Maß des gewünschten Ampallang darstellt. Der Varianten sind unzählige. Auf Sumatra werden unter die eingeschnittene Haut dreieckige Gold- und Silberstückchen oder Steine geschoben, die dort einheilen, auf Borneo ein Messingdraht, dessen gespaltene Enden als steife Quaste hervorragen. Daß die Malaiinnen Männern mit solchen Akkomodationen den Vorzug geben oder andre, die sie nicht bieten, ganz zurückweisen, ist sicher. Die Fortdauer der schmerzhaften und gefährlichen Operationen geht wohl auf ihren Einfluß zurück, ob der Ursprung, ist fraglich. Dagegen spricht die weite Verbreitung ganz ähnlicher Inzisionen zum Einfügen von Gegenständen an andern Körperöffnungen, wie Ohren, Nase und Mund, wo sie ganz ohne direkten oder indirekten Lustgewinn bleiben, aber zum Schutz dienen gegen den bösen Blick; auch die weltweite Sitte, die Hand beim Gähnen vor den Mund zu halten, entspringt abwehrender Angst und fand erst später die ästhetische Motivierung. Körperöffnungen als solche sind eben dem Eindringen schwarzer Magie tiefer ausgesetzt und bedürfen jener Goldplättchen, Borsten, Eberzähne, Steinchen und andern bewährten Amulettmaterials. Besonders die kostbaren, beim Mann so exponierten Geschlechtsorgane müssen durch Gegenzauber umhegt werden, wobei glänzende Dinge, Gold, Silber oder Metallglöckchen wie »Maskotts« am Auto zu wirken haben, nämlich weniger als Glücksbringer, als um Übelwollen auf sich abzulenken, weg von seinem eigentlichen Ziel. Symbol-, Instinkt- und Zauberhandlungen sind jedoch benachbart genug, um gelegentlich zu vikariieren, so daß eine auch die Funktion der andern übernehmen kann. Trugen die Römer als Abzeichen der mütterlichen Abstammung silberne Halbmondchen, die lunulae, an den Schuhen, so begaben sie sich damit zugleich ganz bewußt in den Glanzschutz des böse Blicke bannenden Metalls. Geprellt um wichtigere Beute, sank dann das Feindliche rechtzeitig hypnotisiert bis an den Körperrand hinab, um höchstens noch die Zehen zu bedrohen; in ähnlicher Weise kann die »Glocke«, obwohl allgemeines Libidosymbol, dem Glied der Burmesen als »Maskott« dienen.

Bei allem, was mit Pubertätsweihen, also der Beschneidung,

zusammenhängt, fällt es besonders hart, zu entscheiden, was primär, was sekundär, wann und inwieweit Motive sich überlappen. So kann eine bestimmte Narbenform manchmal Stammesmerkmal bedeuten, ein Paßvisum sein, um nach dem Tod ins richtige Jenseits und nicht etwa in den Feindeshimmel zu gelangen.

Gerade bei den malaiischen Reiferiten aber geht es keinesfalls an, den Einfluß des weiblichen Sexualwillens auf Ausgestaltung von Inzision und Amulettwesen zu leugnen, wie manche englische Kulturkritiker es tun; der gegenteiligen Zeugnisse sind zu viele. So wird auf den Aru-Inseln, zwischen Celebes und Neuguinea, auch auf dem benachbarten Serong, die Knabenbeschneidung nach dem detaillierten Wunsch der Mädchen in ganz bestimmter Weise ausgeführt, »um der Frau das Wollustgefühl bei der Ausübung des Beischlafes zu erhöhen«. (Riedel) Eine ursprünglich unbeabsichtigte, völlig zufällige Nebenwirkung ist hier offenbar allmählich zur Hauptsache geworden – kein seltener Fall. Daß aber andre, und zwar weit mächtiger gefügte Frauenverbände nichts Ähnliches verlangt oder durchgesetzt haben, versagt als Gegenargument – eine Frage der Temperamentsunterschiede eben. Jedes durch Freiheit und Selbstbestimmung gesteigerte Körpergefühl strebt naturgemäß danach, andre Körper seinen eigenen Wunschphantasien anzupassen. Daß diese unter Malaien so bestürzend direkt, so penetrant primär zielen, ist gar nicht wegzudenken aus Gesamtform, Bestimmung und Lebensplan dieser heftig eingefleischten, vielleicht nicht eben tiefer, aber solider als andre verkörperten Rasse.

CHINA, JAPAN, FORMOSA

Schon das Wort »Reich der Mitte« gab die Suggestion von ewig Ausgewogenem. Ein fertig geborenes Gebilde schienen *Sina* und sein Sohn des Himmels dem Europäer, bis er, langsam umlernend, zu der Erkenntnis kam, daß gerade China unter der scheinbaren Einform der Monarchie die interessantesten sozialen Experimente, Umgruppierungen, selbst Umstürze durchprobiert hatte.

Aus diesen Wirbeln taucht auch die Frau in verschiedenen Spielarten, bis ihr Kontur süß erstarrt. Die Tataren Dschingis

Khans und Timurs fanden die Straßen voll leichtbekleideter, freier und natürlicher Wesen, ohne »Lotosfüße«, die Jesuiten dagegen so keusch gezüchtete Hauskrüppel, daß schon die Taufe als indezente Handlung auf sie wirkte. Die hübschen Bildchen von katholischen Heiligen mit bloßen Füßen und wallendem Hemd, dessen Ärmel von ekstatischen Armen zurückfielen, wurden zwar betrachtet, doch einzig als Pornographie, was nicht in der Absicht der Bekehrer lag. Auch der wundervolle Stil der Kurtisanen hielt, gerade infolge raffinierter Sexualität, außerhalb der Liebesstunde auf erlesene Distanz.

Die stilbildende Kraft, mit der das zu unumschränkter Herrschaft gelangte Vaterrecht, allerdings nur in den oberen Schichten Chinas, die Frau zwang, sich sogar in zwei Varianten zu spalten: legitime Gebärerin und »Tochter der Blumen«, hoa=niu, ist für den Betrachter ein exquisiter Genuß, wie alle hohe Form; was hingegen mit dem Schlagwort »Stellung der Frau« bezeichnet zu werden pflegt, so sah es damit vielleicht in keinem Land und zu keiner Zeit, trotz höflicher Umgangsformen, so übel aus wie in China während seiner Hochkultur, ganz abgesehen vom Töten weiblicher Kinder, um die hohen Kosten späterer Hochzeit zu sparen, während Söhne, des Ahnendienstes wegen, als hochwillkommen galten. Ein wohlgeborenes Mädchen verließ nach dem siebenten Lebensjahr kaum mehr das Haus, blieb völlig unwissend, die Heirat war eine ökonomische und soziale Angelegenheit, vereinbart zwischen den beiderseitigen Familien, die Ehe selbst eine Sache der Fortpflanzung fast ohne menschliche Verbundenheit, ganz auf Sicherung der legitimen Vaterschaft gestellt. Im Haus also: Würde, Reinheit des Blutes, Beschränkung, gehorsame Treue, verkörpert in der »großen Frau«, der dann im Lauf der Zeit Nebenfrauen beigegeben werden. Außer dem Haus: beseelte Sinnlichkeit der infantil gewollten »freien Frauen«, feinste Auslese an Anmut und erotischem Talent. Vom Standpunkt des Vaterrechts eine logische und radikale Befriedigung all seiner Ansprüche, die mit einem einzigen weiblichen Typus kaum je ihr Auslangen finden können. Neben dem chinesischen Hetärismus erscheint der recht überschätzte griechische als barbarische Stümperei. »Gewiß gab es sehr verschiedene Stufen der hoa=niu; damit aber ein junges Mädchen zur höchsten Kaste in den ›grünen und roten Distrikten‹, wo die Kurtisanen wie Schwestern zueinander sind, Eintritt erlange, mußte sie vor andern durch Schönheit, Charme und Geist glänzen, Meisterschaft erlangt haben in Gesang, Flöten= und Gitarrenspiel, Geschichte und Philosophie. Nicht genug damit, wird von ihr verlangt, daß sie alle Schriftzeichen, enthalten in der Lehre des Lao=tse, dem Tao=te=king, zu malen verstehe. Hat sie dann noch mehrere Monate im ›Pavillon der hundert Blumen‹ verbracht, die letzten Feinheiten in Tanz und Gesang erlernt, darf ihr der Titel ›freie Frau‹ zuerkannt werden. Nun ist sie erlöst von den beschwerlichen Pflichten des Geschlechts, Gebären und Stillen, und mag sich wohl erhaben fühlen über das junge Mädchen unter der Kontrolle des Vaters, über die legale Konkubine unter der ihres Herrn, über die legitime Frau, bewacht vom Gatten, über die Witwe, bevormundet vom Sohn . . .« (A. P. L. Bazin) Der außerordentliche politische Einfluß, den die »Töchter der Blumen« in China ausgeübt haben, gehört jedoch bereits der männlichen Kulturgeschichte an, in der »Weibliches« nur indirekt, durch den Mann hindurch, zur Auswirkung gelangt. An den Fundamenten der großen chinesischen Zivilisation dagegen hat das Weibliche selbst unmittelbar Anteil.

Ein Sinologe von der Autorität des verstorbenen Professors R. Wilhelm hat das Matriarchat in China bis in die dritte Dynastie verfolgt. Erst durch das Haus Tschou wird die Bildung der Vatersippe fertig, mit Exogamie der Frau. »In den ältesten Zeiten, heißt es dagegen, haben die Menschen ihre Mutter gekannt, nicht aber ihren Vater. Die frühen Clannamen sind zusammengesetzt mit dem Bestimmungsnamen ›Frau‹, ja, auch jenes Wort, das heute ›Familienname‹ bedeutet, trägt als Andenken daran, aus welchem Zusammenhang es stammt, noch das Bestimmungszeichen ›Frau‹. Diese hundert (nach der Mutter zählenden) Clans waren das ›wehrhafte Volk‹. Dies alles deutet auf ursprünglich matriarchale Zustände in China, die Umwandlung scheint nicht ohne Kämpfe vor sich gegangen zu sein.« Prof. Wilhelm schließt auch aus Opferbräuchen für die Ahnengeister des Hauses, bei denen stets die »große Frau« mitwirken muß, auf Vormachtstellung in früherer Zeit. Auch heute noch haben bei der Eheschließung die Verwandten mütterlicherseits den Vorrang und die Ehrenplätze der väterlichen Sippe gegenüber, und das chinesische Wort für Heirat selbst heißt: hunyin, einen Mann nehmen.

Wie sich Urtümliches am längsten in dynastischen Bräuchen

hält, so weist die chinesische Geschichte zu einer Zeit, wo der Frau kein öffentliches Amt mehr zu bekleiden gestattet war, mächtige Kaiserinnen auf, die nicht nur für minderjährige Söhne, sondern aus eigner Machtvollkommenheit weiter regierten. In den beiden ersten Jahrhunderten n. Chr. gab es allein drei sehr große und sehr despotische Herrscherinnen; eine von ihnen, Sing-Zche, versuchte sogar selbst eine neue Dynastie zu gründen. Jede Kaiserin-Witwe wählte zudem die Hauptfrau des Kaisers, seine acht Königinnen und ernannte meist ihre eigenen Brüder zu seinen Ministern, ein Zeichen von ausgesprochenem Avunculat.

Wie China gerade in der Dynastie, so zeigt umgekehrt Japan gerade im Volk noch Spuren seines Mutterrechts, während die Samurai-Kaste sklavisch das spätere chinesische Vaterrecht nachzuahmen bestrebt war. Bei den unteren Schichten blieb die Scheidung wie die Wiederverheiratung für beide Teile gleich leicht und üblich. »Die Frau wird mit Respekt behandelt und übt ihr Recht, den Mann zu entlassen, bei der geringsten Herausforderung aus.« Die alte japanische Familienordnung war völlig uterin bis ins XIV. Jahrhundert, die Ehe matrilokal; die Frau blieb demnach in ihrem eignen Heim und empfing den Mann dort nur zu Besuch.

Auf dem politisch umstrittenen Formosa fand Janet MacGovern völlig gynaikokratische Zustände vor. Bei den Paiwans ist eine Frau Häuptling, und die Würde erbt sich stets von Mutter zu Tochter fort. Die Taiyals, ein andrer formosischer Stamm, wählen eine Priesterkönigin zu Regenzauber und glücklicher Kopfjagd. Rechtsstreitigkeiten schlichtet ihr Spruch, dem jeder sich fügt. Land, Jagdrecht und sämtliche Güter sind ausschließlich weiblicher Sippenbesitz. Den Männern ist sogar das Betreten der Speicher und der Wirtschaftsräume verboten. Ehe Formosa 1895 an Japan fiel, durfte kein Jüngling heiraten, ohne mindestens einen Chinesen erschlagen zu haben. Ob die politische Umgruppierung zu einer zeitgemäßen Variante dieses Gesetzes geführt hat, konnte noch nicht festgestellt werden. Kopfjäger sind ein fleißiger, aber schweigsamer Schlag.

Von den Lit-si auf der Insel Hainan, westlich von Formosa, sagt Wolter: »Bei ihnen haben in allen Dingen die Frauen das entscheidende Wort, dem sich die Männer bedingungslos unterwerfen. Sie beschäftigen sich mit dem Ackerbau, während die Männer der Jagd obliegen.«

Die amerikanische Expedition unter F. R. Wulsin stieß auch in China selbst, im Quellgebiet des Hoangho, kürzlich auf einen prächinesischen Stamm mit der »Urweib«=form des Matriarchats, die den alten Frauen alle Würden und Ämter überträgt. Da Polyandrie »auf Zeit« herrscht, so sehen die Kinder den Mann als Vater an, der ihnen von der Mutter als solcher bezeichnet wird, die übrigen heißen »Onkel«, doch bleiben diese Bezeichnungen ohne praktische Bedeutung; Name und Besitz erben sich ja doch in der weiblichen Linie fort. Nur Frauen haben das Recht, Handel zu treiben, denn alle Güter, mit denen dies geschehen könnte, sind ihr Eigentum, jedenfalls darf ohne ihre Einwilligung nichts verkauft werden. Außerdem gibt es in Südchina, wenigstens so weit die Nachrichten reichen, zwei ausschließlich von Fürstinnen regierte Landstriche. »Die Man=Tseu, ein Stamm von dreieinhalb Millionen Menschen, wird von einer Königin aus dem heiligen Frauenclan beherrscht. In diesem ist die Königsmacht erblich, sie kann immer nur von einer Frau ausgeübt werden.« (W. Gill)
Von dem andern südchinesischen Frauenreich berichtet J. Gray: »Es ist der Erwähnung wert, daß einer der eingeborenen Stämme stets von einer Frau regiert wird. Diese Souveränin erhält von ihren Untertanen den Titel Noi=Tak. Sie bringen ihr tiefste Ehrfurcht entgegen, und der ganze Stamm ist unter dem Namen *Nuè=kun, die von Frauen Beherrschten,* bekannt. Das Vorrecht, diese Stämme zu regieren, besitzen die weiblichen Mitglieder einer einzigen Familie, somit besteht beim Tod einer Fürstin wenig Wahrscheinlichkeit eines Streites um die Nachfolge. Da die Chinesen es ja im allgemeinen seltsam finden, daß Großbritannien und andre, nicht unter dem salischen Gesetz stehende europäische Länder bisweilen von Frauen selbständig regiert werden, so sind sie einigermaßen geneigt, die Einwohner solcher Länder, und besonders Englands, als nur wenig, wenn überhaupt, höherstehend zu betrachten als den Stamm der *Nuè=kun.*«

Tschomo=Lungma: Gottesmutter des Landes, oder Tschomo=Uri: Mutter des Türkisengipfels, heißt der höchste Berg Tibets und der Erde.
Sie nennen den Schlußstein der Welt so natürlich »Mutter«, wie ihn die Engländer einen angelsächsischen Gentleman nennen, nämlich »Everest«.
Um seinen Fuß die wundervollen, halbtropischen Täler in Mont=Blanc=Höhe, deren Sohle noch voll Obst, Getreide, Lilienwiesen steht, sind durch die berühmte und unglückliche Expedition zur Bezwingung der Gipfelpyramide im tibetischen »Jahr des eisernen Vogels« durch Bild und Film überall bekannt geworden.
Gelbe Gesichter, Türkise in den Ohren, tauchen auf in reichen Dörfern, gesalzener und gebutterter Tee wird in Achattassen mit silbergetriebenen Deckeln diesen fatalen und unbeschaulichen Fremden mit bäuerischem Zeremoniell gereicht.
Aus den Tälern weht gelber Rosenwind, auf dem Grund ihrer Schluchten hängt dunkle Waldrebe über blauen Mohn, Felstauben gurren an Kristallquellen, Höhlen mit Klausnern sind eingesprengt bis hoch in die Gletscherpanzer des Himalaja, der als Riesenmagnet alles zu sich heraufzieht.
Draußen, nicht mehr in seinem Windschatten, auf den offenen Wanderstraßen gegen Lhasa hin, hilft das geduldige, demütige Mittelalter der Lamasereien jedem weiter. Sie stehen gegen den ewigen Sturm, gedrückte Vierecke aus mächtigem Stein, von Gebetswimpeln umflattert, innen voller Mönche mit roten oder gelben Kegelmützen; ihr Abt gleicht einer Alraunwurzel in chinesischem Brokat. Dienend umgleiten sie einen vergoldeten Riesenbuddha; hochaufgeschossen schwebt über dem ewigen Gestank der Butterlampen sein versunkenes Gesicht.
Aus holzdunklen Tempeltiefen fauchen knollig verschlungene Fabelwesen gegeneinander geiferndes Rot. Hier schneiden Heiligtümer selbst solche Teufelsfratzen, daß den Dämonen angst und bange wird auf ihrem allereigensten Gebiet, was den falschen Eindruck des durchweg Infernalischen bei diesem Kult erweckt. Er meint es aber gut. Nur unter der Devise »Contre corsaire corsaire et demi« wird bei seinen Teufelstänzen auf hautüberspannten Schädeln so bestialisch getrommelt, auf

menschlichen Oberschenkelknochen so falsch geblasen, daß sogar der Böse feige wird.

Die Lamas selbst, mongoloide Franziskaner, sind emsig aus nach immer noch braveren Inkarnationen, ganz ohne jene quittengelbe Verruchtheit, die literarische Weinreisende in Grauen als hartnäckige Wunschträume an sie gehängt. Alle paar Jahre wird ein Mönch von Lhasa aus im ganzen Land umhergeschickt, die wilden Tiere zu zähmen. Wo er gewesen, frißt alles aus der Hand; besonders Vögel kommen vertraulich auf jeden Begegnenden zu, Blutfasane, Fuchsenten, Wildgänse und vielerlei Kleines, das singt.

Da die Jakherden allen Lebensbedarf decken, jagt oder verletzt auch außerhalb der heiligen Bezirke niemand ein Tier. Die Leute scheinen über jedes lebende Wesen froh, das mit ihnen die dünne Eisluft ihrer grellbraun auseinandergefalteten Wüste eben noch erträgt. Sterben sie doch selber früh. Nur wenige Herzen halten länger als fünfundvierzig Jahre dem forcierten Sauerstoffgepumpe stand. Übeltäter frieren nach dem Tode weiter, denn die Hölle wird kalt gedacht. Heizung, gar im Überfluß, wo es doch stets mit dem trockenen Jakmist zu sparen gilt, bliebe ohne Schrecken für Menschen, die im quarzenen Frost mit schwarz gefirnisten Gesichtern leben müssen, zum Schutz gegen Kälte-Kopfschmerz und blutende Haut. Doch gibt es Kompensationen. Dieses ärmste aller Länder kennt keine Armut. Jeder besitzt Haus, Herd, Land oder seinen Anteil daran. Nicht viel Luxusdinge, doch des Notwendigen übergenug.

Die Seligkeit, weniger Einwohner zu haben als es bequem und sicher zu ernähren vermag, dankt Tibet wohl seiner uralten, von den Frauen heldenhaft verteidigten Vielmännerei. Vielleicht haben auch sie die Abänderung ursprünglicher Gruppenehe in eine rein brüderliche Polyandrie durchgesetzt, während zuerst wohl alle Brüder einer Sippe sich allen Schwestern der andern Sippe verbanden, nicht nur jener Einen, die jetzt über Liebes- und Arbeitskraft sämtlicher männlichen Familienmitglieder allein verfügt. Tibeterinnen zetern gern und ehrlich empört gegen die unheilige Barbarei des Westens, seinen Frauen nur je einen Gatten auf einmal zu erlauben. Sie begreifen nicht, wie eine Frau es da zuwege bringen solle, reich und wohlversorgt zu werden, ohne gleichzeitig im Genuß mehrerer Ehemänner zu sein. Je mehr, desto besser. Ein bru-

derloser oder auch nur bruderarmer Mann wird schwer eine tüchtige Frau zur Gattin gewinnen. »Glauben Sie nicht auch, daß wir tibetischen Frauen es weit besser haben?« sagte eine von ihnen, als sie den seltsamen monandrischen Brauch fremder Länder erfuhr. »Bei uns ist die Hausfrau wirkliche Herrin der vereinigten Einkünfte und des Erbes sämtlicher Brüder, alle einer Mutter entsprungen, alle ein Fleisch, ein Blut, denn Brüder sind eins, mögen sie auch getrennte Seelen haben.« Und weil diese mitgeheirateten Brüder eben doch nur eins sind, hat die Frau das anerkannte Recht, ihr eheliches Glück noch durch wildfremde Ergänzungsgatten, ganz nach freier Wahl, zu komplettieren. Während sie diese Neuerwerbungen zu sich nimmt, steht es der ursprünglichen Bruderschar keineswegs frei, nun ihrerseits der Gemeinschaft neue Privatfrauen beizufügen, obwohl jeder Bruder außerhalb des Heims, ohne daß sein Kollektivanteil deshalb erlischt, auf »Zeit« – seien es Jahre, Monate oder nur Wochen – nebenbei heiraten darf.
Hier gehen eben zwei grundverschiedene Bindungssysteme nebeneinander her: leicht lösliche Individualehen und die fast unlösliche Gruppenehe als nicht von Person zu Person, vielmehr von Sippe zu Sippe eingegangener Vertrag. Stirbt demnach jener älteste Bruder, der ihn durch Brautkauf schloß, so geht die Witwe an den zweitältesten als dem Rechtsnachfolger des Verstorbenen über, ein bei den Juden als »Levirat« bekannter Brauch. Das gynaikokratische Tibet ist demnach in seiner Gruppenehe patriarchal, denn die Braut wird durch Geldeswert erworben, bleibt Besitz der fremden Sippe und zieht, falls sie nicht selbst eine große Erbin ist, in deren Haus, obwohl es weder einen individuellen Vater, noch für Vaterfamilie ein eigenes Wort gibt. Die Kinder tragen den Mutternamen und bleiben Familiengut. Gruppengefühl ist alles. So sehr fühlt sich die Frau verantwortlich für ihre neue Sippe und deren Wohl, daß sie, stürbe ihre Schwiegermutter mit Hinterlassung eines männlichen Säuglings, diesen kleinen Schwager selbst aufziehen und später bei seiner Pubertät hinzuheiraten würde, als wäre es die natürlichste Sache der Welt. Stirbt die Frau selbst, so tritt automatisch ihre Schwester die Nachfolge bei den verwitweten Brüdern an, sollte sie auch – ein häufiger Fall – bereits Nonne gewesen sein. Ihrer sexuellen Reaktivierung steht da nichts im Wege. Lamaistische Ordensregeln bleiben ja für Frauen durchaus lax, so daß Klosterschwestern sich nicht

selten im Nebenberuf als Kofferträger betätigen, wozu die Weiber vortrefflich gebaut sind, weil durchwegs geschickter, stärker, größer als der Mann. Letzteres will allerdings nicht viel besagen, die Rasse bleibt wie geduckt von dem allzu nahen Oberende atembarer Luft, also ohne die Hybris überheblicher Beine.

Nonnen als Kofferträger sind ein Symbol. Sie wollen, trotz ihrem Stande, gar nichts mit Dalailamatum und Papstschaft zu tun haben, sondern daß es mit den Gütern vorwärts gehe im Lande. Hier in Tibet kommt die vielgerühmte Frauenmacht ausnahmsweise nicht aus Priester= und Zauberwesen her, aus ehrfürchtiger Scheu vor übernatürlicher, sondern aus kindhaf=tem Vertrauen zu natürlicher Kraft des weiblichen Geschlechts. Es ist der zentralasiatische Aspekt des Matriarchats: vorwie=gend weltlich und häufig gipfelnd in militärischem Führertum. »Die Tibeterin ist dem Mann weit überlegen, nie scheu; während die Männer vor den Fremden davonliefen oder sich versteckten, begegneten ihnen die Frauen stets mit Würde ... sprachen ungeniert und fließend ... Sie haben ein besseres Herz, mehr Courage und einen nobleren Charakter als die Männer.« (Savage Landor) Der ganze, sehr bedeutende Handel mit Metall, Webereien, Wolle, Fellen, Moschus, Borax wurde von alters her durch einen obersten Frauenrat geleitet. »Die Frauen kaufen und verkaufen«, sagt Ser Marco Polo, und ein alter chinesischer Bericht macht ausdrücklich darauf aufmerk=sam, es dürfe kein Handelsgeschäft ohne die ausdrückliche Zu=stimmung eines Weiberklüngels abgeschlossen werden.

Für Gäste oder Reisende hat dieses, den Fremden so abgeneigte Volk nur eine Verwendung: als Deflorateure. Ist einmal der Blut=Tabu, die Gefahr, mit dem Blut ihres Hymenrisses in Be=rührung zu kommen, von den Mädchen entfernt, so sind die jungen Geschöpfe völlig frei, ihr Wert und Ruhm steigt mit den vorehelichen Liebhabern, deren Zahl durch Abzeichen, eine Art Halsschmuck, weithin sichtbar gemacht wird. Darum ver=stand auch der Gouverneur von Leh gar nicht, wo der Marquis Cortanze eigentlich hinauswolle, als dieser neugierig fragte, welcher der Brüder nach der Hochzeit zuerst der Braut beiwoh=nen dürfe. Er erwiderte, es werde wohl meist der älteste sein, doch bleibe dies ohne Belang. Ein jährliches Vermischungsfest, die »Hutwahl«, gibt überdies jedem Mann, dem es gelingt, seiner Tänzerin den Hut, Symbol der Macht, zu rauben, diese für den Tag zu eigen. Hingegen liegt der hohe Wert einer ge=ehelichten Frau darin, sie auf Lebenszeit zur Schalterin und Walterin des gemeinsamen brüderlichen Besitzes gewonnen zu haben. »In diesem Land sind Frauen die Herren des Hauses. Die Männer leben in Abhängigkeit, erweisen ihnen große Hochachtung und behandeln sie mit solcher Liebe und Unterwürfigkeit, daß ohne ihre Zustimmung nichts unternommen werden kann.« Diese Schilderung gilt jedoch nur für das echte Innertibet der Viehzucht und ehrwürdigen Vielmännerei. In den üppigen Tälern des Ackerbaus, gegen Indien zu, ist der Konservatismus durch regellose Polygamie, Kinderprostitution, Verlotterung des häuslichen Lebens und Bordellwesen verdrängt worden. Damit verglichen, wirkt brüderliche Vielmännerei sich in ihren Resultaten weit reinlicher aus, mindestens in jener Form, wie sie seit je in ihren alten Hochburgen, von der chinesischen Grenze angefangen, durch Tibet, Kaschmir, Afghanistan, in Nordindien auch vom reinsten arischen Blut, den Radschputen, seit vedischer Zeit geübt wird und heute noch bei dreißig Millionen höchst achtbarer Leute besteht.

Was wurde diesem Brauch nicht schon alles zugrunde gelegt. Armut. Er blüht aber gerade in bestsituierten Kreisen. Frauenmangel. Woher sollte dieser stammen? Einen eventuellen Überschuß an männlich Geborenen schlucken die Klöster, denn jeder vierte Tibeter ist Lama, während die Anzahl der Nonnen viel geringer bleibt. Oder sollten weibliche Geburten vernichtet werden, die absolute Herrin des Hauses nur Männer um sich dulden? Wenig wahrscheinlich. Auch ist darüber nichts bekannt. Nach den meisten Zeugnissen herrscht sogar Überfluß an Frauen, der in die Täler abwandern muß. Dann wieder gelten die Lebensbedingungen bei Viehzucht für die Ursachen brüderlicher Gruppenehe. Gewiß führt das Weiden der Herden einen Mann oft monatelang in die Ferne, fort von der vereinsamten Frau. Der vaterrechtliche Viehzüchter – es gibt auch solche – verfällt deshalb noch lange nicht auf den Ausweg der Polyandrie. Ihm wird der Aufenthalt, fast obdachlos, im Schneesturm, offenbar nicht genügend verschönt durch die Vorstellung, wie ein anderer, dank seiner Vorsorge, derweil warm bei der gemeinsamen Gattin zu Hause sitzen kann. Überall ist die Ursache der Vielmännerei gesucht worden, nur nicht dort, wo sie am nächsten läge, nämlich bei der Frau. Jedenfalls besteht diese selbst in ihrem fähigsten Typus auf dem herrschen=

den Zustand der Dinge, nämlich darauf, weltliche Leiterin einer ganzen Männersippe zu sein. Das liegt ihr wohl im Blut aus der gar nicht so fernen Zeit her, da in diesem Land Männer, ein ganzes Volk sogar, als »Beauftragte« von einer Königin in der Mitte ihres Palastes aus Anweisungen erhielten, kamen, gingen und gerne taten nach der Herrin Beschluß. Jetzt ist es, als lebten diese großen Systeme nach ihrem Zerfall in einer Unzahl winziger von ähnlichem, wenn auch nicht identischen Bau noch fort. Was nicht mehr zum alten Menschenschlag und seinen Lebensformen paßt, wandert in die bereits indisch verfärbten Täler ab. Von der Struktur tibetischer Weiberreiche selbst erzählen chinesische Chroniken bis ins achte nachchristliche Jahrhundert hinein. So besagt das Buch »T'ang Shu«:

»Das östliche Königreich der Frauen wird Su-fa-la-na-chü-chü-lo (goldene Familie) genannt und ist ein Teil des Ch'iang. Auch im Westen ist ein von Frauen beherrschtes Land, darum heißt dieses das »östliche« zum Unterschied. Von Ost nach West ist es neun Tagereisen, von Nord nach Süd zwanzig Tagereisen lang. Es hat achtzig Städte und wird von einer Königin beherrscht, die im K'ang-yen-Tal residiert, einer schmalen, steil abstürzenden Schlucht, die der Jo-Strom in südlicher Richtung durchfließt. Es gibt über vierzigtausend Familien und zehntausend Soldaten. Die Herrscherin heißt Pin-chin, ihre weiblichen Beamten heißen Kao-pa-li und sind wie unsre Staatsminister. Sie beauftragen die Männer mit allen äußeren Obliegenheiten, und darum werden diese »Beauftragte der Frauen« genannt. Aus dem Innern des Palastes erhalten die Männer die Befehle und geben sie weiter.

Die Herrscherin hat in der Nähe ihrer Person einige hundert Frauen, und jeden fünften Tag wird ein Staatsrat abgehalten. Stirbt die Herrscherin, so zahlt das Volk mehrere Myriaden Goldmünzen ein und wählt aus dem königlichen Clan zwei kluge Frauen, eine zum Regieren und die andre als Aushilfskönigin, um im Fall des Todes der ersten deren Nachfolgerin zu werden. Ist die Tote unverheiratet geblieben, folgt ihr die andere verheiratete, so daß keine Möglichkeit einer Revolution oder des Aussterbens der Dynastie besteht. Sie bewohnen Häuser: das der Königin ist neun Stock, jene der Bevölkerung sind sechs Stock hoch. Die Herrscherin trägt einen schwarzen oder blauen plissierten Rock aus rundem Gewebe, ein Überkleid, ebenfalls schwarz oder blau, mit langen, auf dem Boden

nachschleppenden Ärmeln, im Winter ein mit Stickereien verziertes Lammfellkleid. Sie trägt ihr Haar in viele kleine Zöpfchen geflochten, auch Ohrgehänge und jene Art Lederschuhe, die in China als so-i bekannt sind.
Die Frauen achten die Männer nicht hoch, und Reiche halten sich immer eine große Anzahl männlicher Diener, die ihnen die Frisur richten und das Gesicht bunt mit Ton bemalen müssen, jeden Tag in einer andern Farbe. Die Männer besorgen auch den Kriegsdienst und bewirtschaften den Boden. Die Söhne tragen den Familiennamen der Mutter. Das Land ist kalt und nur zum Anbau von Gerste geeignet. Ihre Haustiere bestehen vornehmlich aus Schafen und Pferden. Es wird Gold gefunden. Ihre Gewohnheiten gleichen sehr denen von Hindostan. Unser elfter Monat ist ihr erster. Zum Prophezeien gehen sie am zehnten Mond in die Berge, streuen Körner umher und locken damit einen Schwarm Vögel an. Plötzlich erscheint ein Vogel gleich einem Blutfasan. Der Seher schlitzt ihm den Kropf auf. Enthält dieser Getreidekörner, so gibt es ein fruchtbares Jahr, wenn nicht, so drohen Schwierigkeiten. Das ist das sogenannte Vogelorakel.
Sie tragen drei Jahre Trauer, ohne die Kleider zu wechseln oder sich zu waschen. Wird die Königin beerdigt, so folgen ihr drei- bis viermal zehn Menschen ins Grab.
Nach den näheren geographischen Angaben im Text eines zweiten Berichtes, dem Sui Shu, geht hervor, daß dieses Königreich im ersten nachchristlichen Jahrtausend ganz Nordtibet umfaßte. Der erwähnte Borax ist heute noch tibetischer Exportartikel. Auch das jetzt noch übliche Zähmen wilder Vögel durch Priester dürfte als letzter Rest des erwähnten Vogelorakels fortbestehen. Ein zweites, westliches Reich lag nach den stets verläßlichen chinesischen Annalen an den Ufern des Kaspisees, und von ihm wird eine ähnliche Struktur wie vom östlichen gemeldet, nur mit dem Unterschied, daß es ausschließlich von Frauen bewohnt, also ein reiner Amazonenstaat war. Hinzugefügt wird, die Frauen dort verfertigten sehr kostbare Dinge, und ihr Land grenze an Fou-lin, dessen Herrscher stets einen seiner Söhne ins Frauenreich entsende, um die Königin zu heiraten. Ein männlicher Sproß solcher Ehe folge aber niemals seiner Mutter auf dem Thron. Aus diesem Land sei vor dem Jahr 634 noch keine Botschaft in China eingetroffen. Amazonische Reiche scheinen demnach in einem ihrer Kern-

gebiete, der Umgegend des Kaspisees, bis gegen das Jahr 1000 hin ziemlich ungestört fortbestanden zu haben. Rockhill, dem es vor der gegenwärtigen gänzlichen Sperre gelang, ins Innere des verbotenen Landes zu dringen, erfuhr bei seiner Expedition von Tibetern, das große Fürstentum Po=Mo im nordöstlichen Tibet werde »jetzt noch« (Ende des vorigen Jahrhunderts) von einer Königin beherrscht, die berühmt sei im Gebrauch der Schleuder. Dieser Teil des Landes blieb ihm unzugänglich, doch überall, wohin sein Weg ihn führte, staunte er der gleichen Frage nach: »Auf welche Art haben diese Frauen es zuwege gebracht, eine so restlose Herrschaft über die Männer zu gewinnen, wie konnten sie ihre Überlegenheit so vollständig und dabei so annehmbar gestalten für eine Rasse gesetzloser Barbaren, die sich nur ungern den Anordnungen von Häuptlingen fügen? Das ist ein Problem, des Nachdenkens wohl wert!«

DIE LUSTIGEN WEIBER VON KAMTSCHATKA

»Sie lieben ihre Weiber dergestalt, daß sie die willigsten Knechte von ihnen seyen. Das Weib hat über alles zu befehlen und verwahrt alles, woran etwa gelegen ist. Er ist Koch und Arbeiter vor sie«, staunt der alte Steller vor hundertsechzig Jahren als erster Mitteleuropäer auf dieser kuriosen Halbinsel ganz rechts oben bei Treibeis, Robben und springenden Lachsen. Dann schüttelt er den Kopf über das ihm völlig neue Phänomen matrilokaler Dienstehe und mißbilligt es. Hier sitzt ihm die Ursache von so viel »Unnatur«: »Durch diese Art zu Heyrathen wurde der erste Grad zum Regiment der Weiber und zur Untertänigkeit der Männer gelegt, weil sie allezeit vorher ihren Bräuten flattieren, zu Gefallen leben und zu den Füßen liegen müssen.« Und noch einmal schüttelt er Kopf und Zopf, weil diese Frauen »allezeit die Freiheit in allem prätendieren, nach fremder Liebe trachten, unersättlich und dabei dergestalt ruhmsüchtig sind, daß diejenige vor die glücklichste gehalten wird, welche die mehresten Buhler herzählen kann«. Wiewohl beide Geschlechter gemeinsam auf den Fischfang gehen, die Fische schneiden, reinigen und trocknen, halten doch nur die Frauen alle Vorräte »unter ständiger Verwahrung in Disposition«. Was daraus folgt, ärgert wieder Stellers Zeitgenossen, den alten Meiners, besonders: »Wenn die Männer sich gegen ihre Weiber versündigen, so versagen die letzteren den ersteren nicht nur die eheliche Umarmung, sondern auch den Tabak, der den Kamtschadalen unentbehrlicher als Branntwein ist. Die Stillung dieses Bedürfnisses und die Gunstbezeugungen der Weiber erzwingen die Männer nicht mit Gewalt, sondern durch die demütigsten und anhaltendsten Bitten und Liebkosungen.« Zeigen sich die Frauen aber nicht spröde, so dünkt ihn das noch greulicher als das Verweigern des Sexualverkehrs. »Die Kamtschadalinnen sind nicht weniger schamlos als ihre Männer und üben nicht nur wie diese öffentlich und selbst vor den Augen von Kindern die unnatürlichsten Lüste aus, sondern sie kommen auch öffentlich nieder und überlassen sich den Umarmungen ihrer Männer und Liebhaber ohne alle Scheu, gleich den unvernünftigen Tieren.«

Dafür ist Dr. Vaerting wieder von ihnen entzückt, weil sie seine Theorie der umgekehrten Arbeitsteilung bei Frauenherrschaft und die höhere weibliche Intelligenz als Resultat dieses Zustandes stützen. Die Männer wollen weder Heim noch Kinder auch nur für Stunden verlassen, jedenfalls nie ohne ihre Frauen sein, »während diese so vielerlei Arbeit haben, daß man allerdings mehr Verstand bey ihnen supponieren muß, als bey den Männern, welches sich auch in der Tat also befindet«. (Steller) Ein anderer Reisender sagt: »In Kamtschatka sind die Männer unter der eisernen Fuchtel der Frauen.«

An tibetische Verhältnisse erinnert Meiners' Bemerkung: »Die größte Empfehlung eines unverheirateten Mädchens ist eine ungewöhnliche Menge von Liebhabern, denen sie ihre Liebkosungen geschenkt hat – – – ein solches Mädchen hat sich desto mehr Hoffnung auf die Liebe ihres zukünftigen Ehemannes zu machen, je handgreiflichere Beweise sie von ihren Erfahrungen in der Liebe geben kann.« Findet ein Bräutigam seine Erwählte jungfräulich, so pflegt er seiner Schwiegermutter Vorwürfe wegen ungenügender erzieherischer Obsorge zu machen. Natürlich war die Schwangerschaftsunterbrechung von je völlig frei; die Verminderung des Volkes, 1910 blieben nur viertausend Einwohner übrig, hat aber nicht darin ihren Grund, sonst müßten alle Mutterrassen aussterben, vielmehr in der Verseuchung durch gewissenlose Kosaken und russischen Schnaps. Bei der Entdeckung und Annektierung Kamtschatkas war die Bevölkerung blühend und kerngesund.

Lappen- und Eskimoweiber sind lange nicht so gynaikokratisch organisiert wie die Bewohner Kamtschatkas, doch unabhängig und in mancher Hinsicht dem andern Geschlecht überlegen. Sie verschmähen oft die Bindung an einen Mann, bauen ihre eigene Hütte, machen ihre eigenen Netze, Waffen und Geräte, mit denen sie ganz allein auf Jagd und Fischfang gehen. Heißt doch die große Mutter der Eskimos: »sie, die keinen Gatten nehmen will«.

Von den Tungusen sagt ein chinesischer Historiker, sie seien überaus jähzornig, leicht bereit, in einem Wutanfall Vater oder Bruder zu töten. Verletzung der Mutter aber wäre ihnen unmöglich, weil sich ihrer Meinung nach das Blut nur durch sie, nicht durch den Vater fortpflanzt.

Über die Insel Sachalin im nordöstlichen Asien schreibt der japanische Reisende Mama Rinsô eindeutig, sachlich und präzis: »In diesem Lande ist es Sitte, daß die Frauen über ihre Männer herrschen, sie behandeln sie wie Sklaven und lassen sie alle Arbeit tun.«

ARABER

»Ich will deine Herden nicht mehr zur Weide treiben«, lautete die Scheidungsformel im alten Arabien. Die großen Herden, der Reichtum des Landes, waren meist im Besitz der Frauen, der Mann nur ihr Hirte, ihr Gast in Haus und Zelt, die sie eigenhändig errichtet hatten. Auch Mohammed wurde von einer reichen Großgrundbesitzerin, seiner ersten Frau, die sich außerdem auf einträgliche Handelsgeschäfte famos verstand, ebenso als Prophet finanziert wie privat ein Leben lang ausgehalten, hatte auch kein anderes Heim als die Häuser seiner Gattinnen und wußte daher nicht, wo schlafen, nachdem er sich eines Tages mit allen vieren gleichzeitig zerzankt hatte. Noch immer ist bei manchen Araberstämmen, wie den Bedawi, die Ehe matrilokal, der Mann nur Gast.

An dieser gesicherten materiellen Lage der Frau ändert der Islam, zeit seines Bestehens, auffallend wenig; finanziell bleibt sie unter ihm völlig unabhängig, erbt gleich ihren Brüdern, hat das sorgloseste Leben, verwaltet ihr Vermögen frei und braucht es während ihrer Ehe unter gar keinen Umständen anzugreifen, denn der Mann ist verpflichtet, sie ihrem Stand gemäß mit Dienern, Komfort und einem würdigen Heim zu umgeben. Findet sie sich nicht gut genug gehalten, steht ihr das Recht zu, seine Einrichtung zu verkaufen oder zu verpfänden, ihn auch gerichtlich zu belangen. Über Harems und alles, was mit ihnen zu tun hat, ist ja je und je so viel lüstern-süßer Kitsch, sentimentaler Sadismus und suffragettesaure Empörung ausgegossen worden, daß Lady Wortley Montagu als Kennerin der Verhältnisse durchaus recht hat, wenn sie sagt: »I cannot but admire the extreme stupidity of all the writers, that have given account of them.« Eine türkische Dame konnte stets kommen und gehen, wann es ihr beliebte, auch bei Freundinnen über Nacht bleiben, ohne Rechenschaft über ihre Zeit zu geben; der Mann aber hatte stets vorher anzufragen, ob sein Besuch genehm sei. Schon der Ausdruck »unter dem Pantoffel stehen« kommt aus dem Türkischen, denn die *Gattin* stellt die Pantoffeln vor die Tür, wenn sie einen ehelichen Besuch in ihrem Schlafzimmer nicht zu empfangen wünscht. Daß ein Mann in Arabien und Persien in Gegenwart seiner Mutter nicht einmal sitzen darf, außer mit ihrer speziellen Erlaubnis, gilt als bezeugt.

Die arabische Kultur selbst aber ist lange vor dem Islam prachtvoll aufgegangen, und sie zieht ihren ganzen glitzernden Bogen als ritterliches Matriarchat. Aktiv, nicht marienhaft passiv, direkt, nicht nur indirekt, wirkt es sich hier aus. Eine weibliche Ritterschaft hat intensiv teil an jenem sternklaren Stil nie wiederkehrend ungetrübter Tönung, mit seinen blanken Spielregeln, hochgemuten, trockengebauten Lebensformen voll Anmut und Noblesse, deren Überlegenheit als beschämendes Wunder die Spitzen der Kreuzfahrer so sehr traf, daß sie, wie unter der magischen Berührung ihres allereigensten Wunschtraumes, sich zu Jüngern ihrer Feinde entflammten. Hier zeigt es sich an einem beglaubigten Fall, daß eine weiblich betonte Kultur, wenn nicht vorzeitig aufgelöst, sich genauso zu einer ritterlichen Periode stellen kann, mit allem hohen Schöpferglück der Form, wie eine durchaus patriarchale, nur feiner und froher als diese wird sie vielleicht sein. Schön, reich, ihre eigenen Herrinnen, lehnten die Frauen des alten Arabiens es ab, sich an einen Mann zu binden, glichen darin alle der Mawia bint Afzar, die völlig große Dame und völlig frei »den Mann heiratet, dem es gelingt, ihr zu gefallen, und sich trennt von ihm, sobald die Laune wechselt, doch immer nur die berühmtesten Krieger und Dichter, die höchsten Talente und nobelsten Charaktere wählt«. (Caussin) Wo assyrische

Inschriften von Arabien handeln, haben sie es bezeichnenderweise stets mit Königinnen, nicht mit Königen zu tun, nur jene werden ernannt oder bestätigt; zwar spricht Sanherib auch seinen eignen Sohn Assurnadin=sum wörtlich: *Fürstin* des Himmels und der Erde an, da er ihn zum König von Babylon macht; das würde aber, statt gegen die arabische Frauenherrschaft zu zeugen, diese erst recht bejahen, weil hier das Ansehen eines Mannes durch den weiblichen Fürstentitel erhöhte Würde erhält. Auch Claudian berichtet: »Das weibliche Geschlecht herrscht unter den Sabäern, und ein großer Teil der Barbaren steht unter der bewaffneten Macht von Königinnen.« Bis zum Untergang der sarazenischen Blüte fochten arabische junge Mädchen zu Pferd, befehligten eigene Truppen, und Prinzessinnen in Schuppenpanzern kämpften im Jahre 633 siegreich vor Damaskus gegen die Byzantiner, doch ledig aller Lanzknecht=Allüren, immer wie Lichtgestalten von oben her. Sicherlich waren diese Frauen den größten Teil ihres Lebens sehr genießbare irdische Wesen, doch bleibt ein ungreifbares Etwas an ihnen, zugleich dem zwiespältigen Gesicht der Landschaft zauberisch verschwistert, einer Landschaft, die zwar das Fruchtfleisch der Oasen faßbar trägt, doch überflimmert steht von winkender Ferne, aus der die Fei Morgan, »fata morgana«, ewig Unerreichbares zu reichen scheint. Immer wieder voraus in dieses Unerreichbare stäuben unter früharabischen Sonnen berittene Sibyllen nach Umarmungen im solid gepflockten Zelt. Das muß ihrem Reiz wohl das Überfliegende gegeben haben, das nie zu Erschöpfende, das Bindende auch; denn schickte ein Stamm in Bedrängnis zu einem andern um Hilfe, so versagte dieser sie niemals, lag dem Hilferuf eine weibliche Haarlocke bei. Wie Griechenland hatte Arabien auch seine »sieben Weisen«, nur daß sie hier – Frauen waren, und nichts fiel dem Islam so schwer, als die weibliche Priesterschaft der Kaaba in Mekka durch männliche zu ersetzen, ganz zu schweigen von den Himmelsfälschungen, die Mohammed ersinnen mußte, bis es ihm gelungen war, die »große arabische Mutter« Al=Uzza in Allahs Töchterlein zu verwandeln. Nun, von oben her widersprach ihm mindestens niemand direkt, bei den irdischen Genealogien aber, als die Stellung eines Mannes von seiner väterlichen Herkunft abhängen sollte, während die älteren arabischen Stämme alle metronym nach mütterlichem Adel zählten, ergaben sich schreiende Widersprüche und Ungerechtigkeiten. Um die Ab=

stammung als patriarchal darzustellen, wurde in fast mythologischem Ausmaß geschwindelt, doch manchmal konnte man nicht umhin, Fakten anzuerkennen. So durfte in den frühen Tagen des Kalifats der Sohn einer Konkubine nie zum Thron berufen werden, war auch sein Vater Kalif, weil weiblicher Adel unerläßlich blieb. Bevor Mohammed die vaterrechtliche Baalsehe, von Baal = Herr, einführte, gab es zweierlei Ehen in Arabien, eine Beena-Ehe, bei der beide Teile das gleiche Recht auf Scheidung hatten, und neben dieser die Mota-Ehe mit dem Recht der Frau auf Polyandrie. Diese wollte der Prophet überhaupt nicht als korrekte Bindung gelten lassen und nannte sie einer arabischen Dame gegenüber »Hurerei«, worauf entgegnet wurde: Eine freie Frau begeht keine »Hurerei«.

JUDEN

Sogar in relativ später Zeit erkannten die rabbinischen Schriftgelehrten den vier Matriarchaten, *Sara, Rebekka, Rahel, Lea,* eine mächtigere Stellung zu als den drei Patriarchaten, *Abraham, Isaak* und *Jakob.* Nach Robertson Smith, einer der größten Autoritäten für archaisches Semitentum, war der Stamm *Levi,* also gerade der Priesterstamm, metronym. Es war der Stamm *Lea,* zu dem ein Gatte: *Levi,* erst gefunden werden mußte. Diese Spur einer weiblichen Vormacht gerade im Religiösen ist hier besonders interessant; sie ist nach der Zahlensymbolik auch noch an der weiblichen *Zehn* der mosaischen Gebote zu erkennen, im Gegensatz zur männlichen *Zwölf.* Die Einstellung zum gynaikokratischen Ägypten schwankt dagegen stark; wohl wird der Dienst am »goldnen Kalb« als Rückfall in den Apiskult, auch in den der »Baale«, gezüchtigt; das Schwein für unrein zu halten aber lernten die Juden am Nil. Das ägyptische Kastenwesen kennt ja lediglich eine Art Parias: die Sauhirten, »denn das Schwein ist *Sonne und Mond* zuwider«. Der Sabbat, natürlich reiner Mondfeiertag, folgt den Phasen des Weibersterns, was gewiß auf ursprüngliches Mutterrecht deutet.

Ganz rein erkennbar wird es an Abrahams Ehe mit seiner Stiefschwester Sara, wenn er dem König von Gerar auf seine Frage erwidert: »Übrigens ist sie wirklich meine Schwester, die Tochter meines Vaters – nur nicht die Tochter meiner Mutter –, und sie wurde mein Weib.« Die väterliche Abstammung

zählt blutmäßig gar nicht mit, sonst träfe diese Ehe das Inzestverbot. Von Patriarchat kann somit hier die Rede noch nicht sein. Auch das bekannte Wort aus dem ersten Buch Mose: »Darum verläßt ein Mann Vater und Mutter, um seinem Weibe anzuhangen«, kann matrilokal gedeutet werden. Dafür spricht besonders die vierzehnjährige Dienstehe Jakobs im Hause seines Mutterbruders, um Lea und Rahel. Sein Erzeuger Isaak nimmt es gleichfalls für gegeben an, daß er nach der Heirat bei seiner Frau wohnt, »ihr anhangt«, statt sie in die Vaterfamilie zu verpflanzen; und Laban, sein Onkel mütterlicherseits, sagt: »Wohlan, du bist mein Bein und mein Fleisch«, was genau der Blutnähe des uterinen Neffen nach mutterrechtlichem Empfinden entspricht.
Sobald sich die Juden in Kanaan angesiedelt hatten, schwand die matrilokale Sitte; die Gattin zog in des Mannes Haus. Gar als unabhängige Führerin der hebräischen Stämme wird nur eine Fau erwähnt: Debora, und das gerade im vielleicht ältesten Fragment jüdischer Literatur: dem Buch der Richter.
Ob Lilith, die Urteufelin und Adams erste Frau, Erschafferin aller Dämonen, der deklassierte Restbestand einer »großen Mutter« sei, mag bezweifelt werden. Des öfteren wurde auch das Levirat: die Verpflichtung, des verstorbenen Bruders Witwe zu heiraten, »den Acker des Bruders fruchtbar zu machen«, als Beweis von Polyandrie betrachtet, wohl mit Unrecht. Hier liegt weit eher ein Rest der brüderlich-schwesterlichen Gruppenehe vor, der auch jene Jakobs mit Lea und Rahel angehört.

AFRIKANISCHE KÖNIGINNEN

Herrschen ist ursprünglich eine magische Berufung, oder es ist nichts. Auch kriegerische Eroberer legen zu ihrer höheren Beglaubigung später besonderen Wert auf sie. Magie aber war vor allen Göttern das Ältere und Ehrwürdigere. Wer erst einmal »von Gottes Gnaden« herrscht, ist bereits ein Parvenü, von Volkes Gnaden – eine Opportunitätsnull, aus eigenen Gnaden — ein turbulenter Feldwebel; beinahe eine contradictio in adjecto aber ist ein »aufgeklärter« Potentat, denn mit der ganzen Potestas wird er ja gerade um okkulter, nicht aufgeklärter oder aufklärbarer Gaben willen belehnt.

Priesterkönigtum, wie es Frazer überall als das Ursprüngliche nachgewiesen hat, bildet sich daher aus einem heiligen Clan, dessen Erbmasse solche Begabung verbürgt, und bleibt an ihn gebunden, soll die Monarchie von Dauer sein. Diese aristokratische Mitte belehnt Schößling nach Schößling mit dem höchsten Amt. Anfänglich drängt sich niemand besonders dazu, denn es ist unbequem, verantwortungsvoll und endet, auch wenn die Regierung tadellos verläuft, störend vorzeitig mit ritueller Schlachtung. Bei Naturvölkern mußte der künftige Herrscher nicht selten aus dem Busch, wo er sich versteckt hielt, herausgejagt, eingefangen und gewaltsam gekrönt werden, worauf er nicht mehr viel zu lachen hatte. Unausdenkbare »Tabus« beschränken sein Leben Tag und Nacht, kein freier Schritt bleibt ihm gestattet. Jeder Speiserest, alles, was er berührt hat, was von ihm stammt: jedes Haar, jeder Abfall seiner Nägel, jede Hautschuppe, selbst seine Fußstapfen sind »Tabus« von erschreckender, heilig-verdächtiger Macht; Mißbrauch, mit ihnen getrieben, wäre nicht nur sein, sondern des ganzen Volkes Untergang.

Zu eines Priesterkönigs täglichem Arbeitspensum gehört: Regen machen oder zum Aufhören bringen, überhaupt die Jahreszeiten in Ordnung halten, Seuchen und Plagen vom Volk abwenden, die Geburten (indirekt) regeln, Vieh und Acker fruchtbar erhalten. Damit verglichen scheint Krieg gegen äußere Feinde Erholung und Kinderspiel. Geht etwas schief, wird er keinesfalls mehr Gelegenheit bekommen, mit irgendeinem Vehikel und samt dem Kronschatz zu einem neutralen Stamm hinüberzuwechseln und seine Memoiren, wie und warum es denn eigentlich schiefgegangen, dort gegen Sachwerte einzutauschen.

Doch auch wenn eitel Segen, reiche Ernten, Friede, Wohlstand, Fruchtbarkeit seine Regierung begleiten, erwartet ihn unausweichlich der rituelle Königsmord. Nach einer bestimmten Reihe von Mond- oder Sonnenjahren wird ihm entweder der Kopf abgeschlagen, oder seine Königsfrauen erwürgen ihn eigenhändig, dies meist bei den ersten Anzeichen nachlassender Kraft, die ja nur ihnen bekannt sein können. Er ist eben nichts als das ausübende Werkzeug, entsandt aus einer Priestersippe, die fast überall auf eine Ahnfrau zurückgeht, selbst bei den Sonnenreichen von Peru, Chile, Mexiko und bei den Natchez, im präarischen Indien, in Tibet, bei den Kelten, bei prächinesischen wie chinesischen Stämmen, in den großen früharabischen und westasiatischen Reichen, in den Bergen von Assam, sogar in dem sonst gar nicht mutterrechtlichen Samoa. Auf Afrikas riesigem, dunklem Mondkörper zergeht soeben vor unseren Augen dieses Priesterkönigtum, wo es in allen seinen Phasen mit unerhörter Pracht bestand; und wo es schon zergangen ist, fühlt sich die Tradition noch blutwarm an. Was auf der übrigen Erde aus den verschiedenen Kulturen, bei jeder aus einem anderen Jahrtausend, erst mühsam zwischen Schutt herausgeklaubt werden muß, liegt hier ausgebreitet und in die gleiche Zeitschicht gehoben nebeneinander da. Nicht mehr für lange. Unsere Generation ist die letzte, die noch etwas davon zu schauen bekam.

Noch im XVI. und XVII. Jahrhundert bestanden weite Teile des Kontinents aus blühenden zusammenhängenden Reichen, wie das Kaiserreich *Kongo* unter den *Mani=Kongo*. Durch die europäische Ausbeutung, das Wegschleppen ganzer Stämme in die Sklaverei, sind diese Reiche erst entvölkert und verarmt, dann auch bald zerfallen. Gewiß hat es auf den massigen Landkörper mit uralten städtisch=ritterlichen Kulturen verschiedenster Rassen auch die verschiedensten Staatsformen gegeben, deren Spuren Frobenius nachgegangen ist. Das Königtum aber überall dort, wo es entweder in ursprünglich matriarchalen Kerngebieten, mit dem Westen, bodenständig ist oder von den mutterrechtlichen hamitischen Eroberern aus dem Norden auch ostwärts eingeführt wurde, schöpft Kraft und Legitimität aus einer priesterlich=magischen Weibersippe, muß doch in Afrika sogar ein gewöhnlicher Schamane eine Regenmacherin zur Mutter haben, um beglaubigt zu sein. Auch von der Ehefrau bleibt er zuweilen abhängig; wird sie gravid, verliert der Zuluregenmacher seine Fähigkeiten, weil Gravidität ihr vorübergehend die Zauberkräfte lähmt, er allein aber nichts über die Natur vermag.

In den meisten afrikanischen Reichen geht somit die Macht ursprünglich von einem Hochplateau priesterlicher Prinzessinnen aus. Ob es dann eine Königin gibt oder ihrer zwei, wie Doppelsterne, ob eine Königinmutter als ruhender Zentralkörper mit einem Königinsohn und seinen Schwester=Gattinnen zu Trabanten, den Schwerpunkt des Systems bildet, ob ein königliches Geschwisterpaar regiert, das sind alles nur Spielarten über dem Grundschema heiliger Ordnung, gegrün=

det auf heiligem Können weiblicher Provenienz. *Königinnen selber aber unterliegen nie und nirgends rituellem Mord,* sie verhängen ihn nur über den im ruhenden weiblichen Kraftfeld ewig wechselnden Mann, und zwar wieder nach dem uralt eingeborenen Gesetz: sterblicher Sohn – unsterbliche Mutter, die schwarze Todesmutter und mater dolorosa zugleich ist. Dieser »Sohn«, der Frühlingsmensch ist, wie Tammuz, Attis, Adonis, erwähltes Opfer, das der Welt Bürde trägt und ihre Schuld der Vergänglichkeit begleichen muß.
»In den ältesten Zeiten«, sagt Rehse, »gab es in Afrika keine regierenden Prinzen, doch hatten die Neger große Königreiche, von Göttinnen beherrscht. Diese Göttinnen hatten Priester und Priesterinnen, die alle Staatsgeschäfte im Namen ihrer heiligen Herrinnen besorgten.«
Da der Adel mütterlich bleibt, ohne daß ein männliches Prinzip ihn je verändern könnte, so nehmen die Prinzessinnen zu Geliebten oder zeitweiligen Gatten, wen sie wollen; der König aber, wiewohl aus dem innersten Frauenclan herausgeboren, hält nur durch die Heirat mit einer Prinzessin-Schwester legitim den Thron; er regiert zwar äußerlich, ist für alles verantwortlich, sie aber herrscht. Bei den *Banyoro,* wie in vielen andern Monarchien, durfte gerade die Königin-Schwester von ihrem Gatten keine Kinder haben und abortierte im Fall einer Gravidität. Diese hätte sie nämlich zu lange von der Gemeinschaft mit dem König getrennt, der in seinem okkulten Fähigkeiten als durchaus abhängig von ihr gilt; genau wie der Zuluregenmacher von seiner Ehefrau. Heute ist das Königreich *Banyoro* christianisiert und eine Königin-Schwester nur dem Namen nach des Herrschers Gattin.
In allen *Bantu*reichen gab es nur Königinnen, ganz ohne Prinzgemahl, die zu Liebhabern Gemeine und Sklaven wählten. Sieben Königinnen herrschten nacheinander in *Angola;* die letzte, *Singa N'Gola,* verteidigte ihr Reich heldenmütig bis zum Äußersten gegen die portugiesische Übermacht. Als man ihr schließlich Titel und Krone lassen wollte unter der Bedingung, daß sie die fremde Souveränität anerkenne, was sie zu stolz dazu und dankte zugunsten eines Scheinkönigs ab. Um zwei mächtige Königinnen von *Mpororo* in *Ost-Zentralafrika* hat sich bereits ein ganzer Sagenkreis gewoben. Sie sind Hohepriesterinnen, eigentlich Päpstinnen, und regieren das Land gemeinsam aus rein geistlicher Macht zum Entzücken des Volkes.

So groß ist ihre Heiligkeit, daß es ihnen verwehrt bleiben muß, den Boden zu berühren; ihr Leben lang werden sie daher von ihrem Ministerium in Körben umhergetragen. In *Latuka,* dem nördlichsten Teil von *Uganda,* hatte eine alte Königin viele Jahre lang den Thron ganz allein inne, weil, wie sie erklärte, niemand würdig sei, ihr Gatte zu heißen. Ganz unabhängige Königinnen herrschen an der *Goldküste* unter den *Fanti,* einem Zentrum alten Mutterrechts, auch das Reich *Ubemba* im nörd=lichen *Rhodesien* wird von einer Königin ganz allein regiert. Der Ruhm einer alten Herrscherin von *Angonna,* ihr Mut und ihre Weisheit sind heute, nach hundert Jahren, noch sprich=wörtlich. Die Zahl der weiblichen Häuptlinge bei kleineren Stämmen ist Legion, denn Frauen werden, weil weniger grau=sam, lieber gewählt. Bei vielen Dynastien kannten sich die Ethnologen anfangs nicht recht aus, schlossen oft aus männ=lichen Titeln auf männliche Herrscher, was sich später als schwerer Irrtum erwies, heißt doch in *Loango* die Hauptprin=zessin *Mani=Lombo* = König, und der gegenwärtige »*Ka=zambe*« ist gleichfalls eine Frau. Livingstone, Stanley, Wiss=mann trafen bei ihren Reisen auf eine Reihe weiblicher Poten=taten; im ganzen *Sambesi*gebiet, im nördlichen *Kongobecken,* im *Zentralsudan* gibt es herrschende Frauen, und »am unteren *Kassai* scheint ein Zentrum weiblicher Häuptlinge und Regen=ten zu bestehen«. (H. Baumann) Selbst wo ein Mann herrscht, bleibt die Königinmutter eigentlicher Regent. Nicht immer ist sie seine leibliche Erzeugerin, ebensooft auch Sippenälteste, wie die »Erd= und Feuermutter« in *Loango.* »Vielfach genießt sie große Freiheiten sexueller Natur, hat mehrere Liebhaber, darf aber weder regelrecht verheiratet sein, noch Kinder von ihren Geliebten haben.« (H. Baumann)
Höchst sonderbar und unerklärlich bleibt der Brauch, daß eine Königinmutter, regiert sie mit ihrem Sohn zusammen, wie in *Benin, Uganda* und *Dahomey,* ihm nach der Krönung nicht mehr begegnen darf; beide verkehren dann lediglich durch Ab=gesandte miteinander. In *Togo* werden der Frauenkönigin Häuptlinge beigegeben, die jedoch nur mit Zustimmung des Weiberrates Beschlüsse fassen dürfen. Wo schließlich die pro=fane weibliche Macht durch das vordrängende Männerrecht ge=brochen ist, besteht immer noch die religiöse. Bei den *Landuma* wird der König von einer Priesterin: der *Simo,* gekrönt; auch den Herrscher des riesigen Lundareiches in Zentralafrika, den

Muata-Jamwo, krönt seine Mutter, die nach Ansicht einiger Ethnologen die berühmte *Lukokescha* selber ist. Dieser kolossale *Lunda* widersteht in seinem dynastischen Gefüge allen Versuchen des Königs, die hierarchische Frauensippe zu stürzen und sich selbst an deren Stelle durchzusetzen, wie es den Königen von *Dahomey* längst gelungen ist; in Lunda behauptet sich aber die *Lukokescha* neben und über ihm. Sie ist immer eine der königlichen Prinzessinnen, von der Frauensippe zur Mitregentschaft ernannt, und des Königs Vollschwester, wird aber »Mutter« genannt, »heilige Clanmutter«; als solche krönt sie ihn auch. Sie selbst bleibt unverheiratet und kinderlos, hält sich jedoch so viele Sklavenliebhaber, wie es ihr passen mag. Des Königs legitime Frauen sind zwei andre Prinzessinnen, aus deren Kindern der Nachfolger gewählt wird; hier setzt sich also bereits eine direkte männliche Erbfolge durch, während in den ganz echten Frauenreichen kein Sohn des Königs kraft dieser Sohnschaft Herrscher werden kann. Doch davon abgesehen, behält die heilige Weibersippe, repräsentiert durch die *Lukokescha,* unverändert ihre Macht. Sie ist unverletzlich, hat einen eigenen Hofstaat, und nichts darf ohne ihre Zustimmung beschlossen werden. Sogar den *Muata-Jamwo* in Person abzusetzen und einen neuen zu ernennen, hat sie das Recht, übte es auch, soviel bekannt, im Jahre 1873 wirklich aus. Zu Audienzen und Ratsversammlungen reitet sie auf dem Rücken eines Mannes, wie im Plutarchischen Mythos Aphrodite auf dem Bock, den sie erschaffen, reitet. Diese repräsentativen Ritte auf Männerrücken sind auch für andre afrikanische Herrscherinnen üblich, wie die Königsschwester von *Uganda.* Diese darf, wiewohl Bruder-Gattin, auch nebenbei noch Sklavengeliebte, doch um der magischen Fähigkeiten willen keine Kinder haben. Sie und die Königinmutter sind dem Herrscher von Uganda nicht nur als Mitregenten beigegeben, sie führen auch selbst den Titel »König«. Stirbt aber die Königinmutter, so bemächtigt sich des Volkes – es ist das intelligenteste und kultivierteste Innerafrikas – jedesmal große Unruhe, und aus der Sippe der Verstorbenen muß sofort, ohne Interregnum, eine neue Königinmutter beschafft werden, während dem Tod des Königs viel weniger Bedeutung zukommt. Ganz ähnlich wie in Uganda steht es damit in 38 anderen afrikanischen Monarchien, die einzeln aufzuzählen wohl nicht nötig scheint.

Eine der Lukokescha ganz ähnliche Stellung mit allen Rechten und Pflichten nimmt die *Nalolo* bei den *Marotse* ein. Älteste Schwester des Herrschers, hält sie sich einen Prinzgemahl in recht bedauernswerter Rolle; beide Geschwister haben ihre eigenen Residenzen, Ratsversammlungen, Ministerien und Paläste. (Beguin)

Die *Baganda*= und *Bakitara*=Königinnen sind gleichfalls Schwestern ihres Gatten und aus den schon erwähnten Gründen kinderlos. Fast überall, wo Schwestern von der Clanmutter dem Herrscher zur Regentschaft mitgegeben werden, leben sie zwar sexuell in schrankenloser Freiheit, doch mit der Pflicht, zu abortieren, um jenes magische Doppelwesen, welches sie mit dem Bruder=König bilden sollen, nicht zu stören, während das momentan nicht unmittelbar herrschende Hochplateau der andern Prinzessinnen dafür zu sorgen hat, daß der heilige Clan nicht aussterbe. Zu diesem Zweck halten sie sich Sklavenliebhaber, die nach Laune und Belieben gewechselt, enthauptet, jeder Erniedrigung ausgesetzt, gewöhnlich auch, wie mohammedanische Haremsfrauen, hinter Schloß und Riegel gehalten, bei dem geringsten Verdacht einer Untreue sofort gefoltert und hingerichtet werden. Dürfen sie ausnahmsweise einmal den Palast verlassen, so scheucht ein Glöckchen die Bevölkerung aus ihrem Weg, damit kein Frauenblick sie treffe. Am genauesten sind diese Zustände bei den *Aschanti* der *Goldküste* bekanntgeworden. Die Zentralstellung nimmt oder nahm dort, denn seit 1896 steht das Land unter englischer Oberhoheit, eine Sippenälteste, »Königinmutter« genannt, ein. Der König bedarf ihrer Bestätigung und wird unter den Söhnen der Prinzessinnen gewählt; auch ihn abzusetzen, hatte sie das Recht und gebrauchte es reichlich. Die letzte Königinmutter soll nach britischen Berichten mehrere Dutzend Gatten haben hinrichten lassen, denn sie pflegte ihren männlichen Harem stets in toto abzuschaffen und wählte ihn von Grund aus neu. Sämtlichen Prinzessinnen stand es frei, zu heiraten, wen sie wollten, so gleichgültig blieb der Vater ihrer Kinder, nur schön sollte er sein. Starb die Prinzessin vor dem Gatten, so mußte dieser auf ihrem Grab Selbstmord begehen; wurde ein Kind geboren, mußte sich der Vater vor ihm beugen, ihm Treue und Gehorsam schwören; starb aber das Kind, so starb der Vater mit ihm.

Abgesehen vom Schicksal der ranglosen Sklaven=Gatten, ent=

scheidet die Frauensippe ursprünglich auch über Lebens- und Todesrhythmus des von ihr geborenen und ernannten Königs. Bei den *Schilluk von Faschoda am weißen Nil* bestimmen auch heute die Königsschwestergattinnen allein die Zeit der rituellen Hinrichtung; sie erwürgten den König früher sogar mit eigener Hand. Eine Abschwächung dieser als heilig empfundenen Macht und der erste Schritt zum Männerrecht ist es bereits, wenn an ihre Stelle der Mutterbruder tritt und, wie bei den Mundang, den Bestimmungen des rituellen Königsmordes nach im neunten Regierungsjahr den König enthauptet. Einst waren wohl allgemein diese dem lunaren Rhythmus folgenden Perioden weit kürzer bemessen, daran erinnert noch die Sitte, daß bei den *Banyoro* Ostafrikas, wenn der junge Mond erscheint, ein Bote dem König das Ereignis mit den Worten meldet: »Herr, du hast den Mond überlebt.« Was bei den *Schilluk, Mundang* und einigen andern heute noch geschieht, zeigt das dynastische Mutterrecht Afrikas immer in Gestalt einer »heiligen Sippe«, an der das Männliche in einer Kette von Jünglingen vorüberzieht, deren Macht an ihre Blüte gebunden bleibt und einwelkt mit ihr. Frühlingsträger sind sie nur, ohne Persönlichkeitswert in den Augen der Frauen, und somit ohne Anspruch auf Alter; ihr ewiger Opfertod verbürgt die ewige Jugendfrische der Welt. Etwas Grundanderes muß ritueller Königsmord bei Vaterrecht bedeuten, Frobenius hält ihn dort für die »Darbringung des angesehensten Mannes«, doch ist es ja möglich, daß beide Formen, wiewohl in der Wurzel entzweit, sich oben in den feinsten Enden ihres Sinnes wieder irgendwo verzweigen. Frobenius erzählt von seiner Begegnung mit einem solchen vaterrechtlichen König, der Rasse *»unsträflicher Aethiopen«* angehörig, welcher, wie mehrere andre »*Dakka*-«fürsten, im darauffolgenden Jahr den Opfertod erleiden sollte: »Er sprach sich selbst darüber aus, fand es ganz natürlich, daß er im nächsten Jahr geopfert werden sollte; er sah dem Tag seines Lebensabschlusses mit uns unbegreiflicher Gelassenheit entgegen und äußerte sich sehr trocken: ›In den letzten Jahren waren die Ernten nicht gut, die Regen waren schlecht, nach meinem Tod soll der Regen besser fallen.‹ Und später sagte er: ›Ich habe einen kleinen Enkel, den ich sehr liebe. Er soll eine Frau aus guter Sippe heiraten. Von diesem Enkel will ich mich, wenn ich aus dem Busch zurückkehre, wiedererzeugen lassen . . .‹ Er äußerte sich in einem Ton, in dem wir etwa von einer kleinen Reise reden würden. Es war keine Spur von Spannung zu vermerken, der wir unwillkürlich schon anheimfallen, wenn uns auch nur der Umzug von einer Wohnung in die andre ... bevorsteht.«

Nach Frobenius findet des Königs Opferung stets zur Periode der Knabenweihe statt, »auf daß er der gnädige Geist des ›Busches‹ werde«. »Um die Gnade dieses Buschgeistes zu gewinnen, wird ihm das Blutopfer der Beschneidung dargebracht, damit haben aber alle, die in Zukunft den Busch zur Herstellung von Farmen roden, also ihn verwunden wollen, sich selbst schon eine Wunde geschlagen, die den Buschgeist (in Form des Panthers und toten Königs zugleich) gnädig stimmen soll.«

Ein eigenartiger Zustand hat sich in *Dahomey* herausgebildet. Dort gelang es schon vor geraumer Zeit einem Potentaten, die Macht der Frauen insofern zu brechen, als er nur mehr die Mitregentschaft der Königinmutter zu dulden hat. Dem freien Treiben seiner Schwestergattinnen aber machte er ein Ende, indem er sie als Vestalinnen einsperrte und ihnen den männlichen Harem verbot. Nun ist ihre Tätigkeit nicht mehr administrativ oder politisch, vielmehr darauf »beschränkt«, den Kosmos in Ordnung zu halten, indem sie mit selbstverfertigten Gefäßen aus den heiligen Quellen Wasser für die Tempelriten des Regengottes schöpfen. Gleich ihren altrömischen Kolleginnen werden sie »Mütter« genannt. Ihnen beigegeben sind in gewissem Sinn die Amazonen von Dahomey, sie haben wie die Prinzessinnen priesterliche Funktion und sind auch die offiziellen Gattinnen des Königs, insofern er den Mondgott, den Herrn der Weibwelt, vertritt. Einer dieser Priesterkönige lehnte es in rührender Überschätzung europäischer Staatenlenker rundweg ab, seinen Namen unter ein offizielles Dokument, bestimmt für den französischen Präsidenten, damals Carnot, zu setzen, aus Angst, dieser treibe vielleicht bösen Zauber mit der Unterschrift.

Seine Amazonen lassen sich, wenn es darauf ankommt, für ihn und das Volk buchstäblich in Stücke hacken. Ohne ihren Opfermut hätte *Dahomey* längst seinen Rang verloren. Ihnen verdankte es König *Gueso*, daß er bei der desaströsen Unternehmung gegen *Abeokuta* mit dem Leben davonkam. Sie hielten trotz grauenhaften Verlusten stand, während die Männerarmee ausriß. Bei einer anderen Gelegenheit, unter *Guesos* Nachfolger, ließen sie sich lieber niederhauen, als gleich dem restlichen Heer zu fliehen. (Briffault) Ihre Formel für Feigheit lautet: »Du bist ein Mann.« Werden Manöver abgehalten, so brechen die Stürmenden durch alle Hindernisse, durch Kakteen und Dorngestrüpp, ziehen dann nach solchen Übungen lächelnd im Lager ein, blutüberströmt, während ihnen die Haut in Streifen gefetzt vom Körper weht. Der militärischen Tüchtigkeit kommt die als Elefantenjägerinnen gleich. »Ihre Erscheinung«, sagt Captain Duncan von den »Life Guards«, ist »martialischer als bei den meisten Männern; im Fall eines Feldzuges würde ich in diesem Land Frauen als Soldaten den Männern bei weitem vorziehen. Nach allem, was ich in Afrika gesehen habe, scheint mir der König von *Dahomey* eine Armee zu besitzen, die allen anderen westlich der großen Wüste überlegen ist.«

Weibliche Krieger nehmen in Afrika verschiedentlich die Stellung von »Schweizergarden« ein, doch gibt es auch weibliche Nationalarmeen, so die des Sultans von *Zanzibar* und die südostafrikanische im alten Reich *Monomotapa.* Dieser ist an den Grenzen des Königreiches *Damut* in der Nähe des *Sambesigebietes* eine eigene Provinz zugeteilt, auch fällt sie, als eine Art Prätorianergarde, die Entscheidung bei der Königswahl. (Dapper) Ein Frauenreich mit einer Herrscherin und weiblichem Heer ganz auf amazonischer Grundlage war das der *Galla.*

Kaum ein anderer Kontinent findet die Frauen so verbündelt wie Afrika, teils als Prinzessinnen, teils als Kriegerinnen, in geheimen Gesellschaften oder ganz schlicht ihrer Muttersippe verhaftet, worüber die Missionare dauernd Klage führen, weil die Frauen nach der geringsten Provokation, einem unhöflichen Wort, einfach vom Mann weg wieder nach Hause laufen, dort, wo die Ehe nicht von Anfang an matrilokal war. Bei manchen Stämmen, wie den *Useguha,* bestehen sie auf alle Fälle darauf, nach ein paar Jahren heimzukehren. Über die seelische Dünnhäutigkeit der Afrikanerinnen sind alle Berichte des Staunens voll; bei den *Warega* am *Kongo* ist Beleidigung einer Frau Kriegsgrund, Höflichkeit und Courtoisie etwas von selbst Verständliches. Ebenso ist ihr Einfluß überaus stark. Zur Frau des letzten Sultans von *Nyangara* kamen bei jeder Schwierigkeit die großen Häuptlinge des Landes und baten um ihren Rat. Wer bei den *Manbuttos* eine Kuriosität oder was immer kaufen will, erhält vom Mann die charakteristische Antwort: »Frage meine Frau, es gehört ihr.« (Schwein-

furth) Und bei den *Banyai* sagt jeder Eingeborne, von dem etwas verlangt wird: »Ich werde meine Frau fragen.« Stimmt sie zu, so tut er es, wenn nicht, so kann ihn keine Überredung oder Belohnung dazu bringen, ihrer Entscheidung entgegen zu sein. »Unter den *Bega* herrschen die Frauen in einer Weise, die schwer mit dem hochfahrenden Wesen dieser stolzen und ungezähmten Nomaden zu vereinbaren ist.« (W. Junker) Die *Hottentotten=Weiber* gebärden sich als völlige Despoten, »der Mann hat überhaupt nichts zu sagen«. (F. Hahn) Von den *Buschmännern* gilt das gleiche. Diese leben nomadisch auf dem Plateau der *Kalahari* und dürfen sich nur mit Erlaubnis der führenden Matrone einem Clan auf Wanderungen anschließen, nachdem sie sich durch Jagdbeute eingekauft haben. Ist man unzufrieden mit ihnen, wird die Verbindung sofort gelöst, und sie haben zu gehen. Bei den *Ovoherero* besitzt der Mann überhaupt kein Heim, er wohnt als unbezahlter Arbeiter in den Häusern seiner Frauen zu Gast; so ist es ganz allgemein in *Ostafrika.* Oft hat der Mann sechs bis sieben Frauen, die er abwechselnd besucht, um ihnen bei der Feldarbeit zu helfen, deren Ertrag aber nicht ihm gehört.
Bei den *Beni=Amer* in *Nordostafrika* ist der Mann direkt in einer bedauernswerten Situation. Er wird nicht nur ausgebeutet, sondern das zynisch offene Streben geht dahin, ihn zu ruinieren. Beim geringsten Verstoß setzt man ihn vor die Tür, das Weib hetzt ihm ihre Sippe auf den Hals, und erst nach langen Bitten durch Vermittlung der Nachbarn darf er sich ins Haus zurückkaufen gegen ein Kamel oder eine Kuh; auch für jede Entbindung muß ihr ein hoher Preis in Form eines Geschenkes bezahlt werden. Besitzt der Gatte schließlich nichts mehr, wird er davongejagt, um einem neuen Opfer Platz zu machen. So einem armen Tropf je eine Spur von Neigung oder Rücksicht zu zeigen, ihn gar bei einer Erkrankung zu pflegen, wäre unauslöschliche Schmach. Liebe und Zärtlichkeit gelten einzig dem Bruder. (Munzinger) Gleiche Zustände herrschen in *Dongola.*
Auch der in Afrika so verbreitete Brautkauf ist nicht notwendig ein Zeichen von Männerherrschaft, vielmehr nur dort, wo die Braut um den erlegten Betrag aus ihrer Sippe herausgekauft wird. Ein Preis, bei der Heirat bezahlt, kann dagegen auch Einkauf des Mannes ins Haus der Frau bedeuten; er ist dann jene »männliche Mitgift«, die in altägyptischen Heirats=

kontrakten eine so große Rolle spielt. Bei den *Tuareg,* den blonden Berbern Nordafrikas und der Sahara, beträgt sie vier »Meharis«, milchweiße Eilkamele, mit denen die Frau dann Handel treibt; denn auch nach der Scheidung verbleibt die Mitgift ihr Besitz, und da die Lösung der Ehe gleichfalls zu ihren Rechten gehört, vermag sie leicht so im Lauf der Zeit sich eine hübsche Anzahl Kameltiere als Karawanenbestandteile zu erehelichen. Selbst die Aschanti-Prinzessinnen lassen sich unverschämt teuer von ihren Sklavengatten »kaufen«, was einem Einkaufen in den männlichen Harem gleichkommt, ob die Erwählten wollen oder nicht; denn dankend abzulehnen wäre unbekömmlich. Von den beiden starken Mutterrechtsgebieten Afrikas, die zuweilen bis zur Gynaikokratie ansteigen, greift das westliche auf die atlantischen Inseln über. Eine der *Kanaren, Gomeira,* war von einer Königin beherrscht, und eine gewählte Fürstin regiert heute die Insel *Oranga-Grande* im Bissagiosarchipel. Diese Frau hat einen Hofstaat eingerichtet mit einer Regierung, bestehend aus Premierminister, Rechnungsführer, Hafenwart und Dolmetscher. (Revue d'Ethnographie 1924) Von dieser seiner äußersten Grenze zieht das westafrikanische Mutterrecht in breitem Band über den Kontinent. Das zweite, dessen Träger hauptsächlich Hamiten sind, stammt aus dem Norden und dringt nach Ostafrika hinunter. Daß beide früher noch weiter verbreitet waren, zeigen deutliche Spuren und rein erhaltene Enklaven; im West- und Zentralsudan sind die Herrscherfamilien mutterrechtlich, die Unterworfenen vaterrechtlich organisiert, eine Zweischichtigkeit, wie sie die Kulturbahn der hamitischen Eroberer oft begleitet. Das Modewort »hamitisch« ist leider nicht ganz zu vermeiden, doch soll seine irreführende Vagheit nicht beschönigt werden, die, wenn seine Popularität so weiter wächst, dem alten »indogermanisch« an Verwirrungsmöglichkeiten bald ebenbürtig zu werden droht. Genau wie »indo-germanisch«, bezeichnet nämlich auch »hamitisch« etwas Linguistisches. Es gibt keine hamitische Rasse, nur eine hamitische Sprachgruppe, zu der körperlich ganz verschiedene Völker gehören; es wäre somit verfehlt, sich unter »Hamiten« einen streng umrissenen Menschentypus vorzustellen, denn sie können äthiopisch dunkel oder schottisch hell sein, allerdings niemals das, was man Neger nennt.

Nach H. Baumann ist es auffallend, daß die stärksten Zentren des Matriarchats in Gebieten höherer politischer Ordnung liegen. Mit seinen Grenzen beginnt auch die westafrikanische Kultur »eine durchaus neue Welt, höhere Staatsformen, großartige bildende Kunst, zahlreichere Musikinstrumente, größere mythenbildende Phantasie ...« In Südafrika kommt Mutterrecht dagegen wieder bei ganz tiefstehenden Jägervölkern der Urrassen vor. Im *Sudan* und *Nordnigeria,* auch sonst, wo regierende Frauen selten sind, haben sie dafür hohe Stellen und wichtige Verwaltungsposten in der Provinz inne. Frobenius hat eine Reihe von Erzählungen gesammelt, die von Stadtköniginnen handeln, denn auch in Afrika spielte bisweilen die »Polis« eine ähnliche Rolle wie in Griechenland; Timbuktu, Bokani, Raba, Gbatatschi, Omdurman stellen sich nunmehr als weibliche Gründungen heraus, und auch heute noch gehört den Frauen gerade in den Städten als hoch Beamteten die Führung; so gibt es eine »Herrin des Marktwesens, Mutter der Fremden genannt, dann eine Oberherrin aller Frauen und Mädchen und eine aller Jünglinge«.

Was im Norden vom Roten Meer bis zum Atlantik reicht, Marokko, die Sahara, den Atlas umfaßt, all diese jetzt »Berber« genannten Stämme sind, abgesehen von etwas negroider und arabischer, also semitischer Beimischung aus dem VII. Jahrhundert n. Chr., ethnisch immer noch den alten *Libyern* der griechischen Berichte, den Numidiern der römischen gleich. Nach neuester Ansicht sollen sie einen nicht ausgewanderten Teil jener Mittelmeerrasse bilden, die, als *Minoer* die *kretische* Kultur, als *Pelasger* die *mykenische* des griechischen Festlandes und der Ägäis geschaffen hat. Auch die außerordentlichen Bauten in *Lykien, Karien, Lydien* an der kleinasiatischen Küste gehen dann auf sie zurück. Jene Wüstenbildung, die dem »glücklichen« Arabien dieses angenehme Adjektiv kostete, die grüne Weide der Sahara austrocknete und heute noch versandend auf Spanien übergreift, trieb offenbar diesen Teil der *Libyer* übers Meer zur Kolonisierung, und überall hinterließen sie eine Grundlage von Matriarchat: jenes ihrer Ahnen aus Nordafrika, bei deren Nachkommen, den heutigen *Berbern,* es wie einst besteht. Das »Berberproblem« selbst aber gehört gegenwärtig zu den ganz großen ethnischen und kulturellen Belangen, denn *Berber* oder *Libyer* sind eine weiße Rasse und erscheinen schon auf altägyptischen Reliefs helläugig und blond. Wo ihre, *Tuareg* genannten, Stämme zurückgezogen in der Bergregion des Atlas leben, daher ohne arabische Beimischung geblieben sind, können sie ganz leicht mit Schotten verwechselt werden. Zu dieser hellen Tönung der Berber oder alten Libyer hat, wie es scheint, nicht wenig ein nordafrikanischer Zweig der sogenannten steinzeitlichen *Cro-Magnon-Rasse* beigetragen, jener ersten Blondrasse Europas, lange vor der nordischen und im Gegensatz zu dieser von rundschädeligem Typus, den man zu Unrecht jetzt überall als »sächsisch« anzusprechen gewohnt ist. Äußerst zähe, macht sie den Grundstock des hellen Europäers von heute aus; an Kopf, Gesicht, Körperform, also auch physisch, von der zweiten lichten Rasse, der nordischen, wahrscheinlich eingewanderten, ganz verschieden, selbst in den Nuancen der Pigmentierung; denn wie diese aschblond und blauäugig, so ist die Cro-Magnon-Rasse gelbblond und grauäugig, nur die Lichtheit haben sie gemeinsam. Schon die »alten Germanen« des Tacitus sollen eine Mischung aus beiden gewesen sein. Paudlers Entdeckung, es gäbe in Europa zwei total getrennte Blondrassen, kommt als wahre Erleuchtung für Menschen, die noch Sinn haben für Blut, Zucht, also lebendigstes Leben, dort, wo »die Natur mit feinstem Stilgefühl nach einer Idee gebildet hat«, denn bisher waren die Ur-Unterschiede zwischen den blonden Typen weder durch slawischen noch durch »alpinen« Einschlag gefühlsmäßig irgendwie einzusehen. Von allen hellen wie dunkeln Berberstämmen bewahren die *Tuareg* (Singular: Targi) libysche Art, vor allem Sprache und Literatur, am reinsten, und zwar ausschließlich die Frauen. Nur sie können jene altlibysche Schrift lesen, deren historische Dokumente vom Sinai bis zu den Kanaren reichen, mit Schriftzeichen, ähnlich den noch unentzifferten minoischen auf Kreta. Die Männer der *Tuareg* dagegen gelten für Analphabeten, sie hocken untätig herum und werden nur zur Fortpflanzung benutzt, damit die Rasse nicht aussterbe. Handel und fast aller Realitätenbesitz liegen in den Händen der hochkultivierten Damen, von denen schon die alten arabischen Reisenden schwärmten, sie seien »wunderschön und ihr Wort Gesetz«. Das Haus der Gattin darf der Mann jedesmal erst betreten, nachdem er angefragt hat, ob sein Besuch genehm sei. Meist ist er bei jeder seiner Frauen nur ein paar Wochen zu Gast, während sie ihrerseits in seiner Abwesenheit ganz offen leben, mit wem sie wollen. Kinder folgen dem Rang der Mutter und erben nicht vom Vater, der eigenes Vermögen den Kindern seiner Schwester hinterläßt nach üblicher matriarchaler Ordnung. Auch die Tibbu=Damen der Ostsahara »sind alles und die Männer nichts«; während diese in manchen Gebieten sogar schwarz verschleiert gehen müssen, wie im »Sagenland« der amazonischen Königin Antinea, das bisher nur ganz we= nige Europäer gesehen haben, tragen jene die Gesichter frei. Die Berber von Tunis und Algier sind durch den Islam patri= archalisch geworden, in Marokko aber heiratet ein vierzehn= jähriges Mädchen, ohne jemand zu fragen, sie schickt höch= stens eine Anzeige »N. N., Tochter von N. N., hat Soundso zum Mann genommen«, die typische Mutterrechtsformel, sie disponiert auch selbständig über ihr Vermögen oder erwirbt sich eines, falls sie noch keines besitzt.

Die Tuaregfrauen allein verwalten die uralte Kultur, kennen Dichtung und Philosophie und sind die Flamme historischer Tradition. Dort, wo sie heute leben, aber lagen bereits jene präantiken allerältesten Amazonenreiche, deren Geschick nach Griechenland und Kleinasien hinüberspielt.

DIE BESCHNEIDUNG

Daß es möglich sein sollte, mehr Fehlurteile pro Bogen auf Pa= pier zu drucken, als sich in älteren Erörterungen über die Be= schneidung finden, scheint unvorstellbar. Da gab es vor allem die aseptische Theorie. Weil hauptsächlich nur die jüdischen Formen der Zirkumzision bekannt waren, so bekannt wie die Juden selbst als praktisch rationales Volk, so mußte jede ihrer Maßnahmen, ganz gleichgültig auf welchem Gebiet und wel= cher Seelenstufe, wieder einen praktisch rationalen Zweck ver= folgen, etwa das Verbot, Schweinefleisch zu essen, den Zweck, gegen Trichinengefahr geschützt zu sein. Je mehr sich religiöses Gefühl für Trichinen oder Asepsis zu interessieren schien, desto mehr konnte es auf herablassende Anerkennung rech= nen.

So war des Lobes kein Ende über die eminenten Vorteile einer nur rituell eingekleideten, aber im Grund rein hygienischen Operation. Worin die eminenten Vorteile eigentlich bestanden, darüber war man sich weniger einig, als daß sie eben eminent seien. Bald sollte die Zirkumzision den Geschlechtstrieb anre= gen, bald ihn dämpfen, besonders aber sollte sie aseptisch wir= ken. Für die Sitte weiblicher Defloration und Beschneidung gab

es dagegen nur Worte wie: widerliche Nachäfferei, pervers, ekelerregend, infam oder bestialisch. Briffault meint ganz mit Recht, stünden hier überhaupt Asepsis und Sauberkeit in Frage, dann wäre von den beiden Praktiken die weibliche weit eher empfehlenswert, und die Gewissenhaftigkeit, mit der chinesische Kinderfrauen an ihren weiblichen Pfleglingen alles, was innerer Reinigung im Wege steht und ja doch einmal entfernt werden muß, lieber gleich entfernen, hat unendlich mehr für sich als die unsinnige Verstümmelung männlicher Organe.
»Hätte sich der ursprüngliche Brauch künstlicher Defloration und weiblicher Beschneidung bei Juden und Römern länger gehalten, als es der Fall war, gäbe es jetzt zweifellos eine große medizinische Literatur, um die sanitären Vorzüge dieser Maßregel darzutun.« So aber galt sie einseitig befangenen Ärzten für abstoßenden Unfug, frauenrechtlerischen Kreisen, die hier eine Wollüstlingslaune witterten, komischerweise wiederum für einen Gipfel männlicher Brutalität gegenüber entrechteter Weiblichkeit. Auch davon kann die Rede nicht sein. Gerade in den alten, mächtigen Matriarchaten wurde die Operation von Frauen an Frauen ausgeführt und ist heute noch gerade bei Mutterrechtsvölkern, wie Karaiben, Kamtschadalen, Malaien und vielen afrikanischen Stämmen, typisch. Daß sie den Kopten aus Schönheitsgründen für wichtiger gilt als die männliche und von ihnen sogar dem Vatikan abgetrotzt wurde, kann darüber nicht täuschen. Seit sechstausend Jahren gehört dieses Merkmal eben in Ägypten zum Bild der Frau. Darum rebellierten die neubekehrten Kopten ganz einfach und heirateten wieder Ketzerinnen, als die katholische Priesterschaft die weibliche Beschneidung verbot. Schließlich mußte das Kardinalskollegium »de propaganda fide« Ärzte nach Ägypten schicken zur Untersuchung, ob die zu stark entwickelten intimen Teile der Nordafrikanerinnen berechtigten Anlaß zur Exzision gäben. Rom zeigt sich ja stets konziliant, wo sein Arm nicht hinreicht, sondern nur eine Handvoll Missionäre. Mädchenbeschneidung war ursprünglich gewiß keine Schönheitsoperation und erschien der Gewohnheit erst als solche. Sie gehört, wie die der Knaben, zum Ritual fast aller Reifeweihen, von Frazer »the central mystery of primitive society«, Zentralmysterium der frühen Gesellschaft, genannt und war nicht nur bei Naturvölkern, vielmehr bei einer Reihe Hochkulturen, wie in Ägypten, Indien, Mexiko, Arabien, Babylon, die ganze Zeit ihres

Bestehens hindurch Brauch. Ägyptische und arabische Damen üben sie noch heute wie vor Jahrtausenden. Mohammed nennt Zirkumzision »eine Verpflichtung für den Mann und eine Ehrensache für die Frau«. Nach arabischer Tradition ist die weibliche Form sogar älter und ging der männlichen voraus. »Sara nahm sie zuerst an Hagar vor, dann beschnitten Sara und Abraham sich selbst auf Allahs Befehl« (zitiert nach Brif=fault). Auch Strabo berichtet sie von den Jüdinnen; bei den abessinischen Juden ist sie eine Vorschrift, die diese nach ihrer eigenen Aussage bereits aus Palästina mitgebracht hatten. Außer bei Abessiniern, Ägyptern, Arabern, Nubiern herrscht weibliche Exzision in ihrer radikalen Form: Abschneiden der Klitoris und der kleinen Schamlippen und Vorhaut noch bei einer Reihe von Völkern West=, Ost= und Süd=Afrikas, auf Madagaskar, bei den Malaien, Kamtschadalen und zahlreichen Indianerstämmen Südamerikas, die mildere Form als künstliche Deflorierung auf der größeren Hälfte der Welt.

Wir, bei denen die Pubertätszeit ungeleitet und nur im geheimen diffus schwelend verläuft, können uns keine Vorstellung machen von Reifezeremonien, deren offene Vehemenz an Ernst den beiden Schicksalsstellen Geburt und Tod gleichkommt. Seit es eine neue Tiefenpsychologie gibt, kreist sie daher um dieses »Zentral=Mysterium«, doch fast ausschließlich hypnotisiert von seiner männlichen Gestalt. In der Tat wirkt diese noch dramatischer, weil sie als Ausgeburt in eine völlig neue Daseinsform das »Ritual von Tod und Auferstehung« enthält, während die weibliche eine bereits bestehende Wesensart nur durch Entfernung von Hemmungen restlos freilegt. Uneingeweihte Männer aber zählen als Menschen überhaupt nicht mit; wer sich da drücken wollte oder auch nur durch unglücklichen Zufall nicht dabeigewesen wäre, könnte nicht heiraten, seine Kinder wären nicht Stammesglieder, er selbst würde »Hunden oder andern Tieren gleichgewertet werden«. Auf die Frage, was uns europäische Großstädter eigentlich an solch blutigen Alfanzereien afrikanischer Neger oder Australier im Busch noch interessieren könnte, wäre zu entgegnen, daß dort in Riten eindrucksvoll genau zutage kommt, was auch das unergründlich verwobene Schicksal jedes einzelnen inmitten neuer Sachlichkeit Autos und Flugpost bestimmt, nämlich Stoßkraft und Richtkraft seiner Triebe, das grauenhaft Bedeutsame ihrer jeweiligen Fixierungen und Ablösungen. Das, wo=

mit er lebt. *Das Material seiner Siege wie seiner Niederlagen.* Herausgearbeitet aus einem Wust von Varianten, bleibt als Schema der Pubertätsweihen etwa das folgende: die Novizen werden meist plötzlich von den Frauen und Kindern, ihrer bisherigen Umwelt, getrennt und in den Busch verschleppt. Dort in einem eigenen Lager unterziehen erwachsene Männer, ihre Mentoren, Beschützer und Quäler zugleich, die Knaben monatelangen Prüfungen, geradezu Martern. Schlaf- und Nahrungsentzug, Keulenschläge auf den Kopf, Spießrutenlaufen, Aderlässe, Ausreißen der Haare, Ausschlagen oder Abfeilen der Vorderzähne, Lanzenstiche wechseln mit Schreckerscheinungen und Todesdrohungen ab, bis Schwäche, Benommenheit, künstliches Fieber bei den erschütterten Knaben eintreten; dann erst beginnen die Wiedergeburtsmittel: Ekstase und Trance. Die Beschneidung selbst geschieht meist in einer Hütte, die als »verschlingendes Ungeheuer« maskiert ist, mit glühroten Augen bemalt, und mit einer rachenförmigen Tür. Im Bauch des Untiers vollzieht sich die so tief ins Leben einschneidende Operation; sie ist sein Biß. Sofort nach Heilung der Wunde gilt Sexualbetätigung nicht nur für erlaubt, sondern für geboten. So kommt es zu wilden Orgien als Abschluß der Pubertätsriten, auch homosexueller Natur, besonders dort, wo zu diesem Zweck durch Subinzision etwas wie eine künstliche Vulva entstanden ist. Bei der Rückkehr zum Stamm oder ins Dorf sind die Eingeweihten oft mit der weißen »Todesfarbe« angestrichen; die Augen mit Kalk verschmiert, taumeln sie hin und her, kennen weder ihre Eltern noch den eigenen Namen, müssen alles neu lernen, benehmen sich wie frisch herübergeboren aus andrer Existenz, wobei schwer entscheidbar bleibt, was *echt* an diesem Zustand, was Hypnose oder einfach Theater ist.

In Australien trägt das ganze Ritual überdies stark frauenfeindlichen Charakter. Todesdrohungen halten das andere Geschlecht vom Lager und seinen Geheimnissen fern, was mit deutlich betonter Homosexualität zusammenhängt. Weiberhaß wie Subinzision fehlen dagegen, ohne daß die Weihen selbst deshalb an Bedeutung verlören, in mutterrechtlichen Gebieten ganz. So sind Indianerinnen bei allen Tapferkeitsproben dabei, die für weit wichtiger gelten als die örtliche Operation; auf ihre Bewunderung wird sogar besonderer Wert gelegt, als kehrten gerade ihnen zur Freude die in Männer verwandel-

ten Knaben zurück. Auch Ablösung aus der kindlichen Umwelt steigert sich nicht zum weiberfeindlichen Akt; ein eventueller leichter Zuschuß von neuentstandener Homosexualität aber geht mit »stillem« Mutterrecht dann allezeit recht gut zusammen, wie Sparta und Germanien zeigen. Nur in echten Gynaikokratien ist kein Platz für sie.
Daß die Knabenweihen zum Komplex der Männerbünde und Altersklassen gehören, diese selbst aber wieder als zweite, selbständige Grundform menschlicher Vergesellschaftung der Familie entgegenstehen, diese Ansicht vertritt H. Schurtz in seinem bekannten Buch »Altersklassen und Männerbünde«. Seiner Meinung nach ermöglicht überhaupt nur »die gegenseitige Sympathie der Männer, vor allem der Männer gleichen Alters, den engeren sozialen Zusammenhalt größerer Gruppen«. R. Thurnwald geht noch weiter und nennt diese Männerbünde mit ihren Klubhäusern »die ersten greifbaren Formen der Staatsbildung«. Wohl tiefer als beide, weil kühner, hat hier Hans Blüher gesehen, nämlich statt vager Sympathie »die Rolle der Erotik in der männlichen Gesellschaft«, und seiner schön geschwungenen Intuition diesen Gesamttitel gegeben, denn »nichts ohne Eros«. Aus dem Mann-Männlichen entspringt nach ihm der Staat, aus dem Mann-Weiblichen die Familie.
Durch Th. Reik sind im Anschluß an die Couvade und unter den gleichen Voraussetzungen wie diese, nämlich dem Prolog in der Urhorde: *Vatermord und Fraß,* auch die »Pubertätsriten der Wilden« psychoanalysiert worden, so eingehend, daß ein paar kurze Andeutungen dieser Arbeit keineswegs gerecht werden können, wie immer man sich grundsätzlich zu ihrer ersten Hypothese stellen mag. Hier in dieser Arbeit geht es jedoch gar nicht darum, verschiedene Ansichten über Männerbeschneidung wertend gegeneinander zu halten, vielmehr sollen nur zusammengetragene Merkmale der Knabenweihen in toto jenen der Mädchen verglichen werden. Denn um diese und ihre Begründung geht es. Für die Psychoanalyse Freudscher Richtung ist männliche Beschneidung, um eine andere kümmert sie sich kaum, ein »Kastrationsäquivalent, welches das Inzestverbot auf das wirksamste unterstützt . . . Es wurde angeregt durch die unbewußte Vergeltungsfurcht des selbst zum Vater gewordenen Mannes. In ihm lebt noch die unbewußte Erinnerung an die inzestuösen und feindseligen Regungen der

Kindheit, die seinen Eltern zugewendet waren. Er fürchtet die Realisierung dieser Wünsche, deren geschädigtes Objekt er selbst sein könnte, nun vom eigenen Kind ...« Die Beschneidung ist also Bestrafung für inzestuöse Wünsche der Knaben, die bei herannahender Reife gewaltsam von den bewußt oder unbewußt begehrten Müttern getrennt werden. Auch die Quälereien, heuchlerisch als Mut- und Standhaftigkeitsproben eingekleidet, sind nach der Psychoanalyse sadistische Rache der Väter für die gegen sie selbst gerichteten bösen Wünsche der Jugend. Dabei schwanken die Männer zwischen schadenfrohen feindseligen Gefühlen und zärtlichen homosexuellen Regungen; werden also zu Quälern und Beschützern zugleich. »Der Verschlingungsritus« durch das Ungeheuer ist eine Todesdrohung, welche sich als eine psychische Reaktionserscheinung auf die unbewußten Mordabsichten der Jünglinge gegen die Väter erweist. Das verschlingende Ungeheuer aber ist der Totem, der Ahne und Großvater. Mit ihm identifizieren sich jetzt die Väter, »sie sind es eigentlich, welche die dem Ungeheuer zugeschriebenen bösen Regungen gegen die Neophythen hegen«, und projizieren diese nur auf das Totemtier. Sein »Biß« ist die Strafe der Kastration. »Warum frißt das Vaterungeheuer seine Söhne zur Pubertätszeit? Wenn wir uns dem Glauben an die Geltung des Taliongesetzes anvertrauen, müßte die Antwort lauten: weil die Söhne ihn einst selbst getötet und gefressen haben.« Reik hält die Auferstehungsriten nicht für eine direkte Fortsetzung des Todesdramas, das vielleicht in früher Zeit gar kein »als ob« war, sondern realer Schluß der Zeremonie. Jedenfalls gehören sie, seiner Meinung nach, zu den gegensätzlichen zärtlichen Tendenzen. Die primitiven Väter sind nun bereit, »die Jünglinge wohlwollend in den Kreis der Männer aufzunehmen, doch nur unter einer Bedingung: die jungen Leute müssen ihren inzestuösen und feindseligen Regungen entsagen ... Was ihrer sonst harrt, zeigt deutlich genug die Todesdrohung«. Daher das »Vergessenmüssen«, das Ausgelöschtsein früherer Existenz beim »Erwachen« drüben auf der anderen, der Väterseite, wo sie jetzt eingereiht werden. Diese Identifizierung mit dem Vater als Totemtier, die folgende Einweihung in die Stammesriten der Erwachsenen wird überdies mit neuen Blutbünden und feierlicher Mahlzeit, also Einverleibung des Totem, besiegelt. Durch ihre Neugeburt, diesmal nicht aus der Mutter, werden die Jünglinge hinübergezogen zum eigenen Geschlecht, zugleich ist der Infantilwunsch, die Identifizierung mit dem Vater, erfüllt. Da eine inzestuöse Bindung nicht mehr besteht, kann auch der Sexualtrieb von nun an freigegeben werden.

C. Jung, der bekannte Analytiker Schweizer Richtung, kommt zu ganz anderen Resultaten. Ihm ist »Wiedergeburt« im Gegenteil ein »Zweimal-durch-die-Mutter-Gehen«. Sie ist also das verschlingende Ungeheuer, wie schon die frühen Mythen zeigen, ist jener »Walfischdrache«, dessen Bauch der Sonnenheld nach jedem Verschlungensein immer wieder siegreich entsteigt. Jung meint im Gegensatz zu Freud, die unterste Grundlage inzestuösen Begehrens laufe gar nicht auf Kohabitation mit der Mutter hinaus, »sondern auf den eigenartigen Gedanken, wieder Kind zu werden, in den Elternschutz zurückzukehren, in die Mutter hineinzugelangen, um wieder von der Mutter geboren zu werden«. »Es ist also einer ein Held, wenn seine Gebärerin bereits einmal seine Mutter war ... wer sich durch seine Mutter neu zu erzeugen vermag.« Darum gibt der Mythos so vielen Helden zwei Mütter und kleidet das in die Fabel vom »Aussetzen« des Kindes ein, damit es auf diese Weise noch zu einer Pflegemutter gelange. Dionysos, der typische Heros des Todes und der Auferstehung, führt sogar den Beinamen *bimeter = zweimuttrig*, weil nach Semeles Tod Zeus sich den Embryo in den Leib pflanzt, um ihn muttergleich auszutragen. Bei Tod- und Wiedergeburtsritus im Sinne *Jungs* gibt es somit weder Vergeltungsfurcht, noch was sonst mit ihr zusammenhängt, weil »in Wirklichkeit das Problem die Sublimierung der Infantilpersönlichkeit ist ... eine Opferung und Wiedergeburt des Infantilhelden«. »Held« aber ist personifizierte Libido, diese nicht nur sexuell, sondern viel weiter als Inbegriff strebender Sehnsucht gefaßt. Für Jung und gegen Reik spricht auch das Bildgefühl. Verschlingendes Ungeheuer in Form einer Hütte, eines Zimmers, »Frauenzimmers«, kann nie den »Großvater« bedeuten.

Vielleicht wäre hier daran zu erinnern, daß sogar bei den so frauenfeindlichen Riten der Australier die leibliche Mutter des Novizen während der ganzen Zeit seiner »Wiedergeburt« in engster Verbindung mit ihm und jenen Vorgängen im Bauch des Ungeheuers bleiben muß, damit er glücklich wiederkehre. Die »Wunde« aber, der »Biß« des Muttertieres, als Durchtrennung der Nabelschnur gedeutet, entläßt ihn ins neue Leben.

R. Briffault endlich hält ohne Rücksicht auf Details am Begleitritual aus mehreren Gründen die männliche Beschneidung einfach für eine Nachahmung der älteren, weiblichen. Zirkumzision sei schon nach Form und Art dessen, was dabei entfernt werde, das Analogon zur Deflorierung; während diese jedoch organisch sinnvoll und geboten scheine, entbehre jene jeder selbständigen Berechtigung. Ferner übertrage sich nur in diesem einen einzigen Fall das sonst so typisch auf die uterine Sphäre beschränkte Blut-Tabu auch auf die männliche Wunde, um diese eben als *weiblich* zu kennzeichnen. Schließlich habe auch das Gebot möglichst baldigen Geschlechtsverkehrs nach der Operation für die Knaben keinen wie immer zu deutenden Sinn, tue aber bei radikaler Mädchenbeschneidung als Mittel gegen Narbenbildung und ihre störenden Folgen not.
Diese Ansicht übersieht wohl zu sehr das rein männlich Ringende an der Symbolik jeder Knabenweihe. Da tappt nicht ein irgend Etwas unmündig weiblichem Vorbild nach, im Gegenteil, was sich da radikal wegreißt, will anders werden und eigen. Wozu wäre denn sonst alles außer sich geraten, wenn nicht, um den Novizen in etwas durchweg Neues zu verwandeln: *eben in den Mann.*
Wie viele Deutungen auch das »Zentral-Mysterium« der Pubertätsweihen bereits umkreisen, weil in ihm ein so großes Stück allgemein menschlicher Kulturlinie noch ungeschaut im Dunkel läuft, ganz befriedigen kann dennoch keine. Ohne eine neue versuchen zu wollen, sei hier nur klarer herausgearbeitet, was seinen zwei unabhängigen Grundformen, der männlichen und der weiblichen, gemeinsam bleibt und was sie wieder trennt. Vielleicht wird körperlich-seelischer Sinn der Mädchenbeschneidung dadurch allein schon zum erstenmal deutlicher erkennbar. Über sie wurde zwar reichlich geschrieben, doch weniger reichlich nachgedacht, weil man in ihr nur eine Nachahmung des männlichen Vorbildes sah. Briffault tut das zwar nicht, er kommt ja sogar zu dem umgekehrten Ergebnis, dafür verwischen sich ihm die Unterschiede wieder zuungunsten der männlichen Form. An der weiblichen gilt ihm künstliche Defloration wohl mit Recht als Präventivschutz gegen das bösartige Mondblut des Hymenrisses. Was aus »Mond« und »Sonne« stammt, gehört ja zwei Blutgruppen in Urfehde an, die sich zu meiden haben. Dagegen schildert er die Operationen über die Defloration hinaus eingehend, erklärt sie aber nicht.

Schon die bloße Existenz von Pubertätsriten bei der gesamten magischen Menschheit beweist, *daß hier ein gewaltiger Urinstinkt das Ereignis der Reifung und die Art seines Eintritts für das überhaupt Entscheidende im Dasein jedes einzelnen hält. Ferner scheint dieser Instinkt entschieden dagegen, die Form der Ablösung vom Infantil-Leben einem mehr oder weniger wohlwollenden Ungefähr zu überlassen.* Er packt da selber radikal zu, damit nichts weiter mitgeschleppt werde, was nicht mehr auf den Weg der Erwachsenen gehört, auch nichts gebunden zurückbleibt, »denn der Mensch bedarf seiner ganzen Libido, um die Grenzen seiner Persönlichkeit auszufüllen, und dann erst wird er imstande sein, sein Bestes zu tun«. (Jung) Die Pubertätsweihen erzwingen eine restlose Ablösung vom Kinderstadium durch Erschütterungen, so stark und neu, daß alles Bisherige auf Nimmerwiedererstehen versinkt; und kollektiv werden sie erlebt, um die soziale Bindung, das Stammesgefühl zu fördern. *Wer die Weihen nicht aushält oder nicht mitgemacht hat, kann nie »dazu« gehören, weil die Garantie fehlt, daß bei ihm die Infantilablösung richtig im Sinn des Stammes erfolgt ist. Wo das aber der Fall war, lebt ein Mensch ja auch wirklich anders, hat andere Himmel und Höllen, anderes Schicksal, sogar einen anderen Tod.*

Erst in der Methode, abzulösen, setzt dann der Unterschied zwischen Knaben- und Mädchenriten ein. Zwar müssen beide Geschlechter etwas opfern, *denn Opfer ist Macht;* jede neue Stufe – und gegen jede bäumen sich innere Hemmungen – wird eben nur erreicht *durch Mut und Schmerz* –, der Grund, warum so viele Leute vorzeitig seelisch kleben bleiben. Doch während bei den Jünglingen das »Opfer«, die »Wunde«, der »Biß«, die »Reißstelle«, der »Schmerz« am Zentrum des Lebens selber liegt, wird das Mädchenkind nur gesäubert von den Resten an Doppelgeschlechtigkeit, die ihm noch anhaften. Es opfert die Klitoris: das Penisrudiment mit seinen männlichen Schauern; unter dem Messer endet sein Zwitterwesen, übrig bleibt dann rein herausgeschält: die Weiblichkeit. Wo dieses perverse Nebenreich aber nicht entfernt wurde, gibt ihm eine Reihe von Völkern an jeder Störung schuld; ist bei den *Kehal,* einer Kaste am oberen Indus, oder den *Brahuin* in Beludschistan eine junge Frau nach sechsmonatlicher Ehe noch nicht gravid, so läßt sie sich die Klitoris beschneiden, worauf gewöhnlich Schwangerschaft eintreten soll. Auch die moderne

Medizin sieht ja im Überwertigwerden dieser Sphäre, durch die naheliegende Reizverschiebung gegen sie hin, die Hauptursache weiblicher Frigidität.
Da bei den Mädchenweihen der »Biß« an sekundärer Stelle liegt, fehlen auch Tod- und Wiedergeburtsriten. Eine so tiefgehende Ablösung mit Verlöschen und Neuentzünden des Bewußtseins scheint hier instinktmäßig nicht bedingt, denn die Mädchennovizen bleiben ja, nachdem sie gesäubert, weiter *auf ihrem eingeborenen Mutterweg,* während sich die Knaben von ihm, der einer abhängigen Kindlichkeit bisher natürlich war, gewaltsam trennen müssen, denn ihrer ist der *Männerweg,* sein Ziel: *der andere Schicksalspol.*
Das Einstoßen und Abfeilen der Vorderzähne wiederholt nur gleiches. Zähne haben immer phallische Bedeutung, ihre Kürzung oder Entfernung auch bei den Mädchenweihen entspricht also dem Stutzen der Klitoris, bei Knaben der »Wunde«, dem »Opfer«, dem Abreißen von der alten Verwachsungsstelle mit dem Muttergrund; da sie ja bereits abgenabelt sind, kann dies nur an der korrespondierenden Lebensquelle, dem Penis, zum Ausdruck kommen.
Wenn Frobenius von einigen vaterrechtlichen Äthiopenstämmen erfuhr, die Beschneidung gelte ihnen als »Opfer« an die »Mutter Erde«, Verwundung am eigenen Körper als Sühne für künftige Verletzung des Busches durch Aufreißen seines Bodens mit der Pflugschar, so ist das nur ein etwas anderes Bild, eine geringe Abwandlung für früher Gesagtes. Der zum Mann wiedergeborene Knabe reißt als Besamer die weibliche Erde auf, Voraussetzung dieses Aufreißens ist der »Schmerz«, die »Wunde«, der »Biß«, das eigene Losreißen von der muttergebundenen vormännlichen Existenz, nach Jung die Ablösung vom »Infantilhelden«.
Ziel dieser Untersuchung aber war weniger das Abwägen verschiedener Theorien über die Knabenweihe als Sinngebung – *weiblicher* Beschneidung. Ihre Naturgebotenheit, geradezu Notwendigkeit, jedenfalls Unabhängigkeit von der männlichen Form, welche der beiden immer man für zeitlich früher ansehen mag. Wahrscheinlich entsprangen sie gleichzeitig, weil der gleichen Seelenlage angehörig, *die Wissen in Bildern empfing und weitergab.* Allerdings zerfällt der weibliche Ritus selbst wieder in zwei völlig unabhängige Abschnitte von verschiedenster Bedeutung: Beschneidung und künstliche Defloration.

Entfernung der Klitoris befreit das Mädchenkind von den gefährlichen Rudimenten des andern Geschlechts im eigenen Körper, arbeitet seine »Weiblichkeit« rein heraus. Künstliche Deflorierung dagegen ist nicht zum Wohl des Mädchens da, vielmehr zum Schutz des Mannes vor der Berührung mit dem tief feindlich tabuierten Mondblut des Hymenrisses, die er auch bei Vaterrecht nicht weniger scheut und höchstens geweihten Personen, also Priestern, zuzumuten wagt.

Dieses besondere Tabu ist aber nur eine Abart des großen universellen Schauders vor dem dämonischen Bezugssystem Frau-Mond. Dämonisch ist alles der Zeit unterworfene, somit alles Begegnen in ihr. Das Anheben der Lebenszeit selbst, also gleich alles weitere Zu- und Auseinander des Daseins beherrscht der Mond, denn die weiblichen Eizellen lösen sich mit seinen Umläufen vom Eierstock, während Spermatozoen stets vorhanden sind. Ob ein mondgereiftes, von ihm einmal monatlich in den Uterus gesandtes Eichen gerade da ist, davon hängt jene allererste »dämonische Begegnung« mit der Geißelzelle ab, der Anfang eines neuen Schicksals. Auch jeder Abortus – die Menstruation ist nichts anderes – und jede Entbindung sind ein Vielfaches des Mondzyklus. Er dirigiert das Konzert der weiblichen Hormone. Auch der männerrechtlichste Mann wird ungefragt, der Bahn des Weibersterns gehorsam, nach dessen zehntem Umlauf hinausgestoßen ins Leben: den Ort der dämonischen Begegnungen. Jener »Urgedanke der Menschheit«, die Astrologie, hat gewiß beim Mond angefangen. *Wie draußen Ebbe und Flut, so lenkt der Mond die Gezeiten der inneren Lebenswasser, ihre Welle zieht ihm nach.* Doch warum nur in der Frau?

Darwin meinte bekanntlich, da tierisches Leben den größten Teil seiner Entwicklung im Meer verbraucht, so habe sich dessen Rhythmus durch unausdenkbar lange Zeiträume allem Lebendigen und seinen physiologischen Funktionen einverleibt, so daß jenes Flutphänomen auch die Landabkömmlinge noch durchpulst, und zwar ausschließlich Weibchen, weil ja die längste Zeit in den marinen Formen nach Parthenogese herrschte. In dem weit später entstandenen »Männlichen« war die Fixierung des Mondflutrhythmus nicht so tief und verlor sich am Land wieder.

Für moderne Biologie zählt diese Deutung allerdings nicht. Sie glaubt nicht mehr an das alte Märlein der Monisten: »Es war

einmal ein Fisch, der ans Land gespült wurde, da verwandelte er sich in einen Lurch, der Lurch verwandelte sich immer weiter und weiter zum Affen und dann zum Menschen.« Sie lehnt eine von Subjekten unabhängige Weltbühne ab. Jedem Subjekt ist seine Spezialbühne zugewiesen, statt der einen Monistenwelt erhebt sich ein neues Universum, das aus Abertausenden von Umwelten besteht, die alle nach einem großartigen Plan ineinandergefügt sind. Zugleich aber erhebt sich aus dem Friedhof der Formeln, in dem die Mathematiker alles Leben beerdigen wollen, die neue Anschauung vom lebenden Weltall. Düfte, Töne, Farben, Räume, Zeiten sind nicht bloß ursächlich miteinander verknüpft, sondern planmäßig verwoben. Das Märlein vom Fisch, der Lurch wurde, fällt zusammen, denn Fisch und Lurch leben in ganz verschiedenen Welten, die nicht beliebig miteinander vertauscht werden können.» (J. von Uexküll) Es ist das Leibnizische Weltbild, die Arten bleiben getrennt, weil jede schon aus andrer Monadenprovenienz stammt.
Die planmäßige Verwobenheit des Weiblichen mit dem Mond geht also noch viel tiefer, als Darwin sie sah.

KELTENLAND

Schon im Astralen beginnt das Frauenreich. Weisheit zwitschernd schlüpfen gekrönte Vogelfeen zwischen den Sphären hin und her, verschließen fürwitzige Zauberer im leuchtenden Grab. HerrInnen aus Mondstoff, wie gründliche Nachtfalter, spannenlang, durchsichtig und wunderschön, schenken dem irdischen Liebling nach einer Liebesnacht noch ein paar Königreiche und ewige Jugend hinzu oder entlassen ihn, nach Willkür, mit Triefaugen und einem weißen Bart, wogegen gar nichts zu machen war. Vor ihnen her fließen schimmernde Energien und spielen mit Weltgesetzen, ihre Anmut lenkt die Umläufe der Sterne, und weil ihr freies Naturwesen sich auch gern den aristokratischen Standesunterschieden der Kultur fügt, so vermengen sich für den verzauberten Mann leicht elbische Wesen, Königinnen, Priesterinnen, Göttinnen und freie Frauen.
Wie bei Vaterrecht meist eine männliche Oberwelt sieht, daß »die Töchter der Erde schön sind«, und die üblichen Konsequenzen daraus zieht, so bemerkt im Keltenland eine überir-

dische Weiblichkeit ihrerseits das gleiche bei den Söhnen der Erde und läßt sich zu ihnen herab. Auf welcher Seite aber die Herablassung besteht, darauf eben kommt es an. Weltstunde ist die Mitternacht. Der männliche Tag wird von zwei weiblichen Nächten umschlossen, nach ihnen wird gezählt. Der Mond ist der Herr der Zeit, schenkt Somnambulismus, Orakel bei den Phasen und im Rauschtrank aus klebriger Mistel pflanzliche Seherschaft. Nackt und mit Wuoa bemalt tanzen gallische und britische Priesterinnen in seinem Licht. Irland und Schottland selbst sind Frauensiedlungen, nach Erin und Scota, also Frauen, benannt. Irlands ältestes Dokument, das Buch von Leinster, schildert ausführlich, wie das Matriarchat von hier aus durch die siegreichen Gälen den überwundenen Pikten aufgezwungen wurde. Die irischen und gälischen Heldensippen heißen nach den Müttern, nicht nach den Vätern, und von Erbrecht und Sukzession in weiblicher Linie bei den Kelten berichtet schon Livius. Unabhängige Königinnen als Anführerinnen im Krieg außer Boadicea werden von verschiedenen Historikern bezeugt, ja so sehr galt weibliche Herrschaft als die von vornherein gegebene, daß britische Gefangene, vor Claudius gebracht, weder ihn noch die römischen Insignien beachteten, vielmehr direkt auf den Thron der Agrippina zuhielten, um sich tief vor ihr zu neigen, zur großen Skandalisierung der Römer im allgemeinen und des Tacitus im besonderen.
Bei Briten und Iren blieb die Ehe sogar die Ritterzeit hindurch matrilokal. Die Frau in ihrem Schloß wählt, wen sie will, ähnlich der arabischen großen Dame, »ist keines Mannes Eigentum, verschenkt sich aber großmütig und frei«. So sagt Emer: »Erhebe dich, o wunderbarer Ailill, jegliche Ruhe wird dir, Tapferster! Schling die Hand um meinen Nacken: der Anfang der Liebeslust – wonnig ist ihre Gabe – ist Mann und Weib im gegenseitigen Küssen. Wenn dir dies aber nicht genügt, trefflicher Mann, dann gebe ich dir zur Heilung vom Liebesschmerz, o Geliebter, von meinem Knie bis zu meinem Nabel.« (Zimmer) Diese rasche, dabei ganz naive Intimität ohne jeden Zynismus kam von der Sitte für junge Mädchen und Damen des Hauses, den fremden Rittern sofort ein warmes Kräuterbad zu bereiten, ihnen darin Gesellschaft zu leisten und sie dann kunstgerecht zu massieren. »Le tastonner doucement.« In der originalirischen Tristansage fällt jene Schwierigkeit ganz dahin, die später bei Gottfried von Straßburg den Beteiligten

solches Kopfzerbrechen macht: wie König Marke in der Hochzeitsnacht zu täuschen sei. In Cornwall wäre die Unterschiebung der jungfräulichen Brangäne bei dieser Gelegenheit durchaus nicht nötig gewesen. Mark hätte ja nie erwartet, Iseult noch unberührt zu finden. Echt keltisch ist dagegen des Helden Stellung als Neffe und Erbe. In Mythos, Sage, Geschichte und Literatur spielt, ganz dem Sinn des Mutterrechts gemäß, nie ein Sohn, stets der Schwestersohn die Hauptrolle. Beim Adel waren beide Geschlechter sportlich trainiert und körperlich tadellos gebildet, vom Volk dagegen behauptet Strabo, die sehr »häuslichen« Männer neigten zur Verfettung und dürften gesetzlich ein bestimmtes Gürtelmaß nicht überschreiten, die Weiber dagegen wirkten größer, schöner und geschmeidiger. Die Frau war auch der werbende Teil. Ein Grieche, Gast auf der Hochzeit einer keltischen Häuptlingstochter, schildert, wie alle jungen Männer der Gegend zum Festbankett geladen sind, ohne daß es einen Verlobten gäbe. Dann erscheint das Mädchen, einen goldenen Becher mit Wein in der Hand, sieht die Versammlung sachkundig an und wählt den Bräutigam durch Überreichen ihres Bechers.
Auf den britischen Inseln hielt sich das Matriarchat bis weit in die christliche Zeit hinein, auf dem Festland fiel es schon infolge der viel intensiveren Romanisierung. Doch als Hannibal durch Gallien zog, wurde zwischen ihm und den Bewohnern vereinbart, daß Meinungsdifferenzen über den Umfang des Schadens, den seine Truppen beim Durchzug anrichten würden, und dessen Wiedergutmachung ausschließlich von einem obersten Rat gallischer Frauen geprüft werden sollten. Der Schiedsspruch dieses Matronenkollegiums hatte für beide Parteien inappellabel zu sein. Eine weise Maßregel, denn die edelmetallreichen keltischen Gebiete waren stets zum Plündern verlockend. Cäsar machte der gallische Feldzug zu einem der reichsten Männer seiner Zeit, – so viele Tempelschätze schleppte er weg. Vorher wollten ihn seine Gläubiger nicht einmal über die römische Grenze lassen, es sei denn, Freunde bürgten für seine Privatschulden mit einem Betrag im Wert von etwa zwanzig Millionen Mark. Aus den reichen Muttergesellschaften brachte er dann als Beute leicht das Zehn- und Zwanzigfache heim.

Der gewichtlos schwebenden keltischen Mondwelt, dem leichtesten der uterinen Reiche, ragt das schwere germanische aus Erdnabeln entgegen, wolkig-prophetisch oder kriegerisch-beglänzt. Seine drei Nornen heißen »Herrinnen der Götter und Menschen.« Tiefe, Würde, Weisheit, Macht wachsen unten bei den Müttersteinen am Rhein.

Im Krieg wurde jedem Heer eine Prophetin beigegeben, nichts unternommen ohne ihren Rat. Zu Hause galten Priesterinnen mehr als Priester, Seherinnen mehr als Seher. »Ganze Völkerschaften hingen an dem Göttermund solcher Jungfrauen oder harrten in ehrerbietiger Entfernung von den erhabenen Burgen, auf welchen sie wohnten, auf die Göttersprüche, welche sie in Streitigkeiten mehrerer Nationen oder bei großen Unternehmungen geben würden.« Sachsen und Franken beriefen den Volksthing nur bei Voll- und Neumondnächten ein. Nach Tacitus' Meinung »ist die größte Gewalt über diese germanischen Völker zu gewinnen, indem man sich Mädchen vornehmer Familien als Geiseln sichert«. Lieber gehen die Häuptlinge selbst oder lassen die Söhne ziehen als Töchter oder Frauen. Weit noch über die Romanisierung hinaus wurde die uterine Linie bevorzugt. Zur Zeit Friedrichs I. folgten Kinder einer Freien mit einem Sklaven oder eines Freien mit einer Sklavin in jedem Fall dem Stand der Mutter. »Kein Kind ist seiner Mutter Kebskind«, also Gleichstellung des ehelichen und des unehelichen Kindes gilt noch im XIII. Jahrhundert. Der Nibelunge Nôt nennt drei burgundische Könige als Söhne der »vrou Uoten«, ohne einen Vater auch nur zu erwähnen. Die Langobarden heißen nach einer Stammutter *Gambara*, Ost- und Westgoten ziehen ins Heim ihrer Gattinnen, Besitz und Titel werden ursprünglich nur durch die Frauen vererbt, so daß in Sachsen Hermingisil noch sterbend dem Sohn Radger einschärft, nach seinem Tode die Witwe zu heiraten »nach Ahnengesetz«. Thronanwärter fühlen sich erst legitimiert, wenn sie die Königin in Besitz genommen haben, Edbald, König von Kent, ehelicht deshalb seine Stiefmutter, Ethelbald, König der Westsachsen, die Witwe seines Vaters Ethelwulf. Eine andere Westsachsenkönigin zieht es dagegen vor, ganz allein weiterzuregieren. Auch Holland hatte zu Tacitus' Zeit nur eine Königin, ganz ohne Prinzgemahl.

In Skandinavien geht bis ins VIII. Jahrhundert die Herrschaft auf die Tochter über und erst durch diese auf einen Gatten; Hamlets Mutter vergibt ebenfalls mit ihrer Hand den Thron. Ganz im Einklang hierzu stehen altdeutsche Frauenstrophen aus dem III. und IV. nachchristlichen Jahrhundert, in denen, wie bei der ägyptischen mutterrechtlichen Lyrik, weibliche Dichter um den Mann werben. Im Sinn der gleichen Sitte steht die Antwort jener Geisel in Rom auf die Hänseleien einer Kaiserin, daß Germaninnen sich so frei benähmen: »Wir verkehren offen mit den Edelsten, ihr Römerinnen heimlich mit den Gemeinsten.«
Der konservative Jurist Amira schreibt über die Germanen, daß erst im VI. nachchristlichen Jahrhundert die Gleichstellung der vater- und der mutterrechtlichen Verwandtschaft erfolgt sei. Völlig deutlich läßt sich das wachsende Männerrecht unter römischen Einfluß am Salischen Gesetz verfolgen. Es gibt nicht weniger als zehn Fassungen; die letzte enthält jene berühmte Ausschließung des weiblichen Geschlechts von der Thronfolge, in den ersten hat die Herrscherin bei wichtigen Entscheidungen noch volles Mitbestimmungsrecht.
Mit der Umlagerung der Werte wechselten auch manche Worte ihren Sinn. »Gelichter« von Gilethar = Gebärmutter, eines Bauches sein, wurde aus einer Ehren- und Adelsbezeichnung zum Schimpfwort. Links und linkisch gehören gleichfalls hierher, auch das französische gauche-sinistre im verderblichen Sinn Vor übler Verdrehung bewahrt blieb dagegen »Geschwister« von Schwester; nie wurde es einem »Gebrüder« verächtlich entgegengestellt. Dafür schritt die Verhexung der Greisinnen rapid fort. In Rom waren sie geehrt, durften aber nicht dreinreden, in Gallien wurden sie geehrt und angefleht, dreinzureden, im christianisierten Germanien verfolgt, obwohl sie längst schwiegen, weil man ihr desinteressiertes Verstummen für eine noch infernalischere Abart des Dreinredens hielt.
Weibliches Vorrecht zögert verhältnismäßig am längsten im altdeutschen Strafgesetz weiter, das Vergehen gegen Leib, Leben und Besitz der Frauen wird fast doppelt so hoch bestraft als solches gegen Männer. Für ursprüngliches Mutterrecht zeugt besonders auch jener Bericht des Tacitus, die Germanen hielten die Verwandtschaft mit dem Mutterbruder für enger und heiliger als jene mit dem eigenen Vater, ein immer und immer wiederkehrender Zug der Übergangszeit. Lamprecht hat bei

den Germanen Mutterrecht ausführlich nachgewiesen, nie aber Matriarchat oder gar Gynaikokratie. Ob es ihnen eingeboren war, wird dagegen von Indogermanisten aus rein sprachlichen Gründen bezweifelt. Festigt sich die moderne Annahme von den zwei verschiedenen blonden Rassen Europas: der altsteinzeitlichen, präindogermanischen, mutterrechtlichen Cro-Magnon- und der später aus dem Kaukasus eingewanderten indogermanischen Nordrasse, deren Mischprodukt eben die Germanen sein sollen mit Merkmalen beider, so könnte ihr Mutterrecht aus der Cro-Magnon-Erbmasse stammen. Diese Frage, wie übrigens jede halbwegs von Belang, geht gleich so tief, daß der Verzicht auf ihre rasche Beantwortung reichlich aufgewogen wird durch jene Einblicke, die das Vermögen, sie zu stellen, schon erlaubt.
Sehr frauenherrlich wieder, dabei echt kaukasisch, ist das *Amazonische* im Germanentum, das Schlacht- und Schwanenjungfrauenhafte. Bei dem ersten furchtbaren Zusammenprall der Römer mit den Zimbern und Teutonen, dem, was Rom »Barbaren« nannte, war der Kampf mit den bewaffneten Frauen fast härter als der mit dem Männervolk. Die spätere Gegenüberstellung, »Spindelseite« für weibliche, »Schwertseite« für männliche Linie, wäre fehl am Ort gewesen, wo die sieben Fuß hohen Bräute zur Ausstattung beileibe keine Spindel, sondern eine volle Kriegsausrüstung mit Speer, Schwert und Schild in die Ehe mitbekamen; nicht etwa für den Mann, sondern zum eigenen Gebrauch. Römer fanden auf den Schlachtfeldern stets weibliche Leichen die Menge, wie die Archäologen in Gräbern weibliche Skelette mit Kriegsinsignien und vollem Waffenschmuck.

ROM

»Der Sol steigt in die Kraft seiner Lenden.«
Keinen Augenblick haben die Römer sich, andern Mitmännern oder gar den Frauen weiszumachen versucht, Männerherrschaft und Vaterrecht seien eine gottgegebene oder gar naturgewollte Lebensform; es könne »normalerweise« gar nicht anders zugehen. So gockelhaft verblendet taten sie niemals, denn ihr Genie war das der Nüchternheit. Nein, die Römer betonten stets das *Abnorme* ihrer Art und hielten sich, da sie China nicht kannten, Griechen und Juden damals als politische Nul-

len in ihrem Sinn nicht mitzählten, für das überhaupt einzige Paternitätsvolk. Die Weltausnahme schlichthin. Gewissermaßen hatten sie recht damit; Muttervölker waren später die großen, fernen Feinde: Karthager, Ägypter, Skythen, Kelten, Germanen, wie anfangs die kleineren, nahen: italische Stämme, Etrusker und Volsker mit ihrer Amazonenkönigin und Dianapriesterin Camilla. Doch nicht genug daran, ganz eingeringt zu sein von diesen allen, lag ihnen überdies der Gehorsam gegen die sabinischen Mütter im eigenen Blut. Sogar Horaz erinnert noch an die Zeit, wo Söhne unter dem Befehl strenger Mütter Holz hacken mußten. Umwelt wie Innenwelt waren also weiblich betont.

Warum und wieso dann gerade aus dieser Handvoll zusammengelaufener, höchst zweifelhafter Elemente, nachdem sie den einzig einwandfreien, mit Stoßkraft und Richtkraft begabten Teil ihrer Erbmasse: den sabinischen, möglichst unwirksam gemacht hatten – *Römer* wurden, die Schöpfer des abendländischen Staates, bleibt das vielleicht gewaltigste Rätsel der Weltgeschichte. Blutmäßig ist es nicht zu erklären, nimmt man nun die asiatische, von sabinischer Seite her spartanische, die autochthone oder sonst eine Abstammung an; doch auch nicht pflanzlich-seelenhaft im Frobeniusschen Sinn wird es faßbar, denn da steht im uralt-weiblichen Kulturkreis, wo weit und breit die Erde nur Mutterrecht wachsen läßt, an einem völlig isolierten Punkt plötzlich ein Vaterrecht da, wie nirgends auf dem Planeten. Es tastet sich nicht etwa vorsichtig heraus oder kommt gezogen wie fremder Same mit dem Wind, sondern steht da: eine Eigenform, in manchem zugleich Menschheitsform, von derartiger Stilgewalt, daß, als es längst keinen römischen Staat, kein Rom als Zentrum, ja nicht einmal mehr Römer gab, diese einzigartige Form wie ein Geistkristall durch eineinhalb Jahrtausende im Immateriellen hing und die durch Europa gewirbelten Rassen unter seinem Bann, wie von innen her getroffen, langsam sich beugten und umschufen zu Nachbildern von etwas, das sie mit leiblichen Augen nie geschaut.

Die Spenglersche Formel, gemeinsames Schicksal schaffe erst körperlich und geistig die Nation im Gegensatz zu dem Naturprodukt »Rasse«, vermag gerade hier nicht zu befriedigen, von einer ökonomischen »Erklärung« ganz zu schweigen; denn wo kommt der ursprüngliche Willenskern her, jener markant und unvergleichlich römische Charakter, aus dem von Anbeginn herausgelebt wird, der eben jenes gemeinsame Schicksal bildet, statt aus ihm gebildet zu werden. Alles auf nachträglich »redigierte« Tradition zu schieben, geht auch nicht an, denn nie ist es Rom etwa auch nur eingefallen, seinen mutterrechtlichen Einschlag wegzudeuten durch Unterschiebung eines männlichen Mythos, was nahegelegen hätte. Das matriarchale Etrurien hat ihn zwar mit »unglaublicher Wut« bis in seine Sprache hinein beinahe ausgetilgt, doch nie die drei »gewaltigen Fürsten etruskischer Abstammung, Tarquinius Priscus, Servius Tullius und Tarquinius Superbus«, vom römischen Thron wegzuleugnen versucht, hat auch in der Praxis seinen Muttergrund eigentlich weniger juristisch *nieder*= als *fest*gestampft. Nur keine Auflockerung gerade dieses Bodens, nur keine Überraschungen, die von da heraus ihm unversehens hätten über den Kopf wachsen können. Daher Catos rastloses Mahnen: »Erinnert euch all der Gesetze, durch die unsere Vorfahren die Freiheit der Frauen gebunden, durch die sie die Weiber der Macht der Männer gebeugt haben.« Nur hier nichts ändern, sonst wankt der Staat.

Aus ihm zeterte eine nicht grundlose Angst. Bachofen hat an der Erscheinung Tanaquils gezeigt, wie am Aufgang Roms diese machtverleihende, hetärische Königsfrau asiatischen Stils dreimal nach ihrem Willen Männer auf den Thron erhebt, dann von der Sage umgedeutet wird zum Muster einer römischen Matrone, bis schließlich beim Zerfall des Staates die römische Matrone, als Kaiserin, sich wieder hemmungslos rückverwandelt zur Männerherrin und asiatischen Hierodule. Nie vergaß die Hochburg des Männerrechtes, auf welchem Fundament sie eigentlich stand. Rom, *die* urbs, ist ein weiblicher Erdnabel, den Romulus im feuchten Waldgestrüpp fand. Rund um diesen von Buschwerk umstandenen Nabelstein: umbilicus, wurde das Forum erbaut, er selbst zum Mittelpunkt Roms, als des Erdkreises, bestimmt. Ein wichtiges Stück Grund und Boden für die neue Stadt schenkte eine hochedle Prostituierte, »nobilissima meretrix«, Acca Laurentia, dem römischen Volk, ein anderes die Vestalin Gaia Tarratia, denn das Land war Frauenbesitz. Die Latier nannten sich nach Latia, der Gattin Saturns, und die Römer selbst nach ihren sabinischen Müttern Quiriten. Sogar Namen wie Roma, Romulus kommen von den etruskischen Frauensippen Rumate, Rumulna. Der Quirinal geht auf eine sabinische Gründungssage zurück, die Kö=

nigsmacht war weiblichen Ursprungs, die Könige, manchmal Fremde, erhielten Titel und Rang nur durch Heiraten mit einer Frau aus dem Herrschergeschlecht; noch Porsenna führte aus Rom weibliche Geiseln als die wichtigeren fort, wie Rom es später gleicherweise bei Kelten und Germanen gemacht hat, Romulus und Servius Tullius kannten nur ihre Mutter, waren vaterlos, und schließlich bestand das frühe römische Volk selbst aus dreißig Muttersippen: curiae. Diesen hatte Romulus *die Namen von dreißig Sabinerinnen* gegeben, zum Dank für die lange, glückliche Friedenszeit – ihr Werk – nach dem römisch-sabinischen Krieg, den sie, die feindlichen Heere trennend, zum Stillstand gebracht hatten.

Später gründeten innerhalb dieser dreißig Frauenclans Männer — sie nannten sich *Patrizier:* qui patres scire possunt, also ihre Väter kannten – die *männliche* Familie und führten diese (familiam ducere) aus den Frauensippen mit Mutterfolge heraus. Der sabinischen Mutterseite, der stofflichen, nach bleiben alle Römer Plebejer von pleo = füllen, Füllsel, was mit dem griechischen plethos = Stoff eines Sinnes ist, tragen auch als Zeichen der mütterlichen Abstammung die silbernen Halbmonde auf den Schuhen. Zu *Patriziern* werden sie lediglich durch die väterliche Staatsidee, als welche sich dem weiblichen Naturreich polar entgegenstellt. Hier geht es ursprünglich nicht um *»reich«* oder *»arm«*, ein Vertauschbares, denn die gleiche Person kann einmal reich, ein andermal arm sein, sondern um Mann oder Frau, das Unvertauschbare. Was Scheidung in Patrizier und Plebejer genannt wird, das plötzliche Herausführen der *männlichen Familie* aus der *weiblichen Sippe*, ist einer der dramatischen Höhepunkte im welthistorischen Kampf um die Gestaltung des Geschlechtsverhältnisses, mag sich auch bereits früher bei anderen Völkern ähnliches ereignet haben.

Also noch einmal: »Der Sol steigt in die Kraft seiner Lenden.« Wie macht er das am praktischsten? Die Mutter ist das biologisch allein Sichere, Mutterrecht ist Naturrecht, dazu kommt noch der lange vorgeburtliche Einfluß auf den Fötus. Der Vater bleibt eine »juristische Fiktion«, die sich nie in eine körperliche Gewißheit verwandeln läßt. Ein sehr gerechter Ausgleich, denn *sie* allein trägt die Bürde des Geschlechts; trägt schwer und lange an dem, was *ihm* so leicht fällt. (Von Rosa Mayredes zuerst formuliert.) Der Flüchtigkeit des Anteils an der Fortpflanzung entspricht dann eben auch die Unsicherheit am

Ertrag. Ruhend sicher Bleibendes und Flüchtiges aber geben ein disharmonisches Paar. Die am ehesten naturnahe menschliche Gesellungsform ist demnach weder die mann=weibliche noch die weib=männliche Familie, sondern die *Frauensippe* als Hegerin und Verwalterin des neuen Lebens und aller materiellen Güter zu seinem Gedeihen. An diesem waltenden Frauengefüge, in dessen Schutz Kinder und Reichtümer groß werden, ziehen die männlichen Besamer ihrer Naturfunktion nach flüchtig und ewig wechselnd vorbei. Diese Lebensordnung, nichts als biologisch=stofflich, einzig auf die Naturwahrheit des Muttertums gegründet, scheint tatsächlich, wo immer sie vorkam, gedeihlicher und mit weniger Reibung funktioniert zu haben als jede andere. Auch die Mutterfamilie ist noch biologisch klar und wahr, überdies der Frauensippe gegenüber ausgezeichnet durch eine tiefer menschliche Beziehung der Geschlechter. Mit dem »Vaterschaftswahn« aber beginnt jegliche Unnatur, mag ihm auch sonst noch so Großartiges entstammen.

Zuvörderst muß die biologische Zeitrechnung heillos verwirrt werden durch Zurückgehen auf die Zeugung als das Entscheidende. Statt des allein sichern Augenblicks der Geburt gilt jetzt der ewig unsichere der Empfängnis. Wie ihn sichern und mit ihm die Vaterschaft? Durch neuerliche Unnatur: Einsperren des Mädchens um der Jungfräulichkeit, der Frau um der eindeutigen Herkunft ihrer Kinder wegen. Die eine Hälfte der Menschheit, die weibliche, solcherart an der Güterproduktion und freien Selbstversorgung verhindert, fällt – dritte Ungeheuerlichkeit – der anderen, männlichen, dauernd zur Last. Also noch mehr einsperren, um sicher zu sein, diese Last wenigstens für eigene Kinder zu tragen, bis schließlich im extremen Fall des alten Chinas dem Mann vor seinem eigenen Zwangsprodukt, dem verkümmerten und verdummten Gattinnen=»Ideal« so graut, daß er daneben einen zweiten Frauentyp, »die Tochter der Blumen«, züchten muß zur Geist= und Leibeserholung, sich aber fortpflanzt im verkümmerten. Die bekannte, oft erörterte Kausalkette.

Die Römer versuchten es anders. Sie appellierten an das »eigene« Ehrgefühl ihrer Frauen. Leider war es nur kein richtiges weibliches Ehrgefühl, für diese also nicht bindend, denn es heißt *Virtus*, von vir = Mann. (Biffault) Zur Sicherheit waren übrigens die Gesetze da, und Cato erinnert fleißig an sie:

»Wenn du deine Frau in Ehebruch findest, bist du frei, sie zu töten ohne Gerichtsverfahren und ohne bestraft zu werden. Begehst du Ehebruch, hat sie kein Recht, auch nur den Finger gegen dich zu heben.« Selten noch in der Geschichte ist brühheiß Gekochtes so lauwarm gegessen worden. »Töten« kam trotz aufmunternder Straflosigkeit nie in Schwang, dagegen konnte 285 v. Chr., auf straffster Höhe republikanischer Tugend (virtus), bereits ein Venustempel errichtet werden aus Strafgeldern, von Frauen für Ehebruch bezahlt. So ging es fast in allem. De jure durfte die Frau keinen Besitz vermachen, keine Geschäfte abschließen, die Kinder waren nicht legal die ihren, de facto aber lebte sie sehr würdig und frei, viel freier als die Athenerin. Schon durch die Koedukation, denn beide Geschlechter erhielten die gleiche Erziehung gemeinsam. In der Ehe wurde sie von allen, auch vom Gatten, domina = Herrin angeredet, sie empfing seine Gäste und lud sich eigene ein, besuchte, wen sie wollte, nie durfte eine häusliche Arbeit, außer Wolle spinnen, von ihr verlangt werden, und besonders war sie vom Kochen befreit, was von tiefer Einsicht zeugt, denn es ist vielleicht das einzige, wofür die Frau von je völlig freudlos, lieblos und talentlos geblieben ist. Viele weltberühmte Herrscherinnen hat es gegeben, aber keine einzige berühmte Köchin; berühmte Köche, Professionals wie Amateure aus allen Kreisen, dagegen ohne Zahl, wie sehr oft konstatiert wurde. Bei den meisten Völkern, besonders zur Zeit der Sklaverei, kurz, wo und wann immer sie es sich leisten konnten, besorgten Männer die Küche. Nietzsches reizendes Aperçu, die Menschheit sei nur deshalb so auf dem Hund geblieben, weil ihr die Weiber seit Jahrtausenden das Essen kochten, ist also fehl am Ort, denn sie kochten zum Glück höchst selten.
Je älter die Römerin wurde, desto höher stieg ihr Ansehen. Jeder mußte ihr auf der Straße höflich Platz machen, wer sie durch ein freches Wort belästigte, kam vor Gericht. Es läge nahe, diesen Zug als Mutterbindung und einen Rest seelischer Sohneshörigkeit zu deuten. Gerade das Umgekehrte scheint wahr. Weil die Römer so ganz nüchtern Erwachsene waren, so gar nicht infantil veranlagt, konnten sie sich diese schöne Geste erlauben; von der Mutterseite drohte ihrem Herrentum nie die geringste Gefahr, um so mehr von der sinnlich hetärischen. Wo Cäsar durchzog, riefen seine Soldaten: »Hütet die Frauen, der kahle Buhler kommt.« Nichts machte ihn so stolz

wie seines, des Julischen Hauses, Abstammung von Aphrodite, und emsig blieb er darauf aus, sich dieser Abstammung erotisch gewachsen zu zeigen. Bei der Berührung mit Ägypten und Kleinasien verlotterten auch viele römische Heerführer erstaunlich leicht. Von Cäsar heißt es: Wäre er nicht ermordet worden, hätte er Kleopatra nach Rom kommen lassen, sie geheiratet und ihren Sohn Cäsarion zum Thronfolger ernannt.
Diesen geilen Zug am römischen Wesen hat das Schicksal selber einmal in Regie genommen und unvergleichlich bei Aktium herausgestellt, wo alles verlorengeht, nur weil Kleopatras Königsfregatte zur Unzeit wendet und das Admiralschiff mit Antonius ihr blindlings »gleich einem brünstigen Enterich« nachjagt und Seeschlacht Seeschlacht sein läßt.
Das waren die ausländischen Episoden unter hetärischem Einfluß. Unerklärlich aber erscheint bei einem so rabiaten Paternitätsvolk die Laxheit gegen weiblichen Ehebruch im eigenen Haus zu Rom, bis sich herausstellt, wie es hier gar nicht um gefühlsmäßige oder körperliche Paternität geht. Um was es nämlich weit mehr geht als *Vaterschaft,* ist *Vatermacht.* »Es gibt keine andere Menschenart, die solche Gewalt über ihre Söhne hat wie wir.« Also Gewalt. Das ist der Stolz. Von Vater*liebe* keine Rede. Die patria potestas ist ein nüchternes Mittel, zum Staat zu kommen, ungefährdet durch unberechenbare Reaktionen einer schwankenden, eher gefühlsbetonten Jugend. Das Paternitätsprinzip, frühzeitig und schonungslos durchgeführt, hat keinen anderen Zweck, als dem männlichen Imperium zu dienen, einer Schöpfung des nüchternen reifen Geistes. Die Formen der Familie sind für die Staatsidee da, nicht für das Vatergefühl, wie es sich bei den Juden ins Religiöse, zu einem persönlichen Vatergott steigert, dem die irdischen »Väter« selbst wieder ihrerseits als Söhne hörig gegenüberstehen in einem peinlichen Wechsel von manischen Aufständen und Unterwerfungen, wo das ganze Weltgeschehen zu einer Ausstrahlung des Vaterkomplexes entartet ist.
Die patria potestas dagegen ist rein zivil, nicht religiös begründet, überhaupt nicht empfunden, sondern gedacht, daher ohne die himmlische Ergänzung eines persönlichen Vatergottes. Der römische Staat, insofern auch er an Stelle des »großen Vaters« steht, steht da nicht als Seelen-, sondern Geistgebilde, um das also viel weniger Libidofetzen schwelen mit Angst, Liebe und Haß. Die Römer, nüchterne Kostgänger, stehen ihrem Staat

weit weniger persönlich ambivalent: liebend und hadernd gegenüber als andere Vaterrassen einem Vatergott. Ihre Staatsidee scheint in einem andern Bewußtseinsraum erbaut, unter Apollos »wandellos beschlossener Klarheit«, weshalb dieses stofflose Geistprinzip den Beinamen patroos = Staatengründer trägt.

Dem Römer ist es nie um die Zuneigung des Kindes, etwas Gefühlsmäßiges, zu tun, er schaltet durch die Vatergewalt nur den immer staatsfeindlichen, mindestens unzuverlässigen weiblichen Einfluß aus. Also hat die Frau nach dem ius civile nicht nur kein legales Anrecht auf die eigenen Kinder, sie darf auch nicht adoptieren; der Mann kann es, selbst wenn er impotent, selbst wenn er schon tot ist, auf testamentarischem Weg. Der Adoptierte tritt zur Gattin des Adoptivvaters in kein Verhältnis, bleibt mutterlos, einem reinen Geistakt entspringend, ohne jede auch nur fingierte Grundlage der Blutsgemeinschaft, der die gebärende Gebärde des Männerkindbettes bei Muttervölkern dient. Erst Kaiser Justinian hat hier wieder im Sinne der Naturwahrheit entschieden.

»Muttersöhne« sollte es eben rechtlich auf keinen Fall geben; wo die Kinder herkamen, schien von geringem Belang. Am Alleinbesitz der legitimen Frau war dem Römer herzlich wenig gelegen; er lieh sie sogar aus. Auf Befehl der Männer gehörte Polyandrie hier zum guten Ton und zur republikanischen Tugend. So ersuchte Quintus Hortensius den Cato, er möge ihm eine bereits verheiratete Tochter leihweise verschaffen, damit auch er zum Wohl des Staates »auf so edlem Boden Kinder säen könne«. Cato fühlte sich sehr geehrt, aber etwas unsicher in bezug auf den Schwiegersohn und trug dem Freund und Bewunderer lieber seine eigene Frau zum Ersatz an. So mußte der tugendreiche Schäker die alte Marcia mit Dank quittieren. Einige Jahre später, nach seinem Tod, nahm sie dann Cato wieder zurück. Ob dieser sexuelle Kommunismus ein auf männerrepublikanische virtus umgedeuteter Rest des sabinischen Mutterrechts ist, bleibt schwer entscheidbar. Ganz sicher zeigt es sich in der Gradation der Onkel. Ein Vaterbruder: patruus, gilt für minderwertig dem Mutterbruder gegenüber. Dieser steht als uteriner Verwandter den Neffen und Nichten erbrechtlich wie blutmäßig weit näher, was schon in seinem Namen: avunculus, Ahnchen, kleiner Ahnherr, von avus = Ahne liegt. Auch *Matri*monium statt *Patri*monium für Ehe, consobrini = *Schwester*paar für *Geschwister* sind mutterrechtliche Bildungen, vor allem aber Parricidium. »In diesem Wort wird der Geburtsakt besonders hervorgehoben. Es geht auf pario zurück, dieses wieder mit pareo und appareo = Erscheinen eines Stammes. Gebären ist ein Erscheinen oder Sichtbarwerden des bisher Verborgenen. Hier fällt der Begriff der gebärenden Mutter und der männlichen Kraft in eines zusammen. Pario und Pales stehen in unverkennbarem Zusammenhang. Pales ist die alles aus sich gebärende Urmutter, die in der Geburt selbst sich als männlicher Pales, als großer Erdbefruchter in Eselsgestalt, zu erkennen gibt. Quaestores parricidii heißen also die mit der Untersuchung des Mordes betrauten Duumvirn. Parricidium ist die an der gebärenden Urmutter in einer ihrer Geburten begangene Verletzung. Eine solche enthält jeder Mord, mag er einen Mann oder eine Frau treffen. Auf den Grad der persönlichen Verwandtschaft kommt es nicht an. Nur die an der gebärenden und zeugenden Naturkraft begangene Sünde bildet den Grund der Strafbarkeit. Dem Frevel entspricht die Sühne. Der Parricida kann keines Begräbnisses teilhaftig werden. Ihm ist die Rückkehr in der Erde Mutterschoß verwehrt. Durch Einnähen in einen Sack wird er vor jeder Berührung mit der großen Mutter ausgeschlossen und ins Wasser versenkt.« (Bachofen)

Man vergleiche mit dieser tief lebendigen Auffassung von Mordschuld und Sühne das heutige seichte »Zweck«gewäsch gegen die Todesstrafe, das nur mehr zum »Nutzen« oder »Sachschaden« für die Gesellschaft weiß und den »Schaden« durch Verwahrung von Gewohnheitsmördern in komfortabeln Anstalten ausgeschaltet wähnt, wo sie ihre sadistische Befriedigung träumend nachgenießen können.

Reines Erdrecht bleibt selbst in Rom den großen Muttergottheiten, hier der Ceres und ihren Priestern, den Ädilen, unterstellt. Nach dem ältesten Auguralrecht war auch noch der »linke« Vogel glückverheißend. Gleichwie zweierlei Recht, gibt es zweierlei wohlunterschiedene Heiligkeit, »sanctus« ist naturhaft-weiblich, »sacer« männlich-geistig. Solange das römische Reich bestand, galt jedes weibliche Heiligtum für so unantastbar, daß man im Cerestempel die Gemeindekasse, die Gesetze und die Senatusconsulte aufbewahrte, um sie gegen Fälschungen sicher zu wissen (Livius), wie die Testamente bei den Vestalinnen, um sie vor Fälschungen zu bewahren. So ragt das Mutterrecht verhältnismäßig hoch in bestimmte Ämter hinein, soweit sie einer großen Göttin verhaftet bleiben. Konsuln und Prätoren stehen dem Kult der »bona Dea« nahe, bei ihnen ist sie zu Hause, dort werden ihre Feste gefeiert, dort wird ihr gehuldigt als Spenderin des physischen Stoffes, aus dem der Staat besteht. Er selbst, als angeblich allein formendes Prinzip, aber behauptet den Vorrang, auch bei den scheinbar trivialsten Entscheidungen. So gehört im Streitfall ein Tisch nicht dem Besitzer des Holzes, dem Spender des Stoffes, sondern dem Tischler, der ihn geformt hat, wobei noch zu bedenken ist, daß Holz und Materie (mater) immer gleichgesetzt werden, auf griechisch sogar das gleiche Wort haben: Hyle. Das ius civile stellt sich eben in bewußten Gegensatz zum ius naturale des Mutterrechts, und das bis in die Zahlensymbolik hinein, denn das römische Recht verwirft an den Gesetzestafeln die weibliche Zehn (zehn Mondmonate der Schwangerschaft) und führt die männliche Zwölfzahl (zwölf Monate des Sonnenjahres) ein.

Unterhalb einer festgesetzten Linie aber waltet das Weibliche ziemlich frei. Ihm blieb die Gefühlsseite vorbehalten, nur daß diese Seite am Römertum einigermaßen verkümmert war, auch die religiöse. So lebte, verehrt aber kühlgestellt, der königliche Frauenclan in den Vestalinnen fort, das Priestertum selbst im Oberpriester Roms, dem Flamen dialis, und seiner Gattin, der Flaminica. Beide unsäglich heilig und belanglos. *Sie* wurde stets aus einem der ältesten Adelsgeschlechter gewählt, opferte unter altertümlichen, vorrepublikanischen Bräuchen bei jedem Mondwechsel – auch die Iden sind Mondtage – in der Regia eigenhändig einen Widder, und bei ihrem Tod verlor der Flamen dialis seinen Oberpriesterposten, sank zum gewöhnlichen Bürger herab –, ein Nachklang des weiblichen Erbrechts aus der Königszeit.

Was von anderen italischen Stämmen übriggeblieben war, schwor nie unbedingt zum Vaterrecht. Mäcenas, der Etrusker, hatte keine Vaterlinie, Horaz, um ihm zu schmeicheln, zählt in den Episteln nur seine Mütter auf. Das *vor*staatliche, rein stoffliche Dasein, die gliederungslose Freiheit lebte sich praktisch handfest besonders in den Saturnalien aus, auch Freilassung der Sklaven geschah im Namen einer großen Naturgöttin, der Feronia. Frauenrecht, hier wie überall zugleich ein Recht auf sexuelle Freiheit, feierte seinerseits Feste der Ceres

und der mater matuta. Die Priesterschaft vertrat dabei in Eselsmasken Pales, den befruchtend phallischen Gott, und keine Patrizierin oder Dame des höchsten Adels versäumte hierbei ihre religiöse Pflicht. Lesbische Praktiken und heilige Obszönitäten, besonders zu Ehren der bona Dea, übertrafen sogar die Kultgebräuche afrikanischer Regenpriesterinnen; Regen gilt ja bei Primitiven als Folge der Liebeserregung einer Gottheit. Unter Tiberius gab es dann einen großen Skandal, weil ein junger Lebemann, in die Frau eines hohen Beamten vergeblich verliebt, einen Priester bestochen hatte, ihm bei solchem Fest seine Maske zu leihen, obwohl kein profaner Mann den Cerestempel betreten durfte. Auch für keinen Gatten und für keinen Sohn durfte dort gebetet werden, nur für die Schwester und der Schwester Kinder, die uterine Linie. Im Christentum lebt der sabinische Anteil Roms als »unsere Mutter, die Kirche« und in der Verehrung der Sibyllen fort, neben dem Stufenbau seiner männerstaatlichen Form.
Ehrlicher als das XIX. Jahrhundert hat das republikanische Rom selbst nie von einem »physiologischen Schwachsinn des Weibes« geredet oder davon, daß es »ins Haus gehöre«, Unabhängigkeit nur »Scheinglück«für die Frau sei, vielmehr durch Cato den Grund der politischen und rechtlichen Ausschaltung lieber ohne Hypokrisie einbekannt. Seiner Mahnung: »Erinnert euch all der Gesetze, mit denen unsere Vorfahren die Freiheit der Frauen gebunden, durch die sie die Weiber der Macht der Männer gebeugt haben«, fügte er offen hinzu: *»Sobald sie uns gleich sind, sind sie uns überlegen.«*

SPARTA

Die Spartaner versäumten bekanntlich die Schlacht bei Marathon, weil der Mond nicht im richtigen Viertel für den Ausmarsch stand.
Noch selten ist ein so wunderschönes Schulbeispiel für Mutterrecht und seine Derivate gelebt worden. Beinahe überflüssig, noch besonders zu bemerken, daß a) die Dorer sich nach der Mondgöttin *Doris* nannten; b) Dorer und Ionier gemeinsam von *Helena=Selene*, der Mondfrau, stammen wollten; c) Spartus, Spurius, Sparter Muttersöhne bedeutet, »Sumpfpflanzen, vaterlos von unbekanntem Sämann gezeugt«; d) spartanische

Mädchen vor der Ehe völlig frei über sich verfügten, geschlechtlich wie sozial, die Ehe selbst eine der primitivsten rein sexuellen Einrichtungen war; e) der Unterschied zwischen ehelichen und unehelichen Kindern dahinfiel; f) Polyandrie bestand; g) Frauen von ihren Männern »Herrinnen« genannt wurden. Und so noch viele Buchstaben weit ins Alphabet hinein.
Eine männerrechtliche Umwelt fällt diesem Zustand der Dinge das gewohnte Fehlurteil. »Daher sollen sie denn auch sehr frech und, vorzüglich gegen ihre Männer, selbst männlich und gebieterisch gewesen sein, indem sie nicht nur zu Hause unumschränkt herrschten, sondern auch in den wichtigsten Angelegenheiten des Staates ihre Meinung in aller Freiheit sagen durften.« Des Euripides Blutdruck steigt sogar bedenklich:

»Die Töchter Spartas findest du gar nie zu Haus,
Sie mischen sich den jungen Männern zu,
Die Kleider abgelegt, die Hüften nackt,
Zu gleichem Ringkampf; wahrlich, mich bedünkt
Dies Treiben schmachvoll – –.«

Biologisch betrachtet, zeigt das Geschilderte *Aufartung,* nicht *Entartung,* »bedünkt schmachvoll« nur männerrechtliche Athener, gewohnt, ihre Patrizierinnen mehr oder weniger einzusperren, mit ihren Hetären zwar Liebe und Philosophie, nie aber mit wohlgeratenen jungen Mädchen Sport und Körperkultur zu betreiben, was sie manches Nützliche gelehrt hätte. Plato, im Gegensatz zu Euripides, klagt weniger die Frauen als das verfehlte Regime an, unter dem anständiges Benehmen ihnen zur Unmöglichkeit geworden war. Aristoteles seinerseits macht dem Lykurg (850 v. Chr.) noch beinah fünfhundert Jahre später schwere postume Vorwürfe, weil er in seinen Gesetzen nicht einmal versucht habe, etwas gegen das Matriarchat auszurichten.
Zutiefst geht es in Athen aber nicht gegen das Matriarchat selbst, sondern eben gegen etwas, was die Dorer, der bestgehaßte Menschenschlag in ganz Griechenland, haben. Die Lakedämonier gehörten nämlich nie »dazu«. Nie irgendwo »dazu«. Ihr Staat blieb wie ein Stück fremder Planet unter der allgemeinen Verlotterung. Ganz allein für sich waren sie auch in die Peloponnes gekommen, spät erst, 1104 v. Chr. – Homer nennt die Dorer nicht unter den Griechenstämmen vor Troja –,

von Norden her, wie weit her, ob weiter als die Südufer der Donau, ist unbekannt. Die attischen Griechen behaupteten dagegen stets von sich, sie seien autochthon; mit welchem Recht, soll hier nicht untersucht werden. Jedenfalls empfanden alle übrigen hellenischen Stämme die »Pelasger« – ein Sammelname für Prähellenen – weniger artfremd als die ihnen sprachlich so nahen Spartaner.

Nie noch hatte man völlige Herren und völlige Sieger derart kurios leben sehen, sechshundert, achthundert Jahre lang. Ganz unmaterialistisch, dabei voll Wirklichkeitssinn. »Lykurg verbannte alle Gewerbe in die Hände von Sklaven und Metöken, angesessenen, aber nicht eingebürgerten Fremden; den Freien war es durchaus nicht gestattet, irgendein Gewerbe zu treiben, damit sie vollkommen und in jeder Hinsicht frei blieben. Nur den Sklaven und Heloten war der Gelderwerb gestattet. Also, die ethischen Werte zu schaffen und zu erhalten, die Lebenshaltung, lag bei den Freien.« Nicht auf Kosten einer Unterschicht. Diese durfte steinreich werden, die Oberrasse blieb freiwillig bitterarm, das war ihr streng gehütetes Vorrecht. Der ganze Peloponnes gehörte den kriegerischen Eroberern, dennoch lebten sie von einem lächerlich geringen Pachtzins, den die Heloten für das Land entrichteten, karger als der letzte athenische Taglöhner es sich hätte gefallen lassen. Niemand durfte zu Hause essen oder ein Fest feiern; Blutsuppe und Gerstenfladen mußten zur Nahrung, ein alter Mantel das Leben lang zur Kleidung genügen. Männern wie Frauen. Diesen waren sogar der schlichte Haarknoten, die Nacktgliedrigkeit einheitlich vorgeschrieben. Nicht ein Schmuckstück blieb erlaubt. Am dürftigsten bekam die Jugend zu essen. »Denn wenn die Lebensgeister nicht, durch Nahrung beschwert, in die Tiefe und Breite gepreßt werden, sondern vermöge ihrer Leichtigkeit emporsteigen, so kann auch der Körper frei und unbehindert zunehmen und bekommt so einen schlanken Wuchs. Eben das scheint auch zur Schönheit der Menschen beizutragen. Ein hagerer, schlanker Körper ist eben einer feineren Bildung fähig als ein dicker und wohlgenährter. Weiber, welche während ihrer Schwangerschaft reinigende Arzneimittel gebrauchen, werden zwar zarte, aber wohlgestaltete, niedliche Kinder zur Welt bringen, weil sich die Materie ihrer Leichtigkeit wegen von der Natur besser bilden läßt.« Ganz im Sinne Lahmanns.

Geld gab es nur in Form absichtlich unhandlicher Eisenbarren; weder Gold- noch Silbermünzen, auch nichts, was man mit ihnen hätte kaufen können, gab es in diesem warenlosen Land. *Nirgends auf der Welt war die Lebenshaltung so tief, die innere Haltung so hoch.* Um »Haltung« ging es ja auch bei den Pubertätsprüfungen und öffentlichen Knabenauspeitschungen, Generalproben zum Leben, denen der Indianer verwandt. Von Geld oder Geschäften zu reden, an Geld oder Geschäfte zu denken, galt für so entehrend wie auf Dinge Wert zu legen, die Geld kosten könnten: bildende Künste, Architektur oder irgendwelche Form von Zivilisation. Dafür trieb jeder Dichtung, Musik, Gesang, jagte und übte Körpersport aller Art in den Gymnasien, *lebte sinnvoll und zweckfrei, also seelisch zimmerrein,* mit beispielloser Stetigkeit der Zuchtlinien, mit einem leisen Zug von Beschränktheit auch, dem notwendigen Fehler seiner Vorzüge. In Athen wurde umgekehrt »nur immer Betrieb« gepredigt, jeder Müßiggang, also äußere und innere Freiheit, bestraft; auch Plato »betrieb« neben der Philosophie einen einträglichen Ölhandel, verdiente mit ihm für seine weiten Reisen Geld. In der römischen Kaiserzeit brachte es die athenische Betriebsamkeit dahin, daß rivalisierende Privatdozenten, oder was damals Privatdozenten gleichkam, den ankommenden Fremdenschiffen entgegenfuhren und Schüler enterten.

Da unter dorischer Herrschaft den Heloten und Metöken fast aller Ertrag der gepachteten Ländereien verblieb, konnten sie so reich werden, wie es ihnen Spaß machte, zu Protzerei war allerdings in Sparta selbst keine Gelegenheit, dazu mußten sie außer Landes gehen, für Luxusdinge blieb jegliche Einfuhr gesperrt. Seiner stolzen Kargheit und bewußten Zucht wegen ist Sparta oft dem alten Preußen verglichen worden; größer aber bleibt das Trennende. *Der unbeweibte preußische Staat war eine bürokratische Stufenpyramide, aus Gliederpersönlichkeiten gebildet.* Die Spartaner »bildeten« keinen Staat, sondern sie lebten ihn direkt als kommunistische Aristokratie; den Beamtentypus, die dienende Gliedpersönlichkeit kannten sie nicht. *Jeder war Formträger seiner Gesamtkultur.* Hier, im Gegensatz zur misogynen preußischen Staatsidee, ragt mächtig gestaltend das Matriarchat herein, löst einerseits und bindet anders neu, wird aber durch die überwältigende Rassenpsyche seinerseits gebunden und stark variiert. Gerade in Sparta leb-

ten natürliches Herrentum und »stilles« Mutterrecht eine herbe Harmonie von völlig einmalig unbefangener Stilgewalt.
Dorisch sein war offenbar etwas unvorstellbar Starkes. Stärker sogar als der Urgegensatz Mann – Frau, so daß der gemeinsame dorische Durchklang noch Puls und Gegenpuls des Geschlechtes übertönte. Die Spartaner, als reine Herrenrasse, übten auch deren besonderen Erosinstinkt restlos aus, jene brennende Freundschaft des Älteren zum Jüngeren, der Frau zum Mädchen, des Mannes zum Knaben, doch frei von Eifersucht, nicht aus Snobismus, auch nicht um eines nouveau frisson willen, sondern in ehrfürchtigem Entzücken, ganz naiv. Liebe zum gleichen Knaben oder gleichen Mädchen band die Liebenden selbst wieder zusammen, im Wettstreit, den Liebling zu bilden, zu fördern. Ehre und Schande des Geliebten fielen auf den Liebenden zurück; er wurde bestraft, wenn der Liebling im öffentlichen Kampfspiel oder bei Schmerzproben versagte. Die Kinder in ihrer geselligen Existenz – vom sechsten Jahr an waren Schlafräume, Mahlzeiten und Unterricht gemeinsam – wählten ihrerseits den Eiren, einen zwanzigjährigen Vorsteher und Anführer, der Strafgewalt über sie besaß, ähnlich wie beim Fagging-System in den englischen Colleges, wie ja, allerdings nur in Sport und Erziehung, England zum Teil wie ein weltfähig, vor allem seefähig, gewordenes Sparta erscheint.
Damit diese gleichgeschlechtliche Bindung zur vollen Auswirkung kommen könne, durften die jungen Männer erst mit dem dreißigsten Jahr heiraten, unter voller Zustimmung der Frauen, obwohl Mutterrecht sonst beim Mann die Frühehe fördert; ganz der Regel entsprach dagegen die Verachtung des alten Junggesellen. Wie Ehe vor dem dreißigsten, so war Einschichtigkeit nach dem fünfunddreißigsten Jahr verpönt. Der Heirat selbst ging ein öffentlicher Ringkampf zwischen dem völlig nackten Brautpaar voraus, denn wer mit dem andern eine halbe Stunde lang bis zur letzten Erschöpfung sportlich gekämpft hat, weiß mehr und Wichtigeres über ihn als nach Jahren gewöhnlichen Zusammenseins. »Nach dem Ringkampf nahm eine Dienerin die Braut in Empfang, schor ihr den Kopf kahl, als Rest des Aphrodite-Opfers, zog ihr männliches Gewand und Schuhe an, legte sie auf die Streu und ließ sie in der Finsternis allein. Dann schlich sich der Bräutigam, nachdem er frugal wie gewöhnlich mit seinen Kameraden gegessen

hatte, heimlich zu ihr; bald nach Vollziehung der Ehe ging er wieder fort zu seinem gewöhnlichen Nachtlager.« Auch in der Folge veränderte er sein Leben nicht, besuchte die junge Frau nur ab und zu in ihrem Haus, ohne Tisch= und Bettgemeinschaft mit ihr. Sie ihrerseits war völlig frei, sich auch von andern Jünglingen außerhalb der Ehe befruchten zu lassen, selbst von einem Landfremden, war er nur tadellos gebaut. Die Königin von Sparta gebärdete sich besonders stolz und wurde allgemein beneidet, weil Alkibiades bei seinem Besuch ihr einen Sohn gezeugt hatte. Das ist echtes Matriarchat, unabhängig von Eugenetik, weil letztlich Mutterblut entscheidet. Das schöne, fremde Manntier gibt wohl seine Herrlichkeit dazu, doch was die Dorerin dann daraus macht, wird und bleibt als dorisch anerkannt, während das Gesetz den Königen die Mischung mit einer fremden Frau unter schwersten Strafen untersagte.

Alle Kriegerrassen hassen und verachten den Ackerbau, ihnen bedeutet die »Scholle«, für die der Bauer wütig den Dreschflegel als Verteidigungswaffe gebraucht, als solche nichts. Ihnen ist das Land nur der notwendige Lebensraum, um sich selbst zu finden. Den altpelasgischen Demeterkult schafften die Lakedämonier im Peloponnes sofort ab, unterwarfen sich willig den weiblichen Mondphasen, doch keiner »Mutter Erde«, so widerlich war ihnen alles mit Agrikultur Verknüpfte, sogar den Frauen, sonst in Mutterform von Natur aus Mehrerinnen jedes Wohlstands. Der größte Teil des Landbesitzes gehörte zwar ihnen, doch bewirtschafteten sie ihn nie selbst. Hier hat Rassenmäßiges das »stille« Mutterrecht ganz besonders stark variiert, wie fast nirgends sonst. Nichts könnte also verfehlter sein als von »agrarischem Konservatismus« bei Spartanern zu reden, die nie bodenständig waren, und auch unabhängig vom Boden, denn etwas nomadenhafte Viehzucht hätte ihren Bedürfnissen völlig genügt. Was sie brauchten und als Eroberer sich nahmen, waren nicht Produktionsmittel, sondern der Raum; nachher wollten sie eigentlich nie etwas anderes, als in diesem Lebensraum in Ruhe gelassen werden, infolge guter Beschaffenheit keines andern bedürftig. Gerade das aber erlauben die Köter ja nicht. Auch das Streben nach Hegemonie war im Grunde nicht mehr; imperialistische Kolonialkriege lagen ihnen nie. Lykurg machte sie ja kriegerisch, »nicht um Unrecht zu tun, sondern um kein Unrecht leiden zu müssen«. Als nach fast tausend Jahren doch das Ende kam, war es die erste Sorge der politischen Individualpsychologen jener Zeit, diese unbequeme Haltung zu brechen durch das Verbot an den dorischen Uradel, die homerischen Gesänge vorzutragen. Trotz Ringkampf und Speerwerfen blieben die Schauer des Unentrinnbaren der spartanischen Seele stets nah. Es nimmt der »Eugenetik«, »Ertüchtigung«, »Zuchtwahl« die Banalität, daß in Sparta dem Gotte »Phobos« ein Tempel errichtet war. Phobos wird roh und ungenau meistens mit »Furcht« übersetzt, also eine Gottheit der Furcht. Doch Phobos bedeutet Scheu, Pathos der Distanz, das Gegenteil von Hybris: überheblicher Herausforderung des Schicksals. Und von diesen Dingen hat nur der wahrhaft Lebendige unter der Verstandesfläche noch das tiefere Bewußtsein:

»Denn die Götter droben
Vertragen nicht den allzu hellen Laut
Der Lust, ein allzu starkes Flügelschlagen
Vor Abend widert sie – sie greifen schnell
Nach einem Pfeil und nageln das Geschöpf
An seines Schicksals dunkeln Baum,
Der ihm im stillen irgendwo schon längst
Gewachsen war – –«

Spartanische Kultur hatte keine weiten Projektionen, lebte nicht in Teilleistungen durch die Medien von Stein und Metall, von Kunst und Wissenschaft hindurch, vielmehr direkt als reines Sein, ausschließlich innerhalb des einzelnen Menschen selbst, als Ganzheit von Ethos und Leib. Darum wird die Urheberschaft an dieser kompromißlosen Ganzheit von Ethos und Leib das über alles Wichtige. Als eine Fremde voll Neid rief: »Ihr Lakedämonierinnen seid die einzigen Frauen, die über ihre Männer herrschen«, erwiderte Gorgo, die Gattin des Leonidas: »Wir sind auch die einzigen Frauen, die Männer zur Welt bringen.«

Aristophanes mokiert sich einmal über das Tollhäuslergetue zu Hause und sagt, das einzige, was in Athen noch nicht da war, sei Weiberherrschaft. Gerade die aber **war** dagewesen, nicht gar viele Jahrhunderte früher; so rasch schlüpft gewaltsam Verdrängtes unter das Bewußtsein zurück. Ihre Spuren sind allerdings nur schwach am Abglanz von Mythos, Tradition und Königslisten, in Worten, in ein paar Bräuchen erhalten. Die Tradition sagt, daß in Athen früher genau wie in Sparta Promiskuität geherrscht habe und vaterlose Zeugung. Die patriarchale Ehe sei durch Kekrops, den Gründer der Akropolis, kurz vor der deukalischen Flut, eingeführt worden. Er war der erste, der Männer und Frauen in Ehen zusammenfügte, vorher waren die Menschen unilateral. (Justin, Klearch, Charax, Joh. von Antiochia)

Die berühmteste Bruchstelle zwischen Vater- und Mutterrecht enthält die Orestessage mit ihrer ketzerischen Sühnbarkeit des Muttermordes, eine andere, rein politische Bruchstelle ist der Kampf zwischen Athene und Poseidon um den Besitz von Athen.

In der Ratsversammlung waren Frauen wie Männer stimmberechtigt. Die Frauen entschieden mit einer Stimme mehr für Athene. Darauf überflutete Poseidon Attika. Um ihn zu beruhigen, wurde folgende Strafe über die Frauen verhängt: sie sollten das Bürgerrecht und damit das Stimmrecht im Staat verlieren, und Kinder sollten nicht mehr nach der Mutter genannt werden. Andere Sagen über das Orakel von Dodona, Einsetzen von Priestern für Priesterinnen, umkleiden den Sturz der geistlichen Weibermacht.

Die Königslinie von Athen war weiblich. Die alten zyklopischen Mauern wurden, nach Pausanias, noch von den Pelasgern erbaut. Diese alte Rasse, durch Fremde und von Eleusis her bedrängt, ruft die Achäer zu Hilfe. Ein Achäer heiratet die Tochter des alten pelasgischen Königshauses. Auch Kekrops herrschte nur, weil er Gatte einer Prinzessin war. Ein späterer König, Kranäus, hatte drei Töchter, nach der einen, Attis, wurde das Land *Attika* genannt. Einer späteren Dynastie gehört dann Erechtheus, einer noch späteren Ägäus, der Vater des Theseus, an.

Töpfer und viele andere haben die athenische Königsliste gegen die Zweifel von Wilamowitz erfolgreich aufrechterhalten. Das Vernünftigste zu dieser Sache hat wohl Professor Ridgeway gesagt: »Es kann nicht oft genug darauf hingewiesen werden, wie das periodische oder tägliche Opfer auf Königs- oder Ahnengräbern Namen und Art des Verehrten im Gedächtnis zu stärken pflegt. Wiewohl das Christentum alle ›heidnischen‹ Opfer ausgerottet hatte, war die mündliche Tradition so stark, daß junge norwegische Bauern von Gokstad noch nach achthundert Jahren jenes Grab mit dem jetzt berühmten Wikingerschiff und seinem toten Seekönig finden konnten.« – In Athen hatten bestimmte Priesterfamilien selbst aus altem Königsblut, das Erechtheion und den Schrein des Kekrops in ihrer Obhut. Das Erechtheion aber wird schon in der Odysse erwähnt. Warum sollte man, durch das Zeugnis Homers gestützt, bezweifeln, daß im XIV. Jahrhundert v. Chr. ein wirklicher König mit Namen Erechtheus in Athen geherrscht habe. Der Eigenname ist immer etwas Lebendiges, sein Beharren durch Jahrtausende zeigt die Kraft des Lebendigen in ihm. – Der mythisierende Prozeß belehnt mit den ältesten Zügen immer nur die stärkste Persönlichkeit. Genealogien werden stets, besonders wo es sich um Ahnenkult handelt, sehr sorgfältig geführt, sogar wo die Schrift fehlt. Die Inka von Peru hatten ein Memorierungssystem von Schnüren verschiedener Farbe, verschieden geknüpft und gekreuzt. Die alten Männer hielten Schule und lehrten die Kinder den Ursprung der Rasse und ihre Genealogie mit Hilfe dieser Schnüre. Sogar die Eingeborenen an der Torresstraße führen Chroniken mit Hilfe von Schnüren und Knoten. Geschichte, insofern sie nur fortlaufend Geschriebenes gelten läßt, wird immer weniger des Menschengutes wissen. Das wichtigste Menschheitsgeschehen wird sich außerhalb abspielen und in andern Zeichen gesammelt werden müssen. Die herrschende Tradition eines Priesterkönigtums, in einer priesterlichen Familie und Opferbräuchen fortgeerbt, hat doch mehr Dauer und Gewalt als fortlaufend geschriebene Tageszeitungen, wiewohl diese mit Rotationspressen ihre Tendenzlügen in Millionen Exemplaren den Leuten um die Ohren klatschen. »Wer den Menschenkönig Kekrops anzweifelt, weil sein Wesen symbolisch als Schlange dargestellt wurde, müßte die reale Existenz der halben Menschheit bezweifeln, vor allem der Totemrassen. Indianer mit Regentotem werden als Regenstreifen dargestellt, andere Stämme als Windrichtung oder in Tiermasken«. Wie die athenische Königslinie weiblich, Attika selbst nach einer Frau benannt ist, so heißen die männlichen Mitglieder der athenischen Sippen: homogalaktes, mit gleicher Milch Genährte, also Muttersöhne. Halbgeschwister väterlicherseits galten für nicht nahe verwandt, durften unter sich heiraten, bei uterinen Halbgeschwistern zählte eine Verbindung schon als Inzest. Der Bruder selber heißt griechisch: adelphos, von delphys = Gebärmutter. Auch zwischen den beiderlei Onkeln bestand ein Rangunterschied als letzter Rest blutmäßigen Mutterrechts; einen Rest des politischen erwähnt Plutarch; denn bis um 300 v. Chr. nahmen auch die Frauen an großen öffentlichen Prozessen als Stimmberechtigte teil.

In den altertümlichen, pelasgisch unterlagerten Stämmen – Arkadiern, Äoliern, Böotiern – und ihren Kolonien war das Matriarchat viel deutlicher erhalten. Mantinea in Arkadien feierte die ganze klassische Zeit hindurch reine Frauenmysterien. Diotima, die liebesweise Frau im platonischen Gastmahl, ist Mantineerin. In der »hohlen« Elis – Stadt und weite Ebene der Peloponnes – verwalteten nach Pausanias sechzehn Matronen das höchste Richteramt. Tätowierung galt als Zeichen mütterlichen Adels in Thrakien. Lokri heißt Mutterland, Stammutter der Lokrer war Aphrodite in Person. Sie führt den Beinamen Zephyritis, nach ihr nannte die lokrische Kolonie in Unteritalien Hauptstadt und Vorgebirge Epizephyrion und sich selbst epizephyrische Lokrer. Sie kamen mit einer Art »Mayflower« nach Italien. Von ihnen sagt Polybius: »Zuerst führen sie den Umstand an, daß aller Ruhm und Glanz der Abstammung bei ihnen von den Frauen und nicht von den Männern hergeleitet werden, daß für adelig nur die aus den hundert Häusern gehalten werden.« Einige Mädchen aus diesem Frauenadel befanden sich auf der »Mayflower« und übernahmen dann in der italienischen Kolonie das oberste Opferamt bei den religiösen Zeremonien. Pontifex, also wer opfern darf, ist bei Matriarchat die Frau. Außer dem schönen, aphroditischen Namen Epizephyroi haben die lokrischen Männer noch ein weniger schmückendes Beiwort: sie heißen »stinkende« Lokrer von der ewigen Beschäftigung mit dem Ziegenvieh, dem Böckehüten, der schweren und schmierigen Arbeit, die ihnen von den Frauen aufgepackt wurde. Sie sind ein Gegenbeispiel zu den Lydiern, deren Häuslichkeit und Putzsucht von Dr. Vaerting als ständig wiederkehrende Wirkung der Frauenherrschaft angegeben wird. Bei den Lokrern hatte das Matriarchat genau das Gegenteil zur Folge. Das ungeheure völkerkundliche und historische Material ist eben schwer unter ein Einheitshütchen zu bringen. Trotzdem – das verdient immer wieder betont zu werden – bleibt die Vaertingsche Theorie überaus anregend und fruchtbar.

LYKIEN, LYDIEN, KARIA, SUMER (BABYLON)

Ein Schwieriger, also jemand, mit Phantasie genug zum Wünschen und mit Temperament genug, seine Wünsche auch verwirklicht sehen zu wollen, worin eben das Schwere besteht, hat sicher schon nach einem Meer tausend Meter über dem Meeresspiegel geseufzt, Ozean mit Alpenluft. Dem Schwierigen sei wohlmeinend geraten, sich ein Chalet in Lykien zu bauen, mit einer Schwebebahn zum Ägäischen Meer hinab, das wird auf diesem minderen Stern seinem Wunschbild noch am nächsten kommen, denn Lykien ist ein Klotz kleinasiatische Schweiz und ragt, vom Taurusgebirge durchzogen, halbinselförmig steil in eine lapislazuliblaue See hinein.
Einem großen Schweizer erschien es wie eine mutterrechtliche Eidgenossenschaft in der hochgeschlossenen Arttreue des Volkes, zugleich aber blühte ihm dort »Asia« auf, »mit tausend Gipfeln duftend«. Diesem Lieblingsmutterland zu Ehren hebt Bachofens berühmtes Lebenswerk mit den nicht minder berühmten Worten an: »Jede Untersuchung über das Mutterrecht muß von dem lykischen Volk ihren Ausgang nehmen. Für dieses liegen die bestimmtesten und auch an Inhalt reichsten Zeugnisse vor.« Die Lykier stammen ursprünglich aus Kreta, waren demnach Mittelmeerrasse. Ihre Glanzzeit sammelt sich um den Namen Sarpedons, des jüngsten Minosbruders, und Bellerophons, des Peloponnesiers, vergottet wie Minos, der auch nach seinem Tod zu einem Gott und Richter der Unterwelt geworden war.
Herodot, der kurz nach dem Sieg des Cyrus über Lykien im Lande reiste, berichtet: »Ihre Sitten sind zum Teil kretisch, zum Teil karisch, jedoch eine sonderbare Gewohnheit haben sie, sie benennen sich nach der Mutter und nicht nach dem Vater. Denn wenn man einen Lykier fragt, wer er sei, so wird er sein Ge-

schlecht von Mutterseite angeben und seiner Mutter Mütter herzählen; und wenn eine Bürgerin mit einem Sklaven sich verbindet, so gelten die Kinder für edel geboren; wenn aber ein Bürger, und wäre es der vornehmste, eine Ausländerin oder ein Kebsweib nimmt, so sind die Kinder unehrlich.« Aus Nicolaus Damascenus' Schrift über merkwürdige Gebräuche ist folgendes Fragment arhalten: »*Die Lykier erweisen den Weibern mehr Ehre als den Männern; sie nennen sich nach der Mutter und vererben ihre Hinterlassenschaft auf die Töchter, nicht auf die Söhne.*« Heraklides Ponticus gibt an: »*Sie haben keine geschriebenen Gesetze, sondern nur ungeschriebene Gebräuche. Von alters her werden sie von den Weibern beherrscht.*« *Wo Weiber herrschen, gilt Gesittung statt Gesetzgeberei. Nichts ist so eindeutig bezeichnend für Gynaikokratie wie die Abwesenheit des Jus und die Anwesenheit guter Lebensformen, was wieder mit dem zauberhaften Vertrauen auf die urmütterliche Gerechtigkeit zusammenhängt.* »Gewiß ist, daß in dem Weibe eine nähere Beziehung zu der Gottheit erkannt und ihm ein höheres Verständnis ihres Willens beigelegt wurde. Sie trägt das Gesetz, das den Stoff durchdringt, in sich. Unbewußt, aber völlig sicher, nach Art des Gewissens, spricht aus ihr die Gerechtigkeit. Sie ist durch sich selbst weise –von Natur Fauna oder Fatua, die das Schicksal verkündende Prophetin, die Sibylla, Themis. Darum galten die Frauen als unverletzlich, darum als Trägerinnen des Richteramtes, als Quelle der Prophezeiung. Darum weichen die Schlachtlinien auf ihr Gebot auseinander, darum schlichten sie als priesterliche Schiedsrichter den Völkerstreit: eine religiöse Grundlage, auf welcher die Gynaikokratie fest und unerschütterlich ruht.« (Bachofen.) »Denn nicht das Geistige ist das erste, sondern das Seelische, nachher das Geistige.« (Paulus, 1. Korinther.) Dann faßt Bachofen die fast unübersehbaren Zeugnisse für lykisches Matriarchat zusammen, dessen Bedeutung sich in mehreren Punkten äußert. »Erstens in dem Status der Kinder; die Kinder folgen der Mutter, nicht dem Vater. Zweitens in der Vererbung des Vermögens; nicht die Söhne, sondern die Töchter beerben die Eltern. Drittens in der Familiengewalt; die Mutter herrscht, nicht der Vater, und dieses Recht gilt in folgerichtiger Erweiterung auch im Staat.« Aber noch in anderer Hinsicht findet er gerade das lykische Matriarchat besonders belehrend: »Wie nahe liegt es nicht, aus der anerkannten Herrschaft des Weibes auf Feigheit, Verweichlichung, Entwürdigung des männlichen Geschlechtes zu schließen. Wie unrichtig diese Folgerung ist, zeigt das lykische Volk am besten. Seine Tapferkeit wird besonders gerühmt, und der Xanthischen Männer Heldentod gehört zu den schönsten Beispielen aufopfernden Kriegsmutes, die uns das Altertum hinterlassen hat. Was wir bei den Lykiern vereint finden, Gynaikokratie und kriegerische Tapferkeit der Männer, erscheint auch anderwärts, zumal bei den mit Kreta und Lykien so nahe verbundenen Karern. Aristoteles nimmt sogar anläßlich der spartanischen Weiberherrschaft die allgemeine Bemerkung auf, die meisten kriegerischen und streitbaren Volksstämme stünden unter Gynaikokratie.« Was allerdings nur sehr bedingt richtig ist, insofern als Muttersöhne bei der Verteidigung von fast unüberwindlich zäher Wildheit sind.

Die Tel-el-Amarna-Funde wurden erst lange nach Bachofen gemacht, so entging ihm die Freude, zu wissen, welche Stelle seine geliebten Lykier als »Lukki« in der diplomatischen Korrespondenz der XVIII. ägyptischen Dynastie behaupten. 1500 v. Chr. erscheinen sie da keineswegs als bäuerliche Provinzler, vielmehr als ebenbürtiges, längst in der Zivilisationsphase befindliches Stadt- und Handelsvolk, dessen Gebiet weit nach Anatolien hineinreichte. Stimmt die Abstammungsgeschichte – und es gibt kaum einen Vorwand, sie zu bezweifeln –, so liegt die Gründung dieser kretischen matriarchalen Kolonie mindestens bei 2000 v. Chr. Mehr denn 1500 Jahre später fand Herodot auf seinen Reisen das Mutterrecht noch immer intakt, nachdem das Volk am Ende seiner langen Schicksalsbahn, trotz verzweifelter Gegenwehr, bereits unter medisch-persische Herrschaft geraten war. Wechsellos durch alle Phasen geht hier das Matriarchat durch, schon für prähistorische hohe Stadtkultur ist es archäologisch durch die Muttermonumente, mythisch durch die *Einäugigkeit der Bauleute* belegt. Das zyklopische oder polyphemische Einauge-Stirnauge steht ja stets als Symbol für reine Erdsöhne. Sogar Wotan muß sein *anderes* Auge der Wala opfern, will er teilhaben an der weiblichen Schauung des Weltablaufs. Helden an der Grenze zwischen Sonne und Mond wieder erhalten die doppelte Erblinie von Vater und Mutter her durch die Zweifarbigkeit der Augen bekräftigt; Alexander gibt die Sage ein blaues und ein braunes Auge.

Zu den feinsten Zügen lykischer Gynaikokratie gehört jene

ungeschriebene, unbeschreiblich rein empfundene Sitte, daß Männer Weiberkleidung trugen, wenn sie trauerten. Die Mutter allein besitzt alles Geborene, somit auch den Schmerz um alles Gestorbene. Bleibt der Vater für das lebende Kind ohne Belang, so auch ohne Recht, um das tote zu trauern. Nur durch weibliche Mimikri, eine Art Todes=Couvade, kann er teilnehmen am Schicksal des Menschengeschlechts. Rein weib=lich daher bleibt die großartige lykische Grabkultur, an Aus=maß der ägyptischen gleich, mit Reihen von Frauennamen die steinernen Ahnentafeln entlang, flankiert von den Harpyien=monumenten: großen Eimüttern in Vogelgestalt. Auch der Nationalheros Bellerophon übersteigt nie das Kraftfeld seiner Mutter Erde. Herabkämpfend aus kühlen Lufträumen, Reiter des Pegasus, streitet er zwar siegreich gegen Amazonen, dann wieder mit Amazonen verbündet gegen die Chimära, das Traumtier unreiner Mischung, den Sonnenraum aber erreicht er nicht, stürzt ab, wieder zurück in die sumpfige Flur, ver=staucht sich den Fuß und hinkt fortan. »Seine Siege will ich besingen, doch seines Todesloses mag ich nicht gedenken«, sagt Pindar von ihm. Zu seinen Siegen gehört die Überwin=dung von Amazonen, denn junge Töchterreiche scheinen rebellierend sich damals abgelöst zu haben oder dringen aus dem Kaukasus vor. Ihnen wehrt Bellerophon, weicht aber dem Muttertum als stets gehorsamer Sohn.

Immer wiederum umspielt die Sage diesen Zug. Ein wilder Eber – »das Schwein ist Sonne und Mond zuwider« – hat Früchte und Tiere vernichtet. Bellerophon erschlägt ihn, erntet aber Undank. Erbittert fleht er zu Poseidon, daß auch alles Erdreich jetzt bitter werde vor Salz und unfruchtbar. So ge=schieht es, bis der Held, aus Achtung vor den Bitten der Frau=en,wiederum zu Poseidon fleht, die Verheerung zu enden. Sieg über Amazonentum, Unterliegen vor der Mütterlichkeit sind ihm wechselweise beschieden. Niemals Vaterrecht; seine Toch=ter Laodamia wird Königin.

Ganz Sinai und Kleinasien bis zur sarmatischen Tiefebene waren damals, etwa um das XIII. Jahrhundert v. Chr. voll junger Kriegerinnen zu Pferd. Ramses II. erwähnt, daß die mysischen Frauen – Mysier sind ein Zweig der Lydier, Ver=wandte der Karer, Nachbarn der Lykier – beritten kämpften unter persönlicher Leitung ihrer Herrscherin. Das war Landes=sitte noch ein Jahrtausend lang. Auch die karische Königin

Artemisia führte einen Teil von Xerxes' Armee und übertraf, wie die Historiker berichteten, an Schneid und strategischer Fähigkeit sämtliche Feldherren der Perserkriege. Eine andere, spätere Artemisia errichtete das Mausoleum – die Skulpturen sind jetzt in London – für ihren Brudergemahl Mausolos, dann trat sie die Regierung an ihre jüngere Schwester Ada ab, die ihrerseits mit dem jüngeren Bruder Hidrieus verheiratet war. Weniger untröstlich als Artemisia, regierte sie nach seinem Tode allein weiter und wurde auch von Alexander dem Großen bestätigt. Wie in Ägypten, hielt in Karien der Bruder das Thronrecht nur als Gatte der Prinzessin-Schwester; wählte sie aber einen Fremden, so galt dieser seinerseits als Bruder.
In Lydien ist das königliche Haus selbst von einer Amazone gegründet: Omphale, deren jeweiliger Gatte ihr Sklave war, analog den afrikanischen Sklavengatten, und jeder Erniedrigung unterworfen. Eine Zeitlang soll es der Sage nach Herakles gewesen sein, zur Strafe für einen hemmungslosen Wutausbruch, wobei er einen völlig Unschuldigen erschlug. Wer aber Sonnenherr sein will, hat sich auch herrlich zu benehmen; das Männergeschlecht zu erziehen bleibt weiblicher Beruf, so muß Herakles wiederum, diesmal demütigender als in der Kinderstube, einer Frau gehorchen lernen, bevor er zur Herrschaft gelangen darf. Von Königin zu Königin vererbte sich das lydische Reich. Erst zur Meder- und Perserzeit ist vornehmlich von einem König: Krösus, die Rede. Ein besonders luxuriöses Amazonentum übrigens! Was Paris heute den Amerikanerinnen bedeutet, das war die Hauptstadt von Lydien ein Jahrtausend lang für die ganze Weiblichkeit Kleinasiens, Großgriechenlands und der Inseln. Von dort kamen die elegantesten Modelle, Stoffe, Parfüms, vor allem die feinen Stöckelschuhe, überall hoch begehrt, besonders im Kreis der Sappho; Lesbos lag ja nur einen Katzensprung von dem damaligen Lydien entfernt. Wem die Chaldäer dafür zu teuer waren, ließ sich hier auch sein Horoskop stellen. Alles, was heute noch »als ägyptisches Traumbuch« bei uns kursiert, ist abgeschrieben aus dem Werk des Lydiers Artemidoros von Daldis. Im II. vorchristlichen Jahrhundert bearbeitete er in fünf Büchern an die dreitausend Träume. In diesem Zentrum des Weltwesens, der Modeschöpfung und Körperkultur bei sehr hoher Lebenshaltung – das hängt mit der physischen Wohlfahrt der Muttergeschlechter zusammen – waren die Männer ebenso gepflegt wie die Frau-

en, ondulierten sich die Haare, trugen eine Menge Goldschmuck, manikürten sich eifrig und hielten auf tadellose Zähne. Viel Gigolotypen nach Strabos Bericht, zu Geliebten gewählt und ausgehalten von den Frauen. Diese heirateten auch, wen sie wollten, und ließen sich wieder scheiden, besorgten die öffentlichen, Männer dagegen die häuslichen Geschäfte. Von der umgekehrten Arbeitsteilung erzählt schon Herodot (500 v. Chr.) ausführlich.

Dieser unsträfliche Historiker hatte damals den ganzen bekannten Globus gesehen, und so ist ihm ohne weiteres zu glauben, wenn er versichert, nur ägyptische Pyramiden und babylonische Architektur könnten sich an Großartigkeit mit dem Weltwunder des lydischen Grabdenkmals vergleichen. Nach den Inschriften war es von Frauen nicht nur entworfen oder gestiftet, sondern eigenhändig erbaut. Baukunst ist eben nicht nur *eine* Organprojektion, sondern *die* Organprojektion des »Frauenzimmers« schlechthin, wo sie ihr ureigenstes Wesen weit über den Körper hinaus noch einmal setzt und stilisiert: bergendes Heim dem Lebendigen zu sein. Sie ist von Natur Heimmacherin, tut es mit Passion, wo immer man sie läßt, legt in Afrika den Kraal an, konstruiert in Zentralasien das schwarze Kamelhaarzelt, bei den Pueblos die »Wolkenkratzer«, in den hohen Stadtkulturen Lykien, Lydien, Karien, Babylon vielfach auch Monumentalbauten. Die von Semiramis entworfenen Gebäude, als solche auch durch Inschriften belegt, sind ja vor nicht langer Zeit enterdet worden.

Große Göttin und Mauerkrone gehören zusammen. Selbst *Vater*länder wissen das und haben ihre *Metro*polen = Mutterstädte.

Von den Sumerern stammt die babylonische Kultur. Erst nach dem Semiteneinbruch im III. Jahrtausend v. Chr. scheidet sich das Reich in Sumer und Akkad. Akkad ist Babylon. Männer, wie Afghanen, große Schmalköpfe, haben im alten Ur und Uruk die Herrin Ischtar verehrt, und sie hat mit dem Jünglingskonig Gilgamesch gehadert, als er vom Zedernwald kam, »dessen Schatten schön und voller Jubel ist«. Gilgamesch im sumerischen Nationalepos spricht ein paar der ergreifendsten Dinge aus, die Menschen je gesagt haben:

»Mein junger Freund, der Panther des Feldes, ist zu Erde geworden,
Egidu, mein Freund, den ich liebe, ist zu Erde geworden.

Werde nicht auch ich wie er mich niederlegen müssen, ohne wieder aufzustehen!
Wie sollten da nicht abgezehrt sein meine Wangen, nicht gebeugt mein Antlitz,
Nicht betrübt mein Herz, nicht aufgerieben meine Gestalt,
Ich einem Wanderer ferner Wege nicht gleichen an Aussehen!
Eine ferne Bahn eile ich deshalb übers Feld dahin,
Wie kann ich es verschweigen, wie kann ich es hinausschreien,
Mein Freund, den ich liebe, ist zu Erde geworden!
Seit er fort ist, finde ich das Leben nicht mehr.« (Ungnad)

Goldene Tierköpfe mit Lapislazulibärten, genau wie das Epos sie beschreibt, sind bei den Ausgrabungen zutage gekommen, alles Dinge einer Kultur, schon reif und selbst im absteigenden Bogen. Damals, vor fünftausend Jahren, hielten die Rechte der Geschlechter sich gerade wunderbar die Schwebe. Beiden Gatten gegenüber war das Gesetz für Ehebruch wie Scheidung völlig gleich, letztere bereits im Heiratskontrakt vorgesehen, gleich auch die Bestimmung über Nachfolge und Adoption. Nahm ein Freier eine Sklavin zur Nebenfrau, so wurden sie und ihre Kinder dadurch frei, heiratete eine Freie einen Sklaven, ging die Freiheit der Mutter auch auf die Kinder über. Mitgift und Verlobungsgabe des Bräutigams blieben auf alle Fälle Besitz der Frau, sie war vor Gläubigern des Mannes geschützt, konnte Verträge schließen, als Zeugin vor Gericht erscheinen, Prozesse auch gegen den eigenen Gatten führen, ihre Söhne wegen Ungehorsams verstoßen, enterben, aus der Stadt weisen lassen.
Alle Kinder, Knaben wie Mädchen, lernten in den Tempelschulen gemeinsam Quadratwurzeln ziehen, Geometrie und Grammatik. Wer Geschäfte betrieb, mußte genau Buch führen. Wie das Altlybische von den Tuaregdamen allein verstanden wird, so gab es in Sumer eine eigene Literatursprache nur von Frauen für Frauen: das Eme-sal. Literatursprache für Damen, komplizierte Buchhaltung, Quadratwurzelziehen für jedermann, ausgewogene Rechtslage bis in die letzten Kompliziertheiten hinein sind aber kein Anfang, keine Mitte, sondern ein Jenseits des Zenits.
Was ging wohl dieser Schwebe der Gleichberechtigung voraus, ehe sie sich unter semitischem Einfluß immer mehr dem Männerrecht zuneigte? War sie selbst bereits ein ausgeflachtes

Matriarchat, wie fast überall anders auch? Schade, daß darüber kaum mehr etwas zu erfahren sein dürfte, obwohl sumerische Tradition eine hochbewußte Vergangenheit von vierhundert=tausend Jahren vor der Flut beansprucht. Diese aber hat gerade im Gebiet von Sumer und Akkad wahrscheinlich alle früheren Belege zerstört.
Sehr schade!

KRETA, DAS DAMENREICH

Die große Insel hat etwas von der Selbständigkeit eines Kon=tinents. Ankommenden Schiffen scheint sie vor der Einfahrt nach Kandia entgegenzuschweben, von hier aus gesehen merk=würdig flach, wie ein Präsentierbrett des Außerordentlichen. Dieses Außerordentliche spürt jeder bei der Ankunft sofort, trotz Staub, verlaustem Federvieh, Provinzlern, »Beserlpark« und Sonntagsmusik, spürt es an der Fertiggelebtheit der gan=zen Landschaft. Hier ist altedles Menschenreich. Wo immer der spät eingenistete, artfremde, schäbige Alltag abgekratzt wird, zeigt sich schon wenige Fuß unter ihm der Boden durch=drungen von »towering grace«: ragender Anmut. Quadernge=fügte Paläste, Pergolen, Gymnasien, Wasserwerke, Bibliothe=ken, Arenen, Theater kommen zutage; Hülsen eines einst über drei Kontinente hinstrahlenden Lebens. Noch ein Jahrtausend nach dem gewaltsamen Ende steht sein farbiger Abglanz an jüngerer Völker Horizont.
Kreta ist stets ein Sagenbrennpunkt beinahe ohnegleichen ge=wesen, und Sir Arthur Evans gräbt dort Märchen über Märchen aus. Zu Anfang, vor dreißig Jahren, galt das, trotz Schliemann, zünftiger Fachmeinung noch immer für ein Unternehmen, auf nichts gegründet als Phantasiegespinst, aufgeblasen von romantischen Fabulierern. Sir Arthur aber war ein zäher Laie und las so praktisch begeistert, wie Schliemann seinen Homer, von Jugend an im Kingsleys Fairy tales von der Geburt des Zeus in der diktäischen Grotte. Wie er als Stier Europa dort befruchtet, die Minos, einen Herrn der Welt, gebiert, vom Laby=rinth und seinem Architekten Dädalus, dem ersten Vogelmen=schen, vom Minotaur, von Theseus und Ariadne mit dem roten Faden – wohl auch vom Tod des Zeus. Der verblüffende Aus=spruch der Kreter, auf dem Monte Jukta das Grab des ober=

sten Griechengottes zu besitzen, schuf ihnen zuerst den Ruf der Unwahrhaftigkeit: »Alle Kretenser sind Lügner.« Obwohl in der diktäischen Grotte uraltes Kultgerät, seltsame Linear=schrift und Weihgeschenke sich fanden, stieß Evans mit gutem Instinkt lieber gleich in den Kern der Legende hinein, dort, wo er unter wehenden Kornfeldern das »weitbewohnte« Knossos, die minoische Hauptstadt, vermutete und das Labyrinth.

Bald kamen Paläste frei, die weiten Flügel über Land gewor=fen; Innenhöfe von der Größe des Markusplatzes, glatt poliert wie Tanzsäle, mit Marmorsitzen und Brunnen, werden ent=erdet. In Bronzeangeln schwingen die mächtigen Tore, mit Metallschlössern und Schlüsseln versperrbar, oder Schiebetüren verbinden Badezimmer mit Boudoirs; Schlafräume sind durch=wegs der Morgensonne zu gelegen. Die innere Haupttreppe des Ostflügels mit ihren Säulen und Balustraden führt durch fünf Stockwerke nach oben in den Zentralhof, nach unten mün=det sie in Säulenkolonnaden und Wandelgänge, auf daß sich die Menschen hier im Freien und doch geschützt ergehen könnten. Achtzig Fuß lange Säulenhallen wechseln mit raffi=niert intimer Raumkunst; ein oblonges Gemach teilen Säulen aus edlem Material, um ihre Basen laufen Alabasterbänke, wohl einst von Kissen bedeckt, bilden gemütliche Ecken mit rosigen Stehlampen und »Kopenhagener« Porzellan. Blaues und grünes Email, Gold und Bergkristall verkleiden die Wände des Thronsaals. Fast unübersehbar sind die Anlagen für Speicher, Vorräte, Banken, Safes, Sekretariate.

Starkes Gefälle im Terrain gab den großen, unbekannten Architekten Gelegenheit, hydraulische Künste in verzweigten Wasserleitungs= und Kanalisationsanlagen zu üben; die Terra=kottaröhren, mit feinem Zement ausgekleidet, funktionieren heute noch ohne Fehl. Alle Einrichtungen, vom Waschkasten abwärts, wirken mustergültig »englisch«. Dies aber gehört be=reits dem rein Zivilisatorischen an, auch jene weiten zementier=ten Terrassen, von denen vielleicht wirklich die ersten Flieger starteten, denn bisher haben alle Funde derart lächerlich genau mit der Tradition gestimmt, daß niemand besonders erstaunt wäre, enthielten die bisher leider unentzifferten Bibliotheken auch darüber bestätigenden Bericht. Doch all das bleibt ledig=lich als Kuriosum zu werten, ist internationale Zivilisation, die aber können wir momentan besser als irgend jemand sonst.

Wer hingegen »chinesisch«, »persisch«, »mexikanisch«, »ägyp=

tisch« sagt, meint ein ganz bestimmtes *Formengut,* unverwechselbar und unvergeßlich, wenn erst einmal erfaßt. So sagte man »minoisch« auf den ersten Blick und durfte es beglückenderweise sagen, denn arm an wahrhaft echten Formen ist die Welt.

Auch zu Phästos, im Süden der Insel, also abliegend von Knossos, ergrub die italienische Mission einen ganz ähnlichen Palast, den Evansschen Entdeckungen ebenbürtig, ihnen in einem überlegen: der Riesentreppe. Aus Sandstein, dreizehneinhalb Meter breit, steigt sie in edler Flucht zu den Propyläen hinauf. Leider erwies sich Phästos als völlig ausgeraubt. Um so feinere Funde ergab die Königsvilla zu Hagia Triada und der sogenannte »kleine Palast«, denn es gehörte zum Lebensstil um 2000 v. Chr., sich außerhalb der Metropolen für das Weekend auf dem Lande reizvoll-intim anzubauen. Das also waren die Herrensitze. In Gournia entdeckte dagegen eine Amerikanerin, Miss Boyd, auch eine ganze kleinbürgerliche Villenstadt. Die Häuser, meist zwei- bis dreistöckig mit zwölf bis achtzehn Wohnräumen, gleichen englischen Cottages, die Einrichtung war der königlichen im Stil verwandt, wenn auch bescheidener.

Menschliche Siedlungen gehen auf der Insel bis ins XII. Jahrtausend v. Chr. zurück, wie sich aus den sechsundzwanzig Fuß hohen Scherbenresten ergibt. Schon im V. Jahrtausend exportierte man fleißig eine handpolierte schwarze Tonware nach Ägypten, die sich in Gräbern der ersten Pyramidenzeit findet. Zum England der Ägäis wurde Kreta in der Mitte des dritten Jahrtausends, seine Gipfelblüte liegt um 1600, das Ende zwischen 1450 und 1400 v. Chr. Das Reich zerstört, die Paläste in Flammen, so geht die minoische Welt in ihrer Glorie jäh und gewaltsam zugrunde, denn alle Macht lag in der Kriegsflotte, bestimmt, Handel und Häfen zu schützen. Ihr Versagen brachte Tod. Wie ein spätes Echo der Katastrophe, von der die brandgeschwelten Palastwände zu Knossos und Phästos berichten, sind die Worte Ramses III., in Fels gegraben zu Medinet-Habu: »Die Inseln aber waren ruhelos, verstört untereinander.«

Wer diese erobernden Seevölker waren, ob artfremd oder von ähnlicher Mittelmeerrasse, abgetrieben vom Festland und selber fliehend vor einer Welle nordischer Wanderung, ist unbekannt. Wie aber jene fernen, geheimnisvollen Zauberwesen die Minoer, selber waren, das wissen wir, bis an die Spitzen ihrer Nägel und Locken hin, genau. An den Wänden der Paläste wandeln sie als lebensgroße Gestalten, schwingen im Reigen durch den »Korridor der Prozession«, auf Miniaturfresken lachen und plaudern sie in Gruppen, sehen vom Altan den Sportfesten zu, stehen als Fayencefigürchen im heiligen Schrein. Damen, Damen, nichts als Damen, wie an der Riviera, überbekleidet, onduliert, in Stöckelschuhen, dazwischen ab und zu ein fast nackter Jüngling, Typus Leichtgewichtsathlet oder Eintänzer, glatt rasiert, mit dem Torso einer roten Raubameise. Weit und breit kein »ehrwürdiger Greis«. Die Sorte ist in Frauenreichen nicht geschätzt.

Männer erscheinen durchweg subaltern beschäftigt, als Pagen, Mundschenken, Flötenbläser, Feldarbeiter, Matrosen. Kein einziger König, Priester, Heros; was man anfangs, fast automatisch, auf halb abgeblätterter Freske für einen Herrscher hielt, entpuppte sich schließlich als weiblich. Immer sind die Frauen Königinnen, Priesterinnen, Göttinnen, Herrinnen – nie Dienerinnen. Es war ein ungemein gepflegter, graziöser Frauentyp von selbstsicherer Unabhängigkeit der Haltung, in feinster Harmonie mit seiner Umwelt. Gazellengliedrig, diademgelockt, mit groß aufgeblühten, wimpernbeschwingten Augen, Näschen wie von Igeln, beweglich-fein und ganz leicht aufgebogen. Ihre Appartements sind luxuriös eingerichtet, mit Badezimmern und allem modernen Komfort versehen. Beim Nationalsport, der heute noch die iberische Halbinsel, damals das ganze Mittelmeergebiet erfüllte: dem Stierkampf, trugen sie absatzlose Schnürstiefel und ganz kurze Sporträcke, bei Gartenfesten dagegen Schühchen mit Louis XV.-Absätzen, Panniers, lange Mieder, weite Hüte und gepuffte Ärmel. Daß aber sogar die »große Göttin« von Kreta ebenso onduliert auf Modeschau angezogen ist in ihren Heiligtümern, wirkt reichlich toll. Noch toller allerdings *die große Mutter in Sporthosen,* der neueste Fund, soeben publiziert und von Evans beschrieben, während diese Seiten in Druck gehen. Die Göttin war Patronesse aller nationalen Sportfeste, hatte als solche in der Arena ihren Schrein, wie eine »Fürstenloge«. In diesem stand während des sportlichen Kampfes ihre Gold-Elfenbein-Figurine mit nackten Armen und Beinen, der Sporthose eines Trainingsanzugs und einer Art goldenem Lumberjackett. Dies der »großen Mutter« neuester Aspekt.

Sie war die alleinige Gottgestalt, verehrt neben den Symbolen von Kreuz, Doppelaxt, Baum. Auf Kreta findet sich kein einziges männliches Idol, übrigens bis zur Bronzezeit auch in der ganzen Ägäis nicht. Nur auf manchen frühen Gemmen erscheint neben der weiblichen Gottheit zuweilen ein zwergisches Wesen, daktylenhaft, halb Spinnenmädchen, halb Sohn. Wie es in der minoischen Welt ausschließlich eine weibliche Gottheit gibt, so auch nur Priesterinnen in ihrem Dienst. Auf dem berühmten Sarkophag von Hagia Triada werden die Opfer und Kulthandlungen von Frauen ausgeführt, Männer sind bloß Musiker und Ministranten. In Kreta spielten die Frauen offenbar eine ebenso wichtige Rolle wie in Ägypten, und es mag gelegentlich zutage kommen, ist erst einmal die Schrift lesbar geworden, daß sie nicht nur in der Religion herrschten, daß vielmehr die Führung des Staates gleichfalls zum großen Teil in ihren Händen lag. Von der »Prozession der Königin« ist leider nur ein Teil erhalten. Er zeigt die Zahlung eines Tributes, die Abordnung wird von zwei Frauen in reichen Gewändern empfangen. Klidemus überlieferte auch, daß die Krone auf Ariadne überging, die später nach der Versöhnung mit Theseus einen Friedensvertrag zwischen Kreta und Athen schloß. Die ersten lesbaren Gesetze an der Wand von Gortyna sind erst aus später griechischer Zeit (VII. Jahrhundert), also bereits patriarchal, doch mit starken Resten älterer, mutterrechtlicher Bräuche, wie dem matrilokaler Ehe. Lykien als alte Kolonie hat seine Frauenschaft sicher von dem »lieben Mutterland«, wie Kreta hieß, mitgebracht, denn Minoer, Lykier, Karer, Lydier, auch alles, was die Griechen Pelasger und wir Mittelmeerrasse nennen, scheint eines Stammes zu sein, dessen Urheimat jetzt im nördlichen Afrika gesucht wird, eine Menschenart, den weißen Berbern und hellen Mauren ähnlich.

»Im Aufgang dieser ägäischen Zivilisation sendet die Frau durch die Religion hin ein so strahlendes Licht, daß männliche Gestalten ganz ignoriert und Schatten bleiben«, sagt Professor Mosso. Nach ihm hat der kretische Kult zweifellos bis zum Ende seinen gynaikokratischen Charakter bewahrt. Lange nach dem Sturz der minoischen Macht fanden die von Norden her eindringenden griechischen Stämme noch immer eine einzige große Göttin, fremdartig, feierlich gepflegt, in ihren kleinen Schreinen vor und ließen von ihr, die sie Rhea nannten, das Zeuskind gebären und in Kreta erziehen, ließen den gealter=

ten Zeus aber - nun kommt das Sonderbare – dort auch sterben. Die Insel trägt das Grab des höchsten griechischen Gottes, der nur als vergänglicher Sohn der ewigen Mutter gilt. So stark ist die Bodenseele geblieben.

LESBOS

Der Mythos spült einen abgerissenen Kopf ans Land. Auf einer Leier treibt er übers Meer daher, metallische Locken haften spiralig zurückgeworfen in den Saiten, gallertige Augäpfel starren schon das Nichts an, die Lippen aber spaltet ein wundervoller Gesang, so demütigend vollkommen, so erbitternd überirdisch, daß die Mänaden oben in Thrakien, durch seine schiere Harmonie in ihrem orgiastischen Unmaß gestört, den Sänger Orpheus in Stücke zerrissen hatten. Die Lesbier auf ihrer Insel aber sind götternah, aus prääolischem Blut, weiser noch als die Arkadier, älter noch als der Mond. Ehrerbietig empfangen sie das erstorbene singende Haupt und legen es zu Grab.
Der Kopf im Boden trägt Frucht. Sehr langsam. Längst ist rundum taghelle Geschichte mit Defizit und tätigem Geschrei, da steigt aus dieser Erde ein sinnlich=übersinnlicher Dämon ins Dasein. Sein Name wird auf der Welt zu einem Klangsymbol, das in brennendere Räume der Seele zieht, in tiefere Lebens= und Todesspannung hinein: Sappho, oder äolisch weicher: Psappha. War es ein Pseudonym? Sappho bedeutet Lapislazuli.
Zweieinhalb Jahrtausende sind an diesem Namen vorübergeglitten, er steht hoch oben, wie mit Flügeln gegen die Zeit gestemmt, sehr groß und ziemlich leer, langsam blässer auch. Denn das, wofür er steht, hat sich wie ein Edelgas verströmt; alle höheren Organismen wandeln in ihm, ohne es zu wissen, von ganz woanders her, im Rückstrom über Um= und Abwege hat es sie oft und oft unerkannt durchdrungen als längerer Atem, beschwingterer Rhythmus, Weite und Wandlung. Bei Solon fängt das an. Sein Neffe singt nach Tisch zum Wein ein Gedicht; etwas ganz Neues, eben kommt es in Mode unter einer Elite junger Athener. Der achtzigjährige Solon beginnt zu zittern, bittet den Neffen, ihn, der nahe dem Tod, doch das Gedicht noch zu lehren, mit seinem Klang im Ohr möchte er

sterben. Pindar kommt unter Sapphos Einfluß, er imitiert sie nicht nur, übernimmt von ihr die »Goldlust«, jenes Umspielen des Wortes Gold in Klang und Sinn, schreibt auch wörtlich eines ihrer vielen hundert Epigramme ab. Der *zweite* Dichter ist eben schon der *erste* Plagiator. Von ihr hat die griechische Tragödie, haben Sophokles und Euripides die mixolydische Tonart entlehnt als besonders sinnlich und erregend. Das Wort vom »bittersüßen« Eros haben Plato und die gesamte Weltliteratur übernommen. In unzähligen Paraphrasen geht durch die Lyrik und Epik ganz Europas, was sie in Liebeshymnen sagt: »Eros, Löser der Glieder, die bittersüße Qual, das Ungetüm, die wilde Bestie, der keiner widerstehen kann, verfolgte nie ein wehrloseres Opfer...« Denn Eros erschüttert ihr alle Sinne »wie der Sturm, der sich im Gebirge auf die Eiche stürzt«. Sie ist es, die Sokrates im Gastmahl durch den Mund der Mantineerin Diotima über die Mysterien der Liebe belehrt. Sapphisch ist die Klangfarbe der platonischen Eros-Philosophie: »jeder bleibt im Schatten und ohne Ruhm, den der Gott nicht berührt hat«. Im Phädrus nennt Sokrates »Sappho die Schöne« an der Spitze derer, die sein volles Herz wie Ströme ein Gefäß erfüllt und ihm den Stoff zu seiner begeisterten Lobrede auf Eros geliefert hätten. Die Adonisgesänge durch die Völker und Zeiten hin gehen auf sie zurück, den Stil ihrer Oden hat Euripides unter den Dramatikern, Isokrates unter den Rhetoren zuerst kopiert. Theokrit, Catull, Vergil, Horaz sind ihre Imitatoren, in England, um nur die wichtigsten zu nennen: Swinburne, Byron, Tennyson, Keats, William Morris, Robert Burns, Shelly. Swinburne ist »ganz in Sappho getaucht«: »Ich halte mit der gesamten griechischen Tradition dafür, Sappho ist über alle Frage und Vergleich der größte Dichter, der je gelebt hat. Äschylus war der größte Dichter und Prophet zugleich, Shakespeare der größte Dramatiker unter den Dichtern, aber Sappho ist einfach nichts anderes, nicht mehr und nicht weniger als der überhaupt größte Dichter, den es je gegeben hat. Das wenigstens ist das aufrichtige und schlichte Bekenntnis meiner lebenslangen Überzeugung.« Plato nennt sie »wunderbar«, Lukian den »bezaubernden Ruhm der Lesbier«, Strabo sagt von den übrigen Genies des genialen sechsten Jahrhunderts: »Sappho schlägt sie alle.«

Und dann stürzen sich Grammatiker, Lexikographen, Rhetoren, Kommentatoren, Metriker auf das, was »die kleine, ins

Unendliche hinausgespannte Gestalt« von innen brennend mühelos aus sich herauswirft; erkaltet und zerhackt bauen sie es in die Sprache ein. Plutarch erzählt, daß Erasistratos, ein damaliger Psychoanalytiker, die Diagnose seiner Patienten nach den Erossymptomen bei Sappho stellte. Eines ihrer Lieder ist die Vorform von »Gretchen am Spinnrad«, italienische, französische, spanische wie moderne amerikanische Lyrik sind von ihr beeinflußt. *Sie aber von niemanden.* Sie lehnt sich an keinen an, entlehnt von keinem. Hat alles aus sich selbst. »Jedes Gedicht ist eine unmittelbare Inspiration, jeder Vers ein Liebesbrief, jeder Brief ein lebendes Geschöpf mit heißem Atem.« – »Die Charis ihres Wesens, daß alles so einfach, so durchsichtig, so unstilisiert ist und doch so schön, das ist das Wunderbare und das Sapphische.« (Wilamowitz)
Der Name wächst und wächst. »Es war der Ruhm, der mit der Zeit sich um ihn legte wie ein Feierkleid.« Doch wo ist das Oeuvre zu ihm? Buchstäblich in Scherben und Fetzen, auf Vasensplitter gekritzelt, auf Papyri verwischt, nur »stürmische Fragmente«, um solches Leben auszumessen, denn der Vorsehung hat es in ihren unerforschlichen Kram gepaßt, uns das öde Gewäsch der Grammatiker, Lexikographen, Rhetoren *über* sie zu erhalten, statt *sie* selbst. So ein Typ schmiert dann in Alexandrien 4000 Bücher *über* Bücher, erhält den Spitznamen Chalkenteros: ein Mann von eisernen Eingeweiden. Und wenn das Gezücht wenigstens noch reichlich Originalzitate gebracht hätte, aber nein, alles nur »Kommentare«. Dabei gab es doch so viel: noch zu römischer Zeit zwei Luxusausgaben, eine dem Inhalt, die andere den Metren nach geordnet; kultische Hymnen, Oden, heroische Mythengesänge, die Hochzeits-, Trink-, Liebes-, Totenlieder. Neun Bände Lyrik und Elegien, ungezählte Epigramme, von denen jetzt Ungewißheit besteht, welche von ihr, welche ihr nur zugeschrieben sind; auch eines über sie:
»Weich sind Sapphos Küsse, weich die Umarmungen ihrer leichten Glieder, alles ist Weiche an ihr, doch ihre Seele unnachgiebiger Diamant. Denn ihre Liebe endet an ihren Lippen. Der Rest gehört ihrer Jungfräulichkeit an. Wer ist's, der das ertrüge? Doch wer es ertrug, ertrüge dann leicht das tantalische Dürsten.« (Zitiert nach Robinson)
Den gesündesten Instinkt bewies auch hier, wie immer, Ägypten. Mit seinem unerschütterlichen Sinn für Echtheit legte es

auf den Import von Grammatikern, Rhetoren, Kommentatoren oder sonst Leuten mit eisernem Sitzfleisch aus Hellas wenig Wert, sammelte dafür die Originale äolischer Dichtung mit ihrem Ausbruch von Temperament und Tiefe, der verglichen Ionisches, selbst Dorisches schal erscheint. Dank so gutem Geschmack und trockenem Klima haben sich dort relativ viele sapphische Fragmente erhalten. Mit diesen neuen Funden aus dem letzten Jahrzehnt sind sie jetzt im ganzen auf 191 gestiegen. Von Attika konnte dagegen nicht viel erwartet werden. Kaum zweihundert Jahre, nachdem Sappho dem Solonkreis als holdes Wunder erschienen war, stand sie nur noch als komische Figur »pasquillartig« verzerrt auf der Bühne der Konjunkturschreiber. Der Theatermob von Schnodder-Athen war damals bereits viel zu ungebildet geworden, die schöne äolische Mundart überhaupt zu verstehen, auch viel zu faul, sie verstehen zu wollen, überdies voll Todeshaß gegen jede lebendige Tradition. »Wer aber auch Verse nicht mehr versteht, versteht immer noch den Skandal.« In sechs Komödien, »Sappho« betitelt, wird sie verhöhnt, weil sie noch immer keine Männer, in zweien, »Phaon« betitelt, weil sie angeblich immer noch Männer liebt.

Weniger verlottert, dafür philiströser, an platter Ahnungslosigkeit, aber der athenischen Komödie verwandt, wirkt Ovid, wenn er Sappho in Sachen Phaon, bei dieser, übrigens frei erfundenen, Herzenswendung dem Männlichen zu, solche Unmöglichkeiten sagen läßt, wie:

»Pyrrhas Töchter ergötzen mich nicht, noch zieht das übrige
Heer lesbischer Mädchen mich an,
Anaktoria gilt mir nichts, nichts Kydno die weiße,
Meinen Augen gefällt Attis wie früher nicht mehr,
Noch die Hunderte sonst, die ich liebte – *nicht ohne Verbrechen.*
Was sich so vielen ergab, hast du, o Frevler, allein.«

»Quas non sine crimine amavi«, verbrecherisch wird doch Sappho selbst ihres Lebens Tat, Ruhm, Sinn: den Thiasos, die heiligen Mädchenmysterien, nicht nennen, welchen Ritus – Bräuche sind ja Taten des Blutes – sie ihnen auch gegeben haben mag. Ein Geschöpf mit ihrer Ehrfurcht vor jeder Flammenform! Fehler am Ort war noch selten ein »cant«. Er liegt schon halben Wegs zu der famosen deutschen »Sappho für

Jungens«; da wird durch Umwandlung der begehrten Lieblingin in einen Liebling die Aphrodite-Ode erst gymnasialfähig gemacht. Sogar die recht tüchtige Geibelsche Übersetzung trägt diese puritanische Korrektur, um so schwerer erträglich bei einem Aufrausch derart einfach, sinnlich und völlig frei.

Kein einziges Werbe- oder Liebeslied läßt sich im Original auf einen Mann deuten, bis auf jenes von Tucker übersetzte Fragment, auch das eigentlich nur Fragment eines Korbes:

»As friends we'll part
Winn thee a younger bride,
Too old I lack the heart
To hold thee at my side.«

Deutsch klingt es zu behäbig. Hier liegt ja das Grundübel. Übersetzungen schwellen auf durch Hinzufügen oder verarmen durch Ändern. Fast unmöglich, etwas an Wohllaut so rhythmisch und sublim Geordnetes wie ein sapphisches Gedicht in andere Sprachen hinüberzuschmeicheln. Bleibt das Wort genau, so ohne Musik, ist jedes Wort klanglich in Harmonie mit andern Worten, so überdehnt sich der Rhythmus, sind Rhythmus, Harmonie und Klang beisammen, verliert sich der Sinn. Sappho selbst dachte ja nie daran, sich hinzusetzen, um zu »dichten«, übermächtige Gefühle lösen sich von ihr, die wechselnde Erregung ihres Atems wird zum Versmaß, jede Strophe Erfindung der Natur.

Sonderbarerweise gelingen Übertragungen noch am ehesten ins Englische, das ja in zwei beinahe getrennte Sprachen zerfällt, eine fürs Geschäft, eine fürs Gefühl. Wer die flotteste Offerte vom Fleck weg diktiert, versteht noch lange keine einzige Zeile von Longfellow oder Burns. Bei solch reinlicher Scheidung kann sich nichts, kahl abgezweckt auf business, mit der über und über schwebend verzweigten Empfindung mischen. Ein Vorteil für beide Teile. Doch auch in einer Sprache besonders nuancierter Lyrismen braucht die Übersetzung 34, 42, bestenfalls 26 bis 24 Worte für die erste Strophe der ersten sapphischen Ode, wo das Original mit 16 auskommt. Höchstens Fragmente tropfen manchmal Wort für Wort herüber, so heißt es von der großen Zikade:

»And clear song from beneath her wings doth raise,
When she shouts down the perpendicular blaze
Of the outespread sunshine of moon.«

(Edmonds)

Nun ein Bruchstück deutsch und englisch, die leere Umarmung einer durchwarteten Nacht:

»Der Mond ist untergegangen
Und die Plejaden.
Schon ist Mitternacht,
Die Stunde verging,
Und ich liege allein – –«

(W. Walther)

»Sunk is the moon,
The Pleiades are set
Tis midnight; soon
The hour is past and yet,
I lie alone – –«

(Tucker)

Der Oxyrhynchuspapyrus, die Entdeckung von 1922, enthält auch ein Stück der lange gesuchten Biographie, bestätigt frühe Vermutung, stützt Angaben aus zweiter Hand, denn immer drängt es, zu wissen: Wer steht in diesem unermeßlichen Namen? Was ist sein konkretisierter Kern? Und doch, hat es wirklich so viel Sinn, den Leuten, wenn auch mit Recht, diese große Beleberin der Herzen als Präsidentin des Ersten Internationalen Frauenklubs vorzustellen, worauf jetzt andere Präsidentinnen internationaler Frauenklubs sich entweder ärgern werden, bei gleicher Stellung weniger berühmt zu sein, oder sich freuen, weil Sappho auch nichts anderes war.
Auf Lesbos zwischen 650 und 630 geboren, Tochter eines Patriziers und reichen Weinhändlers, lebte sie trotz Reisen und einer Verbannung den längsten Lebensteil dort in der Hauptstadt Mytilene. Die Insel trägt erst uralt eingewurzelte, als zweite Schicht mit den Äolern eingewanderte Gynaikokratie, und am Aufgang der Geschichte wirft das Schicksal auch noch als dritte Schicht einen silbrigen Schwarm Amazonen über Lesbos hin. Nicht feindlich. Fast am Ende ihrer weiten Fahrt, sind sie schon völlig reif und süß geworden vor lauter Siegen,

zerstören nicht, da ihnen niemand widersteht, gründen vielmehr die Hauptstadt, geben ihr den Namen der Königin=Schwester: Mytilene. Ziehen heim. Nichts hält lokale Ortstradition so wert, wie als Amazonengründung zu gelten.
Ganz jung scheint Sappho verheiratet gewesen zu sein. Ob sie sich, wie die Frauen im benachbarten Lydien, wieder scheiden ließ oder, wahrscheinlicher, früh Witwe wurde, ist unbekannt. Jedenfalls gab es eine Tochter Kleïs. Vom Mann ist nie die Rede, wichtiger waren drei Brüder, wie stets bei dieser Sinnen=richtung. Es soll ja auch Inzestlieder gegeben haben. Zornige Sorge macht vor allem Charaxus, der älteste. Er übersiedelt als Importeur nach Naukratis, einer Hafenstadt im Nildelta, gibt dort zu viel Geld aus für jene weltberühmte thrakische femme entretenue, Doricha, die sich »im durchsichtigen Hemd an ihn drückt mit ihrem (falschen?) Toupet«. Sapphos Will=kommenbrief bei seiner Rückkehr ist die neuentdeckte soge=nannte Nereidenode, von einer welligen Zornes= und Meeres=stimmung, wie sie leider keine heutige Sprache wiedergeben kann. Die Wirkung auf den Bruder scheint Null gewesen zu sein, denn ein anderes zerrissenes Lied endet: »Und sie prahl=ten mit der Botschaft, daß Doricha zum zweitenmal in das er=sehnte Liebesverhältnis getreten sei.« Das Fragment: »Denen wir das Liebste getan, die verletzen uns am tiefsten«, kann als reglementmäßige Lebenserfahrung nicht mit Sicherheit gerade auf Charaxus gedeutet werden.
Da griechische Männchen=Eitelkeit sich aus dem erotischen Schicksal der berühmtesten Frau einfach nicht wegzudenken vermochte, so gab man ihr alle bewährten Dichter weit und breit zu Liebhabern, auch Anakreon, obwohl er gut ein halbes Jahrhundert später lebte. Einer der »sieben Weisen« hat aller=dings Macht über sie gehabt, doch nicht als Mann, Pittakus, Tyrann von Lesbos, verbannte Sappho nach Sizilien, ob aus politischen Gründen oder als Tribade, ist unbekannt. Das war dann allerdings etwas anderes als gelegentliche Abstecher nach Sardes hinüber, dem damaligen Paris, um neue lydische »Créa=tions« zu probieren, Parfüms und Schuhe einzukaufen. Unter der Amnestie 581 durfte sie wohl zurück, denn ihr Grab auf Lesbos wird oft erwähnt. Es gibt eine Tradition, durch einen englischen Reisenden bewahrt, daß ihre Aschenurne sogar noch in der türkischen, dem Schloß Mytilene eingebauten Mo=schee stand.

Aus der Verbannung stammt eine der neu gefundenen Hymnen; ein einziger Sehnsuchtsschrei nach Lesbos, Insel der Leidenschaft mit prachtvoller Rasse und Schönheitskonkurrenzen seit Homer, wo »der Traum des Lebens am schönsten geträumt wurde«. Heute noch sitzen die Fremden begeistert im Café, trinken den berühmten spottbilligen Wein und bestaunen die Frauen. Schon Herodot entzückt das Klima, kurze, bissige Winter, lange Frühlinge voll Veilchen, da Kinder in Rosenknospen beißen wie im Blumenparadies Grasse an der Riviera. Aus den drei Ecken der triangelförmigen Insel steigen porzellanweiße Klippen ein paar tausend Fuß in die Höhe, von zwei Fjorden durchschnitten. Oben streicht das ganze Jahr champagnerfrische Luft über die Felsen voll Thymian, Anemonen und Rosmarin, mit Tempeln, Pergolen, Villen bebaut. Unten in den warmen Tälern stehen wilde Granatäpfel auf Zyklamenwiesen. Nach dem Schwimmen im warmen, fast flutlosen Meer, dem Baden in kühlen Quellen, Nacktkultur in den Turnhallen werfen sich die müden Mädchen, aus aller Herren Ländern Sappho anvertraut, auf blumige Felder voll Tau.

»Um die Wasser des Teiches
Rauscht es kühl durch Quittenzweige,
Von den raschelnden Blättern rieselt
Traum zu Boden.«

(Fragment)

»Wenn du ermattest, bette ich auf weiche Lager deine Glieder« – »Schwarzer Schlaf ist auf die Augen ausgegossen« – »Euch schönen Mädchen ist mein Sinn unwandelbar« – »Wohlgestalteter ist Mnasidika als die zarte Gyrinno« – »Arignota gleicht dem rosenfingrigen Mond« – »komm zurück, meine rosenknospige Gongyla in deinem milchweißen Cape« – »Wohl lehrte ich Hero, die Schnellfüßige« – »Übermütiger als dich, Geliebte, habe ich nirgends eine gefunden«. – »Nacht aber ist ein Ding mit tausend Ohren.« Eines nah an Anaktoria drüben in Lydien, und dann heißt es in memoriam Anaktoria:

»Erinnerung an sie, deren scheuer Schritt in der Ferne noch holder klingt,
Deren Antlitz unsichtbar strahlender glänzt als Blitz und Streitwagen,

Als die dröhnende Spur des glitzernden Fußvolkes,
Wie Lydiens Macht sie entfaltet.«

Von Sapphos Erscheinung selber bestätigt das neue Biographiefragment nur alte und andere Tradition, nämlich daß sie körperlich armselig dran gewesen sei, in zu kurze Glieder eingeschlossen, »wie die winzige Nachtigall in mißgestaltete Flügel« – »Verächtlich und häßlich, weil klein und brünett von Haut«, was damals wirklich ein Unglück war, denn hoch, schlank, licht bleibt der einzig anerkannte Typus jenes »devinely tall, devinely fair«, nicht nur in Griechenland, dem Inselreich und den Kolonien, auch in ganz Kleinasien, sogar in Ägypten. Xanthos = blond steht im Altertum schlichthin für schön; Achill, Helena gelten dafür, in Griechenland, Lydien, auch im Kreis der Sappho ist daher sehr viel von Holzasche und Pflanzenfasern als »Blondin-Mittel« zum Haarfärben die Rede. Liebe aber ist ein Mysterium und eine lebendige Kraft. Obwohl klein und brünett, was damals ein Stigma war, gilt Sappho ihren Mädchen als »arbitra elegantiarum« und Wesensbildnerin in allem: »Ich liebe feines Wesen, und mir hat Eros der Sonne Glanz und Herrlichkeit geschenkt.« Sie haßt Weihelose und Unbekränzte, bejaht als große Dame Eleganz, die Ausgewogenheit der letzten Anmut, duldet nur Bestes in edelstem Material um sich, benützt Gold- und Elfenbeingefäße für Parfüms und »königliche Salbe«, trägt wollüstig feine Pumps, Taschentücher aus Phönikien; berauscht von den lydischen »Créations«, erfindet sie selber neue Kleidungsstücke: eine kurze durchsichtige Casaque, »Beudos« genannt. Es gibt da eine Menge Fachausdrücke. Schade, daß Jean Patou oder Madeleine Vinnet nicht äolisch-griechisch können, um zu helfen, denn in der preußischen Akademie der Wissenschaften scheint man zuweilen etwas ratlos. Sie trägt nicht nur wundervolle Kleider wundervoll, sie lehrt auch ihre Mädchen, sie wundervoll zu tragen. Schleppen sind die neue Vogue. Andromeda, ein Intellektualtrampel, dabei Führerin einer gegnerischen Schule, rafft ungraziös den Rock um die Knöchel und wird deshalb von Sappho ironisiert. Trotzdem geht Attis, ein besonderer Liebling, zur Rivalin über. Sappho sucht die Abtrünnige zurückzugewinnen durch Erinnerung an zärtlich gute Zeit: »Sappho, ich schwöre, kommst du nicht jetzt, so will ich dich nicht mehr lieben. Steh auf, leuchte uns, löse deine geliebte

Kraft vom Bett und wie eine Lilie neben der Quelle bade dich, hebe das feine Gewand aus Chios – und Kleis soll von der Plätte Safrangewänder bringen, laß einen Mantel dir überwerfen und dich mit Blumen kränzen. Und dann komm, süß von all der Schönheit, mit der du mich toll gemacht! Und du, Praxinoa, röste uns Nüsse, damit ich den Mädchen ein süßeres Frühstück geben kann, denn ein Gott, Kind, hat uns eine Gnade gegeben. An diesem selben Tag noch hat Sappho, die holdeste der Frauen, geschworen, daß sie ganz gewiß nach Mytilene zurückkehren wird, der liebsten Stadt, zu uns zurückkehren, die Mutter zu ihren Kindern. Liebste Attis, kannst du all das vergessen, was in den alten Tagen war?« Attis aber hat es bei Andromeda offenbar vergessen.

»Frischer Tau ist ausgegossen, üppig prangen
Rosen und weiche
Gräser und blühender Honigklee.
Vielfach wandelnd in Erinnerung an die sanfte
Attis, legt sich schwere Sehnsucht
Auf die feine Seele, auf das Herz das Leid.«
(Nach W. Walther)

Von Plutarch bis Bachofen und Wilamowitz ist es üblich, auf die Parallele zwischen Sokrates und Sappho zu verweisen. Was die umworbenen Epheben Alkibiades, Charmides, Phädrus zwei Jahrhunderte später für ihn, waren Gyrinno, Anaktoria, Attis für sie, und ihren Rivalinnen Andromeda und Gorgo entsprechen in den Dialogen Protagoras, Prodikos, Gorgias, mit denen Plato seinen Helden um die Seele der Jünglinge ringen läßt, völlig hingegeben, besinnungslos vor Dämonie, weil Liebe, wenn mit einem wenigen schon an »Besonnenheit verdünnt, nur Sterbliches sparsam auszuteilen vermag«. Wie Sappho, weiß später auch Sokrates um die höhere Göttlichkeit des Liebhabers als des Geliebten, »weil in jenem der Gott ist, nicht aber in diesem«. Wie sie treibt es ihn, in korperlich Schönem Schönes auch aus anderm Reich zu zeugen. Hier nun schlägt jäh die Ähnlichkeit um: Sappho zeugt in der Seele, Sokrates aber im Geist, und zwar dialektisch, selber nicht immer frei von den Methoden der so heftig verpönten Sophisten. Sie aber formt und erhöht nicht aus dem Verstand, vielmehr aus der Essenz des Mysteriums selber heraus den Mädchenkindern ihr Dasein. Nicht das Geistige ist das erste, sondern das Seelische, dann das Geistige. Erinna, Gyrinno, Dikta, Attis, Euneika, Analztoria, Thelesippa, Megara, Arignota, Hero, Kydro, Agallis, die ganze wundervolle Meute, hetzt sie mit dem »Wahnsinn des Herzens« auf die Fährte der Vollendung. Nichts an den schönen, noch tierhaften Geschöpfen darf zurückbleiben. Und da auf diesem Weg der Selbstvollendung auch der Mann steht, trieb sie die Geliebtesten von sich weg zu ihm, richtete ihnen die Aussteuer, schwelgte mit ihnen in den feinen Schleierstoffen, wählte mit ihnen Schuhe, Stickereien, Elfenbeinnecessaires, Goldschmuck, das holde Drum und Dran.

Dann hoch »über dem Schicksal sang sie den fernen Lieblingen ihr Brautlied, erhöhte ihnen die Hochzeit, übertrieb ihnen den nahen Gemahl, damit sie sich zusammennähmen für ihn wie für einen Gott und auch noch seine Herrlichkeit überstünden«. (Rilke) Manchmal freilich, für Augenblicke, wirft es sie hin, die tapfere Hymne zerklirrt. – »Der Mann macht mir den Eindruck, Götterkraft zu haben, der dir gegenübersitzt und in deiner Nähe auf deine süße Stimme und dein reizendes Lächeln hört – – die Zunge ist mir zerbrochen, feines Feuer überläuft die Haut, die Augen sind versunken, mit Macht dröhnen die Ohren. Und herunter strömt mir der Schweiß, und Zittern faßt mich ganz, blaßgrüner noch als Gras bin ich, und nur wenig fehlt, daß ich sterbe, Agallis. Aber alles muß ertragen werden – –«

Es ist die Tragik im Wesen der gleichgeschlechtlichen Liebe selbst. Wie dem echten Männerhelden die Jünglinge abwandern zur Frau, so wechseln der echten Frauenheldin die Mädchen hinüber in die Umarmung des Mannes. Die mit *Haltung* – worauf es eben ankommt – und willig zu tragende Tragik. Hier steigt aus dem Frauenreich, der lesbischen Dreiecksinsel, ein Wirbel bis zur Verstirnung hinauf, sein Sinnbild ist Phaon, der »Glänzende«, ein Sterndämon, wie Wilamowitz meint, der nach Westen in schöne Untergänge zieht, ein adonisartiges Geschöpf, Begleiter der Aphrodite. Adonis aber wird von der Göttin, um ihn für sich zu bewahren, unter Lattich verborgen; die Wirkung des Lattichs ist gegen aphroditische Potenz gerichtet, »so welkt er ihr selber ab«. (Wilamowitz) Lesbische Liebe »ist Liebe zu Phaon, dem schönen, dem ewig kalten«, das Herrlichste bleibt unfruchtbar im vulgären Sinn, wird »Eros der Ferne«.

Wie das Satyrspiel stets die Tragödie begleitet, so gibt spätere Legende dem Fährmann Phaon als Geschenk der Aphrodite in einem Alabastertiegel das Mittel ewiger Schönheit. Alle Weiber werden toll nach ihm. Er rettet sich vor dem Ansturm hinter Türen, immer neue Türen, jede von einem sehr potenten Dämon bewacht, an dem die Frauen erst vorüber müssen. Sappho, ebenfalls liebestoll, rettet sich aber, der Sage nach, durch den Sprung vom Leukadischen Felsen in das Meer des Vergessens.

Wieder zu andern Zeiten wurde dann dieser Leukadische Felsen ein Stück Sächsische Schweiz des Gefühls. Es gehörte zur Mode, sich als Heilmittel gegen unglückliche Liebe von ihm zu stürzen. Allerdings mit Schwimmgürtel und viel angeklebten Federn auf den Armen, um Sturz und Anprall zu dämpfen. Unten wartete immer schon eine Flottille von Kähnen auf die Lebensmüden; die Selbstmörderrettungsindustrie blieb lange Zeit ein blühendes lesbisches Geschäft.

Ein einziger Dichter reicht annähernd an Sappho heran: Anakreon, »der Krieger, Trinker, Erotiker«. »Knabenlieder zur Leier singend, stolperte er umher«, denn bei Wasser ist noch niemandem etwas eingefallen, und preist Dionysos: »Herr, den Eros, der Jungstier, und die blauäugigen Waldmädchen und die purpurne Aphrodite umtanzen, auf den Gipfeln des Gebirges, da du weilst!« – »Nun wirft mich Goldhaar Eros mit seinem Purpurball und fordert mich auf, mit der Dirne im bunten Schuh zu tanzen.« Gut, als Erfahrener, auf der Höhe des Lebens, weiß er die Jugend zu kirren: »Thrakisches Füllen, was fliehst du mich ohne Mitleid mit scheuem Seitenblick, du scheinst mir noch nichst Ordentliches zu verstehen. Glaub mir, ich könnte dir den Zaum richtig anlegen, mit festem Zügel dich an das Ziel der Bahn zu lenken!« Alternd aber fürchtet sich das müde, große Herz: »Da treibt mich wieder Eros mit allen Lockmitteln ins Netz, dem man sich nicht entwindet; und sein Blick unter den langen Wimpern ist so schmelzend, ja, ich zittre vor seinem Kommen wie das sieggekrönte Rennpferd, wenn es altert, ungern mit dem schnellen Wagen auf die Rennbahn geht.«

Sie, die große Liebende, aber wird nie schwach, fürchtet die ewigen Abschiede nicht, flüchtet nie in die Feigheit ausgeflachter Gefühlslagen.

»Wir wissen es wohl, Sterblichen ist nicht vergönnt
Ihres Daseins Wonne zu halten, doch süßer noch scheint
Leidvolle Sehnsucht nach verlorener Liebe
Als blasses Vergessen einstigen Glücks.«

Nie bricht sie der Flamme die Treue, mag sie ihr auch Haus und Habe verbrennen. Doch das Feuer selber wandert weiter, unbeständig hier, goldrot über Pindar, der als Greis in den Armen eines schönen Lieblings stirbt.
Unter den neuen Fragmenten ist ein Dialog mit Gongyla, »dem Knödelchen«, über den Tod. Sappho hat geträumt, Hermes als Todesbote sei gekommen, sie auf die elysische Seite des Mondes zu führen, wo sich die Seelen auflösen wie die Körper in der Erde. Ihr ist es recht:
»Nicht mehr lohnt mir das Leben,
Seit Liebe mich zu verlassen beginnt,
Bereit bin ich zum Tod
Trotz anderm Gewinn an Reichtum und Ruhm,
Nur bitte ich zu meiner Stunde, daß du (Hermes) mich
Pflanzest in das tauige Tal, um wieder aufzublühn vielleicht
In Schönheit und Duft, der Liebe herbeizieht,
Doch mit freundlichem Geschick
Nicht unedle, sondern große Seelen allein.«

DIE ZWEI

Goethe sagte einmal, die Sophokleische Antigone sei für ihn dadurch verdorben, daß alles nur für den Bruder geschieht, statt für einen Gatten oder Geliebten. Notwendigkeit, also Tragik, fehlte daher für seinen Geschmack. Das Majoritätsurteil eines männerrechtlichen Jahrhunderts, sonst nichts! Sehr lehrreich in seiner zeitlichen Enge, gerade bei einem sonst so kordial-umfassenden Geist. Geist kann eben beliebig erweitert werden, weil er nichts mit Temperament zu tun hat, nicht aber Axiome des Gefühls, und um diese geht es hier.
Darius, doch auch kein krummer Hund, empfindet gerade umgekehrt. Diese Gegenüberstellung stammt von Briffault, die folgende Erzählung von Herodot: Die Frau des Ithaphernes stand schluchzend vor dem Herrscher, nachdem ihr Gatte und die ganze Sippe des Hochverrats überwiesen worden waren.

Darius ließ ihr sagen, er schenke ihr das Leben eines ihrer Angehörigen, damit sie nicht ganz vereinsamt bleibe, sie möge, wen sie wolle, von den Gefangenen wählen. »Wenn mir der König nur das Leben eines einzigen gewährt, so wähle ich meinen Bruder«, erwiderte sie ohne Zögern. Darius war über diese Antwort so entzückt, daß er ihr auch noch das Leben ihres ältesten Sohnes schenkte. Der Perserkönig stand eben dem Mutterrecht sehr nah; diesem gilt ein Bruder als der einzige Mann, der gefühlsmäßig zählt, und auch nur, um seiner uterinen Ebenbürtigkeit willen. Dem persisch-iranischen Blut des Darius waren die Gesetze der heiligen Geschwisterehe vertraut, Zend Avesta und Ahura Mazda empfehlen sie als besonders lobenswert, und sein eigener Harem enthielt daher Schwestern. Sie gilt als tiefste aller möglichen Beziehungen zwischen Personen verschiedenen Geschlechts, darum ging im amerikanischen Nordamerika die Schwester dem heimkehrenden Krieger entgegen, nicht die Frau, und ihr schenkte er das Liebste aus der Beute. Sie ist nicht »tabu«, sondern einfach heilig und vertritt überall in primitiven Gesellschaften an Autorität die Stammutter.

In Samoa heißt sie tamasa = heiliges Kind. In Polynesien, auch wo keine weibliche Erblinie besteht, gilt der *Schwester* des Häuptlings die höchste zeremonielle Verehrung. Wenn ein Hottentotte einen Sklaven peitscht, braucht dieser nur den Namen von seines Herrn Schwester zu rufen, so kann er nicht mehr geschlagen werden.

Die Frau ihrerseits gestattet bei Gynaikokratie männliche Einmischung nur in Gestalt eines Bruders, weil er der Ehre gleichen Mutterschoßes teilhaftig ist, daher die Vorzugsstellung des Mutterbruders als Übergangsstufe von Mutter- zu Vaterrecht und die Gradation der Onkel; nur der uterine kann Vormund der Neffen und Nichten werden; wo die Schwester ihn nicht selbst heiratet, gelten er oder sein Sohn als ideale Gatten für ihre Tochter, Ursache der so weit verbreiteten Verbindung von Onkel und Nichte, Cousin und Cousine, wie bei Westhamiten, Beduinen, Tuaregs, überhaupt in ganz Arabien, wo früher Bruder-Schwester-Ehe die Regel war, und durchaus nicht aus ökonomischen Gründen, vielmehr oft gegen den materiellen Vorteil.

Unaufhörlicher Inzest durch Verbindung mit Vettern ersten Grades gilt als Ideal auch in großen Teilen des präarischen wie arischen Indiens, bis in die höchsten Kasten hinauf. Kanyaka-Purana, das heilige Buch der Komatis in Südindien, zieht ihn jeder anderen Verbindung vor, selbst »wenn die jungen Leute schwarz von Haut sein sollten, häßlich, auf einem Auge blind, ohne Verstand, von lasterhaften Sitten, und obwohl weder die Horoskope zusammenstimmen, noch die Omen günstig sind«. Ferner ist Cousin-Cousinen-Heirat die Regel auf Ceylon bei den Singhalesen, in Assam, Nordbirma, vielen Teilen Chinas, Australiens, bei einer Reihe mongolischer Stämme, in Afrika bei den Hereros, Aschantis und vielen anderen. Unter den Dayaken auf Borneo schließen regelmäßig Vollgeschwister die Ehe, ebenso bei vielen Beduinenstämmen, auch den Bergbewohnern in Java, und zwar dort seit unvordenklichen Zeiten. Überall sind diese reinsten Inzestrassen zugleich die schönsten, ebenmäßigsten und gesündesten. Auch von einem Nachlassen der Fruchtbarkeit kann nicht die Rede sein.

Dabei ist zu unterscheiden: Geschwisterehen können bevorzugt werden, *weil* sie für Inzest, oder weil sie *nicht* für Inzest gelten. Wo Blut- und Rassegefühl hochstehen, bleibt die Ehe von Vollgeschwistern erlaubt, bei allen Mutterrechtsvölkern ohne Unterschied dagegen die Ehe von Halbgeschwistern des gleichen Vaters, denn sie gelten als keineswegs verwandt. Auch im platonischen »Staat« mit seinem Naturrecht ist Geschwisterehe gestattet.

Selbst unter ärgster Gynaikokratie, jener der Beni Amer etwa, wo der Mann völlig unterjocht, mißhandelt, verhöhnt wird, für alles Strafe zahlen muß, wo die Frau sich schämen würde, ihm bei Krankheit zu helfen, bei seinem Tod zu trauern, »ist die Liebe der Schwester zum Bruder sehr groß«. (Munzinger) Auf Madagaskar werden die Gatten sehr schlecht behandelt, Zärtlichkeit oder Rücksicht existieren nicht, doch bindet tiefste Liebe die Schwester an den Bruder. Auch unter den mutterrechtlichen Hamiten Nordafrikas hörte Frobenius viele Klagen der Männer, sie gälten ihren Frauen so wenig, die Brüder alles, genau wie bei den Tuaregs der Sahara. Die arabischen Damen der Hochkultur betonten immer wieder, sie hielten einen Bruder für etwas weitaus Nobleres und Besseres als den Geliebten; ihnen wie älteren Schwestern begegnen zu dürfen galt somit als Auszeichnung besonderer Art. Die frükarabische Kultur ein Matriarchat zu nennen trifft daher etwas neben den Kern. Wiewohl sie matriarchalische Rechtsformen hatte, waren ihre Lebensformen die von »Töchtern«, nicht von »Müttern«; die Dominanz der Frauen war sich gleich geblieben, doch die dominierenden Frauen hatten gewechselt. Welcher Unterschied gegen Assam, Sumatra, den alten Urweibclans oder afrikanischen Reichen, wo eine Königinmutter, wie der Weisel des Bienenstaates, Mittelpunkt und Bindung der sozialen Vereinigung ist. Arabien gehört bereits den Zwitter- und Geschwisterreichen mit Vormachtstellung geliebter Schwestern an.

Hier liegt auch der seelische Weg zum dynastischen Inzest Perus, Phönikiens, Persiens, Kariens, Hawais, Mexikos, besonders aber Ägyptens, wo er erwiesenermaßen fünftausend Jahre lang bestand. Frazer nimmt in all diesen Reichen mit Mutterrecht an, ehrgeizige Söhne hätten ihre Schwestern geheiratet, um durch diese allein erbberechtigten Frauen hindurch ihre eigenen Nachkommen thronfähig zu machen, und später diese priesterlichen Prinzessinnen des dynastischen Clans als ihre Vestalinnen eingesperrt, schließlich ganz beiseite gedrängt. Wie aber wäre ihnen das anfänglich möglich gewesen, bei priesterlicher Herrschaft der Frauensippe und ihrer magischen Macht im Volk jenes höchste Recht der Gynaikokratie: die freie Verfügung über sich selbst, zu brechen, ein Recht, dessen Verletzung, wie die Sage der Ägyptussöhne lehrt, sofort mit dem Tode bestraft wird. Dynastischer Inzest, führte er auch später zu gewaltsamem Umsturz und Vaterrecht, ursprünglich war er nur möglich, weil gefühlsmäßig von weiblicher Seite gefördert. Die brüderliche Werbung wurde eben jeder anderen vorgezogen. Artemisia von Karien hätte bei erzwungener Ehe die Witwenschaft nicht tief genug treffen können, um sie zum Thron- und Weltverzicht zu bringen. Bei Matriarchat ist eben der Bruder jener einzige Mann, der zählt, ihm fehlen Liebe und Zärtlichkeit nie, auch dort, wo der nur sexuell benützte blutfremde Gatte nichts oder nur wenig gilt. Und wie altiranische Religion die Schwesternehe empfiehlt, wie Indianer, Samoaner, Hottentotten stets Schwestern als heilig geliebteste Frauen nennen, so wandelt sich bei dynastischem Inzest erstmalig das Mutterrecht zum *Schwesternrecht. Die uterine Bindung hat sich für den Mann um eine Generation nach vorwärts verschoben.*

hat auf dieser Welt das Doppelsternsystem der herrschenden Herzgeschwister, die zweifache Narzißblüte, am längsten und harmonisch reinsten gelebt. Mythisch schon in Rheas Mutterleib liebt sich das Zwillingspaar: Isis und Osiris. Nach Horus, ihrem Sohn, geistern vierundzwanzigtausend Jahre lang »prädynastische« Dynastien, die geheimnisvollen »Horschemsu«, Folger des Horus, aus dem Abgrund der Tradition herauf; an ihrem oberen Saum steht als überhaupt älteste ägyptische Inschrift, um 5000 v. Chr., der Name einer Königin: Ha, Frau des Horus Ka. Der zweite Frauenname ist Neith-Hetep. Ihn trägt eine Prinzessin von Sais und Königin von Unterägypten. Sie und ihr Gatte Namar von Oberägypten vereinen zuerst die rote und die weiße Krone der beiden Nilländer, ihr Sohn ist Mena. Hier beginnt die erste historische Dynastie des Doppeldiadems, mit ihr die weise Nilregulierung – sie hielt bis in unsere Zeit, erst der weniger weise Staudamm von Assuan hat sie und das Klima ruiniert. Memphis kam ins Blühen, zugleich wurde dem ganzen Volk Religion und Kult gelehrt, der Gebrauch feiner Tisch- und Bettwäsche, wie jede Art anmutiger und luxuriöser Lebenshaltung. »Volk« heißt hier im ganzen gewiß weit weniger als hunderttausend Leute, mehr gab es nicht, mehr braucht es nicht zur Kultur; erst erkrankende Zivilisation wird, und zwar mit bestürzender Regelmäßigkeit, zur Massenaffäre.

Dann ist in dieser ersten Dynastie noch von einer Königin-Mutter Shesh die Rede, uns bekannt durch das Rezept einer Haarwuchspomade, von ihrem Sohn Teta für sie gebraut aus den wirksamen Bestandteilen je eines pulverisierten Esels- und Hundehufs, mit Datteln und Öl verkocht. Noch zu Diodors Zeit, viertausend Jahre später, gehört außer Wäschewaschen und Bettenmachen das Bereiten von Pomaden für Haar- und Körperpflege zum männlichen Pflichtenkreis.

Jener Anfang Ägyptens, die mythische Liebe des göttlichen Zwillingspaares beweist, wie richtig die Psychoanalyse gerade diese erotische Anziehung als ganz nahe der Wurzel gewachsen erkannt hat, wie wenig richtig dagegen ihre Auffassung ist, der Mythos spiegle das im Leben Verbotene als Wunschtraum erfüllt. Nie traf Geschwisterehe in Ägypten irgendein Verbot. Sie war Tausende von Jahren lang bei hoch und nieder das fast philisterhaft Korrekte. Hätte sich hier al= lerdings der Wunschtraum just auf den Ort der Begattung kapriziert, dann wäre er wohl nur im Mythos erfüllbar gewe= sen, und die Psychoanalyse bliebe im Recht. Rheas Leib ist aber hier ganz ohne Zweifel zugleich auch uteriner Kosmos, den im mutterrechtlichen Ägypten keiner verläßt. Auch der »lebendige Name« jedes Pharaos bleibt vom schützenden Ute= rus: dem Königsring: der Kartusch, heilig umschlossen, und jeder Herrscher läßt, wie man in anderen Ländern Gedenk= münzen schlägt, bei wichtigen Ereignissen eine neue Serie Skarabäen verbreiten, das mutterrechtliche Reichssymbol, in dem sich alles abspielt. Es ist sehr schade, daß bei Psychoana= lytikern ein gewisser Mangel an allgemeiner Bildung nicht gar selten ihrer Mühe Wert vermindert; welcher Segen kann etwa auf einer Analyse Amenophis IV. ruhen, wenn es anläßlich seines Familienlebens mit der eleganten Nofretete und ihren sechs kleinen Töchtern heißt: »Leider blieb der heißersehnte Thronerbe aus.« (Karl Abraham, Imago) In Ägypten gibt es keinen »heißersehnten Thronerben«, weil sich der Thron aus= schließlich in weiblicher Linie forterbt.

Während jede Prinzessin des herrschenden Hauses mit allen königlichen Würden und Titeln geboren wurde, gewann ein Prinz diese erst am Krönungstag, konnte aber nur gekrönt werden als Gatte einer königlichen Schwester. Nur sie trägt das dynastische Totemtier: den Goldhorus, in der Krone, weil das mystische Gottesgnadentum auf ihr ruht. *Sie* herrscht, *er* regiert, *sie* inspiriert, *er* führt aus, als Häuptling=Bruder der Priesterin=Schwester im Doppelsternsystem der heiligen Herz= geschwister. Pharaonen und englische Rennpferde sind daher die am höchsten ingezüchteten Rassegeschöpfe der Welt und vielleicht die schönsten. Von üblen Folgen nie die Spur.

Der Unterschied zwischen Herrschen und Regieren ist auf In= schriften deutlich formuliert. An der Isissäule steht: »Was ich zum Gesetz erhoben habe, kann niemand auflösen.« An der des Osiris nur: »Kein Ort ist in der Welt, wohin ich nicht ge= kommen wäre, um meine Wohltaten überall auszuteilen.« Der Name Osiris: hes iri, bedeutet Auge der Isis, ist also ein Teil von ihr, der wache, waltende, überblickende. Jede Königin ver= tritt die Isis. Auch Kleopatra noch: »Sie zeigt sich dem Volk in Isis' Gewand, Antonius folgte ihrem Thronsessel zu Fuß. Die Schilder der römischen Soldaten trugen Kleopatras Namen, als

Herrin ragte sie über ihren Osirisgemahl (Antonius) hervor.« Über der Rhamses=Statue wiederum ist zu lesen: »Ich komme zum Vater im Gefolge der Götter, welche er immer in seine Gegenwart zuläßt.« Über jener der Königin: »Siehe, was die Göttin=Gemahlin spricht, die königliche Mutter, die Herrin der Welt.« Sie selbst ist Göttin und Herrin der Welt, er erscheint im Göttergefolge.

In der XVIII. Dynastie mußte sogar der großmächtige Thutmosis I. nach dem Tod seiner Frau abdanken zugunsten eines Backfisches, der Tochter Hatschepsut, wiewohl er zwei Söhne hatte und selbst reinen Blutes war durch seine Mutter Ahmes und zur Urgroßmutter sogar Nefertari hatte, die noch achthundert Jahre lang in eigenen Tempeln mit eigener Priesterschaft Verehrte. Unter Nefertari und ihrem Brudergatten wurden nämlich die Hyksos aus Ägypten vertrieben. Dieser Zuwachs an Ahnenruhm kam aber nicht Thutmosis, dem männlichen Nachkommen, sondern weit mehr Hatschepsut zugute. Ihre Titel sind: »König von Nord und Süd, Sohn der Sonne, Goldhorus, Schenker der Jahre, Göttin der Aufgänge, Herrin der Welt, Dame beider Länder, Beleberin der Herzen, Hauptgattin des Amon, sie die Mächtige.« Jede Prinzessin war auch geborene Gattin eines Gottes: des *Gautotems,* war ex officio seine Priesterin und bis zum Eintritt der ersten Menses, dem zwölften Jahr etwa, zur Tempelprostitution verpflichtet, denn jeder »Fremde«, der sie im heiligen Bezirk aufsuchte, galt als Vertreter des eröffnenden Gottes und himmlischen Bräutigams. Auch der Pharaobruder war ihr Gatte nur als zeitweilige Inkarnation der Gottheit.

Ägypten hatte Weltgötter und lokale Gaugötter, diese meist uralte Tiertotems, teils weiblich, teils männlich. Der Gaugott der jeweiligen Residenz, Sais, Heliopolis, Memphis, Theben, wurde dann naturgemäß besonders mächtig, in Heliopolis also Râ, jene Sonne, die von der Weltgöttin Neith parthenogenetisch geboren wird. »Was da ist, was da sein wird und was gewesen ist, bin ich, meinen Chiton hat keiner aufgedeckt, die Frucht, die ich gebar, war die Sonne.« Aus der Heliopoliszeit stammt der Ausspruch: »Sonnenblut« für die Pharaonenrasse. Als »Sohn der Sonne« erhebt sich aber auch selbständig das Männliche, inkarniert im Bruder=Gatten, dem Pharao. Unter den großen Dynastien von Theben (Luxor), denen Hatschepsut angehörte, wuchs der dortige Gautotem Amon derart an Be=

deutung, daß er den Râ absorbierte und dann Amon=Râ hieß. Nennt sich Hatschepsut Hauptgattin des Amon, so bedeutet das die heilige Vereinigung, den »hieros gamos« mit dem Gaugott der Provinz Theben, der als Totem zugleich ihr Ahne ist. Als Symbol der heiligen Vereinigung von Prinzessinnen mit dem Mondstier Apis wurde ihnen ein einbalsamierter Stierphallus mit ins Grab gegeben.

Hatschepsut war eine jener Fürstinnen, die nicht nur herrschten, sondern auch ihr Recht zu regieren selber ausübten, statt es, wie sonst üblich, dem Brudergatten, hier Thutmosis II., zu übertragen. Als Witwe erlaubte sie ihrem Neffen und Schwiegersohn, Thutmosis III., ebensowenig dreinzureden, so wurde er zum neidischen Feind, ließ nach der Königin Tod deren Kartusch an dem bestaunenswerten Tempel zu Deir=el=Bahari in den thebanischen Bergen, den Sphinxenalleen, den Obelisken zu Karnak herausmeißeln und fälschte seinen eigenen Namen als Erbauer hinein. Diese lokale Infamie nützte ihm aber nichts, denn vom Delta bis nach Assuan hinauf, von den libyschen Bergen bis zum Sinai stehen auf Papyri und Denkmälern ihre Taten verzeichnet.

Hatschepsut rüstete auch die Expedition zu den »Weihrauchleitern« des Landes Punt, heute als Somaliküste lokalisiert. Der Tradition nach waren schon Vorfahren der alten Ägypter dorthin gezogen, doch später gerieten Land und Weg wieder Jahrtausende lang fast in Vergessenheit. Die Flotte der Königin kam zwei Jahre nach dem Auslaufen im Triumph zurück, beladen mit Geschenken des Prinzen von Punt; was man einander halt in Afrika so schenkt: natürlich Gold, Elfenbein und Ebenholz, grüne Affen, Sklaven, Giraffen, Windhunde, Leoparden, schließlich waren noch einunddreißig enorme Weihrauchbäume samt Wurzelballen und Erde an Bord, denn sie sollten im Tal von Theben angepflanzt werden. An der Somaliküste hatte die Expedition, als Bestätigung heimatlicher Saga, auch richtig eine hellhäutige Bevölkerung getroffen, den Ägyptern selbst ähnlich, also offenbar Hamiten. Afrika war damals, in der Mitte des zweiten vorchristlichen Jahrtausends, eben noch lange nicht so vernigge rt wie heute.

Zug und Heimkehr sind bezaubernd, wie ein alter Gobelin, auf der Terrassenwand von Deir=el=Bahari zu sehen samt erläuternden Hieroglyphentext, der, selbst ein Wunderzug dekorativer Symbolbilder, den ersten begleitet. Im prädynasti=

schen Ägypten scheint es dagegen keine Bild=, sondern Linear=schrift gegeben zu haben.
In Hatschepsut und Semiramis fliegen die Schicksale zweier ge=nialer Herrscherinnen, da sie verschiedenen Kulturkreisen an=gehören, zu Gegensätzen auseinander. Die Asiatin muß sich mit Weibchentricks oder auf damenhaften Schleichwegen hin=auflächeln, hinauflieben, hinaufheiraten, hinaufscheiden zu jener Macht, wo sie endlich zeigen kann, was alles in ihr steckt; bei ihren Werken auf lange Sicht braucht es bald wieder Tricks und Schwindel, denn nur als ihr eigener Sohn verkleidet und gekrönt darf sie vollenden, was sie begann, um dann in einem politisch schwachen Augenblick, nach dem Zug gegen Indien, der Heimkehr Napoleons aus Rußland ähnlich, von den Söhnen entthront zu werden. Verwundet, zürnend, taubenhaft, immer aphroditisch betont, verschwebt sie schließlich dem Mythos in die Ur=Aphrodite selbst. Die Ägypterin dagegen, ganz oben hingeboren als Verkörperung einer zugleich weltlichen und spirituellen Macht, von deren Gestrahl es heute keine annä=hernde Vorstellung mehr gibt, sieht schon als Backfisch den reifen Vater und großen Pharao vor ihrem älteren Gnadentum abdanken. Dann steht dieses Mädchenkind da, ganz kompro=mißfrei, niemandem verantwortlich, die halbe damals bekannte Welt ihr Besitz und Tatenfeld, ihre junge Spannkraft erwar=tend, dabei selbst von prachtvoller Rasse, mit Zucht und Rich=tung im Blut und dem vielleicht Besten am Schicksal: daß alles dies sich bietet inmitten reiner Größe, einer Kultur von langem Atem, schon voll Form, doch voll noch von Impulsen, jedes Ding eine Herrlichkeit in Harmonie mit jedem anderen; alle aber, von den Pyramiden bis zu den Schmuckdöschen, sind sie von lange her und gleichgewachsen mit der eigenen Erbbahn der jungen Königin. Ihr freies, großes, völlig verwirklichtes Dasein lag überdies zur Gänze auf einem steigenden Stück ägyptischer Schicksalsbahn. Das einzige, was vielleicht an dy=nastischem Bluterleben fehlte, war diese schon beinahe him=melskörperliche Sphärenharmonie der bruder=schwesterlichen Vollwelt, denn ihr Brudergatte war zu unbedeutend und starb lange vor ihr.
Nicht, daß Hatschepsuts Frauendasein deshalb kalt verlaufen wäre. Viel ist auf Denkmälern von ihrem großen Architekten Senmut die Rede, einer der ersten Persönlichkeiten jener Zeit. Er schnitt ihr die Terrassen und Tempel aus dem libyschen

Fels, als vielleicht kühnste Landschaftsarchitektur der Welt, errichtete die Karnak=Obelisken, war königlicher Siegelbewahrer und Erzieher der königlichen Kinder. Auf seiner Stele in Assuan steht er vor der Königin und wird von ihr genannt: »Gefährte hochgeliebt, Hüter des Palastes, Hüter des Herzens der Königin, der die Dame beider Länder zu befriedigen vermag und macht, daß alle Dinge sich nach dem Wunsch Ihrer Majestät ereignen.« Offenbar fand niemand etwas an dieser öffentlichen Aufzählung so diskreter Verdienste und Ämter. Wie überhaupt nichts falscher sein könnte, als die Ägypter, weil sie berühmt sind für Basalt, Porphyr, Pylonen und Mumienprunk, am Ende für schwer, kahl, kalt, steif und düster zu halten. Sie waren eine der heitersten Menschenarten, verliebt in Anmut, Blumen und Musik. Gebäude wie Frauen waren das ganze Jahr geschmückt mit frischen Lotosknospen, Weinbecher und Gäste bei Festen bekränzt, alle Räume voll Blumenarrangements in Alabaster= und Goldgefäßen oder solchen aus blauem und grünem Email; Gesang klang aus jedem Haus, hoch und toll ging es bei Phallus=Umzügen her, niemand war arm, niemand in Not. Die reicheren Heime hatten außerordentliche Bett= und Wäschekultur, auch jene langen, graziösen Recamier=Chaiselonguen, überhaupt wenige, niedrige, außergewöhnlich gut gewählte »Empire«=Möbel, viel besser als die in der Malmaison, und viele Lederkissen, mit Taubenflaum gefüllt. Getragen wurden meist plissierte, fußfreie Röcke aus Leinwand oder durchsichtigem Schleierstoff, das gleiche Material über der Brust gekreuzt, keine oder fließende Ärmel, nie Hüte, aber raffiniert geschnittene Sandalen für die schmalen, feinen, trockengebauten Füße. Trotz so einfach stilisierter, nur reinem Kontur dienender Tracht betrug das Toilettengeld einer Königin doch dreihundertundsechzigtausend Silbertalente jährlich; allerdings wechselten Ägypterinnen den echten Schmuck so oft wie Europäerinnen jetzt den falschen.

Eine Rasse von beispielloser Körperkultur! Was allerdings eine rein zivilisatorische Angelegenheit ist und deshalb gerade jetzt von uns gern überschätzt zu werden pflegt. Nicht nur waren Haut, Haare, Zähne, Augen, Brauen, Wimpern, Hand= und Fußnägel meisterhaft gepflegt, wurde die Gesamtmuskulatur täglich massiert, friktioniert, geduscht, geölt, die Diät geregelt, auch innere Reinheit verstand sich von selbst. Der Pharao durfte übrigens nur weißes Fleisch essen und lebte beinahe abstinent.

»Drei Tage im Monat gebrauchen sie Darmbäder, abführende Mittel und Erbrechen«, berichtet Herodot, und schon aus den ganz frühen Papyri ergibt sich ähnliches. Zu Diodors Zeit war es noch strenger: »Um Krankheiten vorzubeugen, pflegen sie des Körpers mit Klystieren, Fasten und Brechmitteln, manch= mal Tag für Tag, zuweilen setzen sie aber auch drei bis vier Tage aus.« Dann sagt er jedoch noch etwas anderes, was von ganzen Generationen unserer Ägyptologen mit ungläubiger Verachtung gestraft wurde, nämlich: »Unter den Bürgern ist der Gatte nach dem Ehevertrag das Eigentum der Frau, und es wird zwischen ihnen festgesetzt, daß der Mann der Frau in allen Dingen gehorchen soll.« Heute, da drei= bis vierhundert Ehekontrakte aus verschiedenen Zeiten vorliegen, ist Diodors Angabe nicht nur bestätigt, sondern weitaus überboten. Er hat hier eher unter= als übertrieben. »Ich beuge mich vor deinen Rechten als Frau«, heißt es in so einem Dokument. »Vom heu= tigen Tag an werde ich mich nie mit einem Wort deinen An= sprüchen widersetzen. Ich erkenne dich vor allen als meine Gattin an, habe aber selbst nicht das Recht, zu sagen: Du hast meine Gattin zu sein. Nur ich bin dein Mann und Gatte. Du allein hast das Recht, zu gehen. – Vom heutigen Tage an, da ich dein Gatte bin, kann ich mich deinem Wunsch nicht wider= setzen, wo immer es dir hinzugehen belieben mag. Ich gebe dir (folgt die Liste der Vermögenswerte). Ich habe keine Gewalt, dir in irgendeine Transaktion dreinzureden. Meine Rechte an jedem Dokument, das von irgendwelchen Personen zu meinen Gunsten aufgesetzt wurde, habe ich dir hiermit zediert. Du hältst mich gebunden, jede solche Zession anzuerkennen. Sollte mir also irgend jemand Gelder einhändigen, die jetzt dir ge= hören, so habe ich sie an dich ohne Verzögerung und ohne Widerstand abzuliefern und dir weitere zwanzig Maß Silber, einhundert Schekel und noch einmal zwanzig Maß Silber zu zahlen.«

Das mit dem Gehorsam des Mannes gegen die Frau war eine stehende Klausel, sie wurde automatisch jedem Ehevertrag ein= gefügt. Ja, zum Geier, denkt der Leser hier mit Recht, warum ist denn der Schwachkopf darauf eingegangen? Weil er sich vom Matriarchat befreien wollte. Gerade das Bestreben nach patriarchalischer Nachfolge führte, wie Briffault zeigt, para= doxerweise zur Verschärfung weiblicher Macht, ja zur völligen Versklavung des Mannes; denn wollte er, daß seine Kinder ihn beerbten, mußte er alles zu Lebzeiten der Frau schenken und sich jeder ihrer Bedingungen fügen, weil nur durch die weibliche Linie Besitz weitergeleitet werden konnte; sonst fiel alles, was er erwarb, an die Kinder seiner Schwester. Wo der Mann keine Familie gründen kann, da hat er meist Talent und Zärtlichkeit für sie. Solche Späße erlaubt sich die Natur gerade gern mit ihren bravsten Wesen. Am gescheitesten für den Ägypter, er heiratete gleich die Schwester, dann waren deren allein erbberechtigte Kinder wenigstens seine eigenen. Dies der patriarchale Grund ägyptischer Geschwisterehe in allen Ständen; durch Jahrtausende, sogar bis ins zweite nachchristliche Jahrhundert machte sie noch die überwiegende Majorität aller geschlossenen Verbindungen aus. Das wäre aber nie möglich gewesen ohne jenen tiefen Herzenshang der »Zwei«. Etwas monoton? Aber wieso denn? Er konnte ja außerdem Sklavinnen haben, sie Männer, denn die Scheidung hing allerdings einseitig vom Willen der Gattin ab, war jedoch, wenn sie zustimmte, Privatsache, die reine Bagatelle, so daß praktisch sukzessive Vielweiberei und Vielmännerei herrschten.

Wie stets beim Mutterrecht, erscheint auch in Ägypten die Frau als werbender Teil. In sechzehn unter zwanzig erotischen Gedichten gehen die Avancen von ihr aus. Sie »fensterlt« und meldet den Erfolg: »Ich habe meinen Bruder in seinem Bett gefunden. Mein Herz ist glücklich über die Maßen.« – Auch wo weibliche Lyrik Finanzielles besingt, fehlt es den Damen nicht an klarer Rede. Die Dichterin eines Werbeliedes aus der Zeit Ramses II. verkündet offenherzig ihrem Freund: »Oh, mein schöner Liebling! Meine Sehnsucht geht dahin, als deine Gattin zugleich die Herrin all deiner Besitztümer zu werden.« Bei Realitäten war das automatisch der Fall. Baute der Mann ein Haus oder erwarb eines, so ging es sofort in den Besitz der Frau über. Verglichen mit einer Dame des »alten«, »mittleren« oder »neuen« Reiches, sind also die gewiß rechtlich bestgestellten Frauen unserer Tage, die Amerikanerinnen im Frauenparadies Amerika, geradezu kläglich dran. Während heutigentags so ein Girl stets nur eine Tranche des männlichen Vermögens aus jeder Ehe mit sich nehmen kann, ließ in Ägypten bereits der erste Verlobte sein ganzes Hab und Gut auf den Namen der Braut überschreiben. Da sich diese dann im Heiratskontrakt das alleinige Recht auf Scheidung vorbehielt, konnte sie den Mann, der selbst während der Ehe im Haus

nur als »privilegierter Gast« galt, ohne Angabe von Gründen einfach aus Haus und Besitz weisen, die er ihr eben zugebracht. Der Unterzeichnung des fatalen Kontraktes ging zwar meist eine unverbindliche Probeehe voraus, und führte sie zu nichts, brauchte der Mann nur eine bestimmte Abstandssumme zu bezahlen, da aber auch Schwangerschaftsunterbrechung stets völlig frei geübt wurde, hatte ein Probegatte wohl nicht viel Aussicht auf Vaterschaft, ehe er den Vertrag in gewünschter Form unterschrieben hatte, samt der famosen Gehorsamsklausel. Auch dann folgen Kinder dem Stande der Mutter und führten meist ihren Familiennamen allein.
Gerade in Ägypten scheinen die Männer besonders kinderlieb gewesen zu sein, während Mutterrecht auch dort, genau wie anderswo, gar nicht so kuhwarm ist, wie es klingt. Säuglinge wurden sofort zu künstlicher Ernährung und Pflege den Männern übergeben, die sich als »dry nurses« eminent bewährten. »Amme« war ein ausschließlich männliches Ehrenamt bei Hof, eine der höchsten männlichen Würden das Aufziehen der neugeborenen Prinzen und Prinzessinnen. So hieß der Fürst von El Kab unter Amenhotep I. die »Amme« des Prinzen Uadmes; der Gigolo der Königin Chnemtomun die »Amme« der Prinzessin Ranofre. Die Männer besorgten auch das Waschen der Wäsche, das Bereiten des Bettes zur Liebe und der Pomaden für Haar- und Körperkult.
Bei matrilokaler Ehe und mannigfachem Berufsleben der Frau wird es begreiflich, daß sie vielfach den Wohnort bestimmte, darum erklärt auch Ramses III.: »Der Fuß einer ägyptischen Frau kann wandern, wohin es ihr gefällt, und niemand kann sich ihr widersetzen.« M. Müller hat schon recht, wenn er die Ägypterin vorchristlicher Jahrtausende moderner und kühner fortgeschritten nennt als die modernste Frau der Gegenwart. An Karriere stand ihr, besonders bis zur XII. Dynastie, einfach alles offen. Vor wie nach der Heirat konnte sie Priesterin werden, was nicht Nonne bedeutet, sondern nach Rang und Einkommen etwa Erzbischof oder Kardinal. – Wir kennen in allen Details die Laufbahn eines solchen Girls vor viereinhalb Jahrtausenden, das, aus kleinen Verhältnissen stammend, als Bürofräulein im Geschäft ihres Vaters begann, später in den Verwaltungsdienst trat, bald Statthalter des Fajum wurde und, was merkwürdiger ist, Oberkommandant der westlichen Streitkräfte. Dazu kamen noch Generalgouvernat und Oberbefehl

in Kynopolis und an der östlichen Reichsgrenze. Dieses junge Mädchen wurde in relativ kurzer Zeit eine der mächtigsten, angesehensten und reichsten Persönlichkeiten des Landes; ganz aus eigener Kraft.

Doch zeigt sich eine Tendenz, die matriarchale Ordnung abzubauen, durch die ganze soziale Geschichte hin. Das beginnt mit der Abnahme der magischen Funktion. Während sich in den ersten Dynastien Frauennamen in hohen Priesterstellen sehr häufig finden, verschwinden sie nach der XII. Dynastie, mit Ausnahme jener der Prinzessinnen in ihren ex officio bekleideten liturgischen Ämtern. Eine Reihe weiblicher Religionsgenossenschaften mit großen Latifundien und hochdotierten Posten gibt es zu Theben allerdings weit später auch, doch ist ihr Sinn noch völlig rätselhaft. In Wirklichkeit hat Ägypten nie vom Matriarchat gelassen. Als im VIII. vorchristlichen Jahrhundert eine nubische Dynastie ihr Thronrecht auf Grund der Abstammung von einer legitimen Prinzessin durchsetzte, steigerte sich unter dieser Herrschaft das kulturvoll elegante Frauenrecht sogar wieder ins Afrikanisch-Barbarische. Jedem Pharao waren damals zwei große Königinnen zur Regierung beigegeben, von denen die eine zu Hause in Napata, die andere in Theben residierte. Aus dieser Periode stammt der Name Kandake für Königinmutter, wie er später als Symbol der Frauenmacht in den Alexanderromanen eine solche Rolle spielt. In Nubien selbst bestand die Gynaikokratie bis ins Mittelalter hinein. Als unter den Ptolemäern griechische Gesetze in Ägypten eingeführt wurden, blieben sie toter Buchstabe, das Mutterrecht überwand praktisch den ganzen Hellenismus und hielt sich bis zum Islam. Die günstige materielle Position seiner Frauen ist ein Rest alten Matriarchats.

Weibliches Erbrecht brachte allerdings auch Pflichten, so die Versorgung alter Verwandter und die Übernahme der Liturgien: gewisser unbesoldeter Ehrenämter, wie sie an die Familie gebunden waren. Griechenland, in klassischer Zeit schon ganz männerrechtlich, bestaunte spöttisch dieses Frauenreich, »die Weiberknechte am Nil«. Herodot spricht von »verkehrter Welt«; nach ihm, der alles sieht, verrichten die Geschlechter sogar ihre Bedürfnisse umgekehrt, sitzend die Männer, stehend die Frauen. Ihn amüsiert das Fremde, Sophokles entrüstet sich: »Ha, wie sie ganz die Sitten des Ägyptervolkes nachahmen in des Sinnes und des Lebens Art! Dort hält das Volk der Männer sich zu

Haus und schafft am Webstuhl, und die Weiber fort und fort besorgen draußen für das Leben den Bedarf.« – Besonders eingehend hat Diodor sich mit Ägypten befaßt, den mutterrechtlichen Charakter der königlichen Familie sehr richtig besprochen und mit seiner Behauptung über die Eheverträge so triumphiert, wie ein Historiker es sich nur wünschen mag. Nicht stimmen kann indessen jene Angabe: »Die Frauen verwalten alle obrigkeitlichen und öffentlichen Ämter, die Männer besorgten, so wie bei uns die Hausfrauen, das Hauswesen.« Damit stehen die genauen Berichte zu vieler Papyri, die Listen zu vieler hohen Würdenträger und Heerführer und die gesamte Skulptur im Widerspruch. Auch die Armee war überwiegend männlich, die Ärzteschaft gleichfalls. Männer versahen also *mindestens* in gleicher Weise wie die Frauen obrigkeitliche und öffentliche Ämter, was natürlich nicht ausschließt, daß sie, wie Diodor weiter bemerkt, »dem Willen ihrer Gattinnen gemäß lebten«. Darüber belehrt ein kleiner Papyrus aus der Ramsessidenzeit, also vom Anfang des neuen Reiches. Ein thebanischer Witwer beschwört in diesem interessanten Dokument schlotternd seine verstorbene Frau, als Gespenst doch gnädigst von ihm abzulassen. Schmeichelnd nennt er sie »erhabener Geist«, erinnert an alle Rücksicht, die er ihr zeitlebens erwiesen, wie er sie gewiß nie vernachlässigt, nachdem er die famose Stellung am Hof des Pharaos erhalten, vielmehr jeder ihrer Launen sich gefügt, auch keine Audienz bewilligt habe, der sie nicht vorher zugestimmt. »Was immer sie mir brachten, das übergab ich dir«, beteuert er. »Nie habe ich etwas heimlich versteckt oder für mich zurückbehalten.«

Mag sich auch ein weibliches Gespenst ab und zu eklig benommen haben – tot sein verdirbt eben die Laune –, lebende Frauen, deren Abbilder so beispiellos hochbeinig, lieblich und geduldig kultiviert über Kilometer von Reliefs dahinstehen, scheinen ihre Macht nicht überarg mißbraucht zu haben. »Wenn ich dich als Gatten entlasse«, erklärt eine junge Dame großmütig in ihrem Ehekontrakt, »indem ich dich hassen oder einen anderen mehr lieben gelernt habe als dich, so gebe ich dir die Hälfte deiner Mitgift zurück, außerdem einen Teil von allem und jedem, was ich mit dir erwerben werde, solange du mit mir verheiratet bist.«

Nur in Theben waren sie toll aufs Geld. Nicht nur das ganze Vermögen und alle künftigen Erbschaften des Gatten brachten sie bei der Eheschließung an sich, sondern in Form von jährlichen Apanagen auch, was dieser später sich verdienen mochte, so daß mancher Mann, um nach der Scheidung vor dem Verhungern geschützt zu sein, seinerseits im Kontrakt es sich für den äußersten Fall ausbedang, bis zum Tod der Frau ernährt und dann anständig begraben zu werden. Toilettengelder erhielt er ja überhaupt von ihr. »Die ihren Mann kleidet«, war die früheste Bedeutung des ägyptischen Wortes: Frau.

Warum in Geschichtswerken von alledem recht wenig steht, höchstens ab und zu etwas von »auffallend freier Stellung des Weibes?« Gerade die meistgelesenen stammen noch vom Anfang des Jahrhunderts, als vieles noch nicht entziffert, Entziffertes aber bei damals einseitig männerrechtlicher Betrachtung als »unglaubwürdig« oder »Ausnahme«, am liebsten als »Entartung« abgelehnt wurde. So ein Privatdozent, in seinem Universitätsnest von Jugend an, also ums Jahr 1880, gewohnt, daß seine Frau ihn jede Woche um das Wirtschaftsgeld ersuchte, verschloß den Sinn vor derart fremder Welt. Er nannte das: »kritische Sichtung des historischen Materials«. Bei ähnlichem Anlaß sagt Shaws Cäsar mild: »Verzeiht ihm, er hält eben die Vorurteile seiner kleinen Inselsippe für die Gesetze der Natur.« Wären die ägyptischen Männer nun eine trübe Brut gewesen, so hätte das Vorzüglichere ihrer Position die Frau weder beglückt, noch sich für sie gelohnt. Doch diese Eliterasse, groß, schlank, männlich, kultiviert, begehrenswert über die Maßen, nahm es, man wage herzhaft die Vermutung, mit jeder Professorenrasse auf.

Von ihrer Weisheit noch ein letztes Wort. In dem vielleicht ältesten Buch der Welt, den Maximen des Ptah-Hotep, eines Philosophen aus dem Jahre 3200 v. Chr., sagt der prächtige Mensch: »Wenn du weise bist, so behalte dein Heim, liebe deine Frau und streite nicht mit ihr. Ernähre sie, schmücke sie, salbe sie. Liebkose sie und erfülle alle ihre Wünsche, solange du lebst, denn sie ist dein Gut, das großen Gewinn bringt. Hab acht auf das, was ihr Begehr ist, und das, wonach der Sinn ihr steht. Denn auf solche Weise bringst du sie dahin, es weiter mit dir zu halten. Opponierst du ihr aber, so wird es dein Ruin sein.«

THEORIEN ÜBER DAS MUTTERRECHT

Wo die Probleme gesucht, vielmehr gesehen werden,
das unterscheidet die Menschen.
WEININGER

Nur jene Menschen haben nie etwas begriffen, denen
alles ganz und gar begreiflich scheint.

Es wurde kürzlich sehr viel vom Menschenwesen erforscht, darum weiß man wieder einmal so wenig davon. Jeder, der verstehen will, ertrinkt zuvörderst beinahe in »Tatsachen«, ehe er sich einem Gesetz, aus dem sie etwa wachsen könnten, auch nur nähern darf, ja ehe er auch nur ahnt, ob er Richtung darauf hält. Vor allem ist zu entscheiden: welche Phänomene gehören der gleichen Lebensfläche an, wenn auch verschiedenen Gruppen, welche aber verschiedenen Schichten; ferner: was hat als primäre, was als sekundäre Erscheinung zu gelten? Soll etwa bei Mutterrecht Namengebung und Erbfolge das Wesentliche sein oder nicht vielmehr, wer zu wem zieht, wer Töpfe macht, tanzt, Quellen reinigt? Dazu kommt noch als Grundfrage: Wer ist der Herr, jener, der »arbeitet«, oder jener, der »nichts tut«? Vom »Arme=Leute«=Standpunkt aus, mit dem Dogma der »Lohnsklaverei«, scheint das kein Problem. In Wirklichkeit aber ist Arbeit, schwere, große Arbeit bis zur körperlichen Erschöpfung, in bestimmter Kulturschicht oft eifersüchtig gewahrtes Vorrecht der herrschenden Frau, während der beherrschte Mann zum Herumlungern und Basteln verurteilt bleibt.

So kommt es, daß längst »gesicherte« Resultate ganz neu zur Frage stehen. Früher galt Ackerbau, mindestens Hackbau, allgemein für weibliche Erfindung. Nach dem veralteten Vorurteil der »natürlichen Arbeitsteilung« sollte die Frau, während der Mann in der Ferne jagte, Pflanzen und Kräuter der unmittelbaren Umwelt als vegetabilische Nahrung sammelnd, auch wildwachsendes Getreide gefunden und es mit anderem Gemüse dann angepflanzt haben. Der Psychoanalyse dagegen ist Ackerbau wie jedes Arbeiten in der Erde das Schulbeispiel einer Ersatzhandlung für den verbotenen Mutterinzest, also typische Männererfindung und =beschäftigung, wobei die Libido, weil ihres unmittelbaren Objektes beraubt, von der Sexual= auf die Ernährungsstufe regrediert. (C. G. Jung) E. Hahn sagt das gleiche, nur auf mythologisch, wenn er Pflug und Pflugwirtschaft religiöse Zeremonien nennt, wobei der Pflug »den Phallus« des »vorgespannten Stieres« darstellt, jenes »heiligen Rindes, das die Mutter Erde besamt«.

Frobenius wieder denkt genauso fern der Psychoanalyse wie dem alten Materialismus; ihm liegt die Entstehung des Hackbaues ganz anders, aber ebenso deutlich zutage bei einem Bergvolk Nordkameruns, und zwar als »Dankopfer«, seelischer Aufrausch, weder um des »Nutzens« willen, noch als »Inzestersatz«. Ob, was er sah, nicht auch psychoanalysiert werden kann, darum geht es hier nicht, sondern daß auch eine andere, ganz verschiedene Auswertung gerechtfertigt scheint, eben die Frobeniussche. Er beobachtete die Leute, wie sie im Herbst zu den verlassenen Ebenen hinabsteigen und die nachträglich wildwachsenden Kornfrüchte sammeln. Im Frühling kehrten sie dann wieder, hackten einige Löcher ins Feld, legten von dem herbstlichen wilden Korn hinein, und – nun kommt das Sonderbare – gerade was aus diesem, der Erde *Zurückgesäten* wuchs, durfte nicht zur Nahrung dienen.

»Die erste Stufe war offenbar ein Einsammeln des Kornes, das wild wuchs. Als Ideal entstand die Sitte, aus Dankbarkeit und um die durch den Kornschnitt verwundete Mutter Erde zu versöhnen, ihr wieder Körner zurückzuerstatten, deren Früchte aber als heilige Opferzeugnisse nicht etwa dem profanen Leben zurückflossen. Erst in späterer Zeit nahm der Hackbau mehr und mehr profanen und verstandsmäßigen Charakter an. Die geschilderte Sitte stammt also aus der Zeit vor dem Hackbau und beweist, daß dieser aus dämonischen Vorstellungen zunächst als Ideal entstanden ist. Erst als die sorgende Kausalität die Ideale verkümmern ließ, als die nüchternen Tatsachen im Geiste herrschend wurden, stellte sich die praktische, zweckmäßige Verwertung der ›Erfindung‹ des Hackbaues als profaner Wirtschaftsbetrieb ein.« »Wir können aber noch viele andere profane Institutionen unserer Kultur ohne Schwierigkeit bis zum Aufstieg aus den gleichen Tiefen paideumatischer Gärung verfolgen.« »Überall *Ausdruck im Anfang* und profane Zweckmäßigkeit, d. h. also *Anwendung, am Ende.*«

Auch das Hakenkreuz, ein Lebensbaum, der Füßchen bekommen hat und in die Zeit vorwärts stürmt, ist erst geschautes Bild einer bildergebärenden Menschheit, viel später wird es als Speichenrad, das dem Vollrad gegenüber Material und

Gewicht spart, praktisch angewendet, während andere Natursymbole technisch unbrauchbar bleiben. Gegen den sprichwörtlichen Binsenirrtum: nur »Not macht erfinderisch«, erheben sich Ethnologie, Psychologie, Linguistik, Primitivenerforschung und zeigen noch ganz andere Quellen der Erfindung auf, denn erst Magie und Götter: *erst* der Tempel, *dann* das Haus, *erst* der Altar, *dann* der Herd, das Feuer ist ein Gott, empfängt Gebete und Opfer, schließlich ganz zuletzt werden die Hühner an ihm gebraten. In mythisch-religiösen Zeitaltern leben die Menschen sinnvoll und zweckfrei, weil sich ihr Gesamtdasein auf der Empfindungsfläche abspielt, abgezwecktes Handeln dagegen auf der rationalen, wie die Zivilisation sie hervorbringt. Das »Not«-Dogma projiziert naiv ganz kürzliche Probleme, stammend aus einer übervölkerten und ausgesogenen Erde nach rückwärts in einen anderen Äon, wo es nicht nottut, einer kargen Natur etwas abzuringen, vielmehr sich einer aggressiven zu erwehren, die den spärlichen Menschen ansprang mit feindlicher Fülle. Es gab zuviel von ihr in jeder Form, nicht *zuwenig;* sie sich vom Leib zu halten, war das Problem, die Schwierigkeit, gewiß eine ungeheure, demnach ganz anders gelagert, das Leben herzzersprengend schwer aus äußerem und innerem Übermaß, nicht aus Mangel, besonders da es sich ja vorzüglich von subtropischen Zonen aus verbreitete.

Die gewaltigste menschliche Urerfindung: das Feuerreiben, ist jedenfalls aus innerer Fülle hervorgebrochen, weder äußerer Not abgeluchst, noch der Natur abgespickt. Adalbert Kuhn hat mit genialem linguistischem und Sinngefühl Prometheus, den Feuerbringer, und *Pramantha,* das männliche feuerreibende Holzstück, sprachlich als Brüder erkannt. In Indien ist das Feuerbereiten eine völlig sexuell gefaßte Handlung, mit dem stabförmigen Pramantha als Phallus, dem drunterliegenden gebohrten Holzstück als weiblicher Vulva; das erbohrte Feuer ist der himmlische Sohn Agni, die »glänzende Zunge der Götter«. Feuerbereiten wird stets mit dem Verbum manthâmi bezeichnet, es bedeutet »schütteln«, »heftig reiben«; Pramantha gilt also als einer, der durch heftiges Reiben etwas hervorbringt, hat aber auch den Sinn von »Vorsorge«, »Vorbedenker« (Prometheus und Epimetheus). Kuhn bringt das Verbum manthâmi mit dem griechischen manthanein = lerne zusammen, hin- und herbewegen im Geist, geistige Reibung erzeugen. Die

Wurzel manth führt über manthano pro=metheomai auf Prometheus, »dem Wort pramâthyus, von Pramantha her, soll überdies die zweifache Bedeutung von ›Reiber‹ und ›Räuber‹ zukommen« (nach C. G. Jung zitiert). Der enge Zusammenhang zwischen zwangsläufiger Brandstiftung und unbändiger Autoerotik ist übrigens jedem Kriminalisten bekannt.

Feuer wurde also nicht im Norden erfunden, weil es dort kalt ist, sondern in den Tropen, wo es heiß ist, auch innerlich heiß als Temperament. Feuer ist verlagerter *Libidobrand.* Gebremstes, gestautes Begehren bricht eben verwandelt woanders heraus. Man vergleiche damit, wie ein sogenannter »exakter« Naturforscher, der einst sogar ziemlich berühmte Wallace, das Feuerbohren aus Naturbeobachtung »erklärt«. Er behauptet (zitiert nach Frobenius), »Eingeborene Indonesiens hätten einen vom Sturm abgebrochenen, in ein Astloch geratenen Ast vom Winde in diesem Astloch gewaltsam quirlend herumführen und so Feuerfunken hervorbringen sehen« – und sich dann wohl gedacht: Bravo, jetzt Schluß mit der Rohkost.

Der große Schweizer Psychiater C. G. Jung sieht dagegen analog dem Feuerreiben *die Anfänge der Technik* als außerhalb des Körpers verlagerte Sexualbetätigung in Form von Kratzen, Reiben, Bohren; nur daß leider nicht jedes Kind, das in der Nase bohrt, deshalb unbedingt ein großer Erfinder zu werden braucht. »Ist nun ein Widerstand gegen die eigentliche Sexualität gesetzt« (äußeres oder inneres Verbot), »so wird die Libidoaufstauung am ehesten diejenigen Kollateralen zu einer Überfunktion bringen, welche geeignet sind, den Widerstand zu kompensieren, nämlich die nächsten Funktionen, welche zur Einleitung des Aktes dienen, einerseits die Funktion der Hand, anderseits die des Mundes. Der Sexualakt aber, gegen den sich der Widerstand richtet, wird durch einen Akt der *vorsexuellen* Stufe ersetzt, wofür der Idealfall das Fingerlutschen resp. Bohren ist. Die vorsexuelle Stufe ist charakterisiert durch zahlreiche Anwendungsmöglichkeiten, weil die Libido dort ihre definitive Lokalisation noch nicht gefunden hat. Ein Libidobetrag, der regressiv diese Stufe wieder betritt, sieht sich mannigfachen Anwendungsmöglichkeiten gegenüber – die Libido wird an der eigentlichen Stelle weggenommen und auf ein anderes Substrat übersetzt. Da ein verlagerter Koitus aber nie imstande ist oder sein wird, jene natürliche Sättigung herbeizuführen, wie jene an primärer Stelle, so war auch mit diesem ersten Schritt zur Verlagerung der erste Schritt zur charakteristischen Unzufriedenheit getan, welche den Menschen späterhin von Entdeckung zu Entdeckung trieb, ohne ihn je die Sättigung erreichen zu lassen.« Für die Inder ist ja die ganze Welt eine »Libido-Emanation« und entsteht aus »Begehren«. Jung befaßt sich dann auch mit dem indischen Ausdruck »Licht der Rede«. Wenn der »autoerotische Ring Mund-Hand aufbricht« (das Fingerlutschen), wird der Mund den unterbrochenen Sexualrhythmus als Brunstruf fortführen, als Lockruf, Musik, Sprache, Poesie, Geist, die Hand ihrerseits als Feuerbohren, Erfindung, Technik. »So faßt die indische Metapsychologie Rede und Feuer als Emanation des inneren Lichtes, von dem wir wissen, daß es die Libido ist. Sprache und Feuer sind ihre Manifestationsformen, als die ersten menschlichen Künste, die aus ihrer Verlagerung entstanden sind.«

So verschieden wie der Ursprung menschlicher Erfindungen wird auch der Ursprung menschlicher Gesellungsformen, »das Leben zu mehreren«, geschen, mit seinem Zentralproblem aller Kultur überhaupt, dem Mutterrecht. Es involviert ja keine geringere Frage als die nach Entstehung der menschlichen Gesellschaft. Für viele Ethnologen ist die Familie weiblichen Ursprungs, typisch männlich für Frobenius, typisch männlich scheint ihm auch die Sippe, die Horde dagegen, und hier steht er im Gegensatz zu allen übrigen, mutterrechtliche Gesellungsform. Nach den Soziologen hat die Urhorde weder Vater- noch Mutterrecht, die Familie erst Mutter-, dann Vaterrecht. Den Männerbündlern dünkt die Horde so typisch männlich, wie sie Frobenius typisch weiblich dünkt, für R. Briffault stammt jede soziale Gruppe von der Frauen*sippe*, nicht Einzelfamilie, her, Vaterfamilie ist ihm etwas Abgeleitetes, männlichem Ur-Instinkt Fremdes, an eine Urhorde glaubt er überhaupt nicht so recht. Manche halten wieder dafür, Mutter- wie Vaterrecht dürften losgelöst von Totem und Exogamie nicht betrachtet werden, alle vier bildeten ein unlösliches Bezugssystem, wobei erst recht von anderen in Frage gestellt wird, ob Totem und Exogamie selber zusammengehören oder ganz getrennt entstandene Phänomene sind.

Im Kapitel über Symbole, in Verbindung mit »Sumpf« und »Acker«, ist das Wandelbild menschlichen Werdens, wie der große Bachofen es geschaut hat, bereits skizziert worden, seine Dreistufen-Theorie: zwei weiblich-stoffliche, eine männlich-geistige. Aus dem Sumpfkult der All-Aphrodite, einem Zeitalter regelloser Geschlechtsmischung, wo der weibliche Stoff als solcher herrscht, erhebt sich die Demetrische Stufe, das eigentliche, eheliche Mutterecht mit Namengebung und Erbfolge, zu ungeheurer Macht, voll Würde und Weihe, weil sich die Menschheit dem Mysterienprinzipat der Frau freiwillig unterordnet; ihm folgt als dritte Stufe das Vaterrecht, mit völliger Überwindung des Stoffes durch die Idee: Sonne = Geist. Und dann gibt der liebe Gott schon Ruhe, denn besser weiß er es offenbar nicht mehr.

Diese Stufen steigen nicht friedlich auseinander auf, sind vielmehr blutige Umwälzungen infolge jeweiliger Überspannung der Macht einmal des Mannes, einmal der Frau. Hier wird einfach die alte Mißbrauchtheorie von Klearch variiert. Auch der behauptet, jedem Systemwechsel müsse ein unerträglich gewordener Druck vorhergegangen sein, in seiner Folge Unterstes zuoberst kehrend. Nach Bachofen setzt die Frau, ermüdet durch ewigen geschlechtlichen Mißbrauch im Hetärismus, nach langen Kämpfen die ehelich geregelte Demetrische Lebensform durch. Diese, auf ihrem Gipfel, »entartet« ihrerseits ins Amazonische, mit Unterjochung und Versklavung des Mannes, keine vereinzelte, vielmehr eine damals weltweite Erscheinung. Schließlich setzt mit dem Heroenzeitalter die männliche Gegenbewegung ein und bringt das Vaterrecht zur Herrschaft, wenn auch seine apollinische Reinheit noch später zuweilen durch stoffliche Einbrüche mänadisch-dionysischer Art umwölkt wird.

Zuvörderst erscheint es psychologisch auffällig beim Übergang von der ersten zur zweiten Stufe, daß dieses Weibswesen, der unersättliche Sinnenstoff: Lulu, der Erdgeist, selber auf Einschränkung gedrängt habe; ist er doch angeblich seiner innersten Natur nach ewig auf Befruchtung aus, wie Bachofen an unzähligen Symbolen, mit Danaidenfaß, Sieb und unzähligen Beispielen glaubhaft machen will, auch das Zeugnis des hermaphroditischen Tiresias aufruft, der den weiblichen Genuß bei der Begattung dem männlichen zehnfach überlegen nennt. Was natürlich nichts beweist, da bei hermaphroditischer Bildung schon aus Raummangel die beiden Geschlechtsorgane an Durchmesser geringer sein müssen als bei Normalen; und das muß dem Männlichen abträglich, dem Weiblichen dagegen zur Luststeigerung werden.

Weit auffälliger noch ist, daß Bachofen zum Beweis einer so wichtigen Annahme wie der Abschaffung des Hetärismus durch die Frau, die geborene Hetäre, immer nur ein einziges, ausschließlich auf Arabien bezügliches Strabowort einfällt, während sonst dem Leser für jede Bagatelle gleich ein »umgestürzter Bücherschrank« voll Zitaten um die Ohren prasselt. Die mindestens einhalbdutzendmal wiederholte Straboerzählung handelt von einer arabischen Prinzessin und ihren sechzehn Brudergeliebten. Jeder pflegte, wie das bei vielen Nomaden Sitte ist, als Symbol, daß er gerade bei ihr im Zelt sei und nicht gestört sein wolle, seinen Stab in die Erde zu stecken. Die Prinzessin, ununterbrochener Besuche überdrüssig, verfiel nun auf die List, stets so einen Stab vor die Tür zu pflanzen, auch wenn sie allein war, um es zu bleiben. Dieser Stab als einzige Stütze der ganzen Stufentheorie ist etwas schwach. Die ungeheure Realität der Demetrischen Macht selbst ist dagegen in den schönsten Teilen seines Lebenswerkes unvergeßlich dargestellt, während hier nur die Ursache des Überganges aus der vorhergehenden Periode zur Frage steht. Was die strenge Ehelichkeit oder gar Monogamie des Matriarchats angeht, so hat die erweiterte Völkerkunde seit Bachofens Zeit, gerade wo dieses herrscht, sehr große sexuelle Toleranz, auch leichten Wechsel des Ehepartners erwiesen, nur das Vaterrecht erzwingt aus Gründen sicherer Nachkommenschaft eheliche Treue – bei der Frau.

Über das Amazonentum als »Entartung« wird noch zu sprechen sein. Hier mag genügen, daß aus ackerbauenden, also »Demetrischen« Rassen das Amazonentum in gradliniger Steigerung der Muttermacht nie hervorgeht, vielmehr typisch für Weide- und Steppenvölker mit Roßopfer ist. Den Beweis einer vordemetrischen ersten Mutterrechtsstufe mit allgemeiner Geschlechtsmischung, wie die Ur-Aphrodite sie verlangt, sieht Bachofen in der Tempelprostitution vor der Heirat. Die so erworbene Mitgift sei Loskauf von der ehefeindlichen Naturgöttin. Über Tempelprostitution, künstliche voreheliche Deflorierung und was damit zusammenhängt, hat sich die Einsicht seit Bachofen sehr vervielfältigt; sie kommen auch bei reinem Vaterrecht vor und haben nicht ausschließlich mit Aphrodite zur tun, vielmehr mit dem Mondblut-Tabu des Hymenrisses einerseits, anderseits mit der weitverbreiteten Vorstellung, keine Frau könne ihre wunderbaren Funktionen erfüllen ohne direkte überirdische Einwirkung; eröffnen müsse die Gottheit selber, kein alltäglicher Mann sei dazu befähigt, nur der große »Unbekannte« bei Tempelprostitution, der »Fremde«, nicht als Herr Hinz oder Herr Kunz Nachzuprüfende, gilt für den Avatar des Gottes, zuweilen auch seine Priesterschaft. Brahmanen beziehen aus dem Deflorieren ihre größten Einkünfte. Wenn die Damen am russischen Hof sich also zu dem Wundermönch Rasputin drängten, wenn dieser gerade infolge seiner »Heiligkeit« mit ihnen sexuell verkehrte, so ist das keine Blasphemie, sondern uralt religöse Übung. Direkt *einverleibt* kann Göttliches eben nur werden durch den Mund, als Abendmahl, oder auf sexuellem Weg.

Aus den Arten der Mitgift weitgehende Schlüsse auf Vater- oder Mutterrechtsideen zu ziehen, hat sich ebensowenig bewährt. Auch die »Dienstehe« kann sehr Verschiedenes bedeuten. Sie kann bei Mangel an Geld oder Vieh ein Herausverdienen der Braut sein und mit dem Wegführen der erarbeiteten Frau in die männliche Sippe enden, dann war sie *vaterrechtlich;* sie kann aber auch ein Eindienen des Mannes ins Haus der Frau oder Schwiegereltern bedeuten und geht dann sehr gut mit *Mutterrecht* zusammen. Auch Mitgift hat verschiedensten Sinn. Die männliche bei strengem Matriarchat, wie in Ägypten, ist eine Zahlung an die Frau, als Preis dafür, daß sie in die Ehe willigt, weibliche Mitgift bei Vaterrecht und Polygamie ist dagegen nichts dem Manne Dargebrachtes, sondern materielle Sicherstellung der Frau im Falle der Scheidung und bleibt daher ihr unveräußerlicher Besitz.

Bachofens Größe wird von Einwürfen solcher Art gegen manche seiner Annahmen in gar keiner Weise tangiert, denn sie liegt nicht darin, wie er sich die graduelle Entstehung des Mutterrechts rein kausal gedacht haben mag, sondern in der Art, es mit seinen Entsprechungen durch alle Reiche hin zu sehen.

ist die neueste Variante der alten Klearchischen Mißbrauchsthese, mit ein bißchen Marxismus gesprenkelt, insofern das Herrschen pur et simple, ganz gleich, wer es ausübt, oder wie jemand dazu gelangt, sein Menschenwesen automatisch von A bis Z verwandeln soll. Es werden daher Herrschende und Beherrschte bei einem Polwechsel der Macht auch fast alle Merkmale, die man für angeboren hielt, tauschen. Bei Frauenrecht werden die Männer häuslich, schamhaft, kinderlieb, treu, fett, schwächlich, unselbständig, putzsüchtig und unintelligent, wie die Frauen bei Männerrecht. Dabei zeigt das jeweils herrschende Geschlecht die Neigung, den Druck immer mehr zu verstärken, was erst die gewünschte Wirkung immer tieferer Versklavung hat, bis jener Punkt erreicht ist, wo auch der Wurm sich krümmt, ja so sehr, daß er die Stiefelsohle dazu bringt, von ihm abzulassen, dann bäumt er sich weiter empor, um seinerseits zu einer Drohung anzuwachsen. Nach Vaerting ist die Macht wohl schon öfter im Lauf des Kulturgeschehens vom einen zum andern gependelt, mit einer kurzen Zeit der Geschlechtergleichberechtigung als Übergangsstadium, ehe das jeweils im Aufstieg begriffene Geschlecht dann, seine Macht mißbrauchend, das Unterliegende völlig versklavt und dadurch schließlich eine neue Gegenbewegung auslöst. Obwohl dieses Pendelgesetz, eben als Gesetz, Dr. Vaerting fast unausweichlich scheint, muß nach ihm doch gerade jetzt, da nach einer Periode extremen Männerrechts die aufstrebenden Frauen die Gleichberechtigung erkämpft haben, dieser Zustand zum Wohle gesitteten beiderseitigen Glücks endlich stabilisiert werden, sonst gehen wir wieder neuer Ungerechtigkeit, diesmal männlicher Versklavung entgegen.

Diese in manchem bestechende, jedenfalls höchst geistreiche und anregende Theorie ist ja zum Teil schon besprochen worden, als es darum ging, einige jener »Austausch«=Merkmale, der »weiblichen Eigenart im Männerstaat und der männlichen Eigenart im Frauenstaat«, als solche anzuzweifeln. Gegen die kombinierte Mißbrauchs=Pendeltheorie als Ganzes – es sind die gleichlaufenden Arbeiten von H. Schulte=Vaerting und Dr. M. Vaerting gemeint – erheben sich sofort zwei mächtige Einwände. »Wem Gott ein Amt gibt, gibt er auch Verstand.« Schön! Bei den Vaertings ist aber weder Platz für eine zugleich

Ämter und Verstand spendende Vorsehung, noch für eine Natur, in der Führer und Geführte, Fähige und Unfähige, Herren und Sklaven als solche geboren werden. Auch die Geschlechter sind von Haus aus gleich gut entwickelt, erst die künstliche Einengung erzeugt den Kraft- und Fähigkeitsunterschied zwischen ihnen. Woher dann der erste Pendelschwung? Schulte-Vaerting muß seine Hypothese daher sofort mit einer zweiten Hypothese unterbauen, jener nämlich, daß in der Urzeit bei den Primitiven überwiegend mehr Männchen geboren wurden; durch ihre Zahl vermochten sie die Gemeinschaft dann völlig zu beherrschen. Dafür liegt keine Spur eines Beweises vor. Von dem zahlenmäßigen Verhältnis der Geschlechter bei wildlebenden Tieren, vorausgesetzt, darüber sei Sicheres bekannt, direkt auf den Urmenschen zu schließen, geht wirklich nicht an. Der Grund für einen ersten Pendelschlag in der Richtung nach der Männerherrschaft hin ist also keineswegs einzusehen.

Der zweite Einwand gegen die Pendeltheorie liegt darin, daß es kein einziges Beispiel dafür gibt, ein Volk mit Vaterrecht sei wieder zum Mutterrecht zurückgekehrt. Wohl gibt es hie und da Zeiten der Gleichberechtigung der Geschlechter, doch lediglich als Übergangsstadium vom Mutter- zum Vaterrecht, nicht umgekehrt. Der vielleicht größte Kenner des prähistorischen, historischen, mythologischen, folkloristischen und rein ethnologischen Materials, Sir James Frazer, sagt: »Eine Theorie, welche behauptet, ein Volk mit früherem Vaterrecht sei später wieder zum Mutterrecht übergegangen, müßte sehr starke Beweise bringen, um glaubhaft zu werden, da sowohl innere Wahrscheinlichkeit als Analogie dagegen sprechen. Denn es scheint sehr unwahrscheinlich, daß Männer, einmal gewohnt, ihre Rechte und Privilegien auf ihre eigenen Kinder zu übertragen, sie später wieder enterben und statt dessen Rechte, Besitz und Privilegien auf die Kinder der Schwestern übertragen sollten; und während tatsächlich eine Menge Symptome in anderen Teilen der Welt für einen Übergang vom Mutterrecht zum Vaterrecht sprechen, gibt es meines Wissens nach kein einziges Beispiel irgendeines Überganges in anderer Richtung, vom Vaterrecht zum Mutterrecht.« (Totemism and Exogamy.)

Der einzige Anflug vom Anfang einer Tendenz dereinst diskutierbaren Beweises könnte höchstens darin erblickt werden, daß die Kwatiutl-Indianer mit Abstammung in der männlichen

Linie diese durch den Einfluß matriarchaler Nachbarstämme insofern etwas modifiziert haben, als sie auch den Totem des mütterlichen Großvaters in die Ahnenreihe aufnehmen. Das ist aber auch schon alles.
Die vorzüglichere Stellung der modernen Amerikanerin im allgemeinen ist aber ein Phänomen ganz anderer, neuer, ja einziger Art, kein sich auswirkendes »Gesetz« als Reaktion auf männliche Überspannung der Macht. Ein anfänglicher Raritätswert der weißen Frau, in Verbindung mit der angelsächsischen Ritterlichkeit, mußte ihr bei dem Prinzip sonstiger menschlicher Gleichstellung in der jungen Union den Vorrang verschaffen, dazu kam die große, freie, verantwortungsvolle Position der Farmersgattin und Viehzüchterin. Das Wichtigste aber bleibt die Umbildung des Rassenpaideumas durch die amerikanische Bodenseele mit ihrem alten, von den Indianern nicht zu Ende gelebten Mutterrecht. Was hat hier die Vaertingsche »Mißbrauchstheorie« zu suchen? Von Überspannung männlicher Macht ist in Amerika, gerade im Gegensatz zu den letzten europäischen Jahrhunderten, keine Spur zu merken. Man »tut sich halt schwer« oder gar zu leicht, wenn bei Kulturfragen die tief mißbilligte Existenz von Rassenunterschieden prinzipiell ignoriert werden soll.
Auch die alten Kulturen durchsucht Dr. Vaerting krampfhaft nach einem Pendelschlag in seinem Sinn. Er findet nicht viel mehr als eine vereinzelte Bemerkung bei Nymphodor, in Ägypten hätte ein Pharao: Sesostris = Sesartoris, es kann nur einer der III. Dynastie gemeint sein, das Matriarchat eingeführt. Daraus schließt Vaerting, es müsse doch vorher Männerrecht gegeben haben. Diese ganz vereinzelte, flüchtige Angabe bei Nymphodor wird von keinem anderen antiken Schriftsteller in ihren so eingehenden Beschreibungen ägyptischer Geschichte erwähnt und, was noch wichtiger, Ägypten selbst, das konservative, ahnenverehrende, alles verzeichnende, weiß nichts von einem Vaterrecht. Dort geht lückenlos die Entwicklung, wenn auch außerordentlich langsam, anders herum, schon mythisch. Aus dem parthenogenetischen Weltbild, mit »Neith der Alten«, wird später eine männliche Kosmogonie. Ist die Pendeltheorie der Vaertings als solche wohl auch nicht zu halten, so gebührt ihnen doch für viele Nebeneinsichten Dank und Anerkennung. Köstlich ist ihre Zusammenstellung von Geschichtsfälschungen der männerrechtlich verblendeten Histori=

kerzunft, wobei Originaltexte bei der Übersetzung ruhig in ihren gegenteiligen Sinn verkehrt werden, oder jede weibliche Leistung automatisch Entwertung erleidet. Gibt es unter einem König keinen Krieg, so wird er sofort »glänzender Friedensfürst« genannt, gelingt es dagegen einer Frau durch kluge Diplomatie, ihr Reich intakt zu erhalten ohne Risiko und Katastrophenpolitik, so heißt das lediglich schwächliche Friedenszeit. Es gibt keine Seite der Vaertingschen Schriften, die nicht anregend und vergnüglich wäre.

Die Überbleibseltheorie

Heinrich Schurtz ist trotz anderen ethnologisch-kulturgeschichtlichen Büchern vor allem Spezialist für Männerbünde. Dort häuft sich der Berg seiner Verdienste, gekrönt mit dem Werk »Altersklassen und Männerbünde«, einer fast weltumfassenden Studie über diese typisch männliche Gesellungsform, mit ihrem Langhaus der Primitiven, Schädelkult, Bräuchen, Strebungen, Geheimriten und Ideen. Alles reich, frisch und doch weise betrachtet. Blüher, in seiner Auffassung des Staates als Gebilde, geboren aus einem mannmännlichen Eros, weist verehrungsvoll auf dieses Material. Mit Frobenius verbindet Schurtz die Einsicht, daß Männerwesen und Altersklassensystem zusammengehören, dem Weibwesen und seiner Welt zeigt sich Schurtz dagegen völlig abgeneigt. Was er darüber aus zweiter Hand erfährt, etwa aus Ploß »Das Weib in der Natur- und Völkerkunde«, mißfällt ihm schwer. Er kehrt daher das leider nicht wegzuleugnende Mutterrecht wenigstens als lästigen Lebensabfall aus seinem Weg recht weit zur Seite. Es ist ihm der zusammengeronnene Restbestand aus alledem, was den echten Mann, abgesehen vom Geschlechtlichen, an der Familie nicht interessiert, und das als Weiber- und Kindergetue dann ein selbständiges Scheinleben vorzutäuschen beginnt. Weibliche Geheimbünde ahmen natürlich lediglich männliche Vorbilder nach, wenn auch manchmal sogar nicht ganz ohne Erfolg.

Bezeichnend für ihn ist folgende Stelle aus »Altersklassen und Männerbünde«, eben jenen Hang zur Verbündelung betreffend: »Selbst die oberflächlichste weibliche Seele kennt wenigstens die Neugier, die freilich in der Regel nichts ist als eine taube, unfruchtbare Regung ohne tiefere Folgen. Das männliche Geschlecht in seinen besseren Vertretern zeigt auch hier (man beachte das »auch«), seiner Neigung zum Nachdenken entsprechend, einen anderen Zug, den Wunsch, die Rätsel des Daseins zu lösen, oder doch die Lösung von anderen, weiter Fortgeschrittenen sich mitteilen zu lassen.«

Das gesamte Altertum, wenigstens »in seinen besseren Vertretern«, strebte, »seiner Neigung zum Nachdenken entsprechend« und in dem Wunsch, »die Rätsel des Daseins zu lösen oder doch die Lösung von anderen, weiter Fortgeschrittenen, sich mitteilen zu lassen«, demütig danach, der Weihe weiblicher Eleusinien teilhaftig zu werden.

Für etwas Nichtgewünschtes, das einfach zu durchstreichen ist im Sinne von Schurtz, wirkt sich Matriarchat vielerorts auch befremdend vordringlich aus. Um seine Gesetze zu umgehen, wird der Chokta-Indianer amerikanischer Staatsbürger, sonst dürfte er nicht einmal seinem Sohn, also ein Mann dem anderen Mann, Besitz vermachen; er hat über sein selbst erworbenes Privateigentum kein freies Verfügungsrecht, es gehört der Muttersippe. Der Beni-Amer-Mann muß sich durch Demütigungen, Geschenke, Geldbußen, Vermittlung von mitleidigen Nachbarn das Wieder-in-Gnaden-Aufgenommenwerden ins weibliche Heim erkaufen. Grauhaarige Afrikaner wagen sich keiner Expedition, einer reinen Männerangelegenheit, und sei es nur auf Tage, anzuschließen, ohne ihre Frauen gefragt zu haben. Die Alëuten halten es nicht zwei Monate fern von ihren alten Müttern aus. Bei den Buschmännern, bei den Seri-Indianern bestimmen ausschließlich die Frauen, und zwar die alten, welche Männer sich bei dem Stamm anschließen dürfen, prüfen die Kandidaten streng und führen auch bei Wanderungen an. Ähnliches ließe sich bis zur Ermüdung aufzählen.

Schließlich: Sind weibliche Gesellungsformen als Restbestände und Nebenerscheinungen zu werten, so müssen sie sich doch besonders an der Peripherie ausgeprägter Männerbünde ablagern. Das ist nicht der Fall. Gerade in typischen Mutterrechtsgebieten, wie Assam, bilden die großen weiblichen Mutterclans mit wechselnden Gatten das alleinige soziale Gefüge; ein zielstrebiger männlicher Zusammenschluß: jener Kern, dessen Abgestoßenes die Weibersippen bilden soll, fehlt ganz. Also Überbleibsel, mit nichts weit und breit, von dem sie übriggeblieben wären.

Ihm wie Spengler sind Kulturen »Organismen höchster Ordnung«. Jede ein eigenes Lebewesen, mit eigenen Wachstumsprozessen, mit Geburt, Kindes-, Mannes-, Greisenalter und Tod. »Vor allem: Nicht der Wille des Menschen bringt die Kulturen hervor, sondern die Kultur lebt *auf* dem Menschen, sie *durchlebt* den Menschen«, wie ein Schimmelpilz auf seinem Nährboden lebt. Und wie Pflanzen nur ein bestimmtes Verbreitungsgebiet haben, so sind Kulturen an einen paideumatischen Raum, sei er nun kontinental oder ozeanisch, gebunden. Auch nach der neuen Biologie bilden ja Umwelt, Innenwelt und Wirkungswelt bei jedem Lebewesen eine *planmäßige* Einheit. Wandert eine Kultur, so wird sie, wie verwehter Same, auf einem neuen Boden Veränderungen erfahren, »die Umbildung des Paideuma aber, das unter gewissen Bedingungen des Wechsels der Umwelt Steigerungen erlebt, ist weder chemisch, noch physisch, noch meteorologisch verständlich zu machen«. Für Frobenius entsteht die Bodenseele, das Paideuma des Abendlandes, als Nachwelt des alten Orients im ägäischen Raum. »Kultur ist durch den Menschen organisch gewordene Erde.« »Nach zwei entgegengesetzten Richtungen treten Pflanze und Kultur mit der Erde in Beziehung: hineinwurzelnd oder herauswachsend. In beiden Fällen bedeutet der Richtungsvorgang Leben. Die hineinwachsende Kultur nenne ich chthonisch, die herauswachsende tellurisch. Die Pflanze faßt chthonisches und tellurisches Wesen in einem zwiespältigen Wesen zusammen.«

Kultur oder Paideuma (Bodenseele) ist für Frobenius zunächst entweder chthonisch oder tellurisch. Der in der Polarität Wurzelpol und Sproßpol gekennzeichneten Einheit des Pflanzenlebens steht also die Dualität, die Zweiheit anfänglichen Kulturlebens gegenüber. Die beiden polaren Urformen der Kultur sind die chthonisch-matriarchalische und die tellurisch-patriarchalische, diese zentrifugal, mit übermäßigem Weitengefühl, jene zentripetal, einsaugend, gestaltend und höhlenhaft. Die zwei grundgegensätzlichen Kulturkreise, aus denen alles entsteht, können sich wohl überlappen, doch niemals ineinander übergehen, dagegen ist jede die Ergänzung der andern. Daraus gehen die hohen Formen hervor. – »Jede hat eine *vorpolare, polare* und *nachpolare* Stufe. Jede bildet in ihrer vorpolaren

Stufe erst Horden, ohne eine andere Ordnung als die animalische zwischen Männern und Frauen. Mutterrecht oder Vaterrecht gibt es also nicht, weil Spaltung zwecks Offenbarung der Polarität durch Wesensdifferenzierung noch nicht eingetreten ist.« Auf der polaren Stufe, die in vier Episoden verläuft, herrscht dagegen in beiden Kreisen eine sehr klare Ordnung, denn schon in der ersten Episode werden sie virulent, »jede tritt in dem ihr zugeborenen Raum als vollendeter Organismus auf«.

Diese neue Kulturkreislehre räumt natürlich das soziologische, lineare Nacheinander weg. Um sie zu begreifen, »dazu ist vorerst notwendig, daß alter schöner Kinderglaube beseitigt werde, an die Reihenfolge *Jäger – Hirten – Ackerbauer*«. Von diesem Dogma haben sich auch schon viele Völkerkundige abgewandt. Frobenius glaubt aber auch nicht an die Stufung *erst* Mutter-, *dann* Vaterrecht. Beide polaren Urkreise sind sehr früh, fast von vornherein, da, gleichaltrig, gegensätzlich, und zwar auf jedem Gebiet des Geistigen, Kulturellen wie Körperlichen, in Wirtschaft, Arbeitsteilung, Hausung und Handwerk; in allem, was Tiefenschau des Lebens anbetrifft. Die matriarchalischen Menschen sind magisch, die patriarchalischen aber »erleben alles als Symbol und sind deshalb Mystiker«. »Das Recht des Vaters hier, der Mutter dort, ist also nur eine einzelne Äußerung der Kultur, die nach allen Richtungen gleiche Differenzen manifestiert.«

»Tellurisch-vaterrechtlich ist architektonisches Herauswachsen aus dem Boden. Der Mensch lebt auf einem Pfahlbett, lebt im Pfahlhaus, brät sein Essen auf einem Pfahlrost. Dem entspricht innerlich die Vorstellung, die Seele des Neugeborenen steige pflanzengleich aus dem Boden, wandere durch die Altersstufen bis zum Greis, kehre von da zur Erde und dann wieder in den Menschen zurück.« Es ist ein vertikal gestellter Kreislauf. Im Sozialen ordnet der Älteste. »Diese Kultur ist der Pflanze gewidmet, vom schweren Ackerbau bis zum dionysischen Frohsinn. Heiliger Jubel umtost die Leiche des Greises, der nun bald wiederkehrt.« »Unbegrenzt wie das Ackerland, das das Sippengehöft umgebende Ackerland, ist die Erde. Großes, ach übergroßes Weitengefühl ist allen Menschen der tellurischen Kultur eigen.«

»Chthonische (weibliche) Kultur geht aus von der Hausung im Boden, gräbt sich im Boden die Wohnung, das Bett, den Speicher. Weite Räume im Inneren, verzweigt wie die Wurzelfasern. Backen der Speise in der Grube, im Erdofen. Langsam löst sich die chthonische Kultur zum Luftwurzeldasein. Immer kehrt sie, bei aller Feinheit und Zierlichkeit, zu dem Gedanken des Lebens im Mutterland am Anfang der Dinge zurück«, wie umgekehrt die tellurische senkrecht heraufstrebt und dann hinauslebt ins Weite. »Nur Hades, nur Schatten und Gespensterreich winken dem sterbenden Chthoniker.« Daher die Verherrlichung irdischer Materie, des fleischlichen Körpers. »Die chthonische Kultur setzt ein mit Haustier, mit Fleisch, Blut, Zucht, mit Bindung an den Raum«, denn Viehzucht, da sie mehr Raum braucht, bringt früher Grenzen. Nach Frobenius war es ein großer Irrtum, zu meinen, Nomaden könnten regellos wandern, im Gegenteil, jede Horde hat ihre strengen Weidegrenzen. Für die männlich-tellurische Kultur beginnt dagegen gleich nach dem letzten bebauten Acker die unendliche freie Weite, der jeder nicht mehr bebaute sofort wieder verfällt. Besitz reicht, soweit Arm und Arbeitskraft reichen. »Tellurisch ist Ruhe im unbegrenzten Raum. Chthonisch Unruhe im begrenzten Raum.« Viehzucht ist matriarchalisch vom Grund auf. Die Frau bestimmt Erde, Besitz, Gattenwahl, wählt lange und genau, durch Tapferkeitsproben, dann den Schönsten, Stärksten, Tüchtigsten. »Sie hat alle Lasten und Rechte auf sich genommen, melkt, bereitet Leder, flicht, webt, errichtet das Zelt, bricht es ab, belädt Tragtiere, bestimmt, wohin gezogen wird, übertrumpft die Frau der vaterrechtlich-tellurischen Kultur, weil sie zu alledem auch noch Mutter- und Haushaltungspflichten erfüllt. Die Männer liegen faul herum oder kehren heim von Jagd und Krieg.« Werden Zelte abgebrochen, dienen sie zum kriegerischen Schutz beim Aufsuchen neuer Weideplätze. Männer sind Soldaten im Auftrag der Frau. Die chthonische Kultur kennt nur die *matriarchalische Horde*, die tellurische die *patriarchalische Sippe*. In der echten Steppe lebt diese matriarchalische Horde in einem Kreis von Hütten, nach außen geschützt durch den Dorngestrüppverhau. Die Vorstellungen sind materialistisch, blutmäßig. »Das Kind spaltet sich von der Mutter, in dem ständigen Abspalten der Nachkommenschaft auf dem Weg von Großmutter zu Enkelin wird der weibliche Körper unsterblich, wie die niederen Lebewesen den unbrauchbar gewordenen Teil der sie bildenden Materie abstoßen« und durch den bewahrten unsterblich bleiben.

Im Männlich-Tellurischen ist also die Seele ewig, im Weiblich-Chthonischen dagegen die Materie, woraus Zuchtwahl, Veredlung des Körperlichen folgt, das Bestreben der Frau, im Animalischen »superlativistisch« zu wählen. Zur Urpolarität gehört es, daß »Mann und Männliches als Werbende auftreten, Bewegliche, Ausdehnungsbedürftige, Ausstrahlende, alles in allem mit zentrifugalen Eigenschaften. Weib und Weibliches äußern sich dagegen immer in der Form des Zögerns, des Wählens, des Sichumwerbenlassens, des Aufsaugens, Festhaltens, Sparens«. – »In der Verbreitung der Kultur ist die Spaltung der Polarität in einer heute erkennbaren großartigen Raumteilung erfolgt. Die großen Steppengebiete Innerasiens, Osteuropas und Innerafrikas wurden zur Heimat der zentrifugalen Kulturen, die Küstenländer des Mittelmeeres und des südlichen Asiens dagegen Gebiete der zentripetalen Kulturen und damit des Matriarchats. Die Bewegung und der Einfall des Beweglichen, Zentrifugalen in das Territorium der Zentripetalen hatte der Reihe nach die Entstehung der Hochkulturen in Indien, Westasien, der Ägäis, in Rom, Frankreich, England zur Folge. Natürlich waren die Kulturen der Beweglichen entwicklungsstärker, die der Ruhenden gestaltungsfähiger. In diesem Phänomen liegt die gesamte Problematik der sogenannten Weltgeschichte begründet.«

In ihrer *ersten* Episode, jener primitiven Offenbarung der Polarität, setzt jede Kultur besonders virulent ein. Das Junge bestritt die Bühne »mit dem Anspruch auf Hegemonie in allen Dingen, als Zentralsinn des Lebens. Neben ihm, das eben die Wucht des Ausdrucks hat, tritt alles zurück«. Bei der Idee des Mutterrechts, meint Frobenius, sei diese erste Wucht ungeheuer gewesen, weil sich hier einige der mächtigsten Eigenschaften des Zentripetalen auswirkten, wie Tatsachensinn und die Abgeschlossenheit des Rechtsbegriffes. Die Zustände dieser »Episode der größten Revolution der Frauen müssen zu erstaunlichen Einseitigkeiten geführt haben: Amazonentum, legalem Hetärismus, Männerverpfändung – in dieser Episode dient der Mann, ist sein metaphysisches Bedürfnis vollkommen ausgeschaltet«.

In der zweiten Episode nimmt die schroffe Offenbarung der Polarität bereits »die Form der Eingliederung« an, wird Teil eines Ganzen und gelangt als Altwerdende dadurch in das Stadium der Anwendung, später der Nachwirkung.

Diese vier Episoden der gegensätzlichen Kulturen auf ihrer polaren Stufe ergeben im Wallen, Strömen, Übereinanderfließen Turnersche Farbennebel und Valeurs. Sämtliche geographische Orgien mitzufeiern, bei denen da an allen erdenklichen »Randgebieten« dies und das und gerade dann und so »aufsteigt«, danach ist hier kein dringender Bedarf, dagegen ist es noch wichtig, zu erwähnen, wo Frobenius *polar* von *überpolar*, Blühen von Verwelken trennt. Schon in der letzten, vierten Episode trat die Polarität in Sondermensch und Masse auseinander. Dagegen lag zu Beginn der Kulturen »Wucht und Sinn im Wesen und Charakter des *Stammes* –, heute mehr und mehr in der starken Persönlichkeit der einzelnen, deren Eigenarten aus dem eigenen Volk über andere Völker weit hinweg wirken können«. Auf der polaren Stufe wirkt noch das ganze Volk. Nur auf dieser blühen die Hochkulturen, »an bestimmte Räume gebundene, völkermäßige Stileinheiten«. Damit ist es vorbei oder beinahe vorbei.

In der Kulturkreislehre diagnostiziert Frobenius für den weiblichen und männlichen Kreis zuweilen etwas verwegene Symptome. So gibt es für ihn beim Mutterrecht gar keine »Mütter«. sondern lauter Demi-Vierges, Mutterverehrung nur bei Vaterrecht, weil es nur dort Heiligkeit der Ehe gibt, »das Weib als Gefäß der Ehe, Glied der Sippe, Symbol der Gestaltungsfähigkeit, das die Sehnsucht des Mannes ergänzen muß – die bedeutende Erscheinung der Mutter –, sie gewinnt ja das mächtige Recht, beim Eintritt in die Sippe einen Altvordern wieder zu gebären«. Was sie vorher treibt, ist gleich; auf Jungfräulichkeit wird angeblich also bei Vaterrecht kein Wert gelegt, nur auf Treue nach der Hochzeit: Sippentreue.

Umgekehrt soll beim Mutterrecht die Jungfräulichkeit ängstlich gehütet werden als Reiz, um den Mann in ewiger Spannung zu halten, mit ihm kokettieren, ihn auf immer neue Proben stellen zu können, ob er wirklich der Tüchtigste, Geschickteste sei, denn nur das Körperliche gilt, und sie will immer noch etwas übrigbehalten für einen noch Schöneren. »Dann aber, wenn diese Frauen des Mutterrechts verehelicht sind, hört das Bedürfnis zur Wahl nicht auf. Dann taucht nach einiger Zeit einer auf, der mutiger, anerkannter und erfolgreicher ist als der Gatte, und jetzt wird sie mit der gleichen Leidenschaft auch ihn entfachen, und so kommt es, daß der Gleichgültigkeit gegen die Jungfernschaft sowie der Treue der Vaterrechtlichen die sorgfältig gehütete Jungfrauenschaft und Untreue der Mutterrechtlichen gegenübersteht.« Ausdrücklich sagt Frobenius: »Dies betone ich hier, weil damit ein Symptom gegeben ist, durch welches die Zugehörigkeit zu den verschiedenen Gruppen festgestellt werden kann.« Das Symptom bezieht sich wohl nur auf Afrika, das Frobenius sehr gut kennt. Bei den mutterrechtlichen Hamiten an der Grenze ritterlicher, dem arabischen verwandter Art, bei Vaterrecht in der *Zega* mag dies alles stimmen, von dem größten Teil der übrigen Welt liegen zuviel Gegenbeispiele vor, daß nämlich im Matriarchat nicht die junge Demi=Vierge mit ihren Adorateuren herrscht, sondern die *alte* Frau, und zwar als Sippenälteste, denn gerade die beinahe in die Prähistorie zurückreichenden Muttergefüge leben bereits in Sippen=, nicht Hordenform. Junge Frauen sind aber dort keine Demi=Vierges, sondern stolz auf die Zahl vorehelicher Liebhaber, *die Mutterverehrung selbst wurzelt jedoch in der Sohneshörigkeit.* Umgekehrt sind bei typischem Vaterrecht die Mißachtung der alten Frau und Bevorzugung der Jüngsten zu erotischen Zwecken so allgemein bekannt, daß es genügt, an sie zu erinnern, ohne Beispiele aufzuzählen. Daß »Viehzucht matriarchalisch von Grund auf« ist, kann ebensogut geglaubt wie bezweifelt werden, ebenso daß Vaterrecht und Ackerbau von vornherein zusammengehören. Das Umgekehrte mag ebenso »ursprünglich« sein. Mutterrecht, gesteigert zu Gynaikokratie, kommt tatsächlich bei jeder Lebensweise vor, sogar lang ehe Viehzucht einsetzt, wie bei den Seri=Indianern. Auch gerade im Ackerbau die Form des männlichen unendlichen »Weitengefühls« zu sehen scheint etwas gesucht. Echter lebt Weitengefühl doch wohl abenteuerbeglänzt in den Urweltzügen von Kriegerrassen, Eroberern, Wikingern. Frobenius spielt hier doch wohl etwas zu sehr mit der Pflanze als Kulturbild, ihrem »Wurzelpol« und »Sproßpol«, von diesem kommt Vaterrecht und Weitengefühl nicht mehr recht weg.

Als Ganzes aber bleibt die Kulturkreislehre eine mächtige Erscheinung, irgendwo aus einem ganz Dämonisch=Genialen heraus geschaut, ursprünglich vielleicht gar nicht so sehr aus dem enormen Material der kultur=morphologischen Institute zusammengetragen. Nur oberflächlich gesehen sind diese Kulturkreise eigentlich »Kreise«. Sie wirken eher wie Wirbel, deren Wirbelfäden sehr tief gehen, um ganz unten über ein bisher Unerkanntes, Unerreichtes wie saugend hinzustreifen.

Eigentlich ist es mehr die Verschiebung des ganzen Problems um ein Tempo nach rückwärts, bis auf die Menschenaffen, denn nach H. Freudenthal sind schon diese entweder *vater*- oder *mutterrechtlich* organisiert. Die rein männerrechtlichen Orang-Arten haben sehr ausgeprägte sekundäre Geschlechtsmerkmale, weil sie in einzelnen *Vater*familien leben, also vorher ein Kampf der Männchen stattfindet, wer das begehrte Weibchen »heimführen« darf. Durch diese Wahl werden Individuen von stark ausgeprägtem Sexualcharakter für die Nachzucht ausgelesen. Die Schimpansen dagegen leben in Herden oder weiblichen Horden, nicht familienweise, ohne Kampf der Männchen untereinander um die Weibchen, sondern »in einer Art mutterrechtlicher Verfassung«.

Auch bei menschlicher Bevölkerung mit Mutterrecht sind Mann und Frau viel weniger sekundär geschlechtlich differenziert als dort, wo Vaterrecht herrscht, mit Frauenraub, Zweikampf oder auch nur Rivalität der Männer. (Siehe Vaerting) Doch mehr noch: »Wir können in bezug auf den äußeren Habitus feststellen, daß in einzelnen, genau definierbaren erblichen Merkmalen die menschliche Bevölkerung der verschiedenen Erdteile sich verhält wie die Menschenaffen in denselben Erdteilen. Wer ein scharfes Auge für Formenvergleichung besitzt, dem kann die auffallende Ähnlichkeit junger Exemplare der Orang-Utan-Rasse mit Malaien und Ostasiaten nicht entgehen, bis in die »blauen Mongolenflecke« hinein, auch mit der braunen indischen Bevölkerung und ihrer Überhöhung des Schädels, weil ja die Orang-Rassen als einzige Affen Schädel mit Höhenentwicklung zeigen. Ebenso sonderbar stimmt nach dieser Theorie das Temperament bei den Ostasiaten und den Orangs überein. Beide »buddhistisch«, melancholisch, der Tat abgeneigt, mit dem Hang zu stiller Beschaulichkeit und Nachdenken. Dagegen sind wieder schwarze Rassen und Gorillas verwandt, beide mit fliehendem Schädel, herkulischem Muskelbau, roter Kopfkappe und beim Fötus spiraligem Haar; Neger wie Gorilla haben das gleiche phlegmatisch-cholerische Temperament, faule Perioden wechseln mit Einsatz der ganzen Persönlichkeit und starker Aufregung ab.

Nun kommt das, was uns eigentlich im engeren Sinn angeht: Junge Europäer und Schimpansen haben die gleiche rosige

Tönung von Gesicht, Hand und Sohle und die gleiche Krümmung der Oberschenkelknochen, die ureuropäischen Neandertaler überdies die gleiche Betonung der Breitenentwicklung am Schädel wie der Schimpanse. Die heutigen Lang= und Schmalschädel sind uneuropäisch und wie die heutige männerrechtliche Verfassung mit dem asiatischen Menschen aus Asien übertragen worden. Bei Steinzeit=Europäern herrscht selbst in bezug auf die mutterrechtliche Verfassung der Horden eine Analogie mit den gleichfalls europäischen Schimpansen, bis in das sanguinisch=übermütige, bewegungslustige Temperament hinein. Das stimmt erstaunlich mit Paudlers Theorie des Cro=Magnon=Menschen der europäischen Steinzeit, dessen Quadratschädel und Mutterrecht überein. Dagegen stimmt die soziale Organisation der Malaien und der eingeborenen Affenarten keineswegs zusammen, die Menschen sind dort im Gegenteil matriarchalisch, nicht oranghaft=vaterrechtlich.

Die Ähnlichkeiten von Menschen= und Affenrassen der gleichen Kontinente brauchen natürlich nicht aus direkter abstammungsmäßiger Verwandtschaft in Darwinschem Sinn zu kommen. Im Dschungel ist auch die Blüte getigert, Lianen und Schlangen wirken wie Schwestern, und das Paideuma brütet ein Zusammenstimmen aus noch weit über nennbare und berührbare Ähnlichkeit hinweg.

Aus der besprochenen Studie bestätigt sich wieder einmal, was wir lange schon wissen: daß der Europäer ein Herdentier ist, als Bereicherung aber kann vielleicht der neue Hinweis auf das Schimpansoide an ihm dankbare Beachtung finden. Es ist erfreulich, daß bei Freudenthal die Anthropoiden recht gut abschneiden, teils als »Buddhisten«, teils durch tatenfrohes Temperament. Denn sonst, und zwar jedesmal, wenn den Leuten moralisch etwas aneinander nicht recht ist, geht es an den armen Affen aus, das hat Briffault sehr treffend bemerkt. So sagen die polygamen Singhalesen verächtlich von den Weddas: Sie leben monogam »wie die Affen«, und erzürnte Missionare sagen wieder über die Liebesformen der Singhalesen: Sie leben polygam »wie die Affen«.

Sargon der Assyrer hat, soweit bekannt, als erster das Matri-archat astrologisch begründet. Ihm ist es das Zeitalter der Mondgottheit (Namar Sin), als zwischen 9000 und 6800 v. Chr. das Frühlingszeichen der Krebs war, welcher dem Mond zugeordnet ist. Die Sonne geht ja nicht immer im gleichen Frühlingspunkt auf. Infolge einer Polschwankung durchläuft sie in etwa 26 000 Jahren den ganzen Tierkreis, steigt demnach so alle 2200 Jahre zur Frühlings-Tag- und Nachtgleiche aus einem anderen Zeichen auf, und jedesmal auch hier kann das Lebendige sagen: Wie anders wirkt dies Zeichen auf mich ein, »denn die Astrologie ist im energetisch-dynamischen Charakter der Gestirne begründet, das Horoskop selbst eine dynamische Valenzgleichung«. (C. A. Reichel) Jetzt steht die Sonne in den »Fischen«, doch sind diese bereits ziemlich abgestrahlt, und sie nähert sich dem »Wassermann« als Frühlingspunkt der nächsten paar Jahrtausende. Vor den »Fischen« ging sie im »Widder« auf, dann der Reihe nach, also 4640 bis 2440 v. Chr. im »Stier«, noch früher in den »Zwillingen« und etwa zwischen Ende des VII. und Anfang des X. Jahrtausends im »Krebs«. »Für die Astrologie teilt der Tierkreis die scheinbare Sonnenbahn in zwölf dreißiggradige Sektoren, elektromagnetischen Kraftfeldern vergleichbar. Ihre konstitutionelle Auswirkung ist begründet in dem Unterschied des Auffallwinkels bei der Bestrahlung . . . Die zwölf Sektoren heißen ›Häuser‹, sie haben dispositionellen, die Tierkreiszeichen selber konstitutionellen und die Planeten, als *dynamische* Faktoren, funktionalen Charakter.« (C. A. Reichel)

Zu den Tierkreiszeichen stehen nun die großen Planeten in einem Bezugssystem, insofern jede dieser »dynamischen Götterfiguren« – die Chaldäer nannten sie »Dolmetscher« – ihrem Grundcharakter nach in einem, auch mehreren Tierkreiszeichen »zu Hause« ist. So ist Jupiter »Hausherr« in zwei Zeichen, Saturn in zwei, Venus in zwei, doch zeigen sie sich auch in den ihnen entsprechenden Häusern verschieden abgestimmt; Venus im »Stier« eher brutal, in der »Waage« liebenswürdig-weich. Jupiter, Mars, Venus, Saturn, Merkur, Uranus, Neptun selbst sind magische Qualitäten. Ein Jupitermensch oder ein Jupiterjahr hat einen ganz bestimmten Habitus, unvergeßlich, unverwechselbar für jeden, dem die lebendige Anschauung dafür einmal aufgegangen ist. Sobald nun ein anderes Tierkreisgebild als Frühlingspunkt aufzuglänzen beginnt, setzt, falls es mit dem vorhergehenden Zeichen disharmoniert, zugleich ein Äonenschichtwechsel mit neuen Rassen und Strebungen abrupt ein. So lag wohl zwischen »Krebs« und »Löwen« – sie entsprechen den polaren Urgegensätzen Mond-Sonne – die bisher letzte Weltkatastrophe, der Untergang der Atlantis, vielleicht auch Hörbigers Mondauflösung. Da es drei ihrer Konstitution, nicht ihrem Namen nach, weibliche Tierkreiszeichen gibt, insofern zwei der Venus und eins dem Mond zugeordnet sind, so müßten nach der Astrologie innerhalb von je 26 000 Jahren immer drei dominant weibliche Zeitalter erscheinen, während das Weibliche sonst rezessiv bleibt, das Mächtigste natürlich unter dem »Krebs«. Da sind vielleicht diesmal die Urformen der »großen Mütter« entstanden. Zu erinnern wäre im Zeitalter des heftig venusbetonten »Stier«, 4640 – 2440 v. Chr. an ägyptisches Matriarchat in Verbindung mit dem Apiskult, an Kretas Minotaurus, Tauromachie und Damenherrschaft, schließlich daran, daß in dieser Weltzeit nahe der Grenze des streitbaren, marsbetonten »Widder« auch die libyschen Amazonenreiche ausbrachen. Der nächste, sehr harmonisch-weibliche Äon, mit Venus in der süßen Waage (libra), käme 10 769 – 12 960 herauf, denn »die Aspekte setzen, so wie angeschlagene Töne Saiten zum Mitschwingen bringen, die ihnen verwandten Zentren im Menschen in Erregung«. Oder wie *Kepler* über diese sphärische Verwandlungsmusik sagt: »Die Seele mag anfangen zu tanzen, wenn ihr die Aspekte pfeifen.«

Astrologie in toto ist mutterrechtlich, insofern sie sich beim Stellen des Horoskops auf den allein sicheren Augenblick des weiblichen Geburtsaktes bezieht; mit dem ewig unsicheren Akt der Zeugung, der das Vaterrecht begründet, weiß sie nichts anzufangen.

wendet auf die Probleme von Vater- und Mutterrecht den historischen Materialismus an, wie er von *Marx* und *Engels* im kommunistischen Manifest formuliert steht, daß nämlich die ökonomische Produktion und die aus ihr folgende gesellschaftliche Form einer jeden Geschichtsepoche die Grundlage bilde für die politische und intellektuelle Geschichte dieser Epoche. »Geschichte ist daher nur Geschichte von Klassenkämpfen zwischen Ausbeutern und Ausgebeuteten, beherrschten und herrschenden Klassen, auf verschiedenen Stufen der gesellschaftlichen Entwicklung.«

Die alles bestimmenden Ursachen sind also rein wirtschaftlich, Religion, Ethik, Kunst, alles übrige »ideologischer Überbau«. Mutterrecht kann also nur dadurch entstehen, daß die Frau zu dieser Zeit »ausschlaggebend im Produktionsprozeß« wird und dadurch zur »herrschenden Klasse«. Die Soziologie verlegt diese Zeit *und kann sie auch nur verlegen* in die untere Ackerbaustufe. Mutterrecht ist daher eine vorübergehende Erscheinung, jene kurze Periode, während der Mann noch jagt, ein mehr schweifendes Leben führt, die Frau aber zu Hause als Pflanzen- und Früchtesammlerin bereits seßhaft wird und dadurch zum Ackerbau gelangt. »Da nun das Ergebnis der Jagd viel unsicherer ist als das des Ackerbaues, so erhält die Frau das Übergewicht. Jetzt wird sie der ökonomisch überlegene Teil, jetzt wird sie der Mittelpunkt der Wirtschaft, um die der Mann wie ein Planet um die Sonne kreist.« (Müller-Lyer) »So erfolgte jene, in der bisherigen Kulturgeschichte einzigartige Umwälzung, welche die Frau die führende Klasse der menschlichen Gesellschaft werden ließ und eine klassische Zeit der Frauenkultur herbeiführte, die, wenn sie auch nur kurze Zeit dauerte, tiefgehende Spuren hinterließ, deren Reste bis auf die heutige Zeit bemerkt werden.« (Dr. P. Krische)

Vorher hat es nach den Soziologen weder Mutter- noch Vaterrecht, sondern nur »Hordenlinie« gegeben. In dieser Horde aber herrschte der Mann, weil er die »Produktionsmittel der Jagd« allein in Händen hatte. Sobald er, allerdings viel später als die Frau, den Vorteil des Ackerbaues begriff, entwand der Herrschgewohnte ihn ihr wieder, so daß mit der hohen Ackerbaustufe bereits abermals Männerherrschaft, diesmal mit bewußtem Vaterrecht, einsetzt, was wieder zu starker Versklavung der Frau führt. Diesmal spielt auch die durch Herrschaft erworbene geistige Überlegenheit des Mannes mit, weil das Weib an die Scholle gebundener Produzent bleibt, Arbeitstier, indes *er*, den Überschuß der Produktion als Händler verwertend, Geschäftserfahrung, Menschenerfahrung, Weitsicht gewinnen kann. Während beim Mutterrecht der Boden noch kommunistisches Sippengut blieb, machte ihn der Mann zum Privateigentum, nachdem er Geschmack an diesem gewonnen, durch Handel, Handwerk, auch kriegerische Eroberung, zu der die Verteidigung des bebauten Landes ausgeartet war. Acht Schlagworte umreißen bei *Müller-Lyer* diesen ökonomischen Prozeß: »I. Reichtum entsteht, II. Reichtum gelangt in die Hände des Mannes, III. Was zur Kaufehe führt, IV. So wird die Frau wieder Hörige des Mannes. V. Matriarchat geht in Patriarchat über. VI. Der Mann löst die Familie aus der Sippe heraus, VII. an Stelle der Sippenfolge tritt männliche Familienfolge, VIII. Zersetzung der Sippe.«

Diese rational-soziologische Hypothese ist oft in England, noch öfter in Deutschland, so von *Cunow, Müller-Lyer, Krische, Eildermann,* in populären Schriften weit verbreitet worden. Eildermann hat ihr auch Totem und Exogamie einbezogen. Darüber mehr an seinem Ort. Statt mit Einwänden verschiedener Herkunft zu beginnen, ob die Stufenfolge Jagd – Viehzucht – Ackerbau noch zu Recht besteht, ob die Frau überhaupt Ackerbau oder Hackbau erfunden hat, wird es vielleicht praktischer sein, erst die eigenen Voraussetzungen dieser Hypothese zu prüfen, nämlich die grundsätzliche Entsprechung von Mutterrecht und niederem Ackerbau; nur dort kann nämlich die Frau das ökonomische Übergewicht durch den Wechsel im Produktionsprozeß genügend stark in die Hand bekommen. Auch die Stufe der mittleren Fischer bezieht Müller-Lyer der Mutterrechtszeit noch ein, nach ihm fiel, wie im Inneren des Landes Feldbau, so an den Küsten Fischfang zuerst an die Frau. Bei hohem Ackerbau, mit Handel und Reichtum, hat der Mann diese schon wieder an sich gerissen, und Vaterrecht herrscht. Das soziologische Resumee also lautet: »Gesichert ist zunächst, daß der normale Entwicklungsgang in Abhängigkeit vom Produktionsprozeß verläuft und durchwegs das Mutterrecht bei höher entwickeltem Ackerbau schwindet.« (Dr. P. Krische) Wie steht es mit diesem »gesicherten« Resultat?

Gerade höchste und älteste Stadtkulturen, wie im präarischen

Indien, Ägypten, Lykien, Lydien, um nur wenige zu nennen, haben ja jahrtausendelang, einige sogar die ganze Zeit ihres Bestehens hindurch, wie Ägypten und Lykien, Mutterrecht gehabt. Gegen diesen Einwurf sucht man sich mit der »Üppigkeit schlammreicher Flußniederungen« zu helfen. Die Produktionsmittel seien den Sitten einfach davongewachsen. »So fand hier die sonst über lange Zeiträume sich erstreckende, produktionstechnische Entwicklung in so überstürzter Weise statt, daß ähnlich wie bei der raschen Industrialisierung Westeuropas im XIX. Jahrhundert der ideologische Überbau dieser so plötzlichen wirtschaftlichen Umwälzung nicht in dem Maße wie bei geruhsam-langwierigem Fortschreiten zu folgen vermochte. So erhielten sich im schnelläufigen Entwicklungsprozeß dieser ersten Stadtkulturen hartnäckig uralte Sitten und Vorstellungen der Mutterrechtszeit.« (Dr. P. Krische) Allerdings »hartnäckig«. Bis 5000 Jahre lang. Und wo kommt diese Hartnäckigkeit her, da doch die Produktionsmittel seelisches Geschehen entscheiden und diese dort rasch wachsen? Auch ist Lykien, das klassische Mutterland hohen Handels und Baustils, eine Art Schweiz, eher gebirgig und karg, und keineswegs schlammbefruchtet oder üppig, genausowenig wie die Stadtkulturen der tibetischen Frauenreiche mit neunstöckigen Häusern inmitten von Viehzucht, Handel und Industrie. Von Ackerbau findet sich schon wegen des eisigen Klimas bei fünftausend Meter Höhe kaum die Spur. Deshalb, meint Krische, müsse es in Tibet eben früher warm gewesen sein. Wohl damit außer dem tibetischen auch der soziologische Weizen blühen könne. In Sparta wieder soll das »agrarische Beharrungsvermögen« schuld sein, daß nichts stimmt. Die Spartaner, als reine Kriegerrasse, waren aber gerade das Gegenteil von »Agrariern«, da ihnen, Männern wie Frauen, jede Beschäftigung mit dem Ackerbau verboten blieb. Vor lauter Mutterrecht versäumten sie zwar die Schlacht bei Marathon, schafften aber den pelasgischen Demeterkult im Peloponnes ab, weil es ihnen Mißachtung der Frau schien, sie in Gestalt einer Korngöttin zu verehren. Wiewohl Eroberer des ganzen Landes, ließen sie alle »Produktionsmittel« den Heloten, weil sie beide in gleicher Weise verachteten, brauchten selbst nichts als einen Mantel und spärliche, einfachste Nahrung, behielten sich Kultur ohne Reichtum vor, den Heloten blieb Reichtum ohne Kultur. In Sparta haben somit Herrschaft und Produktionsmittel nicht das mindeste miteinander zu tun.

Entgegen dem »gesicherten« Resultat der Soziologie sind in Afrika die Nomaden und Viehzüchter überwiegend mutterrechtlich, die Ackerbauer, soweit ihre Geschichte zurückverfolgt werden kann,vaterrechtlich, wenn es auch deshalb nicht gleich nötig scheint, so weit zu gehen wie *Frobenius,* der die Urform des weiblichen Kulturkreises *prinzipiell* mit Viehzucht, den vaterrechtlich=männlichen *prinzipiell* mit dem Ackerbau verbindet. Von den viehzüchterischen Hamiten sind die östlichen durchweg vaterrechtlich, die westlichen durchweg mutterrechtlich, kein Mensch weiß den Grund dieses fundamentalen Unterschieds. Nach Fisch sind reine Reitervölker ohne Ackerbau in Nordtogo: die Dagbamba, Tambussi, Mambrussi, mutterrechtlich. W. Junker sagt: »Unter den Bega herrschen Frauen in einer Weise, die schwer mit dem hochfahrenden Wesen dieser stolzen und ungezähmten *Nomaden* zu vereinbaren ist.« Genausowenig Ackerbauer wie all diese mutterrechtlichen Völker, ja nicht einmal Viehzüchter wie sie, sind die Buschmänner in der Kalahari, sondern *Jäger,* auch die Hottentotten gehören zu den ganz niedrig stehenden Rassen und leben völlig unter Matriarchat. Nur nach strengen Prüfungen durch die alten Frauen und mit deren Erlaubnis dürfen Buschmänner sich einem Stamm anschließen, Greisinnen bestimmen und führen auch die Wanderungen an. Die hohe mutterrechtliche Ritterkultur des alten Arabiens war viehzüchterisch, die Männer fungierten als Hirten für ihre reichen, herdenbesitzenden Frauen. Die großen uralten Muttersippen von Assam haben wieder entwickelten Handel mit Märkten, die Männer verrichten zwar alle Arbeit und den Kriegsdienst, sind aber seelisch trotzdem seit Jahrtausenden völlig abhängig von ihren Frauen. Die Tuaregs der Sahara leben gleich ihren Vorfahren, den alten Lybiern, *gynaikokratisch* organisiert, die Frauen züchten Kamele, treiben Handel, bauen Städte, alles natürlich, ohne die Ackerbaustufe mit ihrem Wechsel der »Produktionsmittel« zu kennen. Allgemein und von je als ebenso unverbesserliche Nomaden wie Mutterrechtler bekannt sind die Zigeuner. Dr. Krische meint, sie müssen eben doch früher einmal typisch=seßhafte Ackerbauer gewesen sein, um Mutterrecht zu haben. So wie ja auch Hochtibet zu ähnlichem Zweck früher viel wärmer gewesen sein muß. Gleich zwanglos könnte sich vielleicht noch die Sahara als Kornkammer Afrikas diesen soziologischen Phänomenen anschließen. Doch findet Krische im Grunde selbst

die soziologische Theorie bedürfe doch wohl einer psychologischen »Ergänzung«, wodurch sie aber nur verunreinigt, nicht gestützt wird.
Die Australier – sie gehören zu den ältesten, am tiefsten stehenden Urrassen –, zeigen doch in Bräuchen und Mythologie Spuren eines gewaltsam zertrümmerten Mutterreiches, eines vollkommenen Polwechels der Macht, ohne daß der Produktionsprozeß gewechselt haben könnte, da sie ja keinen haben. Also galt es auch keine ökonomische Vormachtstellung zu brechen. Das gleiche ist bei den Feuerländern der Fall, die stets auf der Stufe der mittleren Fischer stehengeblieben sind. Die überhaupt primitivsten Menschen, von welchen man etwas weiß, noch weit unter den Australnegern, sind die Seri-Indianer im kalifornischen Golf. Sie besitzen nicht die Spur von irgend etwas, was überhaupt als »Produktionsmittel« angesprochen werden könnte, nicht Vorräte, nicht Kleider, nicht Werkzeuge, nicht einmal Steinmesser, kaum Gestrüpphütten und fressen, Männer und Frauen gemeinsam, tagelang an einem halbverwesten rohen Pferdekadaver herum. Das einzige, was sie aber haben, ist strenges, hochausgebildetes Matriarchat. Der ganze vielfach gespaltene Stamm, in unaufhörliche Fehden verwickelt, steht unter Urweiberdiktatur in ewiger Sohneshörigkeit. Wo bleibt da der Zusammenhang von Herrschaft und »Produktionsmitteln?« Die Seri sind ein Musterbeispiel für Ursprünglichkeit des Mutterrechts, wenigstens bei Rassen im weiblichen Kulturkreis, wie es eindringlicher nicht könnte erdacht werden. Tatsächlich kommt Matriarchat auf jeder Stufe menschlicher Entwicklung vor, auf rohester Stufe wie bei höchster Kultur, seine Dauer dagegen ist bei verschiedenen Völkern ihrer Mutterbindung entsprechend, verschieden lang. Hiernach drängt es wohl nicht mehr, gegen die soziologische Hypothese noch mit Einwänden aus anderem Bereich zu beginnen, etwa was den »ideologischen Überbau« betrifft, nachdem der *ethnologische Unterbau*, ihr eigenes Postulat, bereits restlos verschwunden ist.
Trotzdem wird sich die soziologische Hypothese in immer weitere Kreise verbreiten, Kreise, bei denen auch wenig Gefahr besteht, daß sie je von Seri, Tuaregs, Bega gehört haben. Schon Plato sagt bei ähnlicher Gelegenheit im Kritias: »Denn wenn der Zuhörer von einem Gegenstand gar keine Erfahrung und gar kein Wissen hat, so ist das für den Redner eine große

Erleichterung.« Auch hat es vorne weg parteipolitisch so und nicht anders zu sein bei der Doktrin, die von der Politisierung des Urschleims bis zur Politisierung der Möbel lebt. Sie klebt eben auf jegliches die gängige Marke des Flachsinns, schränkt die Auffassung auf das ganz Kürzliche ein, das gerade eben Gestrige, und merkt nicht, weil die dritte, die Tiefendimension schöpferischer Anschauung bereits verkümmert ist, daß es ebenso komisch=primitiv wirkt, wenn der Rationalist einen Vorgang in der magischen Menschheit durch die »Produktions=mittel« erklärt, wie wenn ein Wilder beim ersten Anblick einer Taschenuhr ihr Ticken dadurch »erklärt«, daß der Geist seines Großvaters drinnen sitzt. Ganz der gleiche unkritische Analo=gieschluß! Im historischen Materialismus wird eben das Welt=geschehen geschaut aus der Mentalität eines kleinen Gewerk=schaftsbeamten. Er projiziert die seiner Beschaffenheit einzig noch zugängliche Merk= und Wirkungswelt aus Asphalt, be=drucktem Papier, Kollektivverträgen und Unfallversicherungs=policen in alle Schichten des Lebendigen und weiß es wirklich nicht anders. Einblicke, Ausblicke, Perspektiven anderer irra=tionaler Horizonte mit ihren verschiedenen gleichwertigen Lösungen eines Problems stehen ihm nicht mehr offen. Das soziologische Dogma wird daher immer mehr Leser vollauf befriedigen, und sind einmal alle anderen lebendigen Triebe zugunsten des Nutzens verkümmert, auch Wahrheit werden, weil dann, aber erst dann Weltgeschehen und Wirtschaft zu=sammenfallen.

TOTEMISMUS, EXOGAMIE UND MUTTERRECHT

Sir James Frazer, der Schneebart, der Folklorekönig in seinem Mythenwald, schrieb nach dreißigjährigem Studium über To=temismus und Exogamie den mutig=weisen Satz: »I have changed my views repeatedly and I am resolved to change them again with every change of the evidence, for like a chamelion the candid enquirer should shift his colours with the shifting colours of the ground he treads.« Wahrscheinlich überall, be=sonders aber in der Völkerpsychologie kommt jeder halbwegs Erfahrene ja bald dahinter; die kürzeste Gedankenverbindung zwischen zwei Punkten ist immer eine – Banalität. Zu besseren Einsichten führen nur Umwge.

Da Totemismus und Exogamie völkerpsychologisch zum bedeutsamsten gehören, dabei in ihrer ganzen Spielbreite durchdrungen sind von gespenstigen Rätseln aus dem Nirgendwo, so reizen sie natürlich die Leute zu extremen Ansichten. Frazer selbst hat schon drei gehabt, zwei davon wieder feierlich verworfen. Es ist also zu hoffen, daß er auch die dritte noch den früheren nachschicken wird. Sie läßt, da Australier und andere Primitive den Zusammenhang von Empfängnis und männlichem Akt nicht anerkennen, den Totem aus »sick fancies«, einer Graviditätsphantasie der Frau beim Schock der ersten Kindesbewegungen, entstehen. Tier, Vogelruf, Pflanze, Windhauch, Stein, Stern, was eben in diesem bestürzenden Moment ihre Aufmerksamkeit fesselt, soll die Gravide für den eben eingedrungenen Lebenserreger halten, der sich in Menschenform von ihr wiedergebären lassen will. Damit wäre erklärt, warum der Totem, wiewohl oft ein männliches Tier, sich fast nur in weiblicher Linie forterbt und als mystischer Ahnherr von den Abkömmlingen nicht gegessen werden darf, es sei denn an hohen Festen, um feierlich die Identifizierung mit ihm zu erneuern, kurz, der Grund, warum jeder Totem »tabu« ist. Totemismus wäre also nach Frazer III eine weibliche Schöpfung. Männliche Kollegen haben vielfache Einwände von weither getragen; dieser Theorie aus ihrem Kern heraus das Urteil zu sprechen käme aber naturgemäß einer Frau zu. Sie würde den Herren erklären, die »ersten« Kindesbewegungen seien so wenig ein Schock, daß die Gravide, erst aus deren allmählicher Verstärkung auf zartere Stadien zurückschließend, also viel später, weiß, wann sie »zuerst« verspürt wurden. Dieses »zuerst« war nur etwas wie das Zucken eines Sardellenschwänzchens in einer weh-gedehnten Flüssigkeit, unbeschreiblich tief weg, wo das Ich an den Mittelpunkt der Dinge grenzt. Kindesbewegungen sind somit, »zuerst« nur zurückschauender Beobachtung zugänglich, sechs Wochen später schon Gewohnheit geworden, dazwischen liegt kein Schock, abgegrenzt genug, um ihn mit einem äußeren Ding ursächlich zu verknüpfen.

Frazers zweite Theorie entstand unter der Suggestion eben entdeckter australischer Zeremonien der Intichiumariten, die, spät und stark degeneriert, zuerst fälschlich eine Trouvaille an Primitivität schienen. Damals hielt Frazer kurze Zeit den ganzen Totemismus für einen »magischen Konsumverein«. Die einen sollten ihr Totemtier nicht essen, dafür durch Riten und Zauber vermehren und als Tauschobjekt für andere Clans verwenden, war es aber ein Raubtier, ein Skorpion, eine Schlange, seine Schädlichkeit durch Magie bannen, wofür sie durch Totemtiere anderer Clans bezahlt wurden. Aus alter Erfahrung mißtrauisch gegen solchen Rationalismus, weil Naturvölker anders denken, kam Frazer bald wieder von dem magischen Konsumverein ab, hatte er sich doch schon früher die Unzulänglichkeit dieser Hypothese nicht ganz verhehlt. Auch Beruf und Beschäftigung bei Clan-Mitgliedern liegen ja oft weit ab von ihrem Totem. »Die Baganda sind seit unvordenklichen Zeiten Elefantenjäger, der Totem aber ist ein kleiner Sumpfbüffel, und bei Generationen von Schmieden eine schwanzlose Kuh. Leute vom Bedschuana-Stamm mit Eisentotem sind nicht etwa Eisenarbeiter, es ist ihnen sogar verboten, ein Metall anzurühren.«

A. C. Haddon, ganz rational, meint, zum Totem sei jenes Tier oder jene Pflanze geworden, von dem der Stamm ursprünglich gelebt oder mit dem er Handel getrieben habe, also das Nahrungstier oder die Nährpflanze. Dem widerspricht das Grundgebot jedes Totemismus, daß ein Totem als Tier bei Todesstrafe weder gejagt, noch verletzt, noch gesessen, als Pflanze weder gepflückt, noch genossen werden darf, außer bei der seltenen religiösen Stammeszeremonie einer Wiederidentifizierung mit ihm. Überdies sind Naturvölker *omnivor,* und das um so mehr, je tiefer sie stehen. Doch schon bei den Primitivsten sind die heiligen Totembräuche dort bereits geradezu barock ausgestaltet, wo von einem besonderen Jagd- oder Nahrungstier keine Rede sein kann. Damit scheidet diese Theorie aus, genau wie die andere, soziologische von *Eildermann,* der von seinem zweckhaft konstruierten Schreibtisch aus meint, besonders geschickte Jäger, spezialisiert auf das Känguruh, das Emu oder sonst ein Tier, hätten sich eben Känguruh- oder Emuleute genannt und durch ihr Jagdmonopol das »wirtschaftliche Übergewicht erhalten«, worauf später die Schichtung der Altersklassen und schließlich die Exogamie, jene Sitte, nur Frauen fremder Clans zu heiraten, hervorgegangen sei, indem der Vater die Tochter mit Vorliebe einem Mann aus anderem Totem-Clan gegeben habe, um von ihm anderes Fleisch zu erhalten. Primitive mit uraltem Totem sind aber immer noch Omnivoren und nicht spezialisierte Jäger. Auf den

Totem »spezialisierte Jäger«, die ihr Spezialwild überdies nicht jagen, nicht verletzen, nicht töten dürfen, werden kaum imstande sein, Fleisch einem Schwiegervater zu bringen oder durch den Totem »ökonomische Überlegenheit« zu gewinnen. Schließlich sind Totems zwar häufig, aber durchaus nicht immer Tiere oder Pflanzen, zuweilen eine Himmels- oder Windrichtung, der Regen oder ein Stern. Die eine Art Totem für älter zu dekretieren als die andere, scheint aber keineswegs gerechtfertigt. Dann würde also nach soziologischer Auffassung der Spezialjäger mit dem Regenbogen als Totem diesen, nachdem er ihn zur Strecke gebracht und ausgeschrottet hat, dem Schwiegervater liefern. Vorderes oder hinteres, rotes oder violettes Ende nach Wunsch.

H. Spencer, auch Lord Avebury lassen Totemismus als Ehrennamen eines Anführers entstehen, wie Löwe, Falke. Fast unwiderleglich spricht dagegen, daß der Totem nie einem einzelnen, stets einer Gruppe verhaftet ist. Als persönlicher Spitz- oder Ehrenname eines Mannes könnte er, nach dem fast allgemeinen System der Mutterfolge, nie vererbt werden und stürbe mit ihm aus, würde also nicht Clanname.

C. A. Wilken sieht infolge der Seelenwanderung Pflanzen, Tiere und sonstige Naturdinge zum Rang von Ahnen aufsteigen. Auch W. Wundt will bemerkt haben, wie Totemtiere auffallend oft mit den »Seelentieren« der klassischen Zeit identisch seien, Fledermaus, Vogel, Eidechse, Schlange als Wohnort entkörperter Seelen, so daß Totemismus im Animismus wurzle, die entkörperte Ahnenseele in das Tier übergehe, das nun selbst als Ahnherr verehrt und geschont werde. Dagegen zeugt, daß viele Rassen mit Totem, wie die Baganda, gar nicht an Seelenwanderung glauben.

Außer diesen Theorien gibt es noch reichlich andere, doch stets irgendwo durch schwere Einwände lädierte. Noch schlimmer wird es bei der Exogamie. Vor allem mit der Frage, ob sie überhaupt zum Totemismus gehöre oder nicht. Frazer und nach ihm die meisten neueren Forscher halten beide Phänomene ihrem Ursprung nach für total verschieden schon deshalb, weil der Totemismus weit älter sei. *S. Freud* braucht beide wieder als untrennbare Bestandteile seines Vaterfraßes in der Urhorde: Beginn sozialer Organisationen, sittlicher Einschränkungen und Religion.

Nur in einem ist sich seit geraumer Zeit alles so ziemlich einig geworden, darin nämlich, daß Exogamie, jenes strenge Gebot, ausschließlich Mitglieder anderer Clans zu heiraten, nichts mit Rassenhygiene zu tun hat, also mit Inzestscheu im eugenetischen Sinn. Auch sind ja Bruder-Schwester-Ehen nicht nur im Iran bevorzugt, sondern auch sonst weit verbreitet, wie bei den Murung auf Borneo; bei den Kalangas auf Java gilt sogar die Verbindung von Mutter und Sohn für besonders gesegnet. Auch wäre es psychologisch mehr als unwahrscheinlich, sollten Naturvölker mögliche üble Folgen an ihren fernsten Nachfahren nicht nur voraussehen, sondern deren Verhinderung mit Todesdrohungen von den Zeitgenossen erzwingen, besonders da ja heute die Frage dieser »schädlichen Folgen« weniger als je entschieden ist. Die neue Völkerkunde zeigt im Gegenteil reine Inzestrassen als die harmonischsten, schönsten, vitalsten auf. Was in den europäischen Alpen an Degeneration besteht, erwies sich jedesmal als anders verursacht, wie Kretinismus durch Kropfwasser oder Taubstummheit durch die Höhenlage. Beobachtungen der Tierzüchter beweisen natürlich nichts, weil ja die Tiere auf »Krankheit« gezüchtet werden, im Sinne menschlichen Nutzens, nicht im Sinn ihrer eigenen Zielstrebigkeit, Gänse auf Leberentartung, Schweine auf Herzverfettung, Kühe auf pathologische Überentwicklung der Milchdrüsen. Wo aber eine Tierart nur halbwegs auf ihren eigenen Lebensplan hin gezüchtet wird, wie das englische Vollblutpferd auf Schnelligkeit, Temperament, körperlich-seelische Gesamtleistung, da stehen die Rekordresultate im direkten Verhältnis zu Strenge und Dauer der Inzucht. Nirgends in der Natur gibt es Inzestscheu bei Tieren, eher das Gegenteil: Abneigung, sich zu kreuzen. Herden lassen überhaupt kein fremdes Exemplar zu, woher stammt also die Exogamie als weit verbreitetes Gesetz bei gerade der Natur so nahen Rassen?

Mac Lennan, der Entdecker von Totemismus und Exogamie, glaubte, diese stamme aus dem Weibermangel; dann wäre aber erst recht nicht einzusehen, warum sich der Stamm auch noch die wenigen eigenen Frauen versagen sollte.

Westermarck meinte noch, Völker mit Inzest seien eben an dessen Folgen ausgestorben, übriggeblieben nur die mit Exogamie. Diese Meinung ist seitdem durch die notorische Langlebigkeit typischer Inzestrassen widerlegt.

Jeremy Bentham und *Walter Heape* sehen die Erklärung im Reiz der fremden Frau; das liefe auf Bevorzugung, nicht aber auf Gebot hinaus, ist übrigens psychologisch unhaltbar, gerade Kinderfreundschaften gehen bei Natur- wie bei Kulturvölkern besonders häufig nach der Pubertät in erotische Bindungen über, man braucht nur an berühmte literarische Beispiele, wie Aucassin und Nicolette, Paul und Virginie, Daphnis und Chloë zu denken.

Havelock Ellis macht es sich ebenfalls unerlaubt leicht, wenn er die Inzestscheu einfach Fehlen des Erethismus, Hormonfläue nennt. Warum müßte dann durch Todesstrafe verboten werden, wonach doch kein Gelüst besteht?

Für Prof. *Dürkheim* hängen Totemismus und Exogamie insofern zusammen, als Scheu vor dem Vergießen des gleichen Totemblutes durch die Defloration zur Heirat in fremdes Clanblut zwingt. Nun findet aber gerade Sexualverkehr bei Vermischungsfesten, manchmal auch in sogenannten Mondehen, zwischen Clangeschwistern statt, denen dauernde Lebensgemeinschaft versagt wäre. In Assam hat das Mädchen in den großen Muttersippen meist vorehelichen Geschlechtsverkehr mit einem Mann, den sie nicht heiraten darf. *Es muß demnach für die Exogamie ganz anderer als blutmäßiger Grund bestehen.*

Darwin nahm Eifersucht alter Männchen an, sie sollten die jungen aus der Herde vertreiben. Angenommen, nicht zugegeben, das stimme, dann müßten fremde eindringende Rivalen doch von ihnen noch viel schärfer abgehalten werden. Und die drüben, in den anderen Horden, machten es doch ebenso. Es wäre also nicht einzusehen, wie junge Männchen je zu Gattinnen kommen sollten, außer sie siegten im Kampf, dazu hätten sie aber in der eigenen Horde genausoviel Chance; dann bleibt es aber beim Inzest, und Exogamie kann nicht zur Regel, geschweige denn zum allgemein gültigen Gesetz werden. Darwin stützte sich keineswegs auf Beobachtung am Menschen, denn »Urhorde« ist etwas rein Hypothetisches, und in der Gesellschaftsstruktur uns bekannter Naturvölker spielt Eifersucht, die Dominanz alter Männchen, fast gar keine Rolle. Es war eben ein billiger Analogieschluß meist nordischer Völker im bürgerlichen Zeitalter, daß, weil die ihnen bereits »wild« und »primitiv« erscheinenden Romanen, etwa Sizilianer (besonders in Opern), sich viel hitziger eifersüchtig gebärdeten als sie selbst, bei noch primitiveren und wilderen Menschenarten in noch heißeren Gegenden die Eifersucht proportional ansteigen müßte, zum Unmaß aller Dinge. Frauenraub ist jedoch viel seltener, als man annahm, schon weil er unweigerlich Krieg mit dem ganzen Stamm zur Folge haben müßte. Gewisse Sitten, die für Überreste des Frauenraubs gehalten wurden, wie Wegtragen und Über-die-Schwelle-Heben der Braut, sind, wie Frobenius gezeigt hat, magische Mittel bei Vaterrecht, um die junge Frau von ihrer Sippe abzulösen, damit sie nicht ihre eigenen Ahnen, sondern die ihres Mannes wiedergebäre.

Darwin schloß direkt auf die hypothetische Urhorde aus ebenso hypothetischen Zuständen bei den Menschenaffen, denn zu seiner Zeit wußte man noch nicht, daß Primaten in verschiedenen Gesellungsformen leben. Heute, da im tropischen Urwald schon bald mehr beobachtende weiße Zoologen als beobachtete Gorillas sitzen, haben diese ihren alten Ruf als zähnefletschende Patriarchen mit Weibermonopol längst verloren. Sie leben nicht in streng patriarchalischen Familien, sind vielmehr entweder einzeln, häufiger verschiedenaltrige Männchen und Weibchen friedlich in kleinen Trupps lebend, gesehen worden. Mit und ohne Gorilla bleibt die Exogamie jedenfalls rätselhaft wie je.

S. Freud meint schließlich: »Einen einzigen Lichtblick wirft die psychoanalytische Erfahrung in dieses Dunkel.« Sie baut auf der alten Darwinschen Grundannahme der Eifersucht weiter, indem sie die Tabuangst, das Übertabuieren von Gegenständen, die starken Gefühlsschwankungen und Spannungen bei Primitiven mit Beobachtungen an psychisch Gestörten in Verbindung bringt, weshalb Freuds weltberühmte vier Abhandlungen »Totem und Tabu« auch den Untertitel tragen: »Einige Übereinstimmungen im Seelenleben der Wilden und der Neurotiker.«

Es sei erlaubt, hier ganz allgemein zu bemerken, die Psychoanalyse neige vielleicht etwas stark dazu, Primitive nur als wildlebende Patienten zu betrachten und die ganze Magie, das Vertrauen auf die »Allmacht der Gedanken«, als »hypertrophischen Narzißmus«. Nun leben aber die Naturvölker notorisch sehr gut mit Hilfe ihrer magischen Methoden, die Neurotiker mit ihren Neurosen schlecht, während der zivilisierte Normalmensch schon bei dem Versuch, die Mittel von Naturvölkern nachzuahmen, überhaupt kläglich verkommen müßte. In Zeiten, da jeder Tag neue, bisher unbekannte Strömungen des

Äthers mit verblüffenden organischen Wirkungen durch unsere Apparate zur Kenntnis bringt, so daß alle Wesen sich abwechselnd als Sender und Empfänger unsichtbarer Kräfte herausstellen, ist es doch, besonders bei der Fülle der Zeugnisse über Jagdzauber und Fernwirkung, nicht ohne weiteres abzulehnen, daß altertümlichere Menschenarten, in manchem gefühlsmäßig reicher belebt, weil in ihnen das Großhirn noch nicht wuchernd alles an sich gerissen und die Hirndrüsen verdrängt hat, mit diesen Strahlen aufeinander und die Umwelt in mancher, uns versagter Weise zu wirken vermöchten. Hier liegt Trug im Schluß vom Neurotiker oder mit Dementia praecox Behafteten direkt auf Primitive, selbst wenn auch diese bereits degeneriert und heute nicht mehr ganz im Besitz von Vollmagie sein sollten. Es genügt nicht, beim Zivilisierten Hemmungen abzuräumen, die ausgewichtete Oberwelt, damit der »Wilde« übrigbleibe. Beim modernen Neurotiker ist ja das *anders Lebendige* längst drunter weggefault. Zauberformeln bei Vollmagie sind also nicht unbedingt das gleiche wie jener paranoide »Wortsalat«, mit dem so ein armer Halbirrer im kahlgetünchten, lebensleeren, seelisch ausgelaugten ummauerten Raum seinen Arzt anzuschnattern pflegt: »Ich, Großfürst Mephisto, werde Sie mit Blutrache behandeln lassen, wegen Orang-Utan-Repräsentanz« oder ähnliche Bannformeln (zitiert nach Jung).

Vielmehr »wandeln wir alle in Geheimnissen, sind von einer Atmosphäre umgeben, von der wir noch gar nicht wissen, was sich alles in ihr regt. So viel ist wohl gewiß, daß in besonderen Zuständen die Fühlfäden unserer Seele über ihre körperlichen Grenzen hinausreichen können und ihr ein Vorgefühl, ja ein wirklicher Blick in die Zukunft gestattet ist«. Nicht autoritativ, weil er gerade von Goethe stammt, sei dieser Satz hier angeführt, denn aus den vielseitig gestimmten Aussprüchen jedes lang- und hellebigen Menschen läßt sich so ziemlich das Verschiedenste belegen, sondern weil es einfach nicht mehr möglich scheint, sich des Außerordentlichen angenehmer beiläufig bewußt zu zeigen.

In »Totem und Tabu« nimmt Freud nicht mehr, wie Darwin, alte Männchen, vielmehr in jedem Stamm einen einzigen Familienpatriarchen an, überwältigend durch Kraft und Autorität, beneidet und gefürchtet zugleich, der die heranwachsenden Söhne vertreibt. In vollem Gegensatz zu Darwin kehren diese vertriebenen Brüder später zurück und töten, was jedem einzelnen nie gelungen wäre, *gemeinsam* den gewalttätigen Urvater. »Daß sie den Getöteten auch verzehren, ist für den kannibalischen Wilden selbstverständlich.« Nun hatten sie den Vater, der ihrem Macht- und Sexualanspruch so bös im Wege stand, zwar gehaßt, aber auch geliebt und bewundert. »Nachdem sie ihn beseitigt, ihren Haß befriedigt und ihren Wunsch nach Identifizierung mit ihm durchgesetzt hatten, mußten sie die dabei überwältigten zärtlichen Regungen zur Geltung bringen. Es geschah in der Form der Reue. Es entstand ein Schuldbewußtsein . . . Der Tote wurde nun stärker, als der Lebendige gewesen.« Die Söhne sind jetzt »in der psychischen Situation des aus den Psychoanalysen so wohlbekannten nachträglichen Gehorsams. Sie widerriefen ihre Tat . . . und verzichteten auf deren Früchte, indem sie sich den freigewordenen Frauen versagten«.

Diese Söhne in der »Urhorde« haben entschieden zuviel Dostojewskij gelesen und dann zu lange über ihre »psychische Situation« im Kaffeehaus herumgeredet. Weiter wird erläutert, dieses Inzestverbot, durch welches sie alle zugleich auf die begehrten Frauen verzichtet hätten, sei aufgerichtet worden, um die neue Organisation zu retten. Diese habe sie ja stark gemacht; bei einem einsetzenden Kampf aller gegen alle um die Weibchen – denn jeder wollte im Grunde, wie der Vater, sämtliche für sich haben – wäre dieser »neue Bund« in die Brüche gegangen. Der Verzicht sei vielleicht erleichtert worden durch homosexuelle Betätigungen, wie sie sich in der Zeit der Vertreibung mochten eingestellt haben. Die Psychoanalyse übersieht hier, daß diese junge Bruderorganisation, gerade wegen des gemeinsamen Verzichtes, sofort zur Auflösung verurteilt wird eben durch die Exogamie. Sexualbindungen wirken sich nämlich bei Exogamie unter Primitiven in der *überwältigenden Majorität matrilokal* aus, fast auf der ganzen Welt. Der Mann nimmt ja nicht die Frau zu sich, sondern zieht in ihren Clan, lebt als Gast an dessen Rand. So müssen sich die Brüder entweder über alle möglichen Stämme verstreuen, was ihren Bund auflöst, oder sie bleiben bei dem Inzestverbot und der Homosexualität, also ohne Fortpflanzung, zu Hause. Dann kann sich aber jenes erschütternd ambivalente Urerlebnis: Vatermord, Fraß und Reue, auf keine Nachkommen forterben, kann nicht zum totemistischen System mit einem Tier als »Vaterersatz«

werden und weiterwirkend nach Tausenden oder besser Zehn=tausenden von Jahren zum Priesterkönigtum mit ritueller Schlachtung, wie ja auch das hochverehrte und geschonte To=temtier bei feierlichem Sühne= und Erinnerungsmahl geschlach=tet wird. Kurz, die dem Vaterkomplex und Urverbrechen an=heure Ambivalenz in den späteren Generationen von Söhnen sozialen, ethischen Umbildungen erleben, mit denen die Psy=choanalyse sie betraut. Befremdlich ist ferner, daß diese unge=heure Ambivalenz in den späteren Generationen von Söhnen sich in jeder einzelnen an dem leiblichen Vater so gar nicht auswirkt, sondern latent bleiben soll. Der wirkliche »Vater« ist bei Naturvölkern meist überhaupt nicht gefühlsmäßig be=tont, man kann ihn schätzen oder nicht, mit ihm persönlich verkehren oder nicht, es besteht kein Blutgefühl; dieses nur mit der Mutter. Der Autor von »Totem und Tabu« meint ja auch selbst freimütig, er wisse überhaupt nicht, wo in seiner Hypothese die »großen Mütter« Platz finden könnten.

War Frazers mutig weiser Satz am Ende eines langen, reichen Weges schön, so hat Freud in seinem ergreifenden Alterswerk, abendlich leuchtend und erlöst, also »jenseits des Lustprin=zips« einen noch schöneren geschrieben, voll überlegener Be=scheidenheit: »... Nur daß man selten unparteiisch ist, wo es sich um letzte Dinge, die großen Probleme der Wissenschaft und des Lebens handelt. Ich glaube, ein jeder wird da von innerlich tief begründeten Vorurteilen beherrscht, denen er mit seiner Spekulation unwissentlich in die Hände arbeitet. Bei so guten Gründen zum Mißtrauen bleibt wohl nichts anderes als ein kühles Wohlwollen für die Ergebnisse des eigenen Den=kens übrig.«

Die Psychoanalyse hat der Menschheit so viele *weltgültige*, gar nicht mehr wegzudenkende Einsichten geschenkt, daß es verstattet sein möge, sie gerade im Anschluß an die wunder=weisen Worte ihres großen Begründers auch einmal nicht all=gemeingültig zu empfinden, dort nämlich, wo sie ganz offenbar eine späte, eigentümliche, in der Geschichte geradezu einmalige Seelenlage und Beschaffenheit in die menschliche »Urhorde« schlechthin zurückprojiziert und damit einen Vaterkomplex, wie er sich religiös gegen einen eifervollen Eingott und Herrn in manischem Wechsel von Aufständen und Unterwerfungen ambivalent entladen hat, einem allgemein völkerpsychologi=schen Problem als solchem zugrunde legt.

Von *Robert Briffault* sind 1927 »The Mothers« erschienen, in drei Bänden, jeder dick wie ein ausgewachsenes Missale. In diesem drei Kilo schweren Werk ist ein ungeheures Material nicht nur zusammengetragen, sondern auch ausgewertet; ein seltenes Zusammentreffen. Briffault erscheint hier als Kopernikus der Exogamie, indem er den Schwerpunkt alles Geschehens prinzipiell verlagert hat. Dadurch lösen sich komplizierteste Epizykel, sinnlos Retrogrades wird wie von selber zu klarem Geschehen. Durch ihn erscheint die Exogamie endgültig vom Vorurteil der Paternität befreit. Solange sie vom Mann ausgehen sollte – und ohne auch nur zu fragen, nahm alle Welt das an –, wirkten ihre Phänomene konfus, bockig, verkehrt. Besonders patriarchal verrannt nimmt sich hier der manische Vaterkomplex der Psychoanalytiker aus. Für diese gibt es Mütter nur als Sexualobjekt. Daß so ein *Objekt* schließlich auch ein *Subjekt* sein könnte, das dreinzureden hat, wird tiefnaiv vergessen. Briffault beweist Exogamie aus dem tiefsten Wesen der Muttersippe heraus, als ihre Wirbelsäule, ohne die sie sich nicht aufrecht hätte halten können, so gehalten hat sie sich aber, denn sie existiert, zähestes, soziales Gebilde, heute noch; von einer »Urhorde« fehlt dagegen jede Spur, und ihr Dasein ist nicht einmal hypothetisch nötig zur Bildung einer primitiven Gesellschaft, für die Erklärung der Exogamie aber direkt hinderlich.

Briffault fragte umgekehrt: *Wo* ist Exogamie unentbehrlich, und wie konnte es überhaupt zur Bildung von Muttersippen kommen? Auch Bachofen war das Problem der großen Frauengefüge noch nicht aufgegangen, für ihn herrschte ja zuerst nur der weibliche Urstoff als solcher über den Mann, dann die Frau in der mutterrechtlichen, von ihr begründeten monogamen Familie. Alle übrigen Theorien aber gingen bei Betrachtung der Exogamie vom männlichen Sexualinstinkt aus. Wo die Männer Sexualpartner und Brüder zugleich wären, müßte ihre Rivalität und Autorität, müßten Unruhe und Machtbedürfnis eben zu männlicher Vorherrschaft führen.

Die Mütter als Basis der Gesellschaftsordnung erlauben daher keine Übergriffe heranwachsender Männchen gegen Clangenossinnen, schützen jüngere Schwestern vor älteren Brüdern, während ältere Schwestern mit der Autorität von Müttern betraut werden. Herangewachsene Männchen haben überhaupt die Gemeinschaft ehebaldigst zu verlassen, oder man verhei=

ratet sie gleich selbst nach auswärts, wo sie dann, dem Schwiegermuttertabu unterworfen, im neuen Clan ihrer Gattinnen nur geduldete Außenseiter sind. *Die Frauen bleiben dagegen untrennbar zusammen. Keine Tochter wird hergegeben,* fremde Gatten sind Gäste, am Rand der Gemeinschaft gelegentlich Männerbünde bildend, frei schweifend, wie Geißelzellen um ruhende Eier. Nicht nur in den großen Muttersippen Sumatras, Nordindiens oder Indianisch-Amerikas, auch in mutterrechtlichen Teilen von Afrika ist das Blutband unter Frauen viel größer als sexuelle Bindung an den Mann. Selbst wo die Weiber ins Dorf des Gatten ziehen, laufen sie beim geringsten Anlaß wieder nach Hause. Autorität herrschender Mütter also erzwingt Exogamie und verteidigt ihre Organisation gegen die nur *gelegentlich* erwünschten Männcheninstinkte. An die sechzig enggedruckte Seiten in Briffaults Riesenwerk nimmt ungefähr die Aufzählung jener Völker und Stämme der fünf Weltteile ein, bei denen die Ehe *matrilokal* ist, die Exogamie also allein den Mann trifft, eben im Sinn der Frauensippe. Einfach Exogamie zu konstatieren, besagt ja wenig, wichtiger ist es, *wer* zu *wem* ziehen, wer von wo weg muß. Eine weibliche Dauerverbindung wäre schon rein blutmäßig zerrissen, wenn die Söhne fremde Frauen hereinbrächten, die eigenen Töchter aber wegzögen. Es würde sofort eine männliche Herde daraus, wo die weiblichen Instinkte atrophieren. Darum ist die Exogamie in so vielen primitiven Gesellschaften essentiell für die Bewahrung ihres mutterrechtlichen Charakters. Der Mann, weniger konservativ, neigt auch von Natur aus leichter zum Verlassen des Clans. Er ist kein Heimmacher, eher schweifender Abenteurer. Wo Frauen und Kinder längst in Hütten leben, schlafen die Männer oft noch unter Bäumen im Freien. Briffault kommt somit gerade zu dem umgekehrten Schluß wie Freud. Nicht alte Männchen, sondern die Autorität alter Weibchen erzwingt Exogamie, indem sie die Söhne von den jungen Töchtern wegtreibt. Das soll sich biologisch seltsam auswirken, indem bei Mutterfolge die geborenen Kinder tatsächlich alle mehr den Müttern ähneln, weil bei ihnen der Gleichheitstypus der Umgebung verstärkend wirkt, bei Vaterrecht, mit dominant ewig vorne dran in die Augen fallenden Männern gleichen Blutes, ähneln die Kinder wieder diesen, ihnen gegenüber kommen die wechselnden fremden Frauen eben nie dazu, den eigenen Typus zu fixieren.

Briffaults Untersuchungen aber greifen noch weiter, und so wird ihm aufs neue zur Frage, was den meisten kein Problem scheint: Wie kann eine größere menschliche Gruppe sich bilden? Von Cicero bis Westermarck lautete die Antwort: durch ein Agglomerat von Familien. Wenn aber auch nichts leichter scheint, als viele Einzelfamilien zusammenzubringen; sie ihren *Familien*charakter bewahren lassen unter den neuen Bedingungen, da liegt die Schwierigkeit. Bei einer noch nicht sehr konsolidierten Menschheit ohne festsitzende, *soziale* Instinkte, die ja *abgeirrte* oder, wenn man will, *umgebildete* Mutterinstinkte sind, sekundär auf die Männchen übertragen, mußte sich dieses Familienagglomerat bald unter der Initiative ungebändigter männlicher Sexualimpulse eben in männliche Herden oder Horden auflösen, jedenfalls eine ganz andere Struktur erhalten, und das hat sich auch oft genug ereignet.

Wo immer im Tierreich Familien in größerer Zahl vorübergehend zusammenkommen, tendiert die Einheit »Familie« dazu, durch Promiscuität zerstört zu werden, und zwar durch die Männchen; so ist es sogar bei Vögeln, wenn sie auch nur kurze Zeit auf großen Niststellen zusammenkommen. Gruppenbildung schafft Bedingungen jenen entgegengesetzt, auf denen Familienbildung beruht. Die biologische Familie ist Manifestation der mütterlichen Instinkte des Weibchens, des Schützens, Hegens, Bewahrens, so wie auch das Weibchen selbständig sich zum Gebären zurückzieht *und die Höhle wählt,* in die ihr das Männchen manchmal folgt, öfter nicht, und nur so lange, als sein Brunsttrieb noch nicht erloschen ist. Das Wählen des Gebärplatzes, Säugen und Aufzucht, Erziehung des Schwachen, Hilflosen, diese Instinkte bilden die weibliche Familie. Wenn sie in eine ganz anders konstituierte Gruppe verwandelt wird, nämlich in eine Gruppe von Familien mit dauernder Anwesenheit von Männchen, so ist diese neue Gruppierung nicht mehr der Ausdruck jener formativen und regulativen Kräfte, die eine Familienorganisation hervorgebracht und erhalten haben: der mütterlichen. Ihr Typ muß sich ändern, denn die ganz entgegengesetzten männlichen Instinkte kommen hinein; es entsteht die Herde oder männliche Horde. Die weibliche Einflußlinie wäre zerstört, mit ihr aber auch jene gerade im Anfangsstadium der Entwicklung so wichtige Voraussetzung für den Aufbau der sozialen Menschengemeinschaft.

Alles, was höhere menschliche Entwicklung voraussetzt, wie

die Sprache, ist an größere Gruppen geknüpft. Um in diesen die besänftigenden, aufbauenden, ordnenden, eminent sozialen Mutterinstinkte zu verankern, ohne die ihr keine Weiterentwicklung möglich gewesen wäre, mußte den herangewachsenen Söhnen, eben durch Exogamie, eine Stellung außerhalb des eigentlichen Muttergefüges zugewiesen werden. Ein seltsames Arrangement, aber jenes, das die werdende Menschheit faktisch angewendet hat. Natürlich nicht durch Nachdenken, mit dem Ziel, es einmal so herrlich weit zu bringen wie wir, vielmehr soll, wie Briffault annimmt, Eifersucht der Mutter auf die Töchter die unmittelbare Ursache gewesen sein. Sie treibt die Kinder auseinander, die Brüder von den Schwestern weg, und damit indirekt aus der Sippe zu anderen Weibchen, wo sie den Sexualverkehr nicht sieht, hauptsächlich den der Söhne nicht sieht, denn Mutterliebe ist nach Briffault Eigentumsinstinkt. Auch Darwin will Eifersucht auf Geschwisterinzest unter ihren Augen schon bei Affenmüttern beobachtet haben. In »The Mothers« wird sehr interessant erläutert, wie jede höhere Entwicklung von der Dauer mütterlichen Einflusses abhängt; in der Herde, wo er gering ist, bleibt auch der geistige und charakterliche Standard gleichmäßig gering. Dagegen genießen die Raubtiere, ihrer verlängerten Unreife wegen, die nobelste Kinderstube, lernen früh Freund und Feind unterscheiden, üben Rücksicht und gutes Benehmen gegeneinander, Vielfalt der Reaktionen und bringen es daher in hohem Maß zu Individualität unterschiedlicher und mannigfacher Art der Beziehungen, wie die Herde sie nie entwickelt, trotz unbegrenzter Zahl.

Zu Basis und Band jeder Tier- und Menschengruppe ihrerseits bringt es das Weibchen, weil der Mann nach dem Geschlechtsakt nichts mehr zu tun hat; da aber fängt die *biologische Karriere* der Frau erst an, die Verwandlung in ein ganz neues Wesen, die ungeheure körperliche und seelische Anpassung an die Mutterschaft. So wird sie mit dem Kind zugleich wiedergeboren als Erzieherin der Menschheit. Die werdende weibliche Großfamilie aber war von *zweierlei* Mutterinstinkt beherrscht und gebildet, *erstens* jenem der Abwehr des gesättigten Weibchens, das in der Tierwelt das Männchen um keinen Preis mehr an sich heranläßt, in der menschlichen Mutterfamilie aber sich dann zutiefst gegen männliche Herrschaft richtet. Dieser Instinkt schafft einen Typ, der nicht der Sexualität unmittelbar unterliegt, daher dem Mann überlegen werden muß. Der *zweite* Mutterinstinkt der weiblichen Gruppe war die Eifersucht auf Sexualbetätigung des Sohnes und trieb diesen zur Exogamie. Abgesehen davon, daß Briffault vielleicht allzu wenig auch andere soziale Gesellungsformen, etwa die kameradschaftliche und homosexuelle Hordenbildung der Männer, gelten läßt, die unabhängig von den großen Muttersippen aus anderer Eros=bindung mögen entstanden sein, verlangt auch seine gewiß richtige, ja geniale Erklärung der Exogamie aus dem Frauen=clan tiefere Ergänzung. Möge sie hier versucht werden.

»Mit dem ersten Verbot kommt die erste Neurose; woher aber kommt das erste Verbot?« *Wer darf der großen Mutter etwas verbieten?* Wozu braucht sie eifersüchtig zu werden? Was kann die mächtige, fraglos und mystisch verehrte Herrin im Clan, falls der Sinn ihr danach steht, hindern, den Sohn nach der Pubertät wieder im eigenen Schoß aufzunehmen, wohin es ihn so mächtig zieht, ehe er nach Schwestern als ersten Ersatz=objekten tastet?

Das reicht in urweltlichen Bezirk. In etwas, noch tiefer elemen=tar als selbst der Sexualinstinkt. Ja, das gibt's. Es ist das, was Geschlechtstrieb erstmalig ins Dasein warf, denn: *am Anfang war die Frau.* Sie hat aus sich parthenogenetisch die Aktivität abgespalten und, zur Geißelzelle gestaltet, von der eigenen Wesenheit abgelöst: den Mann. Mehr noch als bloß abgelöst, sie hat ihn unter Wehen *ausgetrieben*. Er ist ihr *Wurf*. Um so großartiger gelungen als Geburt, je weiser sie das Geborene aus sich herauszutreiben vermag. Unter immer größeren We=hen. Erst war es eine Geißelzelle, dann ein phallusartiges Ge=bilde, schließlich hing ein ganzer kleiner Mann am Phallus, und die weiterwirkende Uraktivität schuf sich aus ihm und über ihn weg eine andere neue männliche Welt. Gewiß treibt sie, rein physiologisch, weibliche Geburten genauso aus, *da=mit ist aber der Drang zu Ende;* die Töchter, bis zu einem ge=wissen Grad Wiederholung ihrer selbst, bleiben oft lange um sie, verstärken verjüngt den weiblichen Stoff. *Der Sohn aber erscheint ihr wohlgeboren nur in dem Maße, als er sich von ihr – in jedem Sinn – entfernt, übersteigernd jene Aktivität, die sie ganz am Grund der Quelle zu seinem Bild gestaltet hat.* Hier liegt der Urgefühlskonflikt des Muttertums. Wie jede Tragik unlöslich in ihrer Ambivalenz, jenseits schon von Liebe und Haß, aufgebrochen zu jener ungeheuren Spaltung des Ge=

fühls, *daß sie den Sohn zugleich haben und verlieren will.* Als »weiße Mutter« will sie ihn bergend schützen, als »schwarze Mutter« treibt sie den Wehrlosen aus. Ob das Tierweibchen die Nabelschnur durchbeißt, das arme australische Weib, wachend und fastend, von sich weg den Novizen durch die Pubertätsriten drängt, die Herrin der Frauensippe das Gesetz der Exogamie erläßt, Thetis dem Achill selber die Goldrüstung zum herrlichen Untergang von den Göttern herabbringt – es sind die Taten der »schwarzen Mutter« mit dem weißen, tränenüberstürzten Gesicht.

Doch auch die Geburten können ihrerseits der Gebärerin ambivalent gegenübertreten. Immer wieder im Leben jedes einzelnen, wie ganzer Rassen, kommt der Moment, da Söhne wie Töchter von sich aus Ablösung in irgendeiner Form erstreben; Töchter, weil ja auch sie von der Uraktivität haben, das Weibliche von sich aus variabel und neuer Ausdrucksformen so fähig wie begierig ist. Diese Seelenlage bleibt stets einer selbstherrlich-heroischen Phase vorbehalten, involviert sie doch die Ablösung von der zauberischen Muttermacht, dieser zutiefst sakralen Bindung weit über Leibliches hinaus. Es ist die große Schicksalsstelle der Rassen wie des einzelnen, *wo die magische Nabelschnur reißt.* Dieser doppelte Trieb: ins große Hinaus und ins große Zurück, nach außen und nach innen leben, Entfalten und Einsammeln, kehrt ja irgendwie auf allen Stufen als Extravertierung und Introversion: »zu den Müttern hinabsteigen«, wieder; von seiner richtigen Rhythmisierung hängt ab, wie weit und wie tief ein Mensch es bringt.

Wo die magische Nabelschnur zerrissen ist, da beginnt das Reich der Söhne und Töchter. Nicht daß diese mit der Zeit ihrerseits alt würden und damit alles wäre wie früher. Es ist da ein anderer Typus entstanden. In der neuen Seelenschicht vereint sich bei gleicher Rasse diese frische junge Zweiheit nicht selten zu Bruder-Schwesterreichen, ideal symbolisiert im dynastischen Inzest des alten Ägyptens. »Die Zwei«, das Doppelsystem der herrschenden Herzgeschwister, mit leichtem, magischem Übergewicht des weiblichen Teils. Ein Zwitterreich noch! Beim Mann hat sich die uterine Bindung um eine Generation nach vorwärts verschoben, von der Mutter auf die Schwester, für die Frau liegt der menschliche Wert des Mannes nur in der Ehre gleichen Mutterschoßes, so verschmilzt sie seelisch ausschließlich mit dem Bruder. In Kulturen, wo hingegen bis auf den

heutigen Tag die magische Nabelschnur nie völlig zerrissen ist, wie in weiten Teilen Afrikas, bestehen Kompromißbildungen fort: uralte Vormachtstellung einer Königinmutter, ein stark bevormundeter Königssohn und Erbfolge durch des Königs Schwestern.
Doch kann es sich auch begeben, daß unabhängig gewachsene junge Sohnes- und Töchterreiche verschiedensten Blutes sich zu tödlichem Kampf treffen. So zitterten drei Kontinente beim feindlichen Aufprall von Griechen und Amazonen.
Mögen sie jetzt herangaloppieren!

AMAZONEN

Traditionen solcher Art anfechten heißt wider Jahrtausende streiten.
SIMONIDES

Selbst die Sagen von ihnen hätten sich nicht solange erhalten, wenn die Taten nicht so ausgezeichnet gewesen wären.
ISOKRATES (PANEGYRIKOS)

Hat es sie gegeben, die fabelhaften Jungfrauenvölker, die Rossedämoninnen, hereinjagend vom Rand der Welt, daß Eis und Goldsand spritzt? Das »männerhassende Heer«, mit klirrenden Locken und Bräuchen unerhört?
Hat es sie faktisch gegeben?
Bei dieser Frage hätte ein Grieche ungefähr so dreingeschaut wie ein Deutscher bei der Frage, ob es »faktisch« Franzosen gebe. Sie waren ihm der gottgewollte Erbfeind vom Grund der Jahrhunderte auf. Also feierte ganz Attika alljährlich die Amazonenschlacht bei Athen, wie Deutschland die Völkerschlacht bei Leipzig, doch übertraf die Befreiung der vier Monate durch Oreithyia belagerten Akropolis an Bedeutung die napoleonischen Freiheitskriege weit!
Ein gewisser säuerlicher Widerstand bis in die jüngste Zeit hinein gegen das reine Zeugnis der gesamten Antike über den Amazonenzug nach Athen erinnert stark an jenen famosen Satz einer Goethebiographie, der des Dichters Versicherung, er habe von allen Frauen Lily am meisten geliebt, also berichtigt: »Hier irrt Goethe, das war bei ihm mit Friederike der Fall.« Warum »irrten« nun die Griechen, wenn sie die Ama-

zonen, mit denen sie in Übersee wie im eigenen Lande kämpften, nicht nur für wirklich hielten, sondern das ungeheure Erlebnis dieses Kampfes auf Leben und Tod schicksalsvoller nannten als selbst die Perserkriege?

Ja aber,

heißt es, die Verteidigung Athens werde Theseus zugeschrieben, die Königslisten mit Theseus seien jedoch nicht über allen Zweifel und lückenlos historisch beglaubigt. Dagegen kann nur wieder auf das Ridgeway-Zitat im Kapitel »Athen« verwiesen werden, was dort über Tradition und Totenkult an Heroengräbern mit erblicher Priesterschaft gesagt wurde und über die *Lebenskraft* von Eigennamen. So lebt *Kekrops* als Gründer der Akropolis, *Erechtheus* als Besieger von Eleusis, *Theseus* als Einiger von Attika fort. An seinen Namen ist überdies die detaillierte Gesetzgebung des neuen Freistaates genauso geknüpft wie die spartanische an den des *Lykurg*.

Ja aber,

diese skythischen Amazonen trügen doch keine skythischen, sondern griechische Namen, seien demnach griechische Phantasiegebilde. Dann sind der Rückzug der Zehntausend, die gesamten Perserkriege auch Phantasie, denn Perser werden ebenso mit griechischen Namen genannt. Und keineswegs könnte *Ramses II.* gelebt haben, für die Griechen existiert er nur als *Sesostris*. Schon Plato hat den gleichen, alten, faulen Einwurf gegen seine Atlantier, daß sie ja griechische Namen trügen, widerlegt. Der Bericht über Atlantis geht auf Solon zurück. Bei seinen langen Reisen durch Ägypten erfuhr er von einem Priester der Neith zu Sais den Untergang der großen Insel außerhalb der Säulen des Herakles und ihrer Bewohner. Die Tempelbücher enthielten in Chronikform das ganze Ereignis verzeichnet. Dazu bemerkt Kritias: »Nur noch eine Kleinigkeit muß ich meinem Bericht vorausschicken, damit ihr euch nicht wundert, wenn *nicht*hellenische Männer hellenische Namen tragen. Ihr sollt den Grund davon erfahren.« Nun wird erzählt, wie Solon sich genau bei dem Neithpriester nach der Bedeutung der fremden Eigennamen erkundigt habe, die von den Ägyptern übersetzt worden waren; dann nahm er selbst den Sinn jedes Eigennamens vor »und schrieb ihn so nieder, wie er in unserer Sprache lautet ..., wundert euch also nicht, wenn ihr auch dort Eigennamen hört wie hierzulande.« Bei uns wundern sich manche immer noch. Die Griechen übersetzten prinzipiell den Sinn jedes fremden Namens oder verballhornten ihn so lange, bis er ihnen auf griechisch sinnvoll erschien. Ein Beispiel dafür ist das Wort »Amazone« selbst.

Ja aber,

da sei bei den griechischen Historikern nicht nur von kaukasischen Amazonen die Rede, in Nordafrika solle es auch welche gegeben haben mit ganz ähnlichen Bräuchen. Diese »verdächtige Duplizität« sei ein Beweis dafür, wie einer das Sagengut vom andern übernommen und nur in andere Gegenden verlegt habe. Ganz unabhängige chinesische Annalen verzeichnen jedoch in genau der gleichen Gegend zwischen Schwarzem Meer und Kaspisee ein »westliches Frauenreich«. »Tscherkessen, die noch weniger altgriechische Literatur kennen als die Chinesen, bestätigen, daß dort einst rein weibliche Kriegervölker lebten.« Durch das ganze Mittelalter hat sich bei den verschiedenen, wechselnden Anrainern das Wissen um die amazonischen Zustände erhalten. Das neueste Reisewerk von *Essad Bey* erzählt von zwei frisch entdeckten Stämmen in dem gleichen Land des »ewigen Feuers« zwischen Schwarzem Meer, Kaspisee, Kaukasus, eben dem alten Kerngebiet. Nach ihm leben dort, bisher fast völlig unbekannt, »das Volk der Jungfrauen« und »die blauäugigen Osseten«, beide an Sitten den Amazonen erstaunlich verwandt. Nur Frauen tragen Waffen, jagen, reiten, nehmen sich Männer nach Bedarf auf Zeit und verstoßen sie wieder. »Daß amazonische Frauen zahlreich waren, ist aber eigentlich kein Beweis dafür, daß sie nicht existieren.« (Briffault) Eingangs wurde erwähnt, Griechenland habe die Amazonen genauso als »Erbfeind« empfunden, wie Deutschland Napoleon. Nun existiert ja allerdings eine Schule, die behauptet, auch dieser habe nie gelebt, er sei, wie schon die auseinandergeblätterte Symbolik seines Namens zeige, nur ein Astralmythos. »Nur«? *Sogar* ein Astralmythos hätte die Antike gesagt und sich dabei zweimal verneigt vor so viel Realität. Sie wußte eben: Nur das Lebendigste dringt durch zur Verstirnung, wird Äon und Dämon, und vom großen Stil einer Seele hängt es ab, ob ihr zerflatternder Körperschatten aus dem einmalig Vorübergleitenden herausgehoben wird zu Plastik, in die Dimension der Ewigkeit.

Amazonisches Wesen aber vibrierte vor Mythenkeimen von Anbeginn. Aufgebrochen unter einem barbarischen Mond, hat es Spannungen in die mediterrane Welt getrieben, die sich ein

Jahrtausend lang entluden in nicht endenwollender Bilderpracht. Fast noch bei lebendigem Leib entführte eine Art Gnadenwahl die Trägerinnen dieses Wesens aus bloßer Wirklichkeit in die Wahrheit des Mythos hinein.

Jetzt aber wird es nachgerade Zeit, ihnen die Zügel zu wenden, zurück ins Nur=Gewesene, denn auf allen Seiten, ethnographisch, archäologisch, soziologisch, morphologisch, psychologisch, kulturgeschichtlich, werden sie demnächst dringend gebraucht, um von dann ab zwiefach dazusein, zeitlich=wirklich und zeitlos=wahr zugleich; auch das im Grunde nur Vordergrundsteilung und nichts als vorläufig=bequem, weil Mythenzüge als seelische Nachbilder genauso mit zum lebendigen Phänomen gehören wie der Schwanz zum Kometen; Stoff von seinem Stoff, Fluid von seinem Fluid.

Zeitlich=wirklich bilden die Amazonen nicht nur ein extremes Ende des »Mutterrechts«. Sie sind Selbstzweck und Anfang auch. Als ausschweifende Töchterreiche mit Ausschließung alles Männlichen bis auf versklavte Knabenkrüppel, heben sie sich ab von der weltalten, ruhend toleranten Muttersippe, die unbotmäßige junge Mannheit ganz friedlich abschob durch Exogamie. Im Mutterclan gebaren »große Mütter« immer wieder künftige »große Mütter«. Amazonen hingegen pflanzen den Töchtertyp fort, einen neuen Bewegungstyp, der gleichsam durch eine Erbschleife hindurchgeschlüpft und etwas Keimverschiedenes ist. Eroberinnen, Rossebändigerinnen, Jägerinnen, die Kinder zwar werfen, den Wurf aber weder säugen, noch selbst warten. Sie schwärmen aus, als äußerster, linker Frauenflügel einer flügge werdenden Menschheit, deren äußerster rechter Flügel die jungen Sohnesreiche mit funkelnagelneuem, daher rabiatem Männerrecht sind. Gerade die griechischen Stämme, der Amazonen schicksalhafte Gegner, gebärden sich wie frisch erwachsene »Söhne«, nicht als künftige »Väter«, denn »Väterlichkeit«, als Gefühl, ist Muttermimikri. Auch vereinen die beiden neuen Menschheitstypen sich hier nicht wie Brüder und Schwestern zu Geschwisterstaaten gegen die alte Muttermacht, vielmehr prallen »Söhne« und »Töchter« von den Enden der damals bekannten Welt tödlich=feindlich gegeneinander. Nach den antiken Historikern hat das Amazonentum zwei Brennpunkte gehabt. Libyen in Nordwestafrika und die Schwarze=Meer=Gegend am Flusse Thermodon. *Atlas und Kaukasus sind die beiden Erdnabel, wo ihnen das Leben pulst.* Berühmter als das libysche Reich war die zeitlich viel spätere Gründung am Schwarzen Meer. Von dort gegen den Ural zu, schon an der Grenze des nicht mehr Menschlichen, gelten die Amazonen der Tradition für Gegnerinnen der Greife. »Greif« steht eben für totemisches Landschafts-Tier, Ahnenseele des Bodens. In seinem Zwitterwesen droht adlerschnabelig die geflügelte Spannweite der Schrecken über dem Abgrund, vermischt mit dem Schlangen- und Löwenleibigen goldsandiger Dürre. Das muß bekämpfen, wer dort hausen will. So wirft unbemühtes Genie symbolisch verdichtende Bilder aus, als Lebensschau zum fortlaufend Registrierten, dem engeren Objekt der Geschichte.

Die Thermodontinnen

Jenseits des Kaukasus liegt »Skythenland«. Dort schweifen die hürnenen Völker. Geräte und Waffen aus Horn, Schilde aus Pferdehufen. Aus dem Nebel dringen Tier- und Menschengebrüll, Hahnenschrei und Rossegewieher. Wenn das stärker anschwillt, kuscheln sich die Anrainer in ihre Mauselöcher. Dann gibt es da oben noch Kolchis am unbewohnbaren Nordufer (Pontos axenos) des Schwarzen Meeres, das Reich der Medea, voll Gift und Zauberkräutern; Grenze der Fabelwesen und Zwitter, wo Menschliches anfängt theriomorph zu werden, die Natur ins Chaos zurücktritt.

»Skythen« (wörtlich: Verteidiger) ist ein antiker Sammelname für alles, was in bemalten Wagenzelten auf Rädern daherzieht, mit Pfeil und Bogen heraussprengt aus diesem Unbekannten. Es hat eine ethnische Spielbreite vom rein Iranischen bis nahe ans Mongoloide. Kann säbelbeinig, tiefbauchig, schlitzäugig, schwarzsträhnig, kann hell, hoch, hart, grad bedeuten. Hat auch ein Jahrtausend Spielbreite in der Zeit, weil dieser Sammelname frühere, also nichttatarische, vielmehr indogermanische Nomadenwellen, wie die alten Kimmerer, einbezieht, mit ihren rein iranischen Königsnamen. Nicht iranisch-indogermanische »Skythen« kamen erst mit dem achten vorchristlichen Jahrhundert. Inmitten all dieser Völker steht der Kaukasus. Seine Kette zieht vom Schwarzen Meer bis zum Kaspisee eine natürliche Mauer, »skythische« statt »chinesische« Mauer, trennt das ruhelose Gebrodel von der seßhaften Zivilisation.

Die Titanenwand hat in ihrer ganzen Ausdehnung einen einzigen Durchbruch, die berühmte Völkerpforte, wo der Alexanderzug endete. Der schmale Einschnitt, durch ein riesiges Tor mit Metallbarren gesperrt, war nur auf der einen Seite erschließbar, um Einbrüche in die blauen Niederungen der geklärten Welt zu hindern; »Skythenland« erlaubte sich nämlich bisweilen, bis an den Nil zu reichen.
Jenseits der Schranke mochte brodeln, was wollte. Wer kannte sich aus mit diesen Barbaren. Später weiß man besser Bescheid, die Flüsse drüben schwemmen viel Gold, und die ionischen Kolonien vermitteln den Verkehr. Man lernt Saker, Arimaspen, Sauromaten (Sarmaten) unterscheiden, parthische Stämme, die fliehen, um zu siegen; nach rückwärts hageln sie über die gedrehte linke Schulter weg den waagrecht schwirrenden Tod, dann Geten und Massageten, aschblond, langschenkelig, zwei Aquamarine im Kopf, «echte« Skythen, die wildesten von allen, kochen ihre Väter und ältere Leute zu hohen Festen mit Rindfleisch vermischt, und schmecken sie schlecht, so gilt das als übles Omen für ein ganzes Jahr; auch Budiner, blaue Augen, rote Schädel, fressen Läuse. Pack! Manchmal erwischt man welche, Läuse nämlich. Das kommt von den Handelsbeziehungen und jener spitznasigen Neugierde, wie sie auf den rotgrundigen Vasen den schwarzen Griechenmännchen im Gesicht steht.
Bei all diesen Barbaren mit Pferdeverstand üben die Weiber den Kriegsdienst, sitzen rittlings zu Roß und vorneweg im Rat. Leisten ganze Arbeit. Noch zur Meder- und Perserzeit hat die Massagetenkönigin Tomyris im Osten des Kaspisees den großen Cyrus samt seinem Heer wortwörtlich aufs Haupt geschlagen, dann das abgeschlagene Haupt in einen mit Menschenblut gefüllten Sack gesteckt, damit er endlich seinen Blutdurst stille. Bitten und Warnungen zum Trotz, war er aus greller Machtgier ihr ins Land gedrungen. Skythischer Lebensstil!
Diesem skythischen Lebensstil sind ein Jahrtausend früher, um das sechzehnte vorchristliche Jahrhundert, die Amazonenreiche zu kurzer Hochblüte entwachsen. Da oben im dichten Völkernebel scheint sich damals wieder einmal ein neuer Wirbel gebildet zu haben. Durch innere Wirren, Revolutionen, Dynastiewechsel, Massaker der Männer untereinander nach fremden Gebieten abgedrängt, sammeln Frauen vom Schlag

der Tomyris gleiche Frauen um sich zu einem Heer. Nach Plinius gehen die Amazonenreiche zwar von den Sauromaten aus, wahrscheinlicher aber bilden sich mehrere Heere aus mehreren Stämmen, über verschiedene Landstriche verteilt, denn auch »Amazonen« ist ein Sammelname, und zwar für kriegerische Weiberhorden mit Selbstverwaltung, deren Abneigung gegen jede eheähnliche Dauerbindung die verschiedenen Grade umfaßt.

Der mildeste führt sie in jedem Frühling zu flüchtiger, *aus Prinzip wahlloser Vermischung* an männliche Nachbarn heran. Weibliche Frucht wird behalten, männliche dem fernen väterlichen Stamm zurückgeschickt. Die schärfere Art schickt nichts zurück, sondern verstümmelt die neugeborenen Knaben, macht sie für später ungefährlich durch Auskegeln einer Hand und einer Hüfte. Als verachtete Sklavenkrüppel, von keiner Amazone je erotisch berührt, werden sie im Stamm lediglich zum Kinderwarten, Wollespinnen und häuslichem Dienst verwendet. Im extremen Fall wird meist der Besamer selbst nachträglich getötet, ausnahmslos aber jede männliche Geburt. Allen Spielarten gemeinsam ist es, nur Mädchen, diese allerdings durch prachtvolles Training, zu vollwertigen Menschenexemplaren aufzuzüchten.

Die Skythen selbst nannten ihre Weiberhorden Aiorpatai = »Männertöterinnen«, obwohl die milde Abart mit »Grenzverkehr« kaum um ein Tempo über das in der alten Muttersippe Übliche hinausgeht, wo erwachsene Männer nur schweifend am Saum der Gemeinschaft leben, im Inneren aber höchstens als Gäste geduldet, während die heranwachsenden Knaben durch Exogamie entfernt werden.

Wer im Altertum »Amazonen« sagt, meint immer nur die am Thermodon. Auf ihnen liegt aller Glanz gesammelt. Sie haben ein Reich gegründet, von der sarmatischen Tiefebene bis ans Ägäische Meer, eigentlich durch lauter Präventivkriege, um ihre Eigenart behaupten zu können. Erst bringen sie es fertig, sämtliche Kaukasus-Völker – ein unebener Schlag – einschließlich der albanischen Bergstämme zu unterwerfen, dann kommt der entscheidende Vorstoß ans milde Südostufer des Schwarzen Meeres mit den berühmten Erzlagern, Wäldern voll jagdbaren Wildes, reich an Früchten, Nußbäumen und Wein, die Weideflächen grasreich und betaut. Das wird ihr größter, dauerhaftester Stützpunkt. Er bleibt Reichskern, von dem die Hoch-

kultur ausstrahlt mit der Hauptstadt Themiskyra nahe den Flüssen Thermodon und Iris, von deren Mündung Schiffe direkt ins Mittelmeer gelangen können, und umgekehrt. Das sollte später zum Verhängnis werden, denn selbst bleiben diese sarmatischen Rassestuten völlig talentlos für Navigation, und Schiffahrt der andern brachte ihnen immer Pech. Flüsse sind nur zum Schwimmen erwünscht, besonders der Thermodon, auch Kristallos genannt, mit Ufern aus vollkommen weißen, durchsichtigen Steinchen und einer strahlend blauen Art, die man für Jaspis hält.
Zu Land sind die Thermodontinnen unwiderstehlich. Ein Stück Kleinasien nach dem andern wird niedergerissen, bis ans Meer, niedergehauen alles, was sich widersetzt, mit geschwungener, metallner Doppelaxt, daß der strahlige Narbenstern der weggebrannten rechten Brust sich ihnen krampft dabei. Bestialisch bis zum Sieg, betragen sie sich nachher plötzlich konziliant wie Römer. Sanftmut und Weitblick ihrer Regierung lassen sie von den Besiegten Göttinnen gleich verehrt werden. Erfolgreiche Barbareneinfälle hat es ja immer und überall gesetzt, das aber gibt ihrem Ruhm den feenhaften Regenbogenbruch, daß, was jenseits des Don in Eissturm, Wolken, Steppe, bei Väter- und Verwandtenfraß noch nichts war als Bravour, Kontraktion der Poren, Wildheit, Temperament, Rassensubstanz jetzt diesseits der Kulturlinie, ohne zu erschlaffen, zeigt, was an formbildender Kraft in ihm steckt.
Groß und hell beschienen, wird Kühnheit weise auch.
Städtebauerinnen, Stifterinnen von Heiligtümern nennt sie die gesamte ionische Welt. Tempel, Gräber, Städte, ganze Länder haben lückenlos ihre Tradition bewahrt. Eine Reihe wichtiger Handelsplätze, wie Smyrna, Sinope, Kyme, Gryne, Pitane, Magnesia, Mytilene, Klete, Amastris, jede rühmt sich, eine Amazone zur Eponyme (Gründerin und Namengeberin) zu haben. Das berühmteste Kultbild Kleinasiens, die Diana von Ephesus, aus Weinstockholz, mit Schnüren von Rubinen und Schnüren geopferter Amazonenbrüste behangt, geht auf sie zurück. Vor ihm führten sie ihre klirrenden Reigen, Schwert- und Schildtänze auf.
Die Amazonenstatuen unserer Museen sind alle Nachbildungen jener, die Phidias, Polyklet, Kresilas, Phradmon im Wettstreit als Weihgeschenke für Ephesus schufen. Völlig schlicht bleiben die Gesetze der Thermodontinnen auch im Zenit der

Macht (etwa fünfzehntes Jahrhundert v. Chr.). Aus jener grundtiefen Verachtung der Frau für alles ius – nicht zufällig erfindet das männlichste Volk das Römische Recht – gelten nur zwei Verbrechen: *Diebstahl* und *Lüge*, und als sittliche Forderungen: *immer auf Ehe verzichten, kein männliches Kind aufziehen, über alles die Herrschaft des Mannes fürchten, daher ohne seelische oder sinnliche Bindung den Geschlechtsakt wahllos mit einem zufälligen Fremden, nur um der Fortpflanzung willen, üben, jeden Tag in Schweiß und Gefahr sich die Mahlzeiten selbst erarbeiten oder erjagen, nur den Befehlen derer folgen, die durch Wahl oder königliche Abstammung auf den Thron gelangt sind.*

Zwei Königinnen verwalten gleichzeitig das Reich; eine im Inneren, während die andre draußen mit der Armee die Grenzen bewacht. Für Menschen einer bestimmten Seelenschicht steht eben ein Staat so natürlich auf zwei Führern, wie der Körper auf zwei Beinen steht.

Als gedeihlich für den Ablauf äußeren Geschehens kommt empfindungsgemäß nur der Dual in Betracht. Hygins Amazonenliste zählt eine ganze Reihe von Doppelköniginnen auf, beginnend mit Marpessa und Lampeto, die nach Unterwerfung der Kaukasusvölker den Stützpunkt am Schwarzen Meer angelegt und das Weltreich in Kantone geteilt haben.

Amazonisches Totemtier ist natürlich das Pferd. Nicht im ganz *orthodoxen* Sinn, da Iranier, Zentralasiaten nicht Totemrassen sind, doch auf magische Weise als Triebtier der wiehernden Wünsche, durchgängerischen Begierden, wenn ihm vierfacher Blitz aus den scheuenden Hufen bricht oder wenn es für Feuer steht, »der glänzenden Zunge der Götter«. Für viele Völker hat es immer auch etwas vom Irrsinn an sich gehabt. Der ganze Iran, Arisch-Indien, Zentralasien, besonders die Amazonen aber stehen in einer tief zauberischen Organverbindung mit ihm. Nicht umsonst enthält die sinngetreue Übertragung ihrer skythischen Eigennamen ins Griechische so viele Komposita mit »hippos«=Pferd, wie Alkippe, Melanippe, Hippothoe, Dioxippe und viele andre. Auch der Mythos weiß, was er tut, läßt er gerade aus dem Blut der libyschen Amazone Medusa den Pegasus entspringen. Also hatte sie magisches Roßblut in sich, und die attische Komödie, von ihrem Niveau aus, wetzt ja stets den schmierigen Schnabel, wenn es um Amazonen mit ihren Hengsten geht, als ersetzten die ihnen den Mann.

Einmal im Jahr wurde als orgiastisches Weihefest, erst auf einem Granitfelsen im Kaukasus, später auf der schilfigen Aresinsel im Pontus, unter verschwiegenen Bräuchen, ein erlesenes milchweißes Roß geopfert. Die Ähnlichkeit mit jenem indisch-arischen Roßopfer, Asvamedha genannt, einem hieros gamos zwischen Königin und Gott-Tier zur magischen Erneuerung des Volkes, ist kaum zu übersehen.

Bei der mystischen Vertauschbarkeit von Pferd und Amazone war es also doch Muttermilch, eine tiefere geheimnisvollere Art totemistischer Muttermilch, die jene nie normal gesäugten weiblichen Babys sich als erste Nahrung aus den Stuten tranken. Schäumende Stutenmilch, Honig, stürzendes Blut, Wildbret, ganz »englisch« gebraten, und – Schilfmark, vor Tau und Tag gesammelt, sind die sehr vitaminreiche Nahrung der Erwachsenen. *Niemals Brot.* Keine Mehlpapp-Esserinnen! Auch nachdem Ackerbauvölker ihnen längst tributpflichtig geworden.

Von diesem »niemals Brot« stammt die älteste griechische Ableitung ihres Namens. *»A-maza« = ohne maza,* die ohne Gerstenbrot leben. Populärer war das *»a-mazo«,* vielmehr a-mastós = ohne Brust, weil diese Drüsen den Mädchen um das achte Jahr durch Applizieren heißer Eisen zum Verdorren gebracht wurden, oder nur im Wachstum beschränkt durch Anlegen von Binden, wie es ja in ganz Japan Brauch ist. Auch die jungen attischen Damen bandagierten die Brüste und hielten sie überdies durch medizinische Mittel (cos naxia) klein. Nur die bis vor kurzem noch ungepflegten Europäerinnen ließen ihre Brüste wild wachsen.

Weit bedeutsamer aber scheint die immer wiederkehrende Versicherung, nur gerade die *rechte* Brust sei zum Verkümmern gebracht oder ganz entfernt worden. Verweiblichung des Mannes beginnt bekanntlich an der *linken,* Vermännlichung der Frau an der *rechten* Seite. *Nun besteht die ganze Idee des Amazonentums in einem Rückgängigmachen der ersten, parthenogenetischen weiblichen Tat, jenes urmütterlichen Geschenkes, die Aktivität, aus sich abgespalten, hinzugeben, selbständig nun als Männliches geformt. Amazonen negieren den Mann, vernichten die männliche Frucht, gestehen der Aktivität in Mannesgestalt kein Sonderdasein zu, resorbieren sie, leben sie selber aus, androgyn: weiblich auf der linken, männlich auf der rechten Körperhälfte.* Also beginnt auf dieser die *Entmütterlichung* durch Schrumpfung oder Ausbrennen der Brust

als Symbolhandlung allerkühnsten Stils. *Amazonentum ahmt somit Männliches nicht nach, sondern annulliert es wieder*, um, was die »große Mutter« auf zwei Grundformen verteilt hatte, jetzt wieder, und zwar diesmal in *paradiesischer Harmonie*, selbst zu verwirklichen. Homer hat sehr recht empfunden, wenn er die Amazonen »antianeirai« nennt, was sowohl *männerhassend* als *männergleich* bedeutet. Er soll auch ein Amazonen-Epos geschrieben haben. Gegen die Ableitung des *Wortes* Amazone von »mastós« spricht aber schon die verschiedene Länge der Vokale.
Mit »amazosas« etwa = dem Manne abgeneigt, und »azona« = Keuschheitsgürtel, sollte der Name auch zusammenhängen. Wiewohl nun Ethymologie arg der Mode unterworfen ist, soviel scheint wenigstens für heute festzustehen, daß es sich hier gar nicht um ein griechisches, vielmehr um ein griechisch verballhorntes Wort einer fremden Sprache handelt, wahrscheinlich um das tscherkessische »emetchi« = die nach der Mutter zählen (ein Mutterrechtsstamm also!). Im Kalmückischen soll Aëmétzaïne ein gesundes, starkes, heroisches Frauenzimmer heißen.
Ihre Tracht und Erscheinung war nach früher Tradition immer original skythisch. Lange, enge Beinkleider und Joppe, weiche, hohe Russenstiefel, eine phrygische Mütze auf dem kleinen, kühnen Kopf, in dem achatne Augen stehen sollen, grünlich schillernd wie die Flecken auf Reptilienrücken. Die ganze Silhouette wirkt wie nordischer Skidreß mit Fliegerhelm. Fast genau nach dem gleichen Modell waren im Sommer 1930, bei den englischen Shaw-Festspielen in Malvern, die Kostüme einer künftigen Menschheit in »Zurück zu Methusalem« stilisiert, nur fehlten jenes sternchenbestickte, nachflatternde Cape darüber, das archaische Vasenbilder manchmal zeigen, die bemalten Waffen, Doppelaxt und Schild.
Späterer Darstellung gehören an: längeres Pelzgewand aus einem Stück, über der linken Schulter geknüpft, rechte Schulter frei, Haare lockig im Nacken geknotet und Russenstiefel. Noch später der statuarische Typ »sterbende Amazone« mit dorischem Chiton und Sandalen, nach Phidias, Polyklet und andern endlos variiert; am allerspätesten, fast barock an zeremoniösem Pathos ist die Abart mit makedonischem Panzer, einer Purpurbinde zwischen die nackten Schenkel gezogen, Kothurnen und dem steigernden Straußfederbündel fremd und vogel-

haft über dem Helm. Die Waffen bleiben sich fast immer gleich. Die berühmte Doppelaxt (Sagaris), als androgynes Symbol aller gynaikokratischen Völker, der winzige Schild (Pelta), geformt wie ein fünf Tage alter Mond, Bogen und »Partherpfeile«, kurzes Schwert. Lanzen lernten sie erst durch die Griechen kennen.

Eine zwiefach ungemeine Rolle spielt der Gürtel. Als Wehrgehenk aus Gold und Kristall ist er skythisches Königsinsignum für Herrschaft, von den Ahnen ererbt, in intimerer Form Jungfrauensymbol für Freiheit des sich selbst Gehörens. »Jungfräulich« bedeutet in der ganzen Antike »gattenlos«, nicht »keusch«. Wenn also griechisches Abenteurertum, angelockt durch den Weltruhm des Frauenreiches, etwa um das dreizehnte vorchristliche Jahrhundert, erstmalig mit der Kriegsflotte vom Ägäischen durchs Schwarze Meer direkt in die Mündung des Thermodon bis an die Hauptstadt Themiskyra herauffährt, zu dem erklärten Zweck, den »Gürtel der Amazonen-Königin« zu holen, so heißt das für diese nichts weniger als Entthronung und Schändung.

Nach Übersee kommen die Griechen der Heroenzeit ja immer als Plünderer, um, wenn auch charmant eingekleidet, sich zu nehmen, was anderen Leuten gehört, wie das »Goldne Vlies« im Argonautenzug, den »Gürtel« als neunte Arbeit des Herakles. Fast unübersehbar variiert die Überlieferung das »Wie« des Raubes, der aber als solcher kaum bemäntelt wird. Entweder überfallen Herakles und Theseus auf gemeinsamem Zug das unbeschützte Themiskyra mit seiner Königin Hippolyte, während Oreithyia, die andre Königin, mit der Armee an der Reichsgrenze liegt. Die kleine Garnison wird überwältigt und niedergemacht, Hippolyte durch Herakles des Gürtels beraubt, indes Theseus eine dritte Schwester, Antiope, mittels List, Liebe oder Gewalt auf seinem Schiff entführt. Mit beiderlei Beute segeln sie ab. Oder nach anderer Überlieferung ereignet sich dies alles auf getrennten Zügen, der Raub des Gürtels durch Herakles, der Raub der Amazone durch Theseus. Was dann folgt, ist immer Vergeltung für Raub.

Oreithyia, von dem frechen Überfall benachrichtigt, stürmt mit der Armee zurück, kommt zu spät, findet die Feinde entflohen und rüstet sofort die Strafexpedition nach Griechenland aus. Sie zieht über den gefrorenen kimmerischen Bosporus, erreicht auf den nördlichen Straßen Athen, dringt bis mitten in die Stadt, besetzt den ganzen Areopag, belagert die Akropolis. Daß sie mit dem Heer schon innerhalb Athens war, wird nach den Geschichtsschreibern durch die Namen der Örtlichkeiten, durch die Gräber der Gefallenen, ferner durch Tradition von Fest- und Kulturgebräuchen bezeugt. Lange zögerte man auf beiden Seiten mit dem Entscheidungskampf, bis Theseus ihn nach einem günstigen Orakel begann. So fiel diese Schlacht, von der jedes Detail verzeichnet steht, in den Monat Boedromion, »und dafür opfern noch bis heute die Athener die Boedromien«. (Plutarch) Die einen schildern den Ausgang als vernichtend für die Belagerer, nach andern wurden die Athener bis zur Eumeniden-Schlucht gedrängt. Schließlich soll eine Art Vergleich zustande gekommen sein. Er wird durch den Eidschwur: Horkomosion, das von alters her von den Theseen dargebrachte Opfer bezeugt; dabei war es Sitte, auf die Gefallenen, besonders die im Amazonenkrieg Gefallenen, Lobreden zu halten. Jedenfalls aber zog das stark reduzierte Frauenheer ab, ohne sein Ziel, die rächende Vernichtung der Griechen, erreicht zu haben.

Eine Allee von Gräbern zeigt den Rückweg der armen «Götterkinder« an, beginnend mit jenem am itonischen Tor, beim Tempel der »himmlischen Erde« (Mond), wo die geraubte Amazone (Antiope oder Hippolyte), an Theseus' Seite kämpfend, für diesen Verrat von der Molpadia getötet wurde, bis hinauf durch ganz Thrakien, wo Oreithyia stirbt, aus Gram und Schmach über die desaströsen Folgen ihrer Belagerung Athens, denn *»von hier wich alles, wie wenn ein Seil reißt, zurück«*. (Aristeides). Die Glückssträhne ist abgerissen. Nur Reste des Volkes erreichen die alte Heimat, das sieghafte Prestige ist weg, bei frischen Unruhen und Nomadenwellen läßt sich das reine Frauenreich nicht unvermischt zur Gänze halten. Es bröckelt ab. Was sich hält, ist der Todhaß gegen alles Griechentum, so sehr, daß selbst mehrere Generationen später (1190) unter Penthesilea eine Eliteschar den Trojanern zu Hilfe eilt, obwohl Priamos selbst in seiner Jugend die Amazonen bekriegt hat.

Um das Ende der Penthesilea noch am toten Achill zu rächen, versucht ein Trupp ihrer Genossinnen, sein Heiligtum auf der Mondinsel Leuke im Schwarzen Meer, der Donaumündung gegenüber, zu zerstören. Doch auch dies mißlingt, die weißen Rosse der Amazonen reißen sich los, die Schiffe zerschellen im

Sturm. Die Frauenheere verschwinden wieder zurück ins Skythenland, nach vier großen, denkwürdigen Kriegen. Thalestris scheint ihre letzte reguläre Königin gewesen zu sein. Die Rede geht, sie habe zwecks »Grenzverkehrs« Alexander den Großen durch dreizehn Nächte aufgesucht. Damals galten die Albaner für Nachbarn der Amazonen.

Von dem Reich am Thermodon wird es langsam still. Die Gestirne ihrer Hochkultur sind abgestrahlt. Zerstreut, in kleineren Trupps flitzen sie noch hier und dort durch die Berichte. Soldaten des Pompeius sollen unter den Verbündeten des Mithridates Amazonen gefunden haben, und am Schwarzen Meer geistern noch lange Spuren ihres Wesens. Als Erzbischof Lamberti (Recueil de Thevenot) im Kaukasus war, erhielt Dadian, Prinz von Mingrelien, Nachricht, aus dem Gebirge seien drei Gruppen von Völkern hervorgebrochen gegen die Moskowiter der Umgegend, man habe den Angriff zurückgeschlagen und unter den Toten eine Mehrzahl von Frauen gefunden. Der Bote überbrachte Waffen und Kleider dieser Kriegerinnen: Helm und Küraß aus Stahlplättchen, überaus beweglich und anschmiegsam, darunter eine Art kurzen Rockes aus Purpurserge, weiche, hohe Russenstiefelchen, mit Sternchen bestickt, die Pfeile vergoldet, mit sehr feiner Stahlspitze, doch wie eine Schere breit. Diese Amazonen wurden oft im Kampf mit Tataren und Kalmücken angetroffen. Dadian versprach hohe Belohnung dem, der ihm so eine Frau noch lebend finge. Nie gelang es. Auch der Chevalier Chardin (Voyage en Perse) berichtet über Amazonen, von denen dort die Mär geht. Der Fürst von Georgien erzählte dem Chevalier, daß fünf Tage gegen Norden ein großes Volk in ewigem Krieg mit Tataren und Kalmücken liege. Es sei ein Volk herumirrender Skythen, beherrscht von Frauen zu Pferd.

Da stirbt direkte Spur. Das greifbar Letzte sind jene den Leichen abgestreiften kleinen, weichen Russenstiefel, sternchenbestickt, in eines Prinzen Hand.

In Attika aber beginnt gleich nach der Befreiung Athens etwas, was nach Siegen ohne Beispiel ist: die Vergottung der Besiegten. Tempel werden ihnen erbaut, Opfer gespendet, Priesterdynastien eingesetzt, Feste gestiftet. Jeder Fleck, wo sie lebten, wo sie fielen, wird Weihbezirk mit Säule und Kranz, eingefügt von einem tieferen Eros dem Heroenkult der eigenen Ahnen.

Der griechisch-pelasgischen Welt waren sie wie ein Wunder erschienen, sterbliches Maß überfliegend, gefährlicher als alle übrigen Völker zusammen und irgendwie aufwühlender auch. Bei den Feiern zu Ehren Gefallener preisen Demosthenes, Lysias, Himerios, Isokrates, Aristeides im prunkenden Kanzleistil der großen Rhetorik ihre Überwindung höher als die Perserseige, höher als jede andre historische Tat. Einmal sagt Himerios auch deutlich, warum. Thraker, Perser und andre Feinde habe man nur aus dem Lande, *»die Amazonen aber aus der menschlichen Natur vertrieben«*.

Ob Griechen Perser oder Perser Griechen überwinden, das bleibt schließlich immer noch Geplänkel auf der gleichen Seite. Eine Abart »Mann« hat sich gegen eine andre Abart »Mann« durchgesetzt. Beim Amazonenkampf aber ging es darum, welche der beiden lebendigen Urformen, aus denen das Werden hervorbricht, hier auf europäischem Boden sein Weltbild prägen dürfe. Die Menschheit steht gespalten nicht in Rassen, sondern in »Söhne« und »Töchter«, und sie schmettern ihr reines »Ja« und »Nein« erschütternd gegeneinander. Erschütternd auch für den männlichen Sieger, der jetzt zum erstenmal das Polar-Ebenbürtige erlebt und seiner Werte tiefstes Rätsel spürt.

Keiner Mutter, keiner Gattin, keiner Hetäre bleibt die griechische Phantasie so unlösbar nachtwandlerisch verhaftet, wie diesen feindlichen Schwestern vom andern Pol, Töchter des Mars und der Harmonia genannt. Kaum aus »der Natur vertrieben«, kehren sie als Siegerinnen in den Seelenraum zurück. Dort setzt dann ein magischer Geschlechtswechsel ein. Was den seelischen Nachbildern der »männergleichen« Amazonen entstrahlt, davon läßt »frauengleich« ganz Hellas sich befruchten. Jede Form geht plötzlich mit ihrem Wesen schwanger. Nach der Vertreibung hebt die Allgegenwart an.

Auf Sternenbildern und Sarkophagen stehen ihre Namen, durch Pindarsche Oden sprengen sie auf ihren Hengsten, schreiten mit Äschylus und Euripides durch die Tragödie, fließen aus Mikons Pinsel über die Wände der Stoa Poikile, der Stadthalle von Athen. Den beiden höchsten nationalen Heiligtümern verleihen sie Relief, von Phidias gemeißelt am Schild der Athena Parthenos und am Thron des olympischen Zeus. Ein Jahrtausend lang gab es keine größere Schmeichelei, als einen Mann »Amazone« zu nennen. Um den Kaiser Commodus zu ehren, rief ihm das Volk bei öffentlichen Spielen zu: »Du bist der Herr der Welt, der erste unter den Fürsten, überall ist das Glück deinen Waffen hold, *dein Ruhm kommt dem der Amazonen gleich.*«

Die Libyerinnen und andere Amazonen

Denn da dieses Amazonengeschlecht viele Menschenalter vor dem Trojanischen Krieg völlig verschwunden ist, das am Flusse Thermodon hingegen erst kurz vor jener Begebenheit geblüht hat, so haben natürlich die späteren, welche mehr bekannt wurden, den Ruhm der älteren geerbt, die nun durch die Länge der Zeit fast gänzlich vergessen sind.

DIODOR

Unser Staunen und unser Unglaube regen sich namentlich, wenn uns merkwürdige Erscheinungen ganz vereinzelt entgegentreten. Beschwichtigt wird es, sobald mehrere, ähnliche Beispiele zusammengestellt werden.

STRABO

Junge »Tochterreiche« kompromißlos amazonischer Art brauchen mindestens drei Komponenten: eine zeitlich, eine rassische, eine räumliche. Sie scheinen an bestimmte Perioden der Entwicklung gebunden, an bestimmte Rassen, die zum Amazonentum prädisponiert sind, und aufgegipfelt werden sie schließlich zu Spitzentypen in bestimmten Räumen, aus denen sie, im reifen Augenblick, völlig fertig hervorstürmen zu Größe, Bahn und Schicksal. Doch sind auch die Gestirne ihrer Hochkultur längst abgestrahlt, im Kerngebiet jenes engeren Lebensraumes schwelt etwas von ihrem Wesen fast unzerstörbar weiter, bricht trotz Ungunst der Zeit sogar ab und zu als schmale Stichflamme immer wieder hervor, falls das Blut nur halbwegs durchgehalten hat.

Im reifen Augenblick hervorgestürmt wird aus jubelnd bejahtem Trieb. Menschensorten, die nur unter äußerem Zwang sich verlagern, sind ganz anders geartet. Sämtliche Völkerwanderungen also automatisch auf Druck, asiatisch-europäische mit Vorliebe auf »Mongolendruck« zurückzuführen, heißt herdenhaft schließen. Die Wikinger fuhren so hochgemut nach England, Frankreich, Spanien, Afrika, Amerika, wie Admiral Byrd, ein Luftwikinger, an den Südpol fuhr – also nicht eben unter »Mongolendruck«.

Als »paideumatisches Raumphänomen« war das Amazonentum, soweit bisher bekannt, im letzten weiblichen Weltalter zweimal aufgegipfelt: am *Kaukasus* bei Eishörnern über Urgestein, bei Goldsand und Metall, in Nordsteppe und Sturm, stilisiert in Skidreß, phrygischem Helm, Russenstiefeln: lange vorher am Fuß des *Atlas,* wieder in einer Umwelt des Außerordentlichen, unter aufgerissenen Kratern und afrikanischen Sonnen, in Wüsten und Weideland, doch irgendwie schon angeweht von der Weite des Atlantik, aus dem, seidig-glasig, die grünen Brecher heranrollen. Zuerst dorthin, nach Westen, treibt es sie. In grellroten Lederpanzern, Schuhen aus Schlangenhaut, die Schilde mit Pythonleder bespannt, galoppieren sie los. Die erste Etappe scheint dann für längere Zeit die Gegend am Tritonsee, vielleicht des Sees Melrir, mit dem Wadi-el-dschedi geblieben zu sein und einer großen offenbar vulkanischen Insel in der Mitte, reich bepflanzt, und besiedelt von den »Ichthyophagen«, einem fischessenden Äthiopenstamm. »Auch sollen dort gewaltige Feuerbrände vorgekommen sein, und es gab viele Edelsteine von den Arten, die bei den Griechen Anthrax, orientalischer Rubin, Sard und Smaragd heißen.» Nach einer Version ist das, was damals Tritonsee hieß, später durch Erdbeben verschwunden. Dabei wurde das Land angeblich aufgerissen bis zum Atlantik. Die Amazonen gründeten am See eine große Stadt, hielten Herden, ignorierten, wie überall, den Ackerbau, lebten von Milch und Fleisch, bekamen bald Lust zu kühneren Unternehmungen und eroberten einen großen Teil von Lybien und Numidien. Eines Tages stießen sie dann unvermutet auf eine *überlebende Kolonie der Atlantier,* außerordentlich zivilisierte, feine und müde Leute.
Auch Herodot spricht von Atlantiern, doch näher dem Atlas zu, und vermengt ihren Namen mit dem des Berges. Unmöglich, so ein hochgebettetes, aber stagnierendes Meerauge längst abgerollter Kulturflut zarter als Gebilde zu bewahren, als antike Tradition das tut, wenn sie, es gleichsam in die hohle Hand schöpfend, behutsam mit den Worten weitergibt: »Sie sind das gesittetste Volk der Welt, *sie essen keine lebenden Wesen und haben keine Träume mehr«,* also nichts mehr zu verdrängen, sind ohne Wunsch und Furcht, mit völlig sublimiertem oder – erstorbenem Triebleben. Von der Atlantis, ihrer Paradiesischkeit, beschützt von Ringmauern aus leuchtendem Bergerz, sagt Plato im Kritias: »Viele Generationen lang ge-

horchten die Bewohner den Gesetzen und waren für alles Göttliche empfänglich. Aber mit der Zeit blieben sie nicht mehr imstande, ihr Glück zu ertragen, sondern entarteten.« Daher Katastrophe und Untergang, denn die Umwelt entartete mit. Das Versinken der Atlantis soll in europäischer Richtung als Deukalische Flut und im Aufreißen vieler Erdspalten, auch jener zu Athen, nachgewirkt haben.

Die libyschen Amazonen, selbst grade in stürmischer Formung begriffen, treffen im Nordwesten auf eine erhaltene Festlands=kolonie der Atlantier, die ihnen mächtig imponiert, und von der sie manches lernen. Nachdem das Frauenheer sich anfangs wild gebärdet und vieles zerstört hat, baut es beschämt die Hauptstadt wieder auf, schließt sogar mit den Überfallenen ein Bündnis. Ganz Nordwestafrika scheint damals amazoni=scher Stämme voll gewesen zu sein. Diodor sagt darüber: »Es hat in Libyen mehrere Geschlechter streitbarer Weiber gegeben – – die *Gorgonen*, gegen die Perseus zog, werden als ein Volk von ausgezeichneter Tapferkeit geschildert.« Der atlantischen Kolonie waren sie von jeher aufsässig. Diese bat, nach dem neuen Bündnis, die Libyerinnen um Hilfe. So kam es zum Krieg von Amazonen gegen Amazonen. Dreißigtausend liby=sche Reiterinnen unter *Myrine* lieferten den Gorgonen eine blutige Schlacht, siegten und machten eine Menge Gefangene. Zuviele sogar. Die Siegerinnen wurden aus Freude über den restlosen Erfolg nämlich sorglos; so kam es bei Nacht zum Aufstand der Gefangenen. Viele Libyerinnen starben, ehe die Gegner wieder überwältigt, umstellt und niedergemacht waren. Die Leichen ihrer Kriegerinnen ließ die Königin auf drei un=geheuren Scheiterhaufen verbrennen und über der Asche Hügel und Denkmäler errichten. Zu Diodors Zeiten existierten diese noch, wurden auch stets als Amazonengräber gezeigt. Der Gorgonenstamm erholte sich später wieder, wuchs an Macht, wurde in der griechischen Heroenzeit, wie die Thermodontin=nen am Schwarzen Meer viele Generationen nachher von The=seus, so hier in Afrika von Perseus überfallen, der die Gor=gonenkönigin Medusa tötet. Daß Eigennamen wie *Myrine* und *Meduse sinn*gemäße griechische Übersetzungen aus dem Alt=libyschen sind, braucht wohl kaum mehr der Erwähnung.

Nach dem Gorgonenkrieg beginnt Myrine ihren Zug von alex=anderhaftem Ausmaß, friedlich durch ganz Ägypten, kriege=risch durch Arabien. Sie unterwirft Syrien, Groß=Phrygien, alle Länder der Meeresküste entlang und macht endlich den *Kaïkos* zur Reichsgrenze. In den riesigen, neueroberten Provinzen sucht sie überall nach geeigneten Plätzen zum Städtebau. Da viel später, etwa im vierzehnten Jahrhundert v. Chr., die Thermodontinnen von dem Strahlungsgebiet am Schwarzen Meer aus die gleichen Länder erobern, bleibt es schwer, die verschiedenen Gründungen, wie Kyme, Pryene, Pitane, Smyrna, Paphos, Magnesia, Synope, Hieropolis, Pythopolis, Thiba, Amastris, auseinanderzuhalten, da die Städte selbst zwar die Amazonentradition durch Kultbilder, später Münzen, mit Stolz hüten, nicht aber überliefern, ob es sich gerade um Thermodontinnen oder Libyerinnen gehandelt habe. Die Inseln, wie Samos, Lesbos, Pathmos und Samothrake, scheint *Myrine* erobert zu haben. Weil die Amazonen, geborene Reiterinnen, zur See immer Pech haben, wurden auch die libyschen einmal vom Sturm überfallen und an eine menschenleere Insel verschlagen. Nach einer Erscheinung im Traum nennt *Myrine* die rettende Insel Samothrake, weiht sie der Göttermutter, stiftet ihr Mysterien und den weltberühmten Kult der Kabiren, Tempelopfer und Altäre, macht das ganze Gebiet zur Freistatt. Auch *Ephesus,* nach einmütiger Überlieferung aber eine Gründung der *Thermodontinnen,* wo sie ihre klirrenden Reigen um die Dianastatue mit den geopferten Amazonenbrüsten tanzten, war Freistatt, weshalb in Ephesus niemand dem andern Geld lieh. Später dringen Thraker und Skythen vereint von Norden in das libysche Kolonialgebiet ein. Myrine fällt in der Schlacht, das restliche Amazonenheer gibt das Weltreich auf und kehrt in die nordafrikanische Heimat zurück.

Von den libyschen Amazonenstämmen scheinen nur die *Gorgonen* ganz orthodox, im Sinn der Thermodontinnen, geraten zu sein, denn nur auf sie fällt die Gnadenwahl, in den Mythos einzugehen. Ihm entspringt aus dem Blut, dem magischen Roßblut der Meduse, der Pegasus. Nur von der Pallas, und wen sie beschützt, läßt er sich lenken. Auf die Libyerinnen unter Myrine fällt die Wahl nicht, trotz Weltreich und alexanderhaftem Zug. Sie hatten auch, wenigstens in den Zeiten am Tritonsee, nie die ganz verwegen=reine Eigenform des Amazonischen ausgelebt; denn war auch die Armee streng weiblich, so gab es doch Männer als Gatten im Land. Für die rechtsseitig entbrüsteten Mädchen bestand allgemeine Wehrpflicht, sie mußten eine Reihe von Jahren Kriegsdienst tun und jung=

fräulich bleiben. Dann traten sie in die »Landwehr« und konnten mit Männern verkehren, um ihr Geschlecht fortzupflanzen. Regierung und Stellen von Belang behielten sie sich allein vor. Im Gegensatz zu dem Reich am Thermodon aber lebten männliche Sexualpartner ständig in der Gemeinschaft, wenn auch zurückgezogen. Öffentlich durften sie nicht auftreten, sie nahmen an Feldzügen ebensowenig teil wie am Staat, hatten auch nirgends dort dreinzureden, »wo sie, durch ihren Manneswert zu Stolz entflammt, den Weibern hätten zusetzen können«. Dafür übergab man ihnen, wie den Ägyptern, Kamtschadalen, manchen Indianern, die neugeborenen Säuglinge zur künstlichen Aufzucht, hier mit Stutenmilch.
Dem alten Stricker, noch ohne Ahnung von der Häufigkeit dieser Arbeitsteilung, wird es ums Jahr 1868 ganz wirr im Kopf ob solcher »Fabeleien«. »Wir finden also hier noch etwas Unnatürlicheres als den männerlosen Weiberstaat, nämlich die Gynaikokratie, die Herrschaft der Weiber über die Männer, ausgebildet bis zur weibischen Erziehung der Knaben.«
Der ziemlich späte Diodor, mit seiner Schilderung der sehr weit zurückliegenden Kämpfe zwischen Gorgonen und Libyerinnen, des Zuges nach Kleinasien, der Zustände am Tritonsee, will sein Werk nur gewertet sehen als neues Rohrstück zur treulichen Weiterleitung längst gefaßter, uralter Geschichtsquellen. Herodot, der alles selber sieht, findet noch im sechsten vorchristlichen Jahrhundert am gleichen Tritonsee die Zustände in manchem verblüffend ähnlich vor, wenigstens was die Reste des Kriegerischen und ihre Bedeutung für die Mädchen betrifft. »An die *Machlyer* grenzen die *Ausen*, welche mit jenen um den tritonischen See wohnen. Der Athene (der großen jungfräulichen Göttin) wird jährlich ein Fest gefeiert. Ihre Jungfrauen teilen sie in zwei Haufen und diese streiten gegeneinander . . ., sie erweisen damit, wie sie sagen, der Göttin, welche bei ihnen geboren worden . . ., eine von alters her gebräuchliche Ehre. Jungfrauen, welche an ihren Wunden sterben, halten sie nicht für reine Jungfrauen. Ehe sie zu kämpfen aufhören, beobachten sie folgende Gebräuche: die Jungfrau, welche sich am besten hält, schmücken sie mit einem korinthischen Helm und mit einem griechischen Panzer, setzen sie auf einen Streitwagen und führen sie rund um den See herum. Was für Waffen aber vorher die Jungfrauen angelegt haben, ehe die Griechen sich bei ihnen niedergelassen, kann ich nicht sagen. Ich

glaube aber, daß sie ägyptische Waffen getragen haben. Denn ich behaupte, daß Schild und Helm von den Ägyptern auf die Griechen gekommen sind ... Die Kleider und die Schilde (Aigides) mit dem Bildnisse der Athene haben die Griechen von den *Libyern* angenommen, nur daß die Kleidung der libyschen Bildnisse von Leder ... ist. Das andre ist alles auf einerlei Weise eingerichtet. Auch der Name zeigt an, daß das Kleid der Pallasbilder aus Libyen kommt, denn die libyschen Weiber tragen *rotgefärbte Ziegenfelle* mit Bändern über ihrem Kleid. Von diesen Ziegenfellen, Aigeon, haben die Griechen die Schilde der Pallasbilder Aigides genannt.«

Also genau wie nach alten Geschichtsquellen bleibt auch im sechsten Jahrhundert der Zusammenhang von Kriegsdienst, hier nur mehr Kriegsspiel, wenn auch zuweilen mit tödlichem Ausgang, und der dazu erforderlichen Jungfräulichkeit bestehen. Auch der Dienst einer einzigen großen Göttin. Die roten Lederpanzer über dem Kleid werden zu Herodots Zeit ebenfalls von den Frauen getragen, und sogar die Rüstung der Pallas Promachos, der »Vorkämpferin«, geht auf diese libysche Amazonentracht zurück. Für wunderbar blutrotes Leder, »maroquin« von besondrer Qualität, ist Marokko, das alte Libyen, heute noch ebenso berühmt. Strabo, wieder sechshundert Jahre später, der das Land nur noch in der Zivilisationsphase kennt, findet seine Frauen nicht als Kriegerinnen, doch politisch völlig herrschend, die Männer noch immer ohne jede Bedeutung im Staat, hauptsächlich mit ihrer Toilette und Frisur beschäftigt, gierig danach aus, sich mit möglichst viel Goldschmuck zu behängen; doch auch die Damen – es wird gerade eine hohe Periode der Zivilisation durchlebt – erscheinen geschmückt und gepudert. Was heute Berber, blonde Berber, heißt, ist, abgesehen von etwas arabischer Beimischung, identisch mit den alten Libyern. Dem Atlas zu, wo sie sich am reinsten erhalten haben, sind sie auch am stärksten gynaikokratisch geblieben. Bei einzelnen Tuareg=Stämmen verwalten nur die Frauen das Kulturgut und kennen altlibysche Schrift wie Literatur; die Männer gehen verschleiert und bleiben Analphabeten.

Afrika zeigt eine ganze Musterkarte des Amazonischen. Unabhängig von den antiken nordwestlichen Stämmen gab es die Gager. Sie zogen überhaupt keine Söhne auf, vernichteten ganz im klassisch=amazonischen Stil jede männliche Geburt, bis zur

Bekehrung durch die Missionare, »erhielten von Königinnen ihre Verfassung, nahmen von Königinnen Gesetze an und machten unter Königinnen die größten Eroberungen.« Der arabische Schriftsteller Magrizi schildert die Bedscha, einen hamitischen Amazonenstamm zwischen Nil und Rotem Meer. Die Frauen verfertigten herrliche Lanzen nach streng gehüteten Verfahren und töteten jede männliche Geburt. Eine Mittelstellung haben die weiblichen Prätorianergarden, wie in Monopotera. Sie leben für sich in einer eigenen Provinz und bestimmen die Königswahl. Mischformen an der Grenze des Amazonischen sind in Afrika unübersehbar, genau wie im Kaukasusgebiet. Herodot nennt dort die *Sauromaten*, jenseits des Don, Mischlinge aus Amazonen mit Skythenjünglingen, die von den schönen Kriegerinnen nicht lassen wollten und ihnen nachzogen. Die Nachkommen, eben *Sarmaten*, behielten zum Teil amazonische Bräuche. Keine Frau durfte heiraten, bevor sie drei männliche Feinde getötet hatte. Ganz der gleiche Brauch herrschte bei dem iranischen Volk der Sigynnen, das an der Donau beheimatet war. Von den Sarmatinnen sagt Plinius: »Einige sterben alt, ohne geheiratet zu haben, weil sie dieses Gesetz nicht erfüllen konnten.« Mit dem Kulturwandel ändern sich wohl auch sonstige Sitten, trotz amazonischer Grundhaltung. Die Skythen, selbst die »echtesten«, sind nicht mehr abergläubisch, sondern längst abgekommen von dem bösen Omen schlechtschmeckender, mit Rindfleisch verkochter Väter. Man wird Globetrotter und geistreich. Solch ein skythischer Herr, zu Besuch im klassischen Athen, bemerkt witzig, daß »die Weisen dort reden, doch die Einfältigen beschließen«. Auch wo Frauen bei den nordosteuropäischen Reitervölkern kaukasischer Rasse nicht rein weibliche Heere bilden, werden sie in gemischter oder gar männlicher Armee gern zu Anführern gewählt. Die Skythin Zarina war als Siegerin in Entscheidungsschlachten großen Stils, wo es um die Existenz des ganzen Volkes ging, ebenso berühmt wie die Massagetin Tomyris. Litauen hatte weibliche Kavallerie, und in den alten Gräbern des kaukasischen Terekgebietes finden sich Frauenleichen in voller Kriegsausrüstung. Von einem ganz exklusiven Frauenreich im Osten des Landes »Rus« mit Vernichtung jeder männlichen Geburt berichtet noch in später Zeit ein spanisch-arabischer Jude. So schwelt um den Strahlenkern am Kaukasus das Amazonische gedämpft weiter. Zur hohen Zeit der Tochterreiche aber waren Kleinasien, Mesopotamien, Arabien mit jungen Reiterinnen überschwemmt; auch in Italien lebt ihre Tradition, Klete ist Amazonengründung. Bleibend in den panhellenischen Kult verwoben, mehr noch als die eigenen Heroengeschlechter, aber werden ausschließlich die Thermodontinnen. Sie selbst, nach der Bekanntschaft mit der griechischen Götterwelt, stiften den Kult des Apollon Amazonios: reiner, geschlechtsferner Geistbruder der jungfräulichen Jägerin Diana. Von Dionysos, dem »phallischen Herrn«, dagegen wollen sie natürlich nichts wissen, auch der Mythos nennt ihn ihren Erzfeind.

Von den asiatischen Unternehmungen ist der Zug der Amazonenkönigin Eurypyle gegen Babylon, und daß sie die Hauptstadt des Amoriterstaates 1760 v. Chr. erobert hat, jetzt aus dem »Sagenhaften« ins Historische gehoben worden. Er beweist Amazonenheere schon lange vor der Gründung am Thermodon. Das einzige echte Frauenreich Mitteleuropas, jenes der Libussa und Valeska und ihres böhmischen Mädchenkriegs, hat Aeneas Piccolomini, der spätere Papst Pius II., in seiner »Historia bohemica« behandelt. Zusammengehalten mit gynaikokratischen Zügen so vieler slawischer Sagen und verstreuter Geschichtsfetzen, in Skandinavien und Irland, kann es, wenn auch unbewiesen, wenigstens für nicht unwahrscheinlich gelten.

Hier ist nicht Raum, die Vereinigung geistlicher und kriegerischer Ämter in den Händen von Frauen zu beschreiben, etwa jene mexikanischen Hohenpriestertums mit dem Oberbefehl einer Armee; auch geht es nicht an, in Dutzenden von Einzelfällen aus verschiedenen Nationen und Zeiten, besonders der deutschen Befreiungskriege, Frauen als kriegerisch ausnehmend begabt aufzuzeigen, mag es auch nicht ohne Reiz sein, sich die Szene in einer Garnisonkirche auszumalen, wo im Beisein von Generalen 1816 die feierliche Trauung zweier Unteroffiziere stattfand: des vielfach dekorierten Unteroffiziers Sophie Dorothea Krüger vom Regiment Kolberg und des Unteroffiziers Karl Kohler vom Garde-Ulanen-Regiment. Weibliche Soldaten hatten überall bei ihren Kameraden erotischen Riesensucces, Irokesen gaben einer Frau nach kriegerischen Taten sogar den offiziellen Titel »Geliebte«. Für einen »Umriß weiblicher Reiche« aber bleibt es sich ziemlich gleich, ob Frauen in Einzelfällen den Krieger- oder den Briefträgerberuf ergreifen. Bedeutsam wird hier Amazonisches erst als heroisches Mittel, das weibliche Weltbild zu prägen, rein zu erhalten in seiner Form vor männlichen Attacken. Tatsächlich hat es sich als das einzig Wirksame bewährt. Bei dem Kompromißversuch der Bruder=Schwester=Reiche nach Ablösung von der alten Muttermacht, verdrängt der Bruder die Schwester regelmäßig in dem Maß, als überbetonte ratio die Magie verdrängt, Königtum zur profanen Machtfrage wird.

Die extremsten aller bisher bekannt gewordenen Tochterstaaten: die antik amazonischen, galten so lange für ärgerliches Gefasel, bis eine erdumspannende Völkerkunde das große Loch im Verständnis für sie ausgefüllt hat mit Zwischenstufen jeden Grades. Mehr noch: damit der Lebensfächer heute voll entbreitet stehe, braucht er nötig jene »sagenhaften« Jungfrauenvölker als natürlichen linken Saum. Gäbe es sie nicht, müßten sie angestückelt werden mit Hilfe der Phantasie.

Das kann aber doch wieder kein Mensch so, wie das Schicksal von vorneweg dergleichen machen kann, so völlig unvoraussehbar und gerade recht. Ist auch nicht nötig, sie sind ja da; alles ist *greifbar* da, sobald es *begriffen* zu werden vermag. War es denn anders in der Chemie? Vor Entdeckung des periodischen Systems lagen überall überflüssige Elemente unbekömmlich herum; niemand wußte, wohin damit, keiner kannte sich aus. Kein Wunder, daß der Fachmann geflissentlich von ihnen absah. Durch ihre Anordnung nach Atomgewichten kam jedes streunende Element auf einmal brav »in die Reihe«, nein – umgekehrtes Dilemma –, jetzt schien es, als reichten sie kaum. Wo etwas hätte sein sollen, blieben Plätz frei. Doch Löcher im Kosmos gibt es nicht. Nirgends setzt der strahlende Rhythmus aus. An jeder – vermeintlich – leeren Stelle steht, nur bisher unerkannt, von Anbeginn im stillen schon, was hingehört.

Bis zur Jahrhundertwende stand das Amazonen=Phänomen so »aus der Reihe«, daß sein Stoff sich hartnäckig gegen jede Glaubwürdigkeit zu sträuben schien. Damals hatte ein gemäßigter Kosmos in jeder Branche dreieinhalb Prozent an zahmem, geregeltem Geschehen auszuschütten. Etwas wie eine Katastrophentheorie in der Erdkunde war so wenig genehm, wie Exzentrik beim Kulturablauf. Die Parze durfte ihre Schicksalsfäden nur zu Schutzdeckchen verhäkeln, nur das Wahrscheinliche durfte Wahrheit sein.

Heute können Amazonenreiche wie das am Thermodon be=griffen werden als eine notwendige Schöpfung aus feurigster Askese, als heroische Methode zur Schaffung leidenschaftlicher Eigengestalt von völlig neuem Rang, »geprägte Form, die lebend sich entwickelt«.
Was die Mitte und das Mittlere »Entartung« oder »Übertrei=bung« nennt, ist ja allemal erst die eigentliche Erfüllung ge=wesen.

DIE ZEITLOSE MENSCHHEIT

Die fünf Menschengeschlechter: »Möchte ich doch nicht gehören zum fünften Geschlecht; wäre ich doch lieber vorher gestorben oder später geboren, denn jetzt ist das eiserne Zeitalter, wo Mühe und Sorge den Men=schen nicht loslassen, Feindschaft aller gegen alle herrscht, Gewalt das Recht beugt, schadenfroher, übel=redender, häßlichblickender Wettbewerb alle antreibt. Nun entschwinden Scham und die Götter der Ver=geltung – alle Übel verbleiben den Menschen, und es gibt keine Abwehr des Unheils.«
HESIOD

Nichts Unmögliches hoffen und doch dem Leben geneigt sein.
GOETHE

(Übersetzung aus dem Griechischen für Frau von Stein)

Frauen, die wenig vom Mutterrecht, Männer, die gar nichts von Amazonentum wissen, fabeln jetzt viel, diese finster, jene froh, von baldiger Wiederkunft beider Zustände: also Wieder=kunft des Gleichen. Davon kann die Rede nicht sein. Zu etwas wie dem alten orthodoxen Mutterrecht braucht es nämlich »Mütter«. Dieser Typus, halb schicksalhafte Göttin, halb erd=hafte Schaffnerin, breit hockend und verwurzelt, ist erloschen oder im Erlöschen begriffen. Er wäre auch in einer nickelblan=ken Zivilisationsphase aus Zweck und Zahl, wie der unsern, fehl am Ort. Gerade der Mann aber, mag er noch so gegen jede juristisch festgelegte Gynaikokratie bocken, ist es, der heimlich geradezu lechzt nach einer übermächtigen Weibsub=stanz – keineswegs erotisch, bewahre, sondern einfach, um durch sie der Perennisierung des Lausbuben in sich teilhaftig zu bleiben, nicht immer, nicht jeden Tag; doch irgend etwas soll es in Reserve geben, das ihn, wenn nötig, einfach an den

Ohren nimmt, aus der Bredouille zieht und zum Trocknen hin=setzt: radikal, endgültig, ohne viel zu reden.
Herrlicherweise gab es das unter dem alten Mutterwesen, ganz ohne Einbuße an Prestige bei Männchen und Weibchen der eigenen Lebensfläche. Von der ewigen Seinssubstanz selber an den Ohren genommen zu werden ist etwas, das keinen be=schämt. Nun, meine Herren, wie machen wir das jetzt? Die Bredouille ist da, die Ohren sind da. Nur die »großen Mütter« sind nicht mehr da.
Nachdem der Urweibtypus – ihn hat kein Vaterrecht je ganz verdrängen können – erst jetzt, da er dem *Zeitcharakter* wider=spricht, in der gewohnten Form zum mindesten versinkt, erhebt sich das einzig seiner magischen Kulmination zugebo=rene alte Mutterrecht vorläufig gewiß nicht wieder, so wenig wie das Amazonentum. Amazonen sind ja keine sportgirli=schen Frauenrechtlerinnen, wie Ahnungslose meinten. Ihre Tochterreiche gründende Art, die allein repräsentative, als alles überfliegenden Feuerrausch und Trieb zu leidenschaft=licher Eigengestalt, kann es nur im Aufgang eines heroischen Zeitalters geben, an jenem genialen Schicksalsstreifen, wo Ma=gie *und* Geist, Schauung *und* Tat zugleich sind, wo den Men=schen aus ihrem götternahen Blut Schöpfung aufgeht, augen=blicklich, leicht, leuchtend und vollendet, wo zum seelischen Raum der Wirkungsraum stürmisch hinzuerobert werden kann, Elan nicht stockt in Bevölkerungsdichte. In einem Äon also ganz andrer Art. Was jetzt heroisch ist, heldisch im übli=chen Sinn, äußert sich im Widerstand von Volksteilen gegen Massenteile und ist zwar kämpferisch, doch bis zur Ausschließ=lichkeit männisch=jünglingshaft betont.
Heute, nach fast hundert Jahren planvoller Archäologie, nach=dem an Dutzenden verschiedener Kulturen verschiedenster Jahrtausende, jede getragen von einer besonderen Menschen=art, der *organische* Ablauf ihres von Innen Werdens, von Innen Absterbens an verlassenen Schalen ausgelebten Lebens greifbar daliegt, geht es, außer zu demagogischen Zwecken, nicht mehr an, von fadenförmiger Vorwärtserei einer hypothetischen »Menschheit« zu reden, nur damit jeder Spätere sich automa=tisch als der Überlegene fühlen dürfe, und es muß anerkannt werden, daß sogar Leitartikler der Tagespresse »die Fahne des Fortschritts« nur noch in mehr oder weniger eingerolltem Zu=stand »hochhalten«. Eine Axiologie der Kulturen aber gibt es

nicht und kann es nicht geben, weil der Maßstab fehlt; jeder Versuch, die eine wertend über die andre herauszuheben zwecks Konstruktion eines »Aufstiegs«, fällt somit dahin. Nur um weniges fernere sind überdies nicht selten für uns bereits »Monaden ohne Fenster« zum Hineinschauen geworden. Wir sehen, daß da etwas Außerordentliches keimte, in Saft stand, sich verhärtete, zerfiel; was es aber von sich aus wollte und war, dafür fehlen uns im feinsten die seelischen Fühlfäden. Viele neu hinzugeborene Europäer sind ja nicht einmal mehr imstande, ihre eigene Kultur zu erfassen, jene, von Spengler die »faustische« genannt, deren Träger Europas weiße Rasse ist. Wie es aber gar um die Begriffssubstanz affiger Nutznießer der *Resultate* dieser unsrer »faustischen« Hochkultur steht, zeigt als köstlichstes Beispiel Rußland, das nicht zu ihr gehört. Dort bildet sich die bisher arroganteste aller herrschenden Klassen auf das Verdienst hin, daß sie eben halbwegs lernt, jene Maschinen zu ölen, die der faustische Geist erfunden hat – *nur er* – und der ganzen Welt lehrend schenkte und zum Nachahmen freigab. Die philosophischen Fundamente aber, die inbrünstige Metaphysik, aus der die prachtvolle faustische Sonderseele herauslebt, ihr Tiefgang und ihre verzückte Dämonie, das souverän Einmalige ihrer Flüge und Siege, alles, *dessen technische Auswirkung* dann eben macht, daß die neue russische Aristokratie etwas zum Ölen bekommt, diese klassischen Standardwerke, Essenz faustischen Schöpfertums, sind aus den Sowjetbibliotheken als »konterrevolutionär« verbannt. Wenn dieser »konterrevolutionäre« faustische Geist in seinen europäischen und nordamerikanischen Repräsentanten erlischt oder einfach nicht mehr mag, kann es mit dem ganzen proletarischen Maschinenkult-Rummel und der diktierenden Overall-Klasse auf einmal eklig aus sein.

In der »europäischen« Hochkultur hat die »große Mutter« ihren verwegensten, tragischsten Sohn auch am weitesten aus sich hinausgetrieben. Vielleicht zu weit. Kann er, ihrer magischen Blutwärme so entrückt, noch ferner leben? Wie Organismen alternd verkalken, zurück ins Anorganische, so steht am Ausgang jeder Kultur, immer wieder durch die Archäologie bestätigt, die Zivilisationsphase mit »Mechanei«. Was ihren Ablauf betrifft, verhalten sich diese »Organismen höchster Ordnung« somit wohl gleich, ihrem *Inhalt* nach aber ist jede einzig. Man braucht also nicht flach und feig zu sein wie ein

Optimist, um doch für die ihrerzeit in unerhörter Leidenschaft aufgebrochene Kultur weißen Europäertums auch eine dem Grad solcher Spannung entsprechende, mächtig variierte, fast unvorhersehbare Form von »Mechanei« anzunehmen, so daß sie nicht unbedingt in chaotischer Kakophonie, vielmehr ungeahnt neu verklingen könnte. Ist jede Kultur einzig, so muß es auch ihre Zivilisation sein, ganz ohne Werturteil im Sinn eines »Fortschrittes« gesprochen.

Durch alle Schichten des Organischen, so lange es noch ein solches gibt, aber wirkt schicksalhaft die primordiale Weibsubstanz hindurch, denn, wie es am Anfang dieses Buches hieß: Von den beiden geheimnisvollen Grundformen, in denen das Lebendige, bald hadernd verschlungen, bald sehnsuchtsvoll entzweit durch die Zeit stürzend, sich aneinander entfaltet, ist das Weibliche älter, mächtiger, urtümlicher. In magischer Weltzeit als Mutter das Tiefenerlebnis des Mannes, ragend aus Urwelträumen bis hoch in die persönliche Schicht jedes Einzeldaseins hinein, hat die richtige Ablösung von ihr das Schicksal ganzer Rassen bestimmt. Doch Allgestalterin, bleibt sie auch selber immer neuer Ausdrucksformen fähig, erschien in heroischem Äon als amazonischer »Tochtertyp«, weil alles Lebende den Zeitcharakter an sich tragen muß.

Tatsächlich hebt in unsrer so markanten Zivilisationsphase spontan ein Gestaltwandel der Weibsubstanz an, schon sichtbar in zwei gleichsam abkunftlosen Typen: Girl und *zeitlose Frau.* Doch auf dieser liegt der Akzent; »girl« ist ihre Jugendform mit besonderer Mission, doch vorerst ohne Geltung. Nicht jedes Girl wird *zeitlose Frau* werden, es hat nur manchmal die Chance dazu, »Girl« aber heißt dieser Typus, der nichts mit »Tochter« zu tun hat, weil er eben *zuerst* unter Angelsachsen erschien, sich in andern Ländern erst bildet. Worauf es aber ankommen wird, das sind die *zeitlosen Frauen.* Genauer: solche im zeitlosen Alter. Es ist ein Alter, in dem sich's ebensogut leben wie sterben läßt. Eine Strecke schon beinah fessellosen Dahinschwebens in einer wundervollen Brechung des Gefühls, wo alle Farben klarer, doch nicht schwächer werden. Zeitlose Frauen sind Wesen im Abschnitt jener Jahrzehnte, die das sprunghaft verlängerte Leben jetzt jenseits der Jugend seinen Erwählten fast ungebeten zumißt. Innerhalb dieses Abschnittes wird sich ein entscheidender Typus bilden, zu vielem berufen, mit der angeborenen Autorität und wärmenden Weisheit des

Urweibes, doch diesem körperlich wie geistig unvergleichbar überlegen, fixiert im Stadium geschmeidigster Vollendung, so persönlich, wie nur Mut und Wohlgeratenheit, als Schicksal kompromißlos ausgelebt, persönlich macht, doch abgelöst genug bereits *für dieses letzte Über=allem=Stehen,* das jedem das Seine zu geben vermag.

Auch die alte Mutter wirkte, indem sie waltete und verteilte, während alle ein kindlich instinktives Vertrauen zur Art ihrer Verwaltung und Verteilung hatten. Frauenreiche brachten es allemal zustande, das *Gemeingefühl* mit einer Art suggestiver Brutwärme allein in Ordnung zu halten. *Ordnung* ohne *Verordnung* ist weibliches Privileg. Sogar die Amazonen eroberten ihre Weltreiche zwar männlich=gewaltsam, erhielten sie aber weiblich=gewaltlos in Form. Angerührt von dem Wesen der waltenden Kriegerinnen, wurden Besiegte zu Bewunderern. Wahrzeichen für Dschingis=Khans Weltreich ist die Schädelpyramide geblieben, für das der Myrine – heute noch blühende Städte. Respekt vor der Schädelpyramide, auch sie kann ebenso Symbol einer *Berufung* sein, wie das Stiften irgendwelcher Stillhalte=Religion; das zeigt die Legende des Tamerlan: erwählter Blutreiniger, Ausrotter ganzer Volksstämme, der aber hinkend wurde, weil er unachtsam eine Ameise zertrat. Nach Schädelpyramiden aber besteht augenblicklich wohl kein dringender Bedarf. Damit sind wir bis auf weiteres saturiert.

Die Frau, geboren zu Schutz und Verteilung, hat von Natur aus das Talent, Mehrerin jedes Reichtums zu sein, erfaßt bei konkreten Problemen auch weit rascher, worauf es ankommt, weil sie frei von »Sachlichkeit« ist. Amerika weiß sehr genau, warum es konsequent jede »Behörde« ausschließt bei der Bewältigung sozialer Probleme, auch des der Arbeitslosen=Fürsorge, gerade weil dies an die Wurzel der Nation reicht, und warum es alles privater Organisierung überläßt, was in der Union so viel bedeutet, wie zu achtzig Prozent den Frauen. Dabei steht Amerika erst unter »Tantenverwaltung«, ein Keyserlingsches Wort; *die große Zeitlose* ist noch kaum erschienen, erst angedeutet in wenigen Exemplaren.

»Laßt sie, laßt sie machen!« sagt dort lächelndes Vertrauen, wo sich spontan, weil behördelos lebendig, viel mehr machen läßt als anderswo, zu allem, was die Frauen im Sozialen beschließen. Korruption bei weiblicher Verwaltung ist überall, wo es um öffentliches Wohl, Schutz des großen Kindes »Alle«

geht, fast unbekannt; auch die Herrschaft der *unteren Mittelmäßigkeit,* diese Pest alles *männlichen* Sozialismus, drängt sich bei weiblichem weit weniger vor. Nichts wird *verzettelt* im üblichen, also übelsten Wortsinn. Männliches verfällt in der Zivilisationsphase eben rascher und vollkommener anorganischer Verkrustung, weil weniger erdbeseelt.

Als Effekt weithin sichtbar bei männlicher Revolution oder männlicher Gegenrevolution, männlichem Kommunismus wie männlichem Faschismus ist, daß dann jedesmal noch mehr Männer in Büros auf Sesseln sitzen und die restlichen Leute nach immer anderem Heilrezept am Leben hindern. Kein Symptom ist bedenklicher als dieser allverkalkende Hang zum Bürokratismus. Dagegen gehört Bürophobie zu den wertvollsten weiblichen Instinkten. Vor dem Amtsschimmel kommt in jeder Frau wieder etwas von den thermodontischen Rossebändigerinnen herauf. Amazonen schlachten ja weiße Gäule. Es ist ihnen sogar ein besonderes Fest.

Männer geben ihr Unvergleichliches als Wikinger, Eroberer, Anführer, Abenteurer des Geistes, große Schweifende höchsten Ranges, in sozialen Zeiten mit ihrem Massenproblem verfallen sie leicht zu Schwätzern, Bürokretins, Intellektuellen. Damit ja kein Mißverständnis über die Rangordnung der letzteren bestehe: Leute, die auf Intellekt beschränkt bleiben, rein gar nichts als Intellekt haben, werden eben zum Unterschied von den andern, die natürlich intellektuell, aber auch sonst noch was sind, Intellektuelle genannt.

Ein Weltalter der Massen, dem Männlichen nicht eben günstig, ist aber gerade das Element der besänftigenden, aufbauenden, ordnenden, eminent sozialen Mutterinstinkte, nicht verkörpert in irgend hergebrachter Form, vielmehr der Vielfalt gigantisch komplizierter Wirkungswelt gewachsen. Das fordert einen Gestaltwandel zu etwas, in dem die ganze weibliche Weibsubstanz auf neue Weise wirksam werden kann.

Ohne »Mutterrecht«, »Matriarchat«, »Gynaikokratie«, heute veraltete Formen, ja ohne daß ein einziges Gesetz geändert werden müßte, kommt die zeitlose Frau herauf an ihrem Platz. Sie wird nicht hingestellt durch irgendein Dekret, noch weniger drängt sie sich hin, sie steht einfach dort, wo es nötig ist, denn sie allein in der Verwirrung wird das *Unbeirrbare* der Blut- und Erdseele bewahrt haben.

Und der zeitlose Mann? Auch er hat ja die unabsehbaren Vorteile sprunghaft verlängerten Lebens, genau die gleichen Jahrzehnte der großen Adlerschau im Stadium geschmeidiger Vollendung. Die Frau ist als ewiger Stoff schon in der Zeitlosigkeit beheimatet, *er* in der Dauer erst Parvenü. Früher zu Hause, früher also souverän auch in der neuen Lebensstrecke, wird sie deren besonderer Vorteile auch früher gewahr. Früher das machen, was nur dort erreichbar ist: die innere Freiheit, das Über=allem=Stehen. Schon durch die ungeheure biologische Karriere der Mutterschaft erscheint sie ja eher saturiert, daran ändert der gelegentliche Gigoloverbrauch von ein paar »Flappergrannies« wenig, der Mann dagegen läuft viel länger Gefahr, von seinen Hormonen hereingelegt zu werden.

Auch für die neue zeitlose Menschheit gilt eben das Urphänomen: Primat des weiblichen Naturprinzips. Daß das Männliche *später* zu Selbständigkeit und Schöpfertum heranreift, hat alles Menschenschicksal, bald einschränkend, bald entfesselnd, in jedem Zeit= und Kulturkreis immer wieder aufs neue aus seinem magischen Abgrund herauf entscheidend bestimmt.

Die Elite dieser *»zeitlosen Menschen«* aber hat zu überbrücken, was jetzt droht: die *»menschenlose Zeit«*.

ÜBER SIR GALAHAD

*von Sibylle Mulot-Déri**

Geheimnisvoll wie sie selbst, waren bisweilen auch die Photographien, die sie an Freunde und Verwandte schickte. Vor weißschimmerndem Gebirge ein dunkles Fidus-Figürchen mit tänzerisch erhobenen Armen – das war Sir Galahad vor dem Kopfsprung in den eiskalten Riffelsee (1932). Oder Sir Galahad auf der Straße in Genf, im Gegenlicht unsichtbar lächelnd, erkennbar einzig ein eleganter Schuh, ein großer Hut, eine schlanke Bewegung (1939) – selten haben Photographien ihren Gegenstand so gut verborgen, wie diese Aufnahmen den berühmten Sir Galahad. Selten hat auch in der Literaturgeschichte ein Pseudonym besser funktioniert als dieses: Sir Galahad, das war Bertha Eckstein-Diener. Soviel war bekannt. Darüber hinaus fast nichts. Auffällig das Fehlen jeder Sekundärliteratur. Lexika bewahrten ein dürres Datenbild: geboren 1874, gestorben 1948 in Genf, ein Werkverzeichnis, den Hinweis auf den einen oder anderen Nachruf in einer Tageszeitung. Aber selbst diese wenigen Angaben waren nicht frei von Widersprüchen und verdoppelten sich durch Druckfehler. Bertha hieß einmal Diener, dann wieder Dičner. Sie wurde in Wien, aber auch in Süddeutschland geboren. Ein Nachrufschreiber, der sie gut gekannt zu haben schien, nannte sie nicht Bertha, sondern Barbara. Sie hatte 1940 ein Buch mit dem Titel *Seide. Eine kleine Kulturgeschichte* veröffentlicht. Daraus wurde in einem Nachschlagewerk *Seitz. Eine kleine Literaturgeschichte.* Angeblich ging sie 1938 ins Exil. Wieso erschien dann 1940 ihre Kulturgeschichte der Seide in einem Leipziger Verlag? Warum wurde sie in keiner Exil-Literaturgeschichte besprochen? Lauter Fragen ohne Antwort. Hier war eine Autorin so tief verschollen, daß schlechterdings nichts über ihr Leben zu erfahren war. Andererseits war sie in der Erinnerung älterer Leserinnen und Leser in Wien noch so lebendig, als ob sie eben über die Straße gegangen wäre. „Dort sitzt der berühmte Sir Galahad" – das war immer eine Mitteilung wert. Sie wurde im Kaffeehaus ge-

* Vgl. auch: Sibylle Mulot-Déri, *Sir Galahad. Porträt einer Verschollenen.* Frankfurt 1987.

sehen und im türkischen Bad. Persönlich habe man sie leider nicht gekannt. Aber auf den Nachttischen lagen *Die Kegelschnitte Gottes* (ihr erster Roman), der *Idiotenführer durch die russische Literatur* und *Mütter und Amazonen.* Über ihr Leben kursierten Gerüchte. „Ihre Bücher haben wir bewundert, ihre Bücher haben uns geprägt“ - dies ist der Refrain.
Was wissen wir von einer Zeit, deren „prägende Bücher“ wir nicht mehr kennen? Deren Autoren verschollen sind oder als Legende fortleben?
Sir Galahad wiederzufinden war nicht gerade einfach. Nach hundert blinden Spuren führte endlich eine in die Wiener Berggasse - in eine düstere große Wohnung voller Zinnsoldaten in farbigen Dioramen - neben dem Sigmund-Freud-Haus. Hier hatte Berthas Bruder, Hochschulprofessor für Geologie und Paläontologie, mit seiner Familie gewohnt, hier war sie häufig zu Gast gewesen. Eine Ecke im Bücherschrank enthielt noch ihre gesammelten Werke mit handschriftlicher Widmung. Eine Schuhschachtel war voller Familienphotos. Die Familienpapiere lagen ordentlich bewahrt in einer Schublade. Die Zinnfiguren stammten aus der väterlichen Zink-Ornamente-Fabrik Carl Diener.
Mit diesen Angaben erschlossen sich endlich die Archive. Bertha Helene Diener wurde 1874 in Wien geboren, als Tochter eines wohlhabenden Fabrikantenehepaares, im selben Jahr wie Hugo von Hofmannsthal und Karl Kraus. Zeittypisch ihre Benachteiligung in Ausbildung und Entwicklung - als Mädchen. Vierundzwanzigjährig heiratete sie Friedrich Eckstein, einen stadtbekannten Wiener Privatgelehrten mit der „schönsten Privatbibliothek Österreichs“, einen Mystiker, Theosophen und Musikliebhaber - ursprünglich Chemiker und Fabrikant. Als Mäzen von Hugo Wolf, als Schüler und Nachlaßverwalter Anton Bruckners hat er sich in der Musikgeschichte einen Namen gemacht. Ganz Wien kannte ihn und borgte bei ihm Bücher aus, an seinem Stammtisch saßen Adolf Loos, Karl Kraus, Peter Altenberg; Eckstein galt als Polyhistor des Kaffeehauses. Bertha bekam einen Sohn von ihm, verliebte sich in einen anderen Mann, kämpfte dagegen an, reiste nach Ägypten und Griechenland, hörte Vorlesungen in Berlin, Paris, Bern; ließ sich nach elf Jahren doch scheiden, bekam von dem anderen Mann einen zweiten Sohn, den sie, nach dramatischem Scheitern dieser Liebesbezie-

hung, zu Pflegeeltern gab. Noch vor dem Ersten Weltkrieg zog sie von Wien weg, wo sie sich gesellschaftlich unerträglich deklassiert fühlte, und ging nach München. Dort schrieb sie den Roman *Die Kegelschnitte Gottes* (1920), worin sich Zeitkritik und persönliche Anklage vehement vermischen. Anfang der zwanziger Jahre übersiedelte sie in die Schweiz, damals eine Art Billigland mit schönen Bergen - und Bertha fuhr geradezu leidenschaftlich Ski. Das väterliche Vermögen war 1920/21 während der österreichischen Inflation verlorengegangen. Als 1932 *Mütter und Amazonen* erschien - sie hatte sechs Jahre lang daran gearbeitet und während dieser Zeit von Zeitungsartikeln, Essays für Zeitschriften und Journale gelebt -, war Schreiben längst zu ihrem Beruf geworden, was sie sich früher als „grande élégante und durch und durch Luxuswesen" nicht hätte träumen lassen.
Geschrieben hatte sie freilich schon immer, hatte in unregelmäßigen Abständen Kapriziöses veröffentlicht. Sie begann mit brillanten Glossen und Reiseskizzen, übersetzte dann einen mystischen Märchenkommentar aus dem Amerikanischen. Es folgten die schwungvollen Nachdichtungen der Prentice-Mulford-Essays. Einen literarischen Ausgrabungsbericht von den Arbeiten des Sir Arthur Evans auf Knossos nannte sie *Im Palast des Minos* (1913). Spätestens seit *Die Kegelschnitte Gottes* war sie eine bekannte Autorin. Ein giftiges antirussisches Pamphlet verunglimpfte Tolstoi und Dostojewski in bisher unerhörter Weise: *Idiotenführer durch die russische Literatur* (1925). Danach veränderten sich ihr Arbeitsstil und ihre Themen. Regelmäßig und nahezu ohne Pause schrieb sie von nun an bis zu ihrem Tod kulturhistorische Werke von beachtlichem Umfang - *Mütter und Amazonen* stand am Anfang dieser Reihe. Es folgten wie Perlen auf der Schnur drei weitere Kulturgeschichten: *Byzanz. Von Kaisern, Engeln und Eunuchen* (1936), *Seide. Eine kleine Kulturgeschichte* (1940) und eine *Kulturgeschichte Englands,* die sie 1945 begann und nicht mehr beenden konnte. Dazwischen zwei kulturhistorische Romane: *Bohemund. Ein Kreuzfahrer-Roman* (1938) und *Der glückliche Hügel. Ein Richard-Wagner-Roman* (1943). Geplant war außerdem noch ein historischer Roman über Maecenas. Nimmt man ihre Übersetzungen aus dem Englischen und ihre journalistischen Arbeiten mit hinzu, so steht man vor einem eindrucksvollen Œuvre. Mit ihren frühen Büchern hatte sie Erfolg. Ihre

späten Bücher hatten zur Zeit ihres Entstehens einen guten Markt. Walter Berendsohn hatte schon in *Die humanistische Front* darauf hingewiesen, daß gerade in den dreißiger und vierziger Jahren ein starkes Bedürfnis nach historischer Literatur herrschte. Die Liste einschlägiger Werke aus dieser Zeit ist lang. Sir Galahads Bücher wurden meist sogar übersetzt. Nach dem Krieg allerdings wurden sie vergessen.

Einzig *Mütter und Amazonen* wahrte seine Aktualität. Es ist neben *Die Kegelschnitte Gottes* zweifellos Sir Galahads größter Wurf, geschrieben mit hoher innerer Beteiligung. Bertha Eckstein-Diener war keine Feministin, keine Frauenrechtlerin. Als radikale Individualistin scheute sie auch nur die Nähe jeder Gruppe, als unpolitische Natur war sie unempfänglich für den Wert konkreter politischer Tagesarbeit. Sie glaubte, daß die „zeitlose Frau herauf an ihren Platz" käme, „ohne daß ein einziges Gesetz geändert werden müßte". Diesen Frauen wollte sie mit dem Hinweis auf die Leistungen und Fähigkeiten früherer Frauen das nötige Selbstbewußtsein vermitteln. Im Gegensatz zu früher erschienenen Einzelstudien über Mutterrecht, Frauenstaat, Frauenherrschaft war der Anspruch von *Mütter und Amazonen* nichts weniger als universal. J. J. Bachofen hatte Mutterrecht für insgesamt 14 Volksstämme und Stadtstaaten aus alten Texten erschlossen. Nach ihm hatten Historiker, Volks- und Völkerkundler diese Liste beträchtlich erweitert. Wissenschaft und Populärwissenschaft gerieten nach der Jahrhundertwende in eine Art Matriarchats-Fieber. Unbedenklich griff man jetzt auch dort, wo historische Zeugnisse fehlten, auf die Mythen zurück. Das hatte Bachofen auch schon getan. Daß der Mythos einen realen historischen Prozeß in verkürzter Form aufbewahre – dieser Gedanke hat sich in der Wissenschaft als außerordentlich produktiv erwiesen. Nur: Wie interpretierte man den Mythos jeweils? Welches historische Geschehen meinte er? Welche im allgemeinen doch höchst komplexe soziale Wirklichkeit wollte man aus ihm herauslesen? Die Skala der Möglichkeiten reicht von Frauenherrschaft über die verschiedenen Spielarten des Mutterrechts bis hinunter zur einfachen Vorzugsstellung der Frau in einem ganz bestimmten engen Bereich. Mit der Mytheninterpretation beginnt die Spekulation. Auch eine zweite Hilfsmethode, nämlich die an neuzeitlichen, sogenannt primitiven Stämmen gewonnenen Er-

kenntnisse in die Geschichte zurückzuprojizieren und womöglich zu verallgemeinern - seht, so muß es früher überall gewesen sein! - war historisch keineswegs unproblematisch. Sir Galahads Absicht war es nun, die seit Bachofen in den einzelnen Wissenschaftszweigen lawinenartig niedergegangenen Einzelstudien in lesbarer Form zusammenzufassen. Die erste universale weibliche Kulturgeschichte für ein interessiertes Laienpublikum war entstanden. Sir Galahad hatte ein Genre begründet, das heute noch blüht. Uwe Wesel, der sich vor einigen Jahren mit dem Mythos vom Matriarchat beschäftigt hat, stufte dieses ganze Genre und Sir Galahads *Mütter und Amazonen* insbesondere als „wissenschaftlich ohne Wert" ein. Dieses Verdikt ist sicher richtig (obwohl sich Sir Galahad gerade auf die Wissenschaft ihrer Zeit stützt, andererseits aber auch aus reichlich zweifelhaften Quellen schöpft). Nur war ein wissenschaftliches Werk von der Autorin auch gar nicht intendiert worden. Man sollte *Mütter und Amazonen* so nehmen, wie es sich selber darstellt: ein reiches, überreiches Kompendium, das den Diskussionsstand der damaligen Zeit widerspiegelt, gefaßt in den eigenwilligen, preziös verkürzenden Stil Sir Galahads - eine anregende Mythologie des Matriarchats. Wer detailliertere, aktuellere und differenziertere Auskünfte sucht, muß sich mit dem neueren Stand der Ethnologie und Frühgeschichte vertraut machen. Die genannte Studie von Uwe Wesel (*Der Mythos vom Matriarchat. Über Bachofens Mutterrecht und die Stellung der Frauen in frühen Gesellschaften,* Frankfurt 1980) bietet dafür gute Ansatzpunkte.
Als *Mütter und Amazonen* im Jahre 1932 erschien, war Sir Galahad 58 Jahre geworden. Sie fuhr noch immer leidenschaftlich gern Ski, badete in Gletscherseen, überquerte die Alpen im Flugzeug mit einem Piloten und erwog eine Atlas-Überquerung auf dieselbe Art - mit anschließendem Saharaflug. Sie lebte in Hotels und Pensionen in der Schweiz, reiste viel. Während des Dritten Reiches konnte sie, da sie weder politisch noch rassisch verfolgt war, in Deutschland weiterpublizieren. Emigrantin war sie nicht. Ungehindert konnte sie in den Jahren 1934 und 1938 nach Deutschland reisen, das erste Mal wegen Recherchen zu *Byzanz* nach München, das zweite Mal, um ihren zweiten Sohn in Berlin zu treffen, mit dem sie seit längerer Zeit in Briefwechsel stand. Diesen Briefwechsel, der erst mit ihrem Tod endete, hat

Dr. Roger Diener aufbewahrt und zusammen mit anderen Dokumenten kürzlich der Nationalbibliothek in Wien vermacht. Dr. Diener ist es auch zu verdanken, daß *Mütter und Amazonen* nach dem Krieg mehrfach wieder aufgelegt wurde.
Mit Beginn des Zweiten Weltkriegs schränkte sich Sir Galahads Lebensradius ein; sie konnte die Schweiz nicht mehr verlassen. In den letzten Lebensjahren erwog sie immer wieder eine Übersiedelung nach Rom, die aber an bürokratischen Schwierigkeiten scheiterte. Sie starb 73jährig – mitten in der Arbeit und voller Pläne – im Februar 1948 in Genf.

FREMDWORTERKLÄRUNG

Absorbieren = in sich aufnehmen
Adept = Eingeweihter einer Geheimlehre
Äon = Weltzeitalter
Agglomerat = Zusammenschluß
Akkomodation = Anpassung
Allegorie = Sinnbild für einen Begriff
Amazonen = kriegerische Frauen
ambivalent = widersprüchlich
Ambivalenz = innere Widersprüchlichkeit
amorph = gestaltlos
Analogie = Ähnlichkeit
Ananke = Göttin der Notwendigkeit
androgyn = mann-weiblich, doppelgeschlechtlich
Animismus = Glaube an eine Beseeltheit der Natur
Annalen = Berichte
Anomalie = Ausnahme
Anthropoiden = Menschenaffen
Antinomie = Widersprüchlichkeit
Antithese = Gegenüberstellung
Aperçu = geistreicher Einfall
Aphrodite = griech. Liebesgöttin
arbiter elegantiarum = Vorbild in Geschmacksfragen
Archäologe = Altertumswissenschaftler
archaisch = urtümlich
Areopag = Gericht in Athen
Arkana = Geheimnisse
Asepsis = Vorbeugung gegen Wundeiterungen
astral = sternhaft
Astralmythos = Sternsage
Attribut = Eigenschaft
Auguralrecht = Priesterrecht
Aura = Ausstrahlung
autochthon = eingeboren
Autoerotik = Selbstliebe
Autosuggestion = Selbstbeeinflussung
Avatar = herabgestiegene Erscheinungsform (eines Gottes oder Buddhas in Indien)
Avunculat = Recht des Onkels mütterlicherseits
Axiologie = Lehre von den Grundsätzen
Axiom = Grundsatz
axiomatisch = unmittelbar einleuchtend

Barde = Sänger
Bibliographie = Bücherverzeichnis
Biologie = Lehre von den Lebewesen und den Lebensvorgängen
Blasphemie = Gotteslästerung
Bürophobie = Scheu vor Bürokratie

Carceres = Schranken
Charis = Anmut
Chiton = altgriechisches Untergewand
Chromosomen = Träger der Erbanlagen im Zellkern
chthonisch = erdgebunden
Clan = Stamm
contradictio in adjecto = Widerspruch im Eigenschaftswort
contre corsaire corsaire et demi = Auf einen Schelm anderthalbe!
Couvade = Männerkindbett

De propaganda fide = für die Mission
Definition = Begriffsbestimmung
Defloration = Entjungferung
Dementia praecox = Jugendirresein
Derivate = abgeleitete Formen
desaströs = unglücklich
diätetisch = gesundheitlich
diffus = unklar
Dioskuren = Zwillinge, Söhne des Zeus
Diphthong = Zwielaut z. B. au, ei, eu
Divergenz = verschiedene Richtung
Dotalrecht = Recht der Mitgift
Dualist = Philosophischer Denker, der von einer gegensätzlichen Zweiheit ausgeht
Duumvirn = Zwei Männer
Dysosmie = gestörte Geruchsfähigkeit

Ekstatisch = erregt
elevatorisch = emporhebend
Emanation = Entfaltung
Emblem = Abzeichen
eminent = gewaltig
Enklave = eingeschlossenes Gebiet
Epigramm = Sinnspruch
Epizykel = Sonderkurven
Erinnyen = Rachegöttinnen
Esoterik = Geheimpraxis
essentiell = wesentlich
ethnisch = völkerkundlich
Ethnographie = Völkerkunde
Ethnologe = Völkerkundler
Etymologie = Entwicklungsforschung für Wörter
Eugenetik = Erbpflege
Eumeniden = besänftigender Name (= die Wohlwollenden) für die Rachegöttinnen (Erinnyen)
Exekutive = Vollstreckung
Exklusivität = Ausschließlichkeit
Exogamie = Heirat außerhalb einer sozialen Gruppe
exploitieren = ausbeuten, erfassen
Exposition = Einführung in die Handlung eines Dramas
Extravertierung = Richtung nach außen
Exzision = operative Entfernung

Fatum = Schicksal
Fetisch = Anbetungsgegenstand
Feuilleton-Antithese = Kurzgeschichten — Gegenüberstellung
fluktuieren = fließen
Fötus = Leibesfrucht
Folklorist = Volkskundler
friktionieren = reiben
frugal = einfach

Gaia = Erdgöttin
Genealogie = Stammbaum
Geologie = Lehre von der Geschichte der Erde
Geronten = Greise
Götterpantheon = Vielgötterei
Gradation = Rangfolge
Graphologie = Charakterdeutung aus der Handschrift
gravid = schwanger
Gynaikokratie = Frauenherrschaft

Hegemonie = Vorherrschaft
Helot = Sklave
hermaphroditisch = doppelgeschlechtlich
Heroenkult = Heldenkult
Hetärismus = freie Liebe
hieratisch = feierlich-steif
Hierodule = religiöse Herrscherin
hieros gamos = heilige Hochzeit
Hybris = Überheblichkeit
Hymen = Jungfernhäutchen
hypertrophisch = Überentwicklung
Hypokrisie = Heuchelei
Hypothese = wissenschaftliche Annahme

Idol = falsches Ideal
imitativ = nachahmend
immateriell = nicht körperlich, geistig
in toto = insgesamt
inappellable = ohne Berufungsmöglichkeit
Inzision = Einschnitt
indezent = unschicklich
Individualtotem = persönlicher Gott
Infantilpersönlichkeit = kindliche Persönlichkeit
infernalisch = höllisch
ingeniös = klug erfunden
Initiand = Einzuweihender
Inkarnation = Verkörperung
inkarnieren = verkörpern
Inquisition = gerichtliche Untersuchung
Interregnum = Zwischenzustand ohne Herrscher
Introversion = Richtung nach innen
Intuition = Eingebung
involvieren = einschließen
Inzest = Blutschande
inzestuös = blutschänderisch
irrational = nicht verstandesmäßig

Juristische Fiktion = künstlicher Rechtsbegriff
ius civile = bürgerliches Recht
ius naturale = natürliches Recht
ius seminis = Recht des Samens
ius terrae = Recht des Landes

Kabbala = religiöse Geheimlehre der Juden
Kakophonie = Mißklang
Kartusch = Zeichen
Kastrationsäquivalent = Ersatzhandlung für Kastration
Kausalität = ursächlicher Zusammenhang
Kausalitätsreihe = Reihe des ursächlichen Zusammenhanges
Koedukation = gemeinsame Erziehung

Kohabitation = Beiwohnung
Kollateralen = Entsprechungen
Kollektivvorstellung = Gemeinschaftsvorstellung
kolloid = halb fest und halb flüssig
konsolidiert = gefestigt
Konzeption = Empfängnis
Kosmogonie = Weltentstehung
Kosmos = Weltall
kyklopische Ruinen = Ruinen aus riesigen Steinblöcken

Large = großzügig
Lasciate-ogni-speranza-Typus = hoffnungsloser Typus
Leitfossilien = Versteinerungen von Tier- und Pflanzenresten, die für vergangene Erdzeitalter kennzeichnend sind
Lexikograph = Verfasser eines Wörterbuches
Libido = Trieb
Libido-Emanation = Triebentfaltung
Libidofixierung = Triebfestlegung
Libidosymbol = Ausdruck der Triebkraft
Liktoren = Wachmannschaft
linguistisch = sprachlich
lunarer Rhythmus = Mondrhythmus

Magical Origin of Kings = magischer Ursprung des Königtums (Buchtitel)
Magie = Zauberei
Manie = Besessenheit
Manifestationsform = äußerliche Erscheinungsform
martialisch = kriegerisch
mater dolorosa = Schmerzensmutter
Matriarchat = Mutterherrschaft
matrilokal = mutterrechtlich im Hinblick auf den Wohnsitz
Matrone = ehrwürdige ältere Frau
matronym = nach der Mutter benannt
medial = begabt für übersinnliche Erscheinung (Hellsehen usw.)
Mentor = Erzieher
Metamorphose = Verwandlung
Metaphysik = Lehre von den Grundursachen des Seins jenseits von Erfahrung und Wahrnehmung
Metapsychologie = Lehre von den jenseitigen Grundlagen der Seele
Metriker = Verskundiger
Metropole = Mutterstadt, Hauptstadt
Metrum = Versmaß
Mimikry = Verstellung
Miniaturdependance = kleines Teilstück
Ministrant = Diener
ministrieren = dienen
Mirakelspiele = Theaterspiele von Wundern
misogyn = frauenfeindlich
Moiren = Schicksalsgöttinnen
Monadenprovenienz = Herkunft der Einzigartigkeit
monandrisch = von einem Mann
Monotheismus = Glaube an einen Gott, Gegensatz: Polytheismus = Glaube an viele Götter
monotheistisch = nach Art des Eingottglaubens

Morphologie = Gestaltlehre
mulier taceat in ecclesia = das Weib schweige in der Gemeinde
Mutterclan = mutterrechtlich organisierter Sippenverband
Mutterimago = Mutterbild
Myriade = Zehntausend
Mysterienprinzipat = Vorrang bei religiösen Geheimnissen
Mysterium = Geheimnis
mystische Partizipation = geheimnisvolle Teilhabe
Mythos = Göttersage

Narzißmus = Selbstliebe
natura facit saltus = die Natur macht Sprünge
natura naturans = schaffende Natur
natura naturata = geschaffene Natur
Nekromantike = Wahrsagen durch Totenbeschwörung
Nemesis = Göttin der vergeltenden Gerechtigkeit
Neophyten = neu Aufgenommene
Nonsens = Unsinn
nouveau frisson — neuer Reiz

Obligatorisch = vorgeschrieben
okkult = geheimnisvoll
omnivor = allesfressend
Omphale = sagenhafte orientalische Herrscherin, der Herakles als Sklave diente
Ordal = Gottesurteil, Probe
orgiastisch = rauschhaft
Orphiker = Anhänger einer altgriechischen Kultgemeinde
orthodox = rechtgläubig
ostraziert = geächtet
Oszillation = Schwingung

Paideuma = Kulturseele
Paläolithikum = Ältere Steinzeit
Paläontologie = Wissenschaft von den Lebewesen vergangener Erdzeitalter
Pantheon = Verehrungsstätte für alle Götter
Papyri = alte Handschriften
paranoid = wahnbesessen
Paraphrase = Umschreibung
pars pro toto = Teil fürs Ganze
Parthenogenese = jungfräuliche Zeugung, Fortpflanzung ohne Befruchtung
Paternität = Väterlichkeit
patres = Mönche
patria potestas = väterliche Gewalt
Pedigree = Stammbaum
Penetranz = Aufdringlichkeit
Perennisierung = Verewigung
Permanenz = Dauer
petrifiziert = versteinert
Phallus = männl. Glied
Phase = Entwicklungsabschnitt
Philologe = Sprachwissenschaftler
phonographisch = auf Schallplatten, bzw. auf Tonband
Pigmentierung = Färbung von Haut und Haaren
Plagiator = jemand, der geistigen Diebstahl begeht
Polis = Stadt
Polyandrie = Vielmännerei
Polygamie = Vielweiberei

Pornographie = Schmutzliteratur
postum = nachträglich
Potentat = Gewalthaber
potestas = Gewalt
Prähistorie = Vorgeschichte
prälogisch = vorlogisch
prätendieren = beanspruchen
Präventivschutz = Vorkehrungsschutz
primär = in erster Linie
Primat = Vorrang
Primaten = Affen und Menschen als höchste Ordnung der Säugetiere
primordial = uranfänglich
primus inter pares = erster unter gleichen
Privatmanitu = persönlicher Gott
Probabilität = Wahrscheinlichkeit
profan = gewöhnlich
Profanation = Entweihung
Promiscuität = Vermischung
Protozoen = Urtiere
Provenienz = Herkunft
pseudomütterlich = scheinbar mütterlich
Psyche = Seele
psychisch = seelisch
Psychoanalyse = Seelenheilkunde, die vor allem das unbewußte Triebleben aufdeckt
Psychologie = Wissenschaft vom Seelenleben
psycho-physisch = seelisch-körperlich

Quadriga = Rennwagen
Quas non sine crimine amavi = die ich liebe, nicht ohne Verbrechen

Rabbia = Tollwut
Rassenpaideuma = Rassenseele
Ratio = Vernunft
regredieren = zurückkehren
Regression = Rückkehr
reservatio mentalis = innerer Vorbehalt
Resümee = Zusammenfassung
retrograd = rückläufig
Rogus = Scheiterhaufen
Roma aeterna = das ewige Rom
Rudiment = verkümmertes Organ

Sakrosankt = geweiht
salisches Gesetz = altes Volksrecht der salischen Franken
saturiert = befriedigt
Schamane = Zauberpriester der Mongolen
Senatusconsulte = Senatsbeschlüsse
sensitiv = feinfühlig
simultan = gleichzeitig
Skalde = Dichter und Sänger
skandieren = Verse mit Betonung der Versfüße hersagen
Skarabäus = Mistkäfer, heiliger Käfer im alten Ägypten
Skulptur = Bildhauerarbeit
skurril = sonderbar
skyscrapers = Wolkenkratzer
Somnambulismus = Schlafwandeln
Sol = Sonnengott
solar = zur Sonne gehörend
Spekulatrin = Erkenntnis durch reines Denken
Spermatozoen = Samenzellen
Spermazelle = Samenzelle
Stagnation = Stillstand in der Entwicklung

Stele = Grabsäule
Stigma = Fehler, Makel
Subinzision = Einschnitt von unten
sublim = ins Geistige erhoben
Sublimierung = Vergeistigung
Substrat = Grundlage
Suffragetten = Frauenrechtlerinnen
sukzessiv = nacheinander
supponieren = voraussetzen
Sutras = indisches Lehrbuch
Suveränität = Oberherrschaft
Symbiose = Lebensgemeinschaft
sympathetisch = seelenverbunden
Symposion = Gastmahl, Vereinigung
Syntax = Lehre vom Satzbau

Tabu = verboten
Taliongesetz = Vergeltungsgesetz
tangieren = berühren
Telepathie = Gedankenlesen
telepsychisches Phänomen = Fall von seelischer Fernwirkung
Teleskop = Fernrohr
tellurisch = erdhaft
theriomorph = tiergestaltig
Tiefseefauna = Tiefseelebewelt
Totem = Ahnenseele
tue-la = töte sie
tue-le = töte ihn

Überkompensiert = ausgeglichen
unsublimiert = nicht vergeistigt
urbs = Hauptstadt
Urphänomen = Urerscheinung
Urpolarität = äußerster Gegensatz bei wesenhafter Zusammengehörigkeit
Urvagina = Urschoß
Usurpator = Herrscher, der sich die Staatsgewalt rechtswidrig angeeignet hat
uterin = im Mutterleib
uterus expositus = dargestellte Gebärmutter

Valenz = Wertigkeit
Vedische Religion = altindische Religion
Vehemenz = Heftigkeit
vikariieren = einander ersetzen
viril = männlich reif
virtus = Tugend
virulent = lebendig
vitalisiert = belebt

Zäsur = Einschnitt
zedieren = übertragen
zentripetal = zur Mitte gerichtet
zerebral = vom Gehirn ausgehend
Zession = Übertragung
Zirkumzision = Beschneidung

Margaret Forster

Es sind die Töchter, die gefressen werden

Roman

Mit einem Vorwort von
Sybil Gräfin Schönfeldt

Ullstein Buch 30158

Die Frau
in der Literatur

Die Töchter »sind längst aus dem Haus, stehen im Beruf, haben selbst Kinder und bleiben doch lebenslänglich Töchter, von denen die Eltern Zuwendung, Besuche, Pflege fordern und viele damit überfordern. Schuldgefühle sind die Folge, und oft bleibt auch die Liebe auf der Strecke«.
(Sybil Gräfin Schönfeldt)

Angela, 37, Lehrerin, versucht, eine gute Hausfrau, eine gute Ehefrau, eine gute Mutter – und eine gute Tochter zu sein. Zugleich führt sie einen fast aussichtslosen Kampf um ihre persönliche Freiheit und Unabhängigkeit.

Charlotte Perkins Gilman

Die gelbe Tapete und andere Erzählungen

Mit einer Einleitung von Ann J. Lane

Ullstein Buch 30172

Die Frau in der Literatur

Es ist höchste Zeit, daß Charlotte Perkins Gilman (1860–1936) auch bei uns bekannter wird, ehe alles, was sie prophezeit oder wovor sie gewarnt hat, eingetreten ist. Was passiert, wenn eine Frau plötzlich als Mann aufwacht? Wenn eine Mutter feststellt, daß sie nicht dazu in der Lage ist, ihr heißgeliebtes Erstgeborenes richtig zu versorgen? Wenn ein Mann seine depressive Frau »zu ihrem Besten« völlig isoliert? Daß es in der Kinderstube der Feministinnen so spannend zuging, ist hier nachzulesen.

Emmy Hennings

Gefängnis

Mit einem Nachwort
von Heinz Ohff

Ullstein Buch 30167

Im Exil von Zürich gründeten Hugo Ball und Emmy Ball-Hennings 1916 das »Cabaret Voltaire«. Ihr Ruhm unter Insidern änderte nichts an der Tatsache, daß sie bettelarm waren. 1919 erschien in Berlin bei Erich Reiß »Gefängnis«. Was geschehen ist, wissen wir nicht. Irgendwann, als Emmy Hennings als Hausiererin das Notwendigste zu verdienen suchte, wird sie gestohlen haben. Gefängnis-Tagebücher gibt es eine ganze Reihe, literarisch sehr wertvolle darunter. Nie aber ist eine Haftzeit derart existentiell entscheidend geschildert worden, als Seelenstudie und Seelenveränderungsstudie.

Die Frau
in der Literatur